Andre Alpar, Magdalena Mues, Matthäus Michalik,
Martin Grahl, Franziska Schneider

Generative Engine Optimization

Optimieren für mehr Sichtbarkeit & Reichweite
bei ChatGPT & Co.

Rheinwerk
Computing

Liebe Leserin, lieber Leser,

dieses Buch beschäftigt sich mit einer Disziplin, die es vor kurzer Zeit noch gar nicht gab – und die heute dabei ist, das digitale Marketing grundlegend zu verändern: Generative Engine Optimization, kurz GEO. Vielleicht hast du selbst schon erlebt, wie sich dein Suchverhalten verändert hat. Du googelst nicht mehr nur, du fragst ChatGPT, lässt dir von KI-Systemen Zusammenhänge erklären, Entscheidungen vorbereiten oder Alternativen aufzeigen. Millionen von Menschen tun genau das – täglich. Für Unternehmen, Marken und Content-Verantwortliche stellt sich damit eine neue Frage: *Wie werde ich in diesen Systemen sichtbar, relevant und vertrauenswürdig?*

Genau hier setzt dieses Buch an. Es richtet sich an Unternehmer*innen, Marketing-Fachkräfte, SEO-Verantwortliche, Content-Teams und alle, die verstehen wollen, wie Sichtbarkeit im Netz gerade neu definiert wird. Du brauchst kein KI-Expertenwissen, wohl aber die Bereitschaft, dich mit neuen Tools und Funktionen auseinanderzusetzen und bestehende Denkmodelle zu hinterfragen. Wir versprechen dir viele Beispiele und Einschätzungen, die auf realen Projekterfahrungen des Autorenteams und aktuellen Beobachtungen aus der Praxis basieren. Sie sind als Orientierung gedacht. Das Buch versteht sich als strategischer Begleiter und hilft dir, jetzt handlungsfähig zu werden – nicht irgendwann.

Dieses Buch wurde mit großer Sorgfalt lektoriert und produziert. Solltest du dennoch Fehler finden oder inhaltliche Anregungen haben, scheue dich nicht, mit mir Kontakt aufzunehmen. Deine Fragen und Änderungswünsche sind jederzeit willkommen.

Und nun wünsche ich dir viel Vergnügen beim Lesen und viel Erfolg in der neuen, spannenden Welt der GEO!

Dein Stephan Mattescheck
Lektorat Rheinwerk Computing

stephan.matteschek@rheinwerk-verlag.de
www.rheinwerk-verlag.de
Rheinwerk Verlag • Rheinwerkallee 4 • 53227 Bonn

Auf einen Blick

Wir hoffen, dass Sie Freude an diesem Buch haben und sich Ihre Erwartungen erfüllen. Falls Sie Anregungen, Wünsche und Kommentare haben, lassen Sie es uns wissen: **service@rheinwerk-verlag.de**.

Informationen zu unserem Verlag und Kontaktmöglichkeiten finden Sie auf unserer Verlagswebsite **www.rheinwerk-verlag.de**. Dort können Sie sich auch umfassend über unser aktuelles Programm informieren und unsere Bücher und E-Books bestellen.

Autor*innen Andre Alpar, Magdalena Mues, Matthäus Michalik, Martin Grahl, Franziska Schneider
Lektorat Stephan Mattescheck, Felix Jüstel
Copy-Editing Roman Lehnhof, Berlin
Typografie & Layout Vera Brauner
Satz III-satz, Kiel
Herstellung Nadine Preyl
Covergestaltung Mai Loan Nguyen Duy
Druck Beltz Grafische Betriebe, Bad Langensalza

FSC www.fsc.org MIX Papier | Fördert gute Waldnutzung FSC® C089473

Dieses Buch wurde mit mineralölfreien Farben auf FSC®-zertifiziertem Papier aus nachhaltiger Waldwirtschaft gedruckt. Hergestellt in Deutschland.

Bibliografische Information der Deutschen Nationalbibliothek:
Die Deutsche Nationalbibliothek verzeichnet diese Publikation in der Deutschen Nationalbibliografie; detaillierte bibliografische Daten sind im Internet über *http://dnb.dnb.de* abrufbar.

ISBN 978-3-367-11426-9

1. Auflage 2026, 1., korrigierter Nachdruck 2026

Rheinwerk Verlag GmbH • Rheinwerkallee 4 • 53227 Bonn
service@rheinwerk-verlag.de

Inhalt

Vorwort

Was für eine unglaublich spannende Zeit, in der wir uns befinden! Mit der Generative Engine Optimization (GEO) entsteht eine *neue, faszinierende Marketing-Disziplin* – und wir haben die Chance, sie von Anfang an maßgeblich mitzugestalten. Dieses Gefühl erinnert stark an die Anfänge von SEO und Content-Marketing vor über 20 Jahren. Auch damals hatten wir die Gelegenheit, eine junge Branche mit aufzubauen und zu professionalisieren. Wir sind davon überzeugt, dass GEO die digitale Marketinglandschaft ebenso nachhaltig verändern wird, und wir freuen uns, diese Reise gemeinsam mit dir anzutreten.

GEO steckt jedoch noch in den Kinderschuhen. Verlässliche Standards, belastbare Daten und langfristige Erfahrungswerte fehlen weitgehend. Was heute gilt, kann morgen schon überholt sein. Dieses Buch versteht sich deshalb als *erste Orientierung* in einem dynamischen Umfeld – als Einladung, Neues auszuprobieren, kritisch zu hinterfragen und eigene Erkenntnisse einzubringen. Viele Empfehlungen beruhen auf unseren bisherigen Projekterfahrungen bei Claneo: Sie sind praxisnah, aber nicht endgültig. Prüfe stets, was zu deinen Zielen, Daten und Ressourcen passt, und bleib flexibel.

Unsere Motivation für dieses Buch entspringt dem Wunsch, das kollektive Wissen und Verständnis über GEO zu fördern und damit zum Wachstum der gesamten Branche beizutragen – einer Branche, von der wir alle ein Teil sind. Es liegt uns am Herzen, dass GEO sich als *seriöses, transparentes und professionelles Feld* etabliert.

Die Diskussion um künstliche Intelligenz ist oft von zwei Extremen geprägt: hier die »Fear of Missing Out«, die Angst, etwas zu verpassen; dort die lähmende Überforderung angesichts des unaufhörlichen Stroms an Neuerungen. Unser Ziel ist es, diesem Chaos mit *Sachlichkeit und Vernunft* zu begegnen. Wir möchten komplexe Themen so einfach und verständlich wie möglich darstellen, damit du in der Lage bist, wirklich konkrete nächste Schritte zu planen und nachhaltige Erfolge in der Generative Engine Optimization zu erzielen.

Mit diesem Buch hast du einen prall gefüllten »GEO-Werkzeugkasten« an der Hand. Ob du selbstständig arbeitest, GEO für Kund*innen umsetzt oder in einem Unternehmen für die strategische digitale Kommunikation verantwortlich bist – mit unserem Praxis-Leitfaden kannst du eine solide Wissensbasis schaffen und informierte Entscheidungen treffen. Wir hoffen, dass dieses Buch zum unverzichtbaren Begleiter auf deinem GEO-Weg wird, und wünschen dir viel Erfolg und Freude bei der Lektüre.

Falls du einen schnellen Zugang suchst, hier eine erste Übersicht über die Kapitel:

- Kapitel 1 und Kapitel 2: Sie vermitteln einen Einstieg ins Thema und liefern Hintergrundinformationen zu GEO und KI-Systemen. Du kannst sie überspringen, wenn du dich schon etwas mit der Materie beschäftigt hast. Gedacht sind sie für alle, die eine Einordnung des Kanals GEO benötigen. Wenn du noch nicht weißt, wie KI-Systeme arbeiten, wie der Kanal funktioniert und warum es sich lohnt, in GEO zu investieren, starte hier.

- Kapitel 3, Kapitel 4, Kapitel 5, Kapitel 6 und Kapitel 7: Das sind die Kapitel mit *Praxisbezug*. Wenn du nur wissen möchtest, was konkret zu tun ist, sind das die wichtigsten Kapitel für dich.
- Kapitel 9 und Kapitel 10: Anhand von *Praxisbeispielen und Studien* wird klar, wie die Umsetzung, über die du in Kapitel 3 bis Kapitel 7 gelesen hast, konkret aussehen kann.
- Kapitel 8: Der *Tool-Überblick* in diesem Kapitel ist bewusst kurzgehalten, weil sich in diesem Bereich gerade sehr viel tut. Er lohnt sich für alle, die noch gar nicht mit GEO-Tools in Berührung gekommen sind.
- Kapitel 11: Hier erfährst du, wie das *Zusammenspiel zwischen GEO und SEO* funktioniert. Ist dir das bereits klar, kannst du dieses Kapitel überspringen.
- Kapitel 12: Zum Schluss fassen wir *alle praktischen Handlungsanleitungen* aus dem Buch kompakt zusammen – für alle, die nur einen kurzen Überblick über die konkrete GEO-Arbeit brauchen.

Wir danken dem Rheinwerk Verlag dafür, dass er unser Buchprojekt über ein so neues und experimentelles Thema wie GEO mit Interesse aufgenommen und uns auf unserem Weg zum Endergebnis fachkundig begleitet hat. Ein besonderer Dank gilt außerdem Kerstin Knepper und Steffen Stasick aus dem Content-Team von Claneo für ihre redaktionelle Unterstützung bei der Entstehung dieses Buchs.

Andre Alpar

Magdalena Mues

Matthäus Michalik

Martin Grahl

Franziska Schneider

Kapitel 1

Einleitung: Was ist GEO und warum solltest du dich jetzt damit befassen?

Eine erste Einordnung: Was ist GEO, warum ist sie wichtig und wie fügt sie sich in andere Online-Marketing-Disziplinen ein?

Die Art, wie Menschen online nach Informationen suchen und mit Inhalten interagieren, verändert sich. Neben klassischen Suchmaschinen wie Google etablieren sich KI-Systeme wie ChatGPT und Perplexity als feste Größen im Alltag von Millionen von Nutzenden. Für dich als Unternehmer*in, Marketing-Fachkraft oder Creator*in bedeutet das: Es ist Zeit für eine neue Disziplin: *die GEO* (Generative Engine Optimization). In diesem Kapitel erfährst du, was sich hinter diesem Begriff verbirgt, warum er für deinen Marketing-Erfolg entscheidend ist und wie du die ersten strategischen Schritte machst. Du lernst außerdem, wie sich GEO in die Digital-Marketing-Landschaft einfügt.

Hinweis: Die GEO ist neu – dieses Buch ist eine erste Orientierung

Die GEO ist eine sehr junge Disziplin. Verlässliche Standards, belastbare Daten und langfristige Erfahrungen entstehen erst. Entsprechend sind präzise, allgemeingültige Aussagen aktuell nur eingeschränkt möglich. Dieses Buch versteht sich daher als erste Orientierung in einem sich schnell entwickelnden Umfeld – als Einladung, neugierig zu bleiben, auszuprobieren und mitzudiskutieren. Viele Empfehlungen beruhen auf unseren bisherigen Projekterfahrungen und Einschätzungen bei Claneo. Sie sind praxisnah, aber nicht in Stein gemeißelt. Bitte prüfe, was zu deinen Zielen, Daten und Ressourcen passt, und passe die Methoden laufend an neue Erkenntnisse an.

Kurz: Nimm dieses Kapitel als fundierten Startpunkt, nicht als endgültiges Regelwerk.

1.1 Warum GEO der Schlüssel zum Wachstum im digitalen Marketing ist

An GEO kommt im digitalen Marketing niemand mehr vorbei. Auch wenn du der künstlichen Intelligenz noch skeptisch gegenüberstehst – du als Marke willst im Internet gefunden werden, und KI-Systeme spielen dabei nun einmal zunehmend eine Rolle.

1.1.1 Was bisher geschah – die Entwicklung von KI-Systemen

Die bisherige Entwicklung war rasant. Nach dem Launch von ChatGPT 3.5 durch OpenAI am 30.11.2022 kamen innerhalb kurzer Zeit weitere Plattformen und Sprachmodelle für generative KI auf den Markt. Abbildung 1.1 ordnet die wichtigsten Akteure auf einer Zeitleiste von 2022 bis 2024 ein.

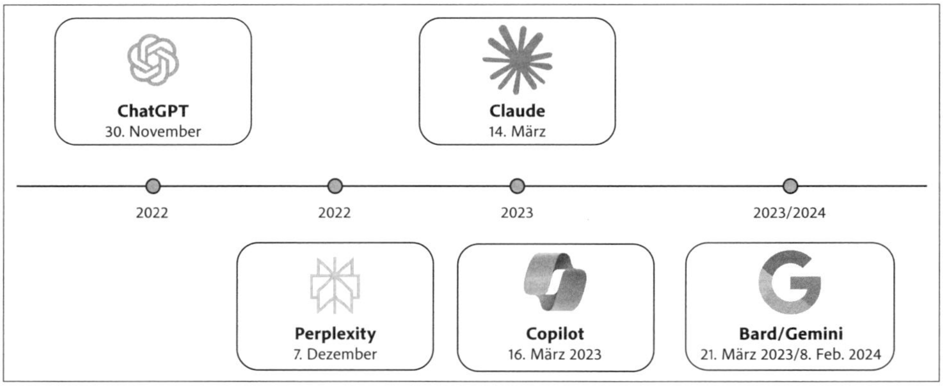

Abbildung 1.1: Launch der größten KI-Systeme im Zeitverlauf

Die Erfolgsgeschichte von ChatGPT

Besonders der erste große Player startete durch. OpenAI – das Unternehmen hinter ChatGPT – hat im September 2025 erstmals offizielle Nutzungsdaten zu seinem KI-System veröffentlicht (*https://cdn.openai.com/pdf/a253471f-8260-40c6-a2cc-aa93fe9f142e/economic-research-chatgpt-usage-paper.pdf*). Hier nur einige der beeindruckenden Zahlen:

- ChatGPT wurde am 30. November 2022 veröffentlicht und hatte bis zum 5. Dezember 2022 – eine Woche später – über eine Million registrierte Nutzende.

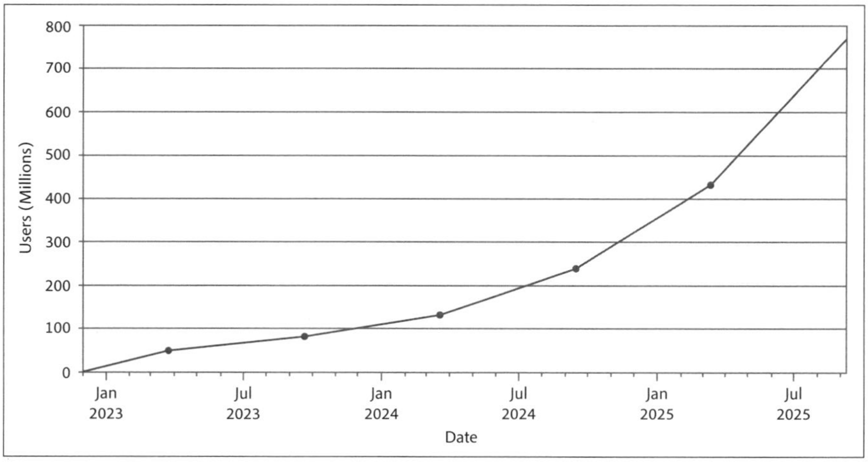

Abbildung 1.2: Die Anzahl der Personen, die ChatGPT wöchentlich aktiv nutzen, wuchs seit dem Launch auf über 700 Millionen an.

- Bis Juli 2025 zählte ChatGPT mehr als 700 Millionen wöchentlich aktive Nutzende (siehe Abbildung 1.2 aus dem Bericht von OpenAI), was etwa 10 % der globalen Erwachsenenbevölkerung entspricht.
- Die Anzahl der gesendeten Nachrichten wuchs zwischen Juli 2024 und Juli 2025 um mehr als das Fünffache (siehe Abbildung 1.3 aus dem Bericht von OpenAI).

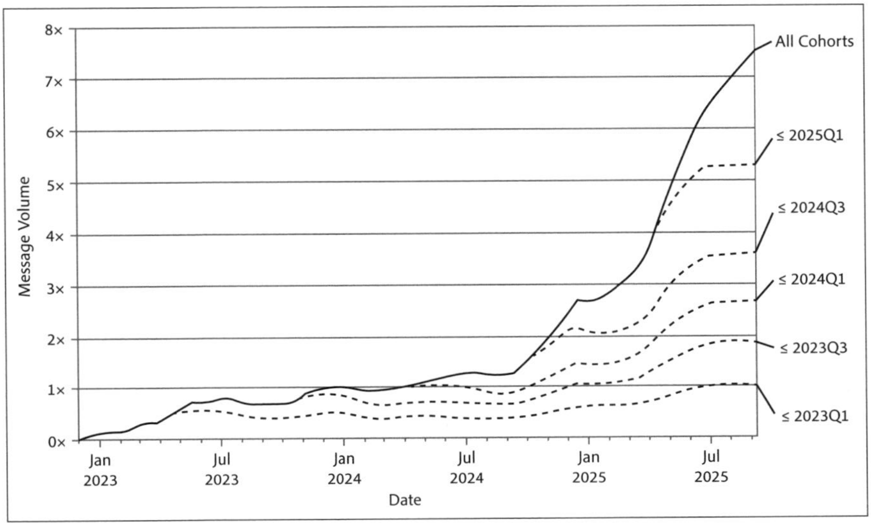

Abbildung 1.3: Allein in einem Jahr (2024–2025) stieg die Anzahl der gesendeten Nachrichten auf ChatGPT um mehr als das Fünffache an.

- Die Anzahl der Besuche und App-Downloads nahm allein in rund einem Jahr von Juli 2024 bis August 2025 enorm zu (siehe Abbildung 1.4).

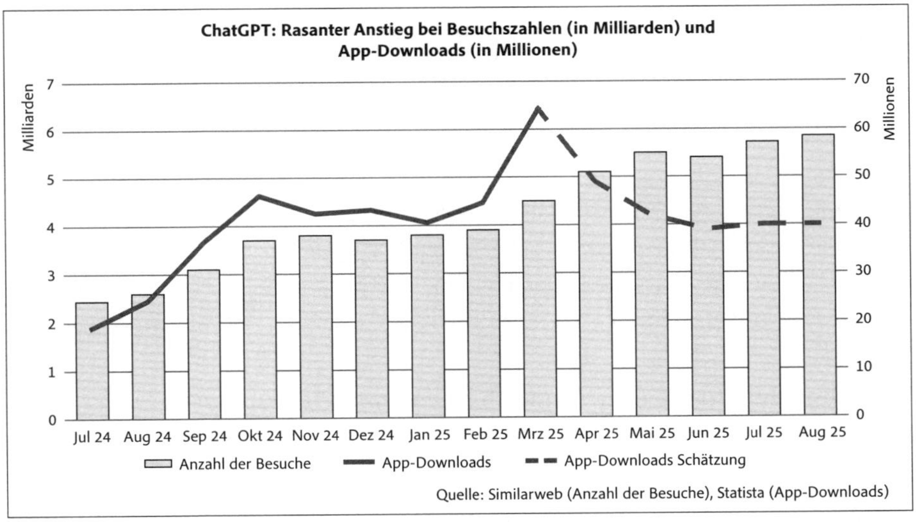

Abbildung 1.4: Auch die Anzahl der Besuche und App-Downloads nahm zwischen 2024 und 2025 noch einmal massiv zu.

Interessant in dem Bericht sind aber nicht nur die reinen Nutzungszahlen, sondern auch, wer ChatGPT wie und wofür anwendet.

Wie alt sind die Nutzenden?

Fast die Hälfte aller Nachrichten sendeten Nutzende unter 26 Jahren, wobei die Altersunterschiede in den letzten gemessenen Monaten abgenommen haben. So sind es also nicht mehr nur die Jüngeren, die ChatGPT in ihren Alltag integriert haben.

Arbeitsbezogen oder nicht?

Ein starkes Wachstum zeigt sich in nicht arbeitsbezogenen Nachrichten im Vergleich zu arbeitsbezogenen Nachrichten: Der Anteil der nicht arbeitsbezogenen Nachrichten stieg von 53 % im Juni 2024 auf über 70 % im Juni 2025. ChatGPT wird also auch immer häufiger privat eingesetzt.

Wofür nutzen die Menschen ChatGPT?

Der Bericht klassifiziert die Absichten der Nutzenden in »Asking« (etwas fragen), »Doing« (etwas tun) und »Expressing« (etwas ausdrücken), siehe Tabelle 1.1.

Absicht	Anteil an Konversationen	Prompt
Etwas fragen	49 %	»Wie lange war Angela Merkel Bundeskanzlerin?«
Etwas tun	40 %	»Schreib eine Mail an Bewerber XY und erkläre ihm höflich, warum wir ihn nicht einstellen können.«
Etwas ausdrücken	11 %	Weder auf der Suche nach Informationen noch eine Aufforderung, etwas zu tun – das könnte also so etwas sein wie ein Gesprächsanfang unter Freund*innen: »Ich fühle mich heute hervorragend.«

Tabelle 1.1: Asking, Doing und Expressing

Die häufigsten Themen sind »Praktische Anleitung«, »Informationssuche« und »Schreiben«, die zusammen 77 % aller Konversationen ausmachen. Die Informationssuche ist der am stärksten gewachsene Bereich, was nahelegt, dass das Vertrauen in die Korrektheit der Antworten zunimmt.

Wie schneidet ChatGPT im Vergleich zu anderen Plattformen ab?

ChatGPT (OpenAI) führt den Markt deutlich an, wie wir gesehen haben:

- 700 Millionen wöchentlich aktive Nutzende (Juli 2025)
- Ca. 10 % der weltweiten erwachsenen Bevölkerung nutzt ChatGPT
- 18 Milliarden Nachrichten pro Woche werden versendet

Google Gemini ist der zweitgrößte Konkurrent:

- 400 Millionen monatlich aktive Nutzende (Mai 2025, Quelle: *https://blog.google/technology/ai/io-2025-keynote/#google-beam*)
- 284 Millionen monatliche Website-Besuche (Februar 2025, Quelle: *https://doit.software/blog/google-gemini-statistics*)

Microsoft Copilot scheint zu stagnieren:

- 140 Millionen täglich aktive Nutzende auf Bing (April 2024, Quelle: *https://about.ads.microsoft.com/en/blog/post/april-2024/unlocking-the-power-and-potential-of-generative-ai-for-advertisers-and-publishers*)
- 20 Millionen wöchentlich aktive Nutzende (Juli 2025, stagnierend seit einem Jahr, Quelle: *https://www.forbes.com/sites/petercohan/2025/07/03/microsofts-copilot-revenue-may-trail-chatgpt-and-anthropic/*)

Claude (Anthropic) liegt auch hinter dem Hauptkonkurrenten zurück:

- 18,9 Millionen monatlich aktive Nutzende (Anfang 2025, Quelle: *https://backlinko.com/claude-users*)

Perplexity ebenso:

- 22 Millionen monatlich aktive Nutzende (Mai 2025, Quelle: *https://www.businessofapps.com/data/perplexity-ai-statistics/*)
- 780 Millionen Suchanfragen monatlich (Mai 2025, Quelle: *https://www.perplexity.ai/page/ceo-says-perplexity-hit-780m-q-dENgiYOuTfaMEpxLQc2bIQ*)

Auch wenn wir sagen, die eine oder andere Plattform liege zurück, sind die Nutzungszahlen aller Player insgesamt doch unglaublich beeindruckend.

Die KI-Produkte direkt in Google

AI Overviews (auf Deutsch: »Übersicht mit KI«) sind KI-generierte Zusammenfassungen, die direkt über den Google-Suchergebnissen erscheinen können (siehe Abbildung 1.5). Sie nutzen Googles Gemini-Modelle, um komplexe Suchanfragen zu verstehen und umfassende Antworten mit Quellenangaben zu erstellen. Google führte die AI Overviews erstmals 2023 unter der Bezeichnung SGE (Search Generative Experience) ein, ab 2024 trugen sie dann ihren heutigen Namen. Seit März 2025 sind sie in Deutschland verfügbar.

Weltweit nutzen laut Google 2 Milliarden Menschen im Monat AI Overviews (Juli 2025, Quelle: *https://blog.google/inside-google/message-ceo/alphabet-earnings-q2-2025*). Einer Studie zufolge werden sie aktuell bei rund 13 % aller Suchanfragen angezeigt (Mai 2025, Quelle: *https://searchengineland.com/google-ai-overviews-13-searches-455057*).

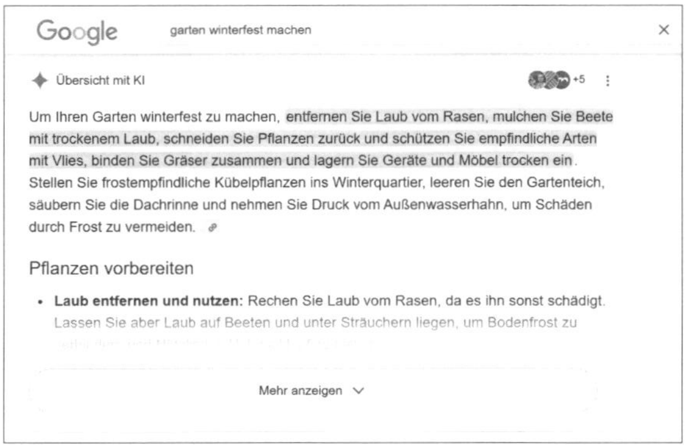

Abbildung 1.5: Die AI Overview erscheint direkt über den organischen Suchergebnissen auf Google.

Der *AI Mode* ist bisher in 200 Ländern abrufbar (Stand: November 2025), seit 08.10.2025 auch in Deutschland unter der Bezeichnung *KI-Modus*. Dieser hat einen eigenen Reiter in Google (siehe Abbildung 1.6).

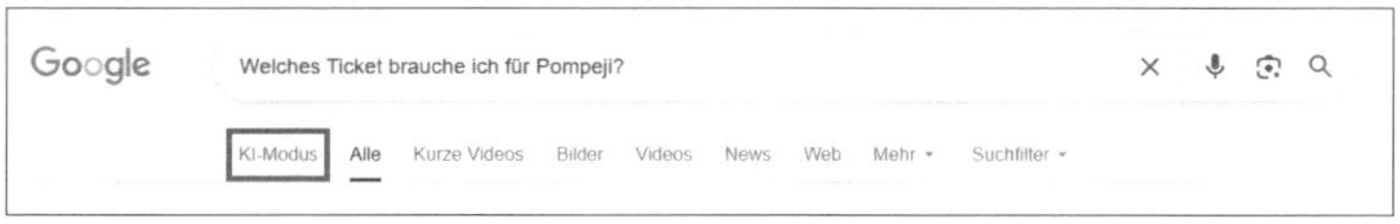

Abbildung 1.6: Der AI Mode oder KI-Modus hat einen eigenen Reiter in Google.

Zusätzlich lassen sich Anfragen per Add-on auch direkt in die Chrome-Adresszeile (die sogenannte Omnibox) von Google eingeben (siehe Abbildung 1.7).

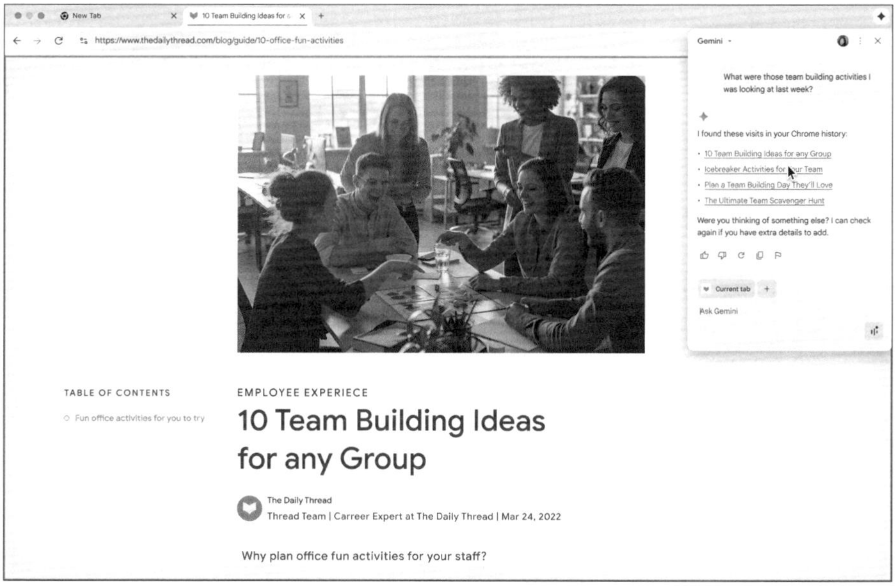

Abbildung 1.7: Wie von Google angekündigt, lässt sich der AI Mode auch direkt in der Adresszeile in Chrome auslösen.

Der AI Mode funktioniert – wie andere KI-Chatbots – als interaktive, konversationelle Suchoberfläche. Angetrieben wird er von Gemini 2.5.

In den USA und Indien verwenden bereits über 100 Millionen Menschen im Monat den AI Mode (Juli 2025, Quelle: *https://blog.google/inside-google/message-ceo/alphabet-earnings-q2-2025/#google-cloud*).

Google nutzt also seine dominante Suchposition, um KI-Features in seine Plattform zu integrieren, während Konkurrenten wie ChatGPT, Claude und Perplexity eigenständige Plattformen aufbauen mussten. Die Integration in die bestehende Google-Suche ermöglicht eine beispiellose Reichweite und Adoption der AI Overviews und des AI Mode.

Was bedeuten diese Entwicklungen im KI-Bereich für dich?

Deine potenziellen Kund*innen nutzen nicht mehr nur Google – sie fragen ChatGPT, lassen sich von Claude beraten oder suchen auf Plattformen wie Perplexity nach Antworten. Die KI-Systeme werden mit jedem Tag schlauer, weil Millionen von Menschen täglich mit ihnen interagieren und regelmäßig neue, verbesserte Sprachmodelle auf den Markt kommen. Für dich als Marketer*in bedeutet das: *Du musst deine Inhalte so optimieren, dass sie nicht nur in Suchmaschinen, sondern auch von KI-Systemen gefunden und empfohlen werden*. Und es bedeutet für dich eine Chance: Je mehr Menschen KI-Systeme zur Suche nutzen, desto wichtiger wird es für dein Unternehmen, dort präsent zu sein. Wer jetzt anfängt, seine Inhalte KI-freundlich zu gestalten, hat einen Vorsprung vor der Konkurrenz. Denn während andere noch rein auf klassische SEO setzen, positionierst du dich bereits für die Zukunft der Informationssuche.

1.1.2 Was ist GEO überhaupt?

Wenn du dich gerade zum ersten Mal mit GEO beschäftigst, willst du sicher zunächst wissen, worum es eigentlich geht.

GEO steht für *Generative Engine Optimization*, also »Optimierung für generative KI-Systeme«. Als Marketing-Disziplin zielt GEO darauf ab, die Sichtbarkeit und Darstellung von Unternehmen, Marken, Entitäten und Botschaften innerhalb von KI-Systemen zu verbessern.

Du fragst dich vielleicht, warum ein neues Akronym dafür nötig ist. Die Marketing-Welt liebt Abkürzungen, aber hier geht es um mehr als nur einen neuen Trendbegriff.

- **Abgrenzung zu SEO**: Während es große Überschneidungen zur klassischen Suchmaschinenoptimierung (SEO) gibt, die sich auf die Optimierung von Inhalten für Suchmaschinen wie Google oder Bing konzentriert, erfordert GEO auch ganz eigene Maßnahmen. Die Kanäle funktionieren trotz Synergien unterschiedlich (mehr dazu in Kapitel 11), also brauchen wir auch eine eigene Bezeichnung. Beide Disziplinen unter einem erweiterten SEO-Begriff als »Search Everywhere Optimization« zu vereinen, wäre zu kurzsichtig.

- **Abgrenzung zu AEO**: Andere Begriffe wie AEO (Answer Engine Optimization) greifen ebenfalls zu kurz, da KI-Systeme weit mehr als nur Antworten generieren. Sie erstellen, fassen zusammen und treten in einen Dialog.
- **Abgrenzung zu AIO**: Wir grenzen uns bewusst von missverständlichen Begriffen wie AIO (Artificial Intelligence Optimization) ab, da dieses Kürzel bereits für die AI Overviews von Google verwendet wird.
- **Abgrenzung zu anderen GEO-Instanzen**: Der Begriff GEO ist nicht ganz unmissverständlich. Es gibt ihn als Abkürzung für Geologie, als Namen einer Zeitschrift, als Kürzel eines Flughafens und für viele weitere, wenn auch eher obskure Phänomene. Im deutschen Sprachraum bietet es sich daher an, auf der Suche nach GEO-Informationen immer den englischen Zusatz »Generative Engine Optimization« zu verwenden.

GEO ist also analog zu SEO (für Suchmaschinen) oder ASO (für App Stores) die treffende Bezeichnung für die Optimierung in der Umgebung der generativen KI und als eigenständige Marketing-Disziplin zu betrachten.

Warum du dich jetzt mit GEO beschäftigen musst

Die Antwort ist einfach: Weil deine Zielgruppe es tut. Eine repräsentative Studie (»Claneo State of Search«, vgl. Abschnitt 10.1) zeigt ebenso wie der zuvor erwähnte Bericht von OpenAI einen unaufhaltsamen Trend: Die Nutzung von KI-Systemen für die Informationssuche explodiert.

Ein Drittel der Befragten in der Claneo-Studie nutzen bereits *KI-Chatbots* wie ChatGPT – das ist ein beachtliches Wachstum von 18 % auf 33 % innerhalb nur eines Jahres, Tendenz weiter steigend.

KI-gestützte Suchmaschinen wie Perplexity nutzen immerhin schon 17 %.

Selbst in *klassischen Suchmaschinen*, die 77 % der Menschen verwenden, fließen immer häufiger KI-generierte Antworten in die Ergebnisse ein.

Diese Zahlen senden ein klares Signal: Während Google als Suchmaschine noch immer unangefochten ist, sind deine potenziellen Kund*innen auch in den KI-Systemen schon sehr aktiv (siehe Abbildung 1.8). Wenn du dort nicht sichtbar bist, überlässt du das Feld deiner Konkurrenz. Für Marketing-Fachleute ist es keine Frage mehr, ob man sich mit GEO beschäftigt, sondern wie.

[»]

Hinweis: Nicht jedes KI-System ist gleich

Um erfolgreich zu optimieren, musst du die Unterschiede zwischen den verschiedenen Arten von KI-Systemen verstehen. Wir können sie in drei Hauptkategorien einteilen, auch wenn die Grenzen zunehmend verschwimmen: LLMs bzw. KI-Chatbots ohne Websuche und Indexabfrage, KI-Chatbots mit Websuche und Indexabfrage sowie Suchmaschinen, die LLMs nutzen. Eine genaue Aufstellung ihrer Eigenschaften und Funktionen findest du in Abschnitt 2.3.

	Plattformen	Gesamt
1	Suchmaschinen wie Google, Bing, Yahoo! o. Ä.	77 %
2	Preisvergleiche wie Check24, Idealo, mydealz o. Ä.	19 %
3	KI-Chatbots wie ChatGPT, Deep Seek, Gemini o. Ä.	33 %
4	KI-Suchmaschinen wie Perplexity, you.com o. Ä.	17 %

Abbildung 1.8: Die Claneo-Studie zeigt, dass herkömmliche Suchmaschinen zwar noch weit vorn liegen, aber KI-Systeme stark aufholen.

1.1.3 Dein Fahrplan: So führst du GEO in deinem Unternehmen ein

Der Einstieg in die GEO muss nicht kompliziert sein. Betrachte es als einen strategischen Prozess, der auf dem aufbaut, was du bereits aus dem Online-Marketing kennst.

Deine erste Aufgabe ist missionarisch. *Kläre in deinem Unternehmen auf*, was GEO ist und warum die neue Disziplin relevant ist. Schaffe ein grundlegendes Verständnis für die Funktionsweise von KI-Systemen als neuem Marketingkanal.

Bestimme, wer im Team für GEO *zuständig* ist. Wo muss neues Wissen aufgebaut werden? Wer entwickelt die notwendigen Fähigkeiten? GEO ist eine Teamaufgabe, die hauptsächlich Content-, SEO-, PR- und Marketing-Abteilungen verbindet. Alle anderen Abteilungen (z. B. Produktentwicklung, Recht, Compliance, IT) sollten jedoch auch informiert sein, denn sie werden früher oder später mit deinen GEO-Initiativen in Berührung kommen.

Dann arbeitest du eine *Strategie* aus. Analysiere, welche KI-Plattformen für deine Zielgruppe am wichtigsten sind. Du musst nicht überall gleichzeitig perfekt sein. Konzentriere dich anfangs auf die relevantesten Systeme wie ChatGPT, Gemini und die KI-Funktionen von Google. Details zur Strategieentwicklung bietet Kapitel 3.

Bevor du aktiv wirst, finde heraus, wo du stehst. Gib relevante Fragen zu deiner Branche, deinen Produkten oder deiner Marke in verschiedene KI-Systeme ein. Wie wirst du dargestellt? Wirst du überhaupt erwähnt? Diese *Ist-Analyse* ist die Grundlage für alle weiteren Optimierungen. Weitere Details dazu erhältst du ebenfalls in Kapitel 3.

Anschließend kannst du mit dem *Optimieren* starten. Was genau du umsetzen musst, lernst du in Kapitel 5 (Content), Kapitel 6 (Technik) und Kapitel 7 (Off-Page).

Kapitel 4 hält Informationen dazu bereit, wie du den Erfolg deiner GEO-Maßnahmen *messen* kannst. Das können Kennzahlen zur Sichtbarkeit, zur Tonalität der Erwähnungen oder zur Häufigkeit sein, mit der deine Marke als Quelle genannt wird. Ohne Metriken agierst du im Blindflug.

In Kapitel 8 findest du eine Auswahl wichtiger *Tools*, die dir bei deinen GEO-Aktivitäten helfen können. In Kapitel 9 werfen wir einen Blick in die GEO-*Praxis* und stellen einige Beispiele aus dem »echten Leben« vor. Kapitel 10 widmet sich einer Reihe von *Studien* zum Thema GEO, und in Kapitel 11 geht es darum, wie sich *GEO* und *SEO* unterscheiden und was sie gemeinsam haben, welche Synergien es gibt und wie du beide Disziplinen geschickt miteinander verknüpfst. Kapitel 12 schließlich verdichtet noch einmal alle Maßnahmen dieses Buches zu einem Praxis-Leitfaden.

Fazit: Mit GEO bereit für die neue Ära des digitalen Marketings

GEO ist mehr als nur ein neues Buzzword – sie ist die logische Weiterentwicklung des Online-Marketings in einem Umfeld, das zunehmend von künstlicher Intelligenz geprägt ist. Der Wandel in den Gewohnheiten von Nutzenden ist unübersehbar und macht es notwendig, dass Unternehmen sich anpassen. Wenn du die verschiedenen Arten von KI-Systemen verstehst und strategisch klug priorisierst, kannst du dir einen entscheidenden Vorteil sichern. Beginne heute damit, deine Marke für die dialogorientierte und generative Zukunft des Internets sichtbar zu machen. Bleib neugierig!

1.2 So passt GEO ins Performance- und Organic-Growth-Marketing

Dieser Abschnitt hilft dir, zu verstehen, wo genau sich GEO in der Landschaft des Digital-Marketings einordnet. Du lernst die grundlegenden Mechanismen kennen, die dahinterstecken, und entdeckst, warum dieser neue Kanal für so gut wie jedes Geschäftsmodell relevant ist.

1.2.1 Dein Spielfeld: Über welche Plattformen erreichst du deine Zielgruppe?

Um zu verstehen, wo GEO ansetzt, müssen wir zuerst einen Schritt zurücktreten und uns das digitale Ökosystem ansehen. Grundsätzlich lassen sich alle Plattformen in zwei Hauptkategorien einteilen, die sich durch die Art der Interaktion von oder mit den Nutzenden unterscheiden: Push und Pull (siehe Abbildung 1.9):

- **Pull-Plattformen**: Hier kommt die Initiative von den Nutzenden. Sie haben ein akutes Bedürfnis und *ziehen* sich die Informationen, die sie benötigen. Das klassische Beispiel ist die Websuche (wie mit Google). Jemand will etwas wissen, sucht aktiv danach, indem er seine Frage oder sein Bedürfnis in den Suchschlitz tippt, und erhält eine Antwort in Form von Suchergebnissen. Auch Produktsuchen auf Amazon folgen dem Pull-Prinzip. Nutzende suchen durch Eingabe in den Suchschlitz nach einem Produkt, z. B. »Partyhüte für Kindergeburtstag«, und bekommen von der Plattform eine Auswahl passender Produkte angezeigt. KI-Systeme funktionieren nach einem ähnlichen Prinzip: Du stellst im Eingabefeld des KI-Systems z. B. eine Frage (einen »Prompt«) und erhältst eine KI-generierte Antwort.

Der Vorteil von Pull-Plattformen ist der geringe Streuverlust. Er ist deshalb so gering, weil die Nutzenden bereits mit einer konkreten Absicht und einem Bedürfnis zur Plattform kommen. Wenn jemand bei Google nach »beste Laufschuhe für Marathon« sucht, hat diese Person bereits ein klares Problem identifiziert (sie braucht Laufschuhe) und ihre Kaufbereitschaft signalisiert. Sie sucht aktiv nach einer Lösung.

Das bedeutet, dass fast jede Person, die deine Inhalte oder Anzeigen auf Pull-Plattformen sieht, auch tatsächlich zur relevanten Zielgruppe gehört. Die Wahrscheinlichkeit einer Conversion (Kauf, Anmeldung etc.) ist entsprechend hoch, weil du Menschen erreichst, die schon »kaufbereit« sind.

- **Push-Plattformen**: Hier kommt der Impuls von der Plattform selbst. Sie *drückt* Inhalte in den Feed der Nutzenden, ohne dass diese aktiv danach gefragt haben. Denk bei Push-Plattformen z. B. an deinen Instagram-Feed oder an Shopping-Plattformen wie Temu. Diese Plattformen schlagen dir Produkte oder Inhalte vor, nach denen du nicht aktiv gesucht hast. Bei YouTube wird dir aufgefallen sein, dass dir vermehrt ähnliche Inhalte wie jene angezeigt werden, die du bereits betrachtet hast.

  Anders als Pull-Plattformen haben Push-Plattformen einen höheren Streuverlust, auch wenn wir auf ihnen Zielgruppen festlegen können. Das liegt daran, dass sie Inhalte an eine breite Masse ausspielen, unabhängig davon, ob die Nutzenden gerade ein entsprechendes Bedürfnis haben. Wenn dir auf Instagram eine Anzeige für Laufschuhe angezeigt wird, kann Verschiedenes zutreffen: Du interessierst dich gar nicht für Sport; du hast bereits Laufschuhe und brauchst keine neuen; du scrollst nur nebenbei durch deinen Feed, ohne Kaufabsicht; du bist zwar sportinteressiert, aber gerade nicht auf der Suche nach Equipment.

  Das führt dazu, dass ein großer Anteil der erreichten Personen nicht zur tatsächlichen Zielgruppe gehört oder sich nicht im richtigen »mentalen Zustand« für eine Conversion befindet. Viele Impressionen und Klicks führen daher nicht zum gewünschten Ergebnis – das ist der Streuverlust.

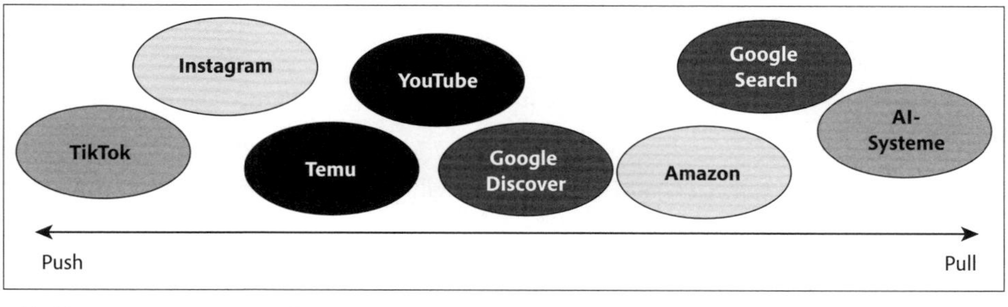

Abbildung 1.9: Push- vs. Pull-Kanäle

[»] **Hinweis: Darum sind Push und Pull wichtig**

Die Unterscheidung zwischen Push und Pull ist wichtig, weil sie den mentalen Zustand deiner Zielgruppe beschreibt. Bei Pull-Kanälen reagierst du auf einen bestehenden Bedarf, bei Push-Kanälen versuchst du, einen Bedarf zu wecken.

1.2.2 Dein Werkzeugkasten: Paid, Owned und Earned Media

Als Marketer*in hast du drei grundlegende Arten von Medien zur Verfügung, um deine Botschaften zu platzieren. GEO ordnet sich in einen ganz bestimmten dieser drei Bereiche ein.

1. **Paid Media: gekaufte Reichweite**

   Hier bezahlst du direkt für den Kontakt zu deiner Zielgruppe. Jeder Klick, jede Einblendung kostet Geld. Beispiele sind Google Ads (Paid Search), Werbung auf Instagram oder Facebook (Paid Social), Retail Media (z. B. gesponserte Produkte auf Amazon).

   - **Vorteil**: Schnelle, skalierbare und gut messbare Ergebnisse.
   - **Nachteil**: Die Reichweite endet, sobald du aufhörst zu bezahlen.

2. **Owned Media: deine eigenen Kanäle**

   Hier besitzt und kontrollierst du den Kommunikationskanal vollständig. Es gibt keine zwischengeschaltete Plattform, die die Regeln diktiert. Beispiele sind deine eigene Webpräsenz, dein Newsletter, ein Unternehmens-Podcast oder eine eigene App.

   - **Vorteil**: Direkter, ungestörter Kontakt zu deiner Community und volle Kontrolle über die Inhalte.
   - **Nachteil**: Der Aufbau einer eigenen Reichweite erfordert Zeit und Engagement.

3. **Earned Media: verdiente Sichtbarkeit**

   Dies ist die Königsdisziplin. Du verdienst dir deine Sichtbarkeit durch Relevanz, Qualität und Autorität. Du bist auf Plattformen Dritter präsent, ohne direkt dafür zu bezahlen. Beispiele sind Erwähnungen in der Presse, positive Bewertungen und organische Rankings in der Google-Suche (SEO).

   - **Vorteil**: Höchste Glaubwürdigkeit und nachhaltiger Traffic ohne direkte Kosten pro Kontakt.
   - **Nachteil**: Schwer kontrollierbar, zeitaufwendig und Ergebnisse sind oft erst langfristig sichtbar.

   Und genau hier gehört GEO hin! Deine Präsenz in den Antworten eines KI-Systems ist etwas, das du dir erarbeitet hast. Das KI-Modell hat aus einer riesigen Menge an Trainingsdaten und durch das Aufrufen von Webinhalten gelernt, dass deine Marke, dein

Produkt oder deine Inhalte eine relevante Antwort auf eine bestimmte Frage sind (siehe Abbildung 1.10).

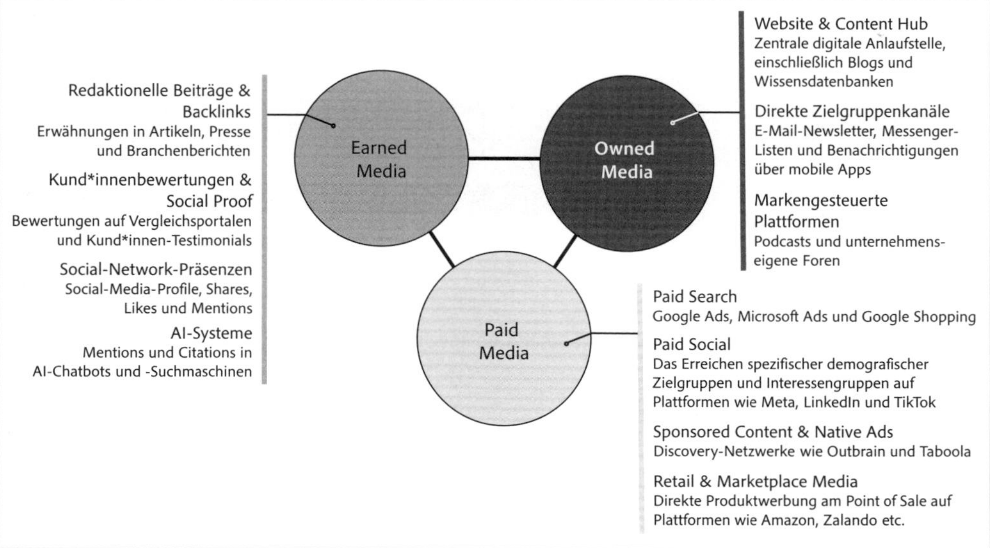

Abbildung 1.10: Das Dreigestirn aus Paid, Owned und Earned Media

[+]

Tipp: Menschen nehmen deine Inhalte als nützlich wahr, nicht als Werbung

Der große Vorteil von Earned Media (und damit auch von GEO) ist, dass die Methode fixkostengetrieben ist. Du investierst in die Qualität deiner Inhalte und deiner Marke, aber du bezahlst nicht für jeden einzelnen Besuch oder jede Erwähnung. Deine Kommunikation wird nicht als störende Werbung, sondern als nützlicher Teil der Sucherfahrung wahrgenommen.

1.2.3 Vom Bedarf zum Abschluss: GEO entlang der Customer Journey

Um den strategischen Wert von GEO zu verstehen, werfen wir einen Blick auf den klassischen Vertriebstrichter, der oft als AIDA-Modell beschrieben wird (siehe Abbildung 1.11).

- **Awareness/Attention** (Bedarf wecken): Ganz am Anfang geht es darum, Aufmerksamkeit zu erregen und ein positives Markenimage aufzubauen.
- **Interest & Desire** (Interesse steigern): In der Mitte des Trichters willst du Besucher*innen anziehen und ihr Interesse in einen konkreten Wunsch verwandeln.
- **Action** (Bedarf decken): Am Ende des Trichters geht es darum, die gewünschte Handlung (z. B. einen Kauf, eine Anmeldung) auszulösen und die Conversion zu sichern.

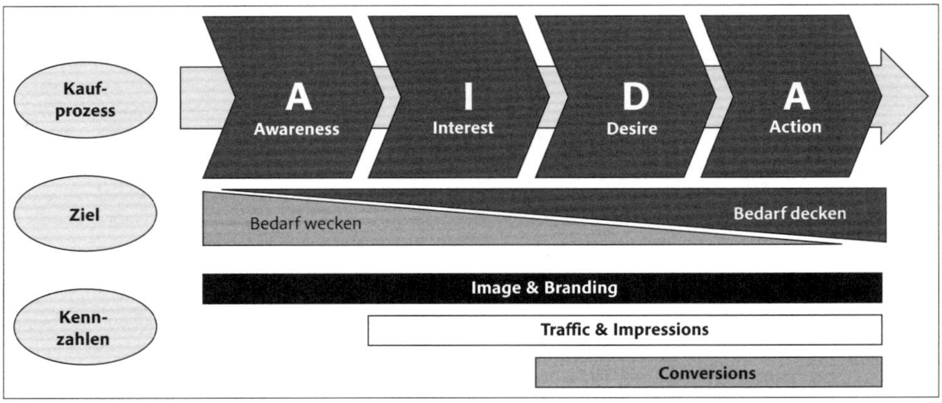

Abbildung 1.11: Das AIDA-Modell bildet den klassischen Vertriebstrichter (Funnel) ab.

Die traditionelle Suchmaschinenoptimierung (SEO) war schon immer stark darin, alle oder fast alle Phasen dieses Prozesses abzudecken. Wir sehen jedoch jetzt, dass klassische Suchergebnisse im oberen Bereich (Awareness/Attention) an Einfluss verlieren könnten. Warum? Weil Nutzende in dieser Phase häufig nach ersten, vielleicht auch oberflächlichen Informationen suchen, die KI-Systeme mittlerweile sehr gut beantworten können, z. B. durch AI Overviews.

Im Beispiel in Abbildung 1.12 siehst du eine typische »Top of the Funnel«-Frage: erste Informationen zu einem geeigneten Ort für einen Badeurlaub im Oktober. Vor KI wärst du damit vielleicht über eines der oberen organischen Suchergebnisse direkt auf der Website eines Reiseanbieters gelandet und hättest im besten Fall gleich dort etwas gebucht.

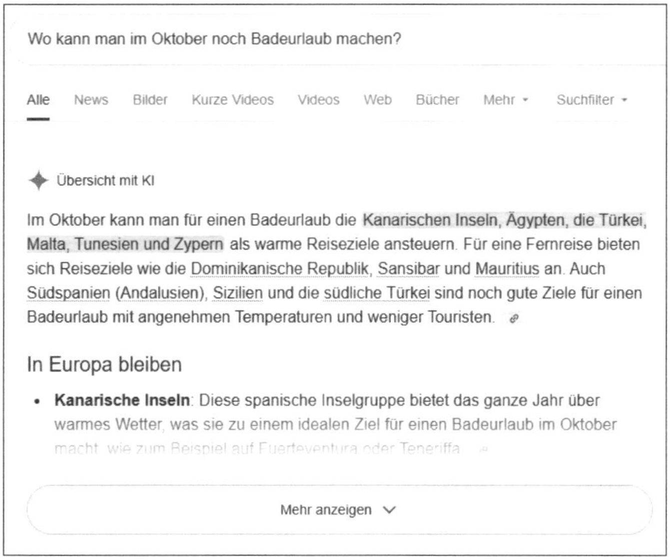

Abbildung 1.12: AI Overview zu einer Suche nach Möglichkeiten für einen Badeurlaub im Oktober

Durch die KI-generierte Übersicht innerhalb der Suchergebnisse (die AI Overview) bekommst du in diesem Beispiel eine erste Inspiration möglicher Reiseziele für Oktober und kannst nun im nächsten Schritt - basierend auf einem konkret entstandenen Bedürfnis - eine weitere Suchanfrage tätigen, z. B. »All-inclusive-Hotel Kanaren am Strand«.

GEO bedient also informationale Suchanfragen (vgl. Abschnitt 1.2.4) schon sehr gut. Der Kanal SEO wird - davon können wir zumindest aktuell ausgehen - im Bereich Awareness/Attention daher schwächer (siehe gestrichelten Bereich in Abbildung 1.13). Wie schon festgestellt, greifen Nutzende am Anfang einer Recherche vermutlich häufiger auf KI-Plattformen zurück, weil sie mit ihnen auch ein Gespräch führen und Rückfragen stellen können. Für anfängliche Suchanfragen sind daher KI-Chatbots oder auch der AI Mode als spezielle KI-Plattform besonders geeignet.

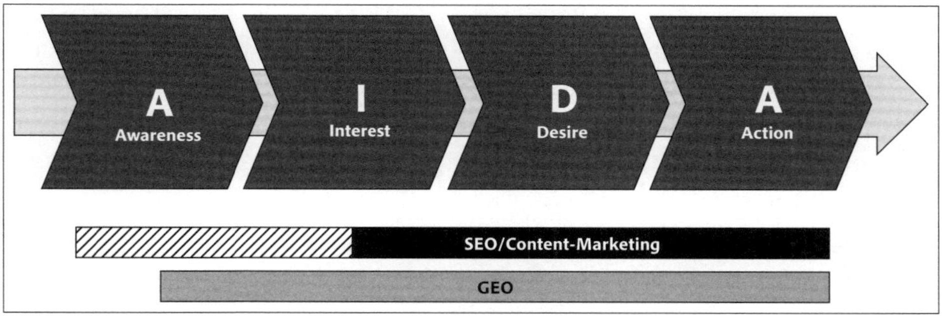

Abbildung 1.13: Wo SEO eventuell schwächer wird, knüpft GEO an.

Es könnte zudem sein, dass GEO im weiteren Verlauf des Funnels (Interest) auch eine größere Rolle spielen wird.

Beispiel: Kopfschmerzen

[zB]

Du hast ein medizinisches Symptom, z. B. Kopfschmerzen. Am Anfang bist du mit einer unspezifischen Anfrage (»Was tun gegen Kopfschmerzen?«) noch weit entfernt von einer Diagnose, da Kopfschmerzen viele Gründe haben können und es auch viele Behandlungsmöglichkeiten gibt. Bei solchen unspezifischen Anfragen ist es wahrscheinlich, dass du in Zukunft eher KI-Plattformen nutzt, mit denen du - wie in einem Gespräch - erörtern kannst, welche Gründe hinter deinen Symptomen stecken könnten.

Wird dein Suchbedürfnis anschließend spezieller, können wieder andere Kanäle wie SEO ins Spiel kommen. Suchst du beispielsweise nach Behandlungsmöglichkeiten gegen Spannungskopfschmerzen, kann es sein, dass du über die organischen Suchergebnisse bei einem Anbieter landest, der entsprechende Entspannungsübungen, aber auch Körnerkissen etc. im Programm hat. Genauso kann es aber auch sein, dass dir die KI gleich passende Übungen vorschlägt.

GEO wird also dort anknüpfen, wo SEO vielleicht schwächer wird, und bietet gleichzeitig wie SEO eine enorme Anwendungsbreite über den gesamten Kaufprozess hinweg. Das macht GEO zu einem extrem vielseitigen und zukunftssicheren Kanal, der mit SEO und anderen Formen der Suche koexistieren wird.

[i]

Info: Studie mit Jugendlichen

Die Ergebnisse einer noch nicht veröffentlichten Studie von Claneo zum Umgang Jugendlicher mit KI-Systemen weisen ebenfalls auf ein hybrides Suchverhalten hin.

Jugendliche nutzen KI hauptsächlich für einen schnellen Überblick, zur Orientierung und zur Strukturierung von Informationen (roter Faden). Im akademischen Kontext (z. B. Schule) geben die Befragten an, KI eher als Lernpartner anstatt zum Abschreiben zu verwenden. Der große Vorteil von KI liegt für sie darin, dass sie den ersten, oft anstrengendsten Schritt im Denkprozess erledigt: Sie kann Inspiration liefern, erste Briefzeilen schreiben, Struktur vorgeben, thematische Schwerpunkte vorschlagen und vieles mehr.

KI versteht unsere natürliche Sprache und gibt Antworten im gewünschten Format (kurz, prägnant, effizient), sodass wir die Informationen schnell und direkt verarbeiten können. Das ist ein wesentlicher Vorteil gegenüber anderen Suchmaschinen. Die Gesprächsform schafft außerdem Vertrauen und das Gefühl, auf Augenhöhe zu kommunizieren. Dieser Punkt zeigt, wie viel Potenzial in der »konversationellen« Content-Erstellung steckt.

Bei der Informationssuche ist KI zwar oft die erste Quelle, aber selten die einzige. Fast alle Befragten geben an, dass sie Informationen von der KI kritisch hinterfragen und durch hybrides Suchverhalten mithilfe anderer Kanäle und Quellen prüfen. Die meisten scheinen sich also der Grenzen von KI bewusst zu sein.

Auch die ökologischen und ethischen Dimensionen von KI sind bekannt. Sie halten junge Menschen allerdings nicht davon ab, KI für fast alles zu nutzen.

Je nach Thema und Person wird KI entweder zu Beginn oder erst im späteren Verlauf des Informationsprozesses genutzt. Jede Person hat ihre eigene Strategie, um an Informationen zu kommen. Das zeigt, wie komplex das tatsächliche Nutzungsverhalten ist, und unterstreicht die Notwendigkeit einer Multi-Channel-Optimierungsstrategie.

1.2.4 Was Nutzende wirklich tun: viele Plattformen, viele Möglichkeiten

Der Schlüssel zum Erfolg liegt darin, die Absicht der Nutzenden zu verstehen. Was wollen sie wirklich erreichen – und wo?

In den Anfangszeiten des Internets gab es nur eine Suchmöglichkeit: die Suchmaschinen. Irgendwann kamen spezialisierte Verkaufsplattformen wie Amazon und dann auch die sozialen Netzwerke hinzu. Heute erweitern KI-Systeme das Angebot. Die Suche erstreckt sich nun also über verschiedene Kanäle, und wir nutzen diese verschiedenen Kanäle für unterschiedliche Intentionen – mit vielen Überschneidungen (siehe Abbildung 1.14).

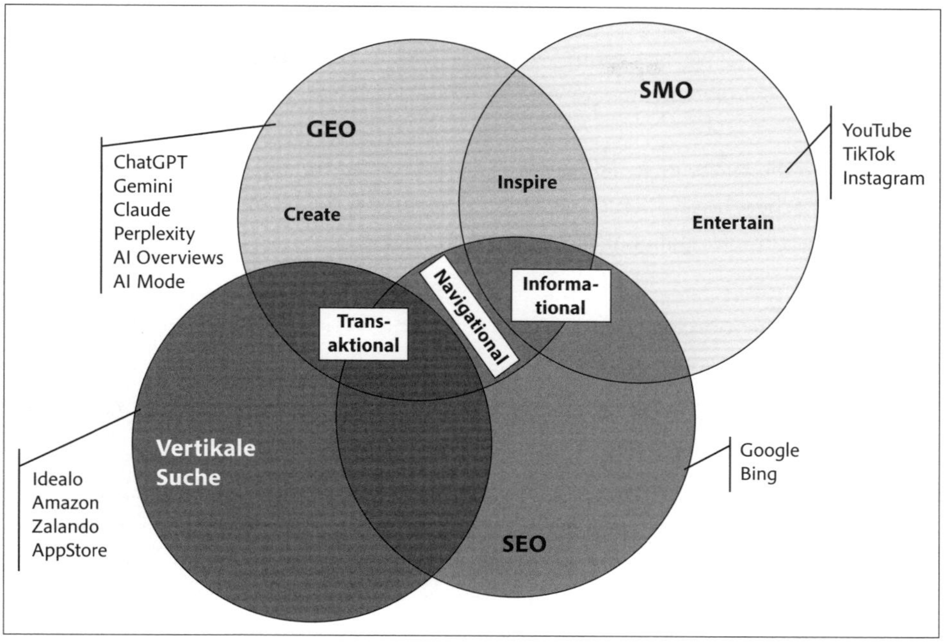

Abbildung 1.14: Verschiedene Suchkanäle für unterschiedliche Intentionen, die jedoch auch viele Überschneidungen aufweisen

SEO steht für die Suche in den herkömmlichen Suchmaschinen. Dieser Kanal kann alle der bisher gewohnten Suchintentionen abdecken: transaktional, navigational und informational.

[i]

Info: Die drei herkömmlichen Suchintentionen

Im organischen Marketing, speziell auf die klassischen Suchmaschinen bezogen, unterscheiden wir verschiedene Intentionen.

- **Informational**: Die Person möchte etwas wissen (z. B. »Was sind die Symptome von Vitamin-D-Mangel?«).
- **Navigational**: Die Person möchte zu einem bestimmten Ort im Internet oder in der realen Welt gelangen (z. B. »Log-in-Bereich DKB« oder »Zara Filiale Hamburg«).
- **Transaktional**: Die Person möchte eine konkrete Handlung ausführen, oft mit kommerziellem Hintergrund (z. B. »Nike Air Max 42 kaufen« oder »Flug nach Lissabon buchen«).

Es gibt auch sogenannte Mixed-Intent-Suchanfragen, die mehrere Absichten abdecken. Sucht jemand beispielsweise nach »Regenmantel Zalando«, ist das sowohl eine navigationale (die Person weiß schon, dass sie zu Zalando will) als auch eine transaktionale Suche (die Person will sehr wahrscheinlich einen Regenmantel kaufen). »Ölwechsel Polo« könnte sowohl informational (die Person möchte sich informieren, wie der Ölwechsel beim VW Polo funktioniert) als auch transaktional sein (eigentlich sucht die Person eine Werkstatt, die den Ölwechsel vornimmt).

SMO steht für die Suche in Social Media (z. B. Instagram, TikTok). Dort bewegen sich die meisten Menschen, um sich unterhalten oder inspirieren zu lassen - dennoch gibt es eine Schnittmenge zur informationalen Suche, wenn Nutzende solche Plattformen für die Recherche verwenden.

Die *vertikale Suche* bezeichnet jene in spezialisierten Verkaufsplattformen wie Amazon, Zalando oder App-Stores.

Nutzende suchen nicht mehr nur auf einer Plattform, sondern können alles verwenden, was ihnen zur Verfügung steht.

- Die transaktionale Intention beispielsweise ist - hauptsächlich - in GEO, SEO sowie in den vertikalen Suchmaschinen gegeben. Das bedeutet, dass du auf allen Plattformen, die sich diesen Kanälen zuordnen lassen, etwa »iPhone 17 Pro kaufen« eingibst, um eine möglichst breite Übersicht zu bekommen.
- Die informationale Intention kannst du mit einer herkömmlichen Suchmaschine per SEO befriedigen, aber hier kommen auch SMO und GEO ins Spiel - siehe unser Badeurlaub-Beispiel. Du kannst auf Instagram nach Inspiration dafür suchen, die KI danach fragen und dich auf die organischen Suchergebnisse stützen.

GEO steht für die Suche in KI-Systemen. Dieser Kanal kann ebenfalls die herkömmlichen Intentionen abdecken, ergänzt sie jedoch um eine neue Absicht: Die Nutzenden weisen die KI an, etwas Neues zu erschaffen (»Create«).

[zB]

Beispiel: Create-Intention

- »Schreibe mir eine E-Mail an meinen Vermieter, in der ich frage, ob ich einen Hund halten darf.«
- »Erstelle mir einen Trainingsplan für 3 Tage pro Woche im Fitnessstudio.«
- »Gib mir 5 Ideen für ein Brainstorming zum Thema ›Nachhaltigkeit im Büro‹.«
- »Übersetze mir diesen Absatz ins Englische.«

Der schon zuvor herangezogene Bericht von OpenAI bestätigt diesen Trend eindrucksvoll: Wie die Analyse von ChatGPT-Prompts zeigt, lassen sich knapp 40 % der Anfragen nicht den klassischen Suchintentionen zuordnen, sondern fallen unter den Aspekt »Doing« (vgl. Abschnitt 1.1.1), was »Create« entspricht.

Abbildung 1.15 aus dem Bericht von OpenAI zeigt, wie sich Asking, Doing und Expressing auf verschiedene Aufgaben verteilen. Bei der Informationssuche (Seeking Information) z. B. ist der Doing-Anteil, also »Create«, sehr gering – logisch, denn hier geht es vornehmlich darum, sich Fragen beantworten zu lassen. Im Aufgabenbereich »Schreiben« (Writing) hingegen verschiebt sich der Anteil stark hin zum Tun – auch wieder logisch, denn die meisten Nutzenden bitten das KI-System, einen Text für sie zu erstellen oder zu bearbeiten.

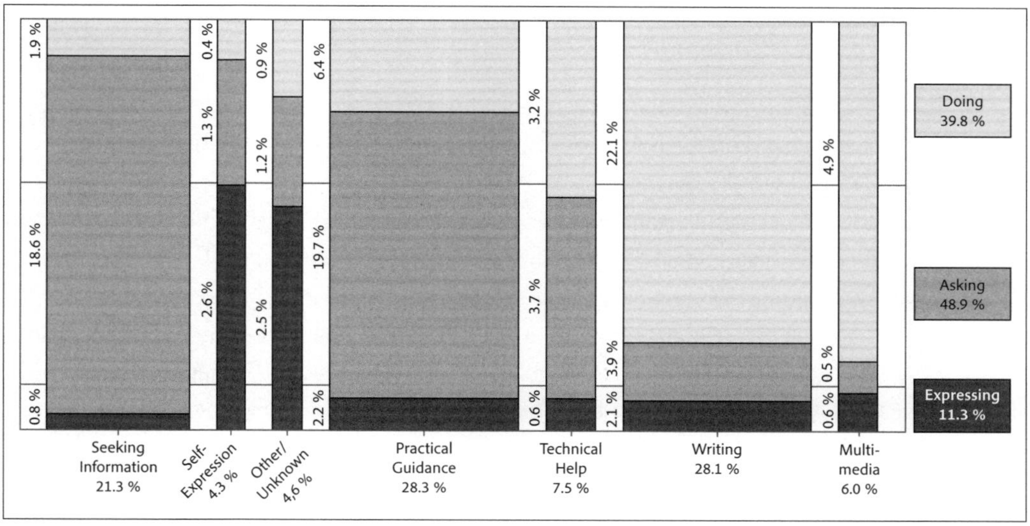

Abbildung 1.15: Die Informationssuche (Asking), aber auch das Erstellen von etwas Neuem (Doing) dominieren in ChatGPT.

Innerhalb der einzelnen Aufgabenbereiche gibt es Spielraum für mehr als eine Intention: Geht es etwa um »Praktische Anleitung« (Practical Guidance), so könnte ein Nutzer beispielsweise fragen, wie er am schnellsten Muskeln aufbaut (Asking). Er könnte die KI aber auch damit beauftragen, ihm einen konkreten Trainingsplan zu entwerfen (Doing). Im Aufgabenbereich »Schreiben« wiederum könnte er fragen, nach welchen Gesichtspunkten er einen Text über Muskelaufbau verfassen sollte (Asking) – oder er bittet die KI direkt, den Text zu verfassen (Doing).

KI-Systeme decken also die herkömmlichen informationalen, navigationalen und transaktionalen Bedürfnisse ab, haben aber auch eine neue Superkraft: Create/Doing. Dieser Anwendungsfall – die kreative Dimension – macht einen fast ebenso großen Anteil aller Anfragen aus wie die Informationssuche (Asking). In der GEO musst du dich allerdings für Marketingzwecke auf die klassischen Suchintentionen (transaktional, informational und navigational) konzentrieren, weil der Bereich bzw. die Intention »Create« selten die Möglichkeit bietet, in den Antworten der KI-Systeme aufzutauchen. Fokussiere dich also auf solche Prompts, in denen dein Unternehmen als Marke genannt und zitiert werden kann – das sind in der Regel Prompts, die eine Kaufabsicht ausdrücken oder mit denen

Nutzende nach Informationen oder konkreten Produkten etc. suchen (siehe Abschnitt 2.3). Um den Bereich »Create« geht es daher in diesem Buch nicht weiter.

Fazit: Dein Weg zur GEO-Exzellenz

Die Einordnung von GEO ist der erste und wichtigste Schritt, um das Potenzial dieses Kanals zu erkennen. Du hast gesehen, dass GEO kein isoliertes Phänomen ist, sondern sich logisch in die bestehende Marketing-Landschaft einfügt und diese erweitert.

Halte fest:

- **GEO ist Earned Media**: Du verdienst dir deine Sichtbarkeit in den Antworten der KI-Systeme durch den Aufbau von Relevanz und Autorität in deinem spezifischen Themenbereich.
- **GEO ist breit anwendbar**: Ähnlich wie SEO wirkt GEO über weite Teile der Customer Journey und ist für fast jedes Geschäftsmodell relevant.
- **GEO bedient neue Bedürfnisse**: Neben den klassischen Suchintentionen etabliert sich mit »Create« eine völlig neue, dominante Nutzungsintention. Um Ziele wie Mentions, Citations, Traffic und ggf. Sales und Leads zu generieren, musst du dich aus Marketingsicht allerdings auf die herkömmlichen Suchintentionen konzentrieren.

Kapitel 2

GEO verstehen – Grundlagen, Begriffe und Strukturen

Das Ziel der GEO ist die Sichtbarkeit in den Ergebnissen von KI-basierten Systemen. Das folgende Rahmenwerk hilft dir, die komplexen Anforderungen dieses Kanals zu verstehen, und gibt dir einen Einblick in die Grundlagen.

Nach einer ersten Einordnung und einem kompakten Überblick über die Aufgaben der Generative Engine Optimization (GEO) stellen wir dir kurz die wichtigsten Begriffe vor, die im Umgang mit GEO und in diesem Buch immer wieder auftauchen werden. Anschließend geht es darum, welche KI-Systeme es eigentlich gibt und wie sie funktionieren. Den Abschluss dieses Kapitels bildet die Frage, ob es sinnvoller ist, GEO selbst umzusetzen, z. B. in der SEO-Abteilung deines Unternehmens, oder ob du die entsprechenden Maßnahmen besser einer Agentur überlassen solltest.

2.1 Was GEO ausmacht – Aufgaben und Entwicklung im Zeitverlauf

Die Aufgabe der GEO – der Optimierung für generative KI-Systeme – ist es, dich und deine Marke in ebenjenen KI-Systemen sichtbar zu machen. Du arbeitest mit GEO daran, dass ChatGPT, Perplexity, AI Overviews und andere KI-Systeme deine Marke oder deine Inhalte in den Antworten anzeigen, die Menschen auf ihre Fragen an die KI erhalten. Eine KI kann deine Marke beispielsweise als Quelle für eine Antwort ausgeben, Inhalte von deiner Website zitieren oder deine Marke im Text erwähnen. Fragt jemand die KI etwa, »Welche Reiseanbieter sind die besten für Familienreisen?«, so erhält er eine Liste mehrerer Reiseunternehmen mit Familienprogrammen. Als Reiseanbieter für Familienurlaube möchtest du in dieser Liste auftauchen. Warum und wie, das erfährst du in diesem Buch.

[!]

Wichtig: Was GEO nicht ist

Es geht bei GEO nicht darum, deine Arbeitsprozesse mithilfe von KI zu optimieren – die Effizienzsteigerung mit KI ist eine andere Disziplin. Diese Unterscheidung stellen wir voran, weil wir immer wieder feststellen, dass viele sich noch nicht im Klaren darüber sind, was GEO eigentlich ist und was nicht. Du lernst in diesem Buch also nicht, wie du beispielsweise schneller Texte mit KI schreibst oder wie du deine Start-up-Strategie mit KI entwickeln kannst. Du optimierst mit GEO nicht deine Prozesse, sondern deine Sichtbarkeit in KI-Systemen - dafür wiederum kannst du natürlich auch KI einsetzen, also beide Disziplinen verbinden. Darauf gehen wir kurz in Abschnitt 11.3 ein.

Zum Einstieg lernst du jetzt ein fünfstufiges Modell kennen, das die Bereiche *Strategie*, *Monitoring*, *Content*, *Technik* und *Off-Page* (siehe Abbildung 2.1) umfasst. Der Abschnitt beleuchtet außerdem deren chronologische und prozessuale Zusammenhänge.

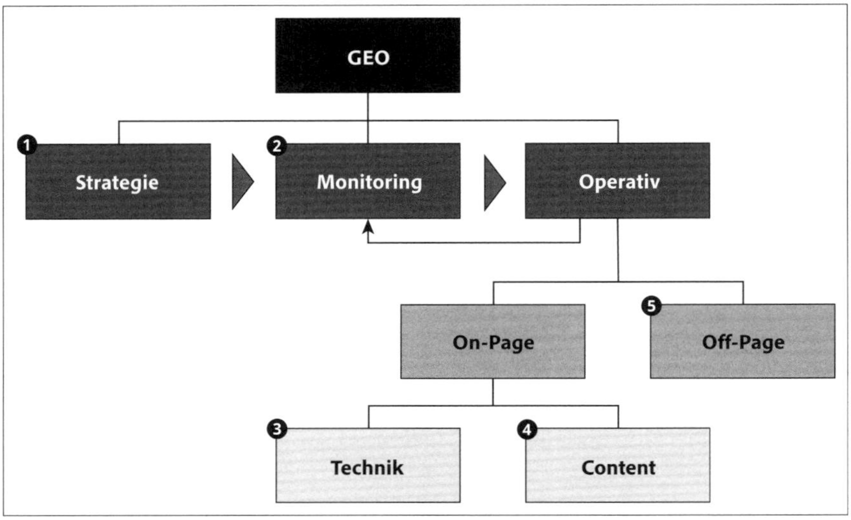

Abbildung 2.1: Die fünf Kernaufgabenbereiche der GEO

2.1.1 Die fünf Kernaufgaben der GEO und ihre prozessuale Abfolge - dein Einstieg in die Materie

GEO lässt sich in fünf zentrale Aufgabenbereiche unterteilen, die eine ganzheitliche Bearbeitung des Kanals gewährleisten. Diese Bereiche bauen teilweise aufeinander auf und gliedern sich in eine initiale *projektorientierte* und eine nachfolgende *prozessorientierte* Phase. Die zeitliche Abfolge und die damit verbundene Aufwandsverteilung (siehe Abbildung 2.2) sind für eine erfolgreiche GEO-Implementierung entscheidend. Während die Strategie einen hohen anfänglichen Aufwand erfordert, solltest du später vor allem Content und Off-Page kontinuierlich betreiben. Auch an Monitoring und Technik arbeitest du durchgehend.

❶ **Strategie**: Am Anfang jeder GEO-Initiative steht die Strategie. Sie ist eine projektorientierte Aufgabe, die zu Beginn den größten Aufwandsblock darstellt. In dieser Phase legst du die grundsätzliche Ausrichtung fest. Nach der initialen Strategieentwicklung sinkt der hierfür benötigte Aufwand deutlich. Du überprüfst deine Strategie allerdings in regelmäßigen Abständen, insbesondere dann, wenn sich deine inhaltliche Ausrichtung ändert.

❷ **Monitoring**: Nach der Strategieerstellung konzipierst du das Monitoring. Es ist ein kontinuierlicher Prozess, der eine datengestützte Grundlage für alle weiteren Aktivitäten schafft und die Erfolgsmessung sicherstellt.

❸ **Technik (On-Page)**: Die technische Optimierung bildet ein wichtiges Fundament für alle weiteren Maßnahmen. Mit dieser prozessorientierten Aufgabe stellst du sicher, dass deine Website technisch einwandfrei funktioniert. Ohne eine solide technische Basis sind die nachfolgenden Content-Aktivitäten wenig erfolgversprechend.

❹ **Content (On-Page)**: Im nächsten Schritt erstellst bzw. optimierst du Content. Regelmäßig hochwertige und relevante Inhalte zu veröffentlichen, ist eine prozessorientierte Daueraufgabe. Sie ist notwendig, damit Suchmaschinen und KI-Systeme die thematische Autorität deiner Website erkennen können. Viele der KI-Systeme scheinen außerdem bevorzugt auf sehr aktuelle Inhalte zuzugreifen.

❺ **Off-Page**: Mit der Off-Page-Optimierung stärkst du die externe Reputation und die Sichtbarkeit deines Unternehmens. Sie entwickelt sich im Zeitverlauf oft zum größten und kontinuierlichsten Aufwandsblock. Insbesondere wenn die anderen vier Bereiche bereits gut etabliert sind, lohnt sich eine stetige Off-Page-Aktivität, damit die KI-Systeme immer wieder externe Referenzen haben bzw. deine Marke in anderen Referenzen erwähnt wird.

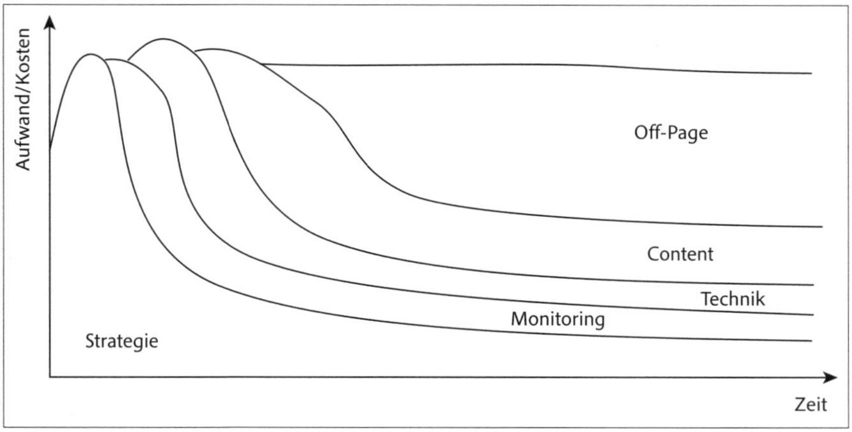

Abbildung 2.2: Strategie mit hohem anfänglichem Aufwand, Content und Off-Page als kontinuierliche Aufgaben, ebenso Monitoring und Technik

2.1.2 Chancen und Herausforderungen der GEO

Die Bearbeitung des GEO-Kanals ist mit spezifischen Herausforderungen und Chancen verbunden, die du in deiner Strategie berücksichtigen solltest.

- **Herausforderungen**
  - **Intransparenz**: KI-Systeme agieren als Blackbox und sind insofern mit den klassischen Suchmaschinen vergleichbar. Funktionsweisen und Trainingsdaten werden nicht offengelegt, was eine gewisse Unschärfe beim Arbeiten mit sich bringt.

  - **Datenerfassung**: Die Erfolgsmessung ist erschwert. Zwar lässt sich Referral Traffic aus KI-Systemen (also Besuche deiner Website, die durch das Anklicken von Links zu deiner Website in KI-Antworten zustande kommen) nachverfolgen, doch die Interaktionen, die ausschließlich innerhalb des KI-Systems stattfinden, bleiben verborgen.
  - **Unplanbare Prompts**: Die konversationelle Natur von KI-Systemen führt zu einer unvorhersehbaren Vielfalt an Anfragen (Prompts), die über die klassische Keyword-Recherche hinausgeht.
  - **Gefahr durch Zero-Clicks**: Es besteht das Risiko, dass KI-Systeme Anfragen direkt beantworten, ohne auf eine externe Seite zu verweisen. Dadurch entfallen sowohl der Referral Traffic als auch die Markensichtbarkeit (Zero-Click-Effekt).
  - **Hoher Integrationsaufwand**: GEO erfordert eine enge, horizontale Zusammenarbeit zwischen verschiedenen Abteilungen wie IT, Redaktion, Marketing und PR, was in traditionell vertikal organisierten Unternehmen eine Herausforderung darstellt.
- Chancen
  - **Expertenstatus**: Eine erfolgreiche GEO positioniert dein Unternehmen als Autorität und glaubwürdige Empfehlung innerhalb des KI-Systems – das geht über ein reines Suchergebnis hinaus und trägt stark zum Branding bei.
  - **Nachhaltige Wettbewerbsvorteile**: Die in der GEO aufgebauten Positionen sind für deine Wettbewerber nur schwer zu kopieren, was zu einem dauerhaften Vorteil führen kann.
  - **Glaubwürdigkeit**: Empfehlungen von KI-Systemen genießen bei Nutzenden eine hohe Glaubwürdigkeit, da sie KI-Ergebnisse als objektiv und nicht manipuliert wahrnehmen.
  - **First-Mover-Vorteil**: Das Wettbewerbsumfeld in der GEO ist aktuell noch klein, was Unternehmen, die frühzeitig systematisch agieren, eine besondere Chance bietet.

2.1.3 GEO als Vertrauensgut

Die Volkswirtschaftslehre unterscheidet zwischen Informations-, Erfahrungs- und Vertrauensgütern (siehe Abbildung 2.3). *Informationsgüter* zeichnen sich dadurch aus, dass du ihre Qualität und Eigenschaften bereits vor dem Kauf durch Inspektion oder Vergleich beurteilen kannst (Kleidung, Bücher, technische Geräte), daher ist die Unsicherheit beim Erwerb solcher Güter gering. Bei *Erfahrungsgütern* hingegen erkennst du die Eigenschaften und die Qualität erst nach dem Kauf oder während des Konsums (Restaurants, Filme, Software, Urlaubsreisen). Die Unsicherheit liegt im mittleren Bereich und reduziert sich durch wiederholte Erfahrungen. Bei *Vertrauensgütern* können Nicht-Fachleute die Eigenschaften und die Qualität auch nach dem Konsum schwer oder gar nicht beurteilen (medizinische Behandlungen, Rechtsberatung, Reparaturen, Finanzberatung) – hier sind die Verbraucher*innen auf die Expertise und Vertrauenswürdigkeit des Anbieters angewiesen.

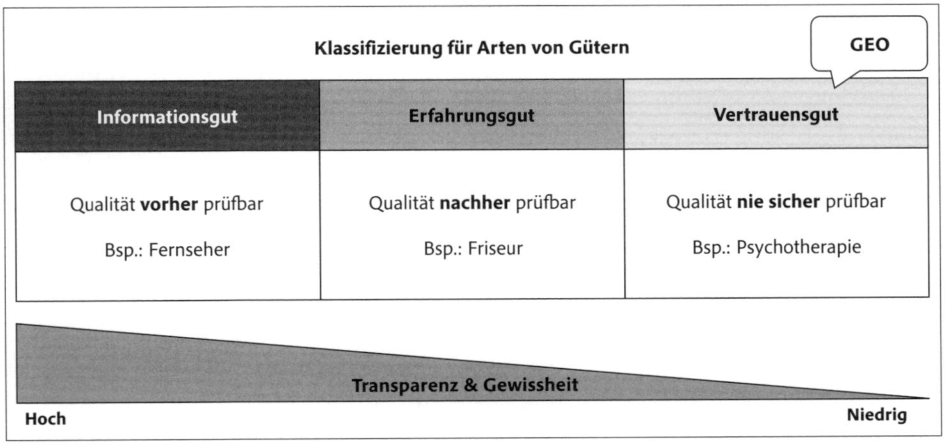

Abbildung 2.3: Die Unterschiede zwischen Informations-, Erfahrungs- und Vertrauensgütern – GEO fällt unter Vertrauensgut.

Die GEO ist als *Vertrauensgut* einzustufen, da ihre Qualität und ihr Erfolg für Außenstehende und selbst für die Auftraggebenden nur schwer oder gar nicht vollständig überprüfbar sind. Diese Eigenschaft führt zu einem erhöhten Kommunikationsbedarf. Fachleute, Teams und Agenturen müssen transparent und kontinuierlich über durchgeführte Maßnahmen, deren Zweck und die erzielten Ergebnisse berichten, um Vertrauen zu schaffen und den Wert ihrer Arbeit nachzuweisen.

2.1.4 Grundstrategien für einen nachhaltigen GEO-Erfolg – plane langfristig

In jedem Unternehmen gibt es für so gut wie jedes Vorhaben nur eine überschaubare Menge an Grundstrategien. Oft wird erwähnt, dass z. B. eine Dienstleistung nicht gleichzeitig *gut*, *schnell* und *günstig* zu haben ist. Bei einem der drei Aspekte muss der Auftraggeber im Regelfall Abstriche machen, denn alles zusammen ist nicht möglich. Genauso ist es auch bei der GEO. Momentan lassen sich Kniffe und Tricks anwenden, die für eine kurze Zeit funktionieren mögen. So haben wir beispielsweise getestet, ob wir mit dem uralten SEO-Hack »weiße Schrift auf weißem Grund« Ergebnisse in KI-Systemen erzielen. Und ja, tatsächlich haben mehrere Plattformen unsere »unsichtbaren« Inhalte angezeigt. Aber nachhaltig ist dieses Vorgehen natürlich nicht, denn KI-Systeme werden sich immer weiter entwickeln und solche Kniffe wahrscheinlich in Zukunft verhindern.

Wir kennen es von den traditionellen Suchmaschinen, vor allem von Google: Kaum vergehen ein paar Monate, gibt es ein neues Update, und viele davon richten sich gegen Spam oder unlautere Maßnahmen wie »Weiß auf Weiß«. Wir gehen davon aus und beobachten auch schon jetzt, dass KI-Anbieter eine ganz ähnliche Entwicklung durchlaufen werden.

Genauso wie Menschen in der herkömmlichen Internetsuche gute Antworten wollen, möchten sie auch von der künstlichen Intelligenz keine minderwertigen Ergebnisse haben. Qualität sollte also (weiterhin) dein Leitfaden bei jeglichen Bemühungen um Online-Sichtbarkeit sein.

In Abbildung 2.4 siehst du, auf welchem Spektrum zwischen Sicherheit und Effizienz sich deine Grundstrategie bewegen könnte. *Sicherheit* bedeutet: Du strebst nach langfristigem GEO-Erfolg auf einer soliden Basis, bei der die hohe Qualität deiner Maßnahmen im Vordergrund steht. *Effizienz* bedeutet, dass du gerade zwar schnelle Ergebnisse erzielen könntest, diese aber auf längere Sicht riskant und teuer sind.

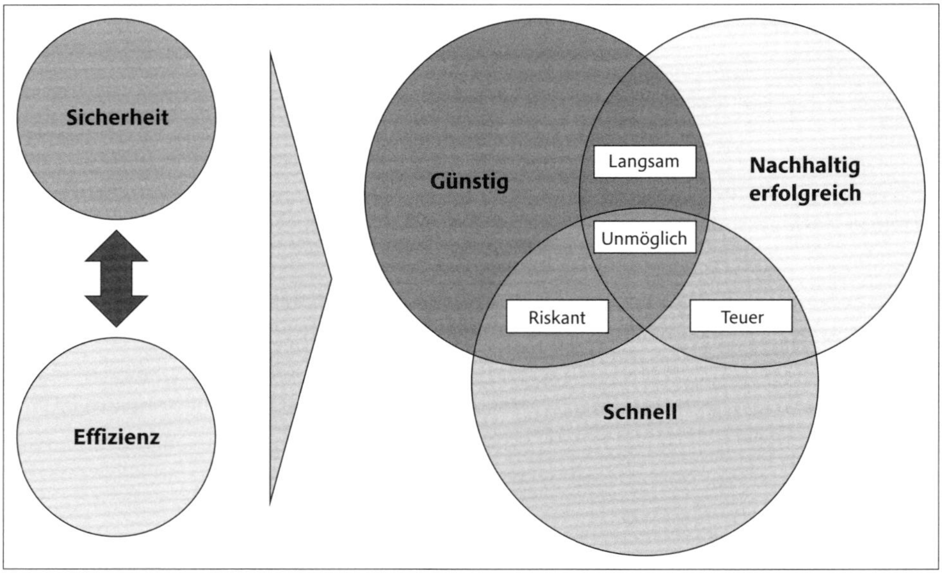

Abbildung 2.4: Entscheide dich am besten für eine langsamere, aber nachhaltigere GEO-Grundstrategie.

2.1.5 Erfolgsfaktoren - was du beeinflussen kannst und was nicht

Du kannst deine Generative Engine Optimization noch so sehr perfektionieren, am Ende hast du - ganz ähnlich wie in der traditionellen Suchmaschinenoptimierung - nicht die volle Kontrolle über deinen Erfolg. Wenn du GEO betreibst, wirst du dich immer in einem Spannungsfeld zwischen deinen eigenen Maßnahmen und denen der Wettbewerber sowie der Entwicklung der KI-Systeme befinden (siehe Abbildung 2.5). Was du selbst machst, hast du auch selbst in der Hand. Wie die Technologie voranschreitet und was andere Unternehmen machen, nicht.

Das sollte dich aber nicht davon abhalten, überhaupt etwas zu machen. Deine Marke, dein Unternehmen und deine Inhalte müssen - wie immer schon - dort zu finden sein, wo deine Kund*innen sind. Und die benutzen nun mal zunehmend KI-Plattformen.

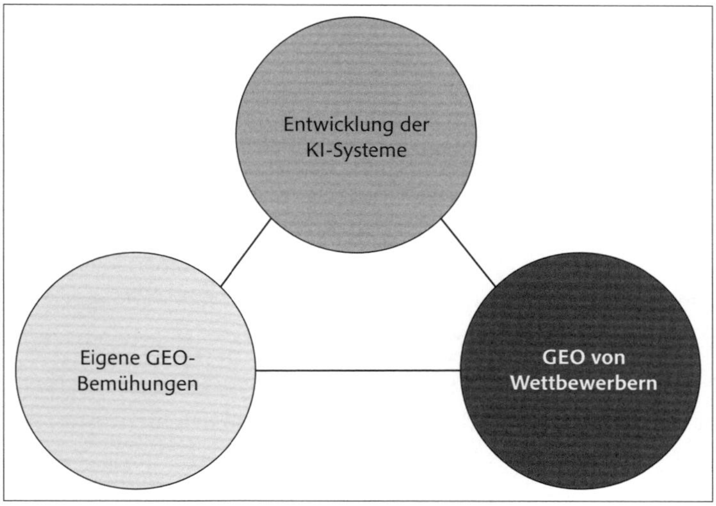

Abbildung 2.5: Das Spannungsfeld zwischen deiner eigenen GEO, den Maßnahmen deiner Wettbewerber und der KI-Entwicklung

Fazit: Was GEO ausmacht

GEO macht deine Marke dort sichtbar, wo Menschen heute mehr und mehr nach Antworten suchen: in generativen KI-Systemen. Der Schlüssel liegt in einer klaren Strategie mit belastbarem Monitoring, solider technischer Basis, kontinuierlich starkem Content und gezielter Off-Page-Arbeit. Plane langfristig und setze auf Qualität statt auf kurzlebige Tricks. KI-Plattformen entwickeln sich schnell weiter und belohnen verlässliche, aktuelle und relevante Quellen. Akzeptiere das Spannungsfeld aus eigener Einflussnahme, Wettbewerbsaktivitäten und Technologieentwicklung – und handle trotzdem: Deine Kund*innen sind in KI-Systemen unterwegs. Wer jetzt systematisch GEO betreibt, sichert sich Glaubwürdigkeit und nachhaltige Wettbewerbsvorteile.

2.2 Diese Begriffe solltest du kennen, bevor du loslegst

Wie in jeder neuen Disziplin tauchen auch in der GEO zahlreiche neue Begriffe auf, die nicht immer selbsterklärend sind. Um ein wenig Licht ins Dunkel zu bringen, erläutern wir die wichtigsten hier.

2.2.1 Was ist ein LLM – und warum kann es halluzinieren?

Ein LLM (Large Language Model) ist ein großes neuronales *Sprachmodell*. Diese Modelle funktionieren auf der Basis von Wahrscheinlichkeit – sie haben unzählige Wort- und Satzfolge-Beziehungen aus enormen Textmengen erlernt.

[i]

Info: Trainingsdaten

Diese Textmengen tragen die Bezeichnung »Trainingsdaten«. Es handelt sich um riesige Text-, Code- und ggf. Bildkorpora, mit denen die Modelle »gefüttert« werden, um daraus Sprachmuster ableiten zu können.

Bittest du deine KI-Plattform nun beispielsweise um eine Antwort auf die Frage »Wie lautet dein Tipp, um morgens schnell und stressfrei aus dem Haus zu kommen?«, so greift das LLM deines KI-Systems nicht auf tatsächliches Wissen zurück, sondern generiert die Antwort basierend auf dem in diesem Kontext jeweils »nächstwahrscheinlichen« Wort.

Ohne Grounding stützen sich LLMs ausschließlich auf ihr Trainingswissen, was zu *Halluzinationen* (faktisch falschen, aber sprachlich plausiblen Antworten) führen kann. Mit Grounding durch RAG (Retrieval-Augmented Generation) verbessert sich die Faktentreue erheblich: Das System durchsucht neben den Trainingsdaten auch externe Datenquellen und Webinhalte nach relevanten Informationen und integriert diese dann in die Antwort.

So hast du Zugriff auf Daten jenseits des ursprünglichen Trainingsstichtags. Dein gewähltes KI-System kann seine Antworten mit überprüfbaren Referenzen versehen. Und durch die Bindung an externe, faktische Quellen halluziniert es weniger. Auf Grounding geht Abschnitt 2.2.6 noch näher ein.

Moderne LLMs bestehen aus mehreren Schichten neuronaler Netze mit oft mehreren hundert Milliarden Parametern. Die Funktionsweise gründet auf selbstüberwachtem Lernen: Das Modell lernt, Muster und Zusammenhänge in den Trainingsdaten eigenständig zu erkennen, ohne explizite Anleitung. Der Kern der Textgenerierung liegt im Selbstaufmerksamkeitsmechanismus (Self-Attention), der es dem Modell ermöglicht, die Wichtigkeit verschiedener Wörter in einem Satz relativ zueinander zu bewerten.

[!]

Achtung: Sprachmodell vs. Produkt/Plattform

Die Begriffe LLM bzw. Sprachmodell (z. B. Claude 4.7, Gemini 2.5 Pro oder GPT-5) beschreiben den *technischen Unterbau* von KI-Systemen. Plattformen wie ChatGPT, Perplexity, AI Overviews oder Copilot sind *Produkte*, die ein Sprachmodell einsetzen. Mehr dazu in Abschnitt 2.3.

2.2.2 Prompts, Chunks und Tokens: die Bausteine der KI-Kommunikation

Um die Antworten von KI-Systemen nicht nur zu konsumieren, sondern aktiv zu gestalten, müssen wir ihre »Sprache« verstehen. Es reicht nicht, nur zu wissen, was die KI am Ende ausgibt. Wir müssen begreifen, wie sie Informationen aufnimmt, verarbeitet und strukturiert. Die drei zentralen Bausteine dafür sind Prompts, Tokens und Chunks.

Der Prompt: dein direkter Draht zur KI

Jede Form von Eingabe, die du an ein KI-System richtest, um eine Antwort zu erzeugen, nennt sich *Prompt*. Ein Prompt kann eine Anweisung, eine Frage, ein unvollständiger Satz, ein Stück Code oder eine Kombination aus all diesen Elementen sein.

Die Qualität deines Prompts bestimmt maßgeblich die Qualität der Antwort. Das Prinzip ist einfach: »Garbage in, garbage out.« Ein vager Prompt führt zu einer vagen Antwort. Ein präziser, kontextreicher Prompt führt zu einem nützlichen, maßgeschneiderten Ergebnis.

[zB]

Beispiel: Starker und schwacher Prompt

- **Schwacher Prompt**: »Was ist GEO?«

  Ergebnis: eine allgemeine, lehrbuchartige Definition, die du überall finden könntest.
- **Starker Prompt**: »Erkläre mir GEO aus der Perspektive eines Unternehmers, der einen Online-Shop für handgemachte Keramik betreibt. Gib mir drei konkrete, umsetzbare Tipps, wie ich meine Sichtbarkeit in KI-Antworten verbessern kann.«

  Ergebnis: eine hochrelevante, auf deine spezifische Situation zugeschnittene Anleitung mit direktem Praxiswert.

Ein guter Prompt ist wie ein gutes Briefing für deine Mitarbeitenden oder Kolleg*innen. Sei spezifisch, gib Kontext, definiere die Zielgruppe und das gewünschte Format der Antwort.

Der Token: die eigentliche Währung der KI

Wenn ein Sprachmodell einen Text verarbeitet, liest es keine Wörter oder Sätze, sondern Tokens. Ein Token ist die kleinste Einheit, in die ein Text für die KI zerlegt wird. Tokens sind sozusagen die Atome der KI-Sprache.

Ein Token ist nicht zwangsläufig ein ganzes Wort. Es kann ein ganzes Wort sein (»Auto«), ein Wortteil (»Fahr-«, »-zeug«), ein einzelnes Zeichen oder ein Satzzeichen.

[zB]

Beispiel: Tokenisierung (Zerlegung in Tokens)

Den Satzbaustein »ein gutes KI-Modell.« zerlegt die KI vielleicht so:

ein | gutes | KI | - | Modell | .

Warum ist das für dich wichtig? Aus zwei Gründen:

- **Kosten**: Die Nutzung der meisten KI-Schnittstellen (APIs) wird pro Token abgerechnet – sowohl für deine Eingabe (Prompt) als auch für die generierte Ausgabe (Antwort). Ein besseres Verständnis für Tokens hilft dir, die Kosten deiner KI-Nutzung zu kontrollieren.
- **Kontextfenster**: Jedes KI-Modell hat ein sogenanntes Kontextfenster, also eine maximale Anzahl an Tokens, die es auf einmal verarbeiten kann. Dieses Limit bestimmt, wie viel Information (z. B. die Länge eines Dokuments, das du analysieren lässt) die KI bei einer einzigen Anfrage berücksichtigen kann.

Achtung: Tokenisierung führt oft zu falschen URLs

Falsch erstellte URLs sind ein Fehler, der vor allem in Sprachmodellen ohne Grounding (siehe Abschnitt 2.2.6) zu beobachten ist. Er kommt zustande, weil die KI Text in Tokens zerlegt – und das betrifft eben auch URLs. Den Hostnamen gibt die KI meist noch korrekt wieder, doch alles, was nach dem Slash kommt, beruht lediglich auf Wahrscheinlichkeit.

Der Chunk: die verdauliche Informationseinheit

Während Tokens die kleinsten Bausteine sind, ist ein Chunk (auf Deutsch: »Brocken«, »Stück«) eine größere, zusammenhängende Informationseinheit. Wenn eine KI im Rahmen des Grounding-Prozesses externe Dokumente oder Webseiten analysiert, liest sie nicht die gesamte Seite am Stück. Stattdessen zerlegt sie den Inhalt in logische, thematisch zusammengehörige Chunks.

Beispiel: Chunks

Stell dir vor, die KI analysiert einen langen Blogartikel über die besten Wanderrouten in den Alpen. Sie wird den Artikel in Chunks aufteilen, die vielleicht jeweils einem Abschnitt entsprechen:

- Chunk 1: Einleitung und allgemeine Tipps
- Chunk 2: Beschreibung der Route »Adlerweg«
- Chunk 3: Beschreibung der Route »Dolomiten-Höhenweg«
- Chunk 4: Fazit und Ausrüstungstipps

Jeder dieser Chunks besteht wiederum aus einer bestimmten Anzahl von Tokens.

Für dich als Unternehmer*in, Marketer*in oder Content-Creator*in ist das eine entscheidende Erkenntnis: Strukturiere deine Inhalte so, dass sie für eine KI leicht in sinnvolle Chunks zerlegbar sind. Klare Überschriften, Absätze, die sich jeweils einem Kerngedanken widmen, und eine logische Gliederung machen deine Inhalte »KI-freundlicher« (mehr zu Content mit KI-Wirkung erfährst du in Kapitel 5).

Das Zusammenspiel: vom Prompt zum Ergebnis

Bringen wir nun alles zusammen. Der Prozess von deiner Eingabe bis zur KI-Antwort sieht vereinfacht so aus:

1. Du formulierst einen Prompt, der aus einer bestimmten Anzahl von Tokens besteht.
2. Die KI analysiert deinen Prompt und entscheidet, ob sie für die Antwort externe Informationen benötigt (Grounding).
3. Wenn ja, durchsucht sie das Web und zerlegt die relevantesten Dokumente in Chunks.
4. Sie wählt die Chunks aus, die am besten zu deinem Prompt passen.

5. Basierend auf deinem Prompt und den Informationen aus den ausgewählten Chunks generiert die KI eine Antwort, die wiederum aus Tokens besteht.

Wer die Bausteine kennt, erhält die besseren Ergebnisse
Prompts, Tokens und Chunks sind keine abstrakten technischen Details. Sie sind die Hebel, die dir die Kontrolle über die KI-Kommunikation geben. Ein meisterhafter Prompt ist dein Werkzeug für präzise Ergebnisse. Das Wissen um Tokens hilft dir, Kosten und technische Limits zu managen. Das Verständnis für Chunks befähigt dich, Inhalte zu erstellen, die von KIs anerkannt und zitiert werden.

2.2.3 Vector Embeddings: die neue Sprache der Relevanz

Nachdem wir die sichtbaren Bausteine – Prompts, Chunks und Tokens – kennengelernt haben, widmen wir uns nun dem Mechanismus im Hintergrund: den Vector Embeddings. Sie ermöglichen es KI-Systemen und modernen Suchmaschinen überhaupt erst, die Bedeutung hinter Wörtern zu erfassen und deren Relevanz zu bestimmen.

Was sind Vector Embeddings?
Ein Vector Embedding ist eine mathematische Darstellung von Inhalten. Stell es dir wie einen digitalen Fingerabdruck für ein Wort, einen Satz oder sogar ein ganzes Bild vor. Diese Inhalte werden in einen mehrdimensionalen Raum (einen sogenannten Vektorraum) projiziert, in dem jedes Element eine Position als Vektor erhält. Die Position und die Nähe zu anderen Vektoren spiegeln die *semantische Ähnlichkeit* wider.

Einfach ausgedrückt: Inhalte mit ähnlicher Bedeutung liegen im Vektorraum nahe beieinander, während inhaltlich entfernte Themen weit voneinander entfernt sind.

Zur besseren Einordnung grenzt Tabelle 2.1 die zentralen Begriffe ab:

Begriff	Was es ist	Zweck	Beispiel
Embedding	Prozess der Umwandlung von Daten in Vektoren	Bedeutung und Kontext in Zahlen fassen	Ein KI-Modell liest das Wort »Hund« und generiert dafür einen Vektor.
Vektor	Ergebnis des Embedding-Prozesses; eine Zahlenreihe	Repräsentation eines Datenpunktes im Vektorraum	[0.12, -0.45, 0.89, ...] ist der Vektor für »Hund«.
Vektordatenbank	Speichersystem für Vektoren	Effizientes Speichern und schnelles Finden ähnlicher Vektoren	Speichert Millionen von Vektoren für Wörter und ermöglicht die Suche nach »Haustier«, um Vektoren für »Hund« und »Katze« zu finden.

Tabelle 2.1: Die wichtigsten Begriffe rund um Vector Embedding

Multimodale Inhalte

Vector Embeddings beschränken sich nicht auf Text. Auch Bilder, Videos und Audiodateien werden in Vektoren umgewandelt. Eine KI kann so erkennen, ob ein Bild inhaltlich zu einem Textabschnitt passt. Das bedeutet, dass all deine Inhalte - Texte, Bilder und Videos - eine kohärente semantische Botschaft senden sollten, um als thematische Einheit verstanden zu werden.

Von Keywords zu semantischer Ähnlichkeit

Vector Embeddings sind für die GEO entscheidend, da sie die Art, wie KI-Systeme inhaltliche Relevanz bewerten, verändern. Anstatt einen Keyword-Fokus zu haben, analysieren sie die semantische Ähnlichkeit zwischen der Suchanfrage und dem Inhalt eines Dokuments.

Früher hatten Suchalgorithmen große Schwierigkeiten mit mehrdeutigen Begriffen (Ambiguität). Hätte ein Nutzer beispielsweise nach »Jaguar Beschleunigung 0 auf 100« gesucht, hätte das System möglicherweise irrelevante Ergebnisse über die Anlaufgeschwindigkeit von Raubkatzen auf der Jagd geliefert, da es die kontextabhängige Bedeutung nicht erfassen konnte.

Dank Vector Embeddings verstehen KI-Systeme heute den Kontext eines ganzen Satzes. Sie können erkennen, dass die Vektoren für »Jaguar« und »0 auf 100« in der Suchanfrage eng mit den Vektoren für »Kfz-Spezifikationen«, »Motorleistung« und »Autotests« korrelieren. Das System liefert somit korrekterweise Ergebnisse über die technischen Leistungsdaten des Automobilherstellers und ignoriert die zoologische Bedeutung.

Wer seine Inhalte zukünftig so strukturiert, dass sie ein klares, tiefes und kohärentes semantisches Feld abdecken, optimiert automatisch für die Vektoren der KI-Systeme.

[»]

Hinweis: Der Zusammenhang zwischen Chunks und Vector Embeddings

Ein sauber abgegrenzter, thematisch fokussierter Chunk erzeugt ein präzises Vector Embedding und wird so für die KI zu einer klar verständlichen Informationseinheit.

Vector Embeddings sind keine neue Technologie

Die grundlegende Technologie der Vector Embeddings ist im Google-Universum nicht neu. Bereits 2015 legte RankBrain mit einer vereinfachten Form von Embeddings den Grundstein für die semantische Suche, indem es komplexe Anfragen interpretierte (vgl. auch Abschnitt 11.1.3). 2019 führte Google mit BERT dann bidirektionale, kontextuelle Embeddings ein und ermöglichte damit erstmals ein tiefes, dem heutigen Verständnis ähnliches semantisches Verständnis des gesamten Satzkontextes.

Was sich seither grundlegend geändert hat, ist die zentrale Rolle: Während RankBrain ein isolierter Teil des Algorithmus war, sind Vector Embeddings heute das Fundament für umfassende KI-Systeme wie die generativen Modelle (z. B. AI Overviews / AI Mode). Der gravierende Unterschied zwischen BERT von 2019 und heutigen KI-Systemen ist, dass ein modernes Sprachmodell u. a. aufgrund des semantischen Verständnisses auswählt, welche Quellen es wie einbezieht. Die Optimierung für diese neuen, generativen Systeme erfordert daher einen wesentlich tieferen und ganzheitlicheren Ansatz als beispielsweise noch zu Zeiten von RankBrain.

2.2.4 Konversationelle Kommunikation: schreiben, wie man spricht

Das Besondere an KI-Systemen ist, dass du mit ihnen ein »Gespräch« führen kannst. Bei herkömmlichen Suchmaschinen tippst du dein Schlagwort oder auch mehrere in den Suchschlitz ein und erhältst eine Liste verschiedener Links, auf die du dann einzeln klickst, um dir die Inhalte anzeigen zu lassen. Ergibt sich aus deiner Recherche ein neues Schlagwort, fängst du wieder von vorne an.

Mit einer generativen KI hingegen kannst du jegliche Fragen, die du zu deinem Thema gerade hast, innerhalb eines Chats erörtern – in ganz natürlicher Sprache. Deswegen nennt sich diese Art der Kommunikation »konversationell« – wie ein Gespräch. Konversationelle Systeme behalten den Kontext über mehrere Eingaben und beantworten Follow-ups. Es entsteht ein Frage-Antwort-Muster, das du in vielen Fällen so lange fortführen kannst, bis du dich umfassend informiert fühlst.

> **Hinweis: Zusammenhang mit GEO**
> Das Ziel deiner GEO-Maßnahmen besteht in diesem Zusammenhang darin, deine Inhalte so zu optimieren, dass Modelle dich bzw. deine Marke eindeutig »erlernen«, Produkte dich zuverlässig »zitieren« und konversationelle Systeme deine Botschaften fehlerarm weitertragen.

2.2.5 Mentions und Citations: Werde erwähnt und zitiert

Systeme wie ChatGPT oder die AI Overviews von Google verändern, wie wir Informationen finden und wie Unternehmen ihre Zielgruppen erreichen. An die Stelle einer reinen Liste von Links in den organischen Suchergebnissen treten immer häufiger direkt formulierte KI-Antworten. In diesem neuen Umfeld sind zwei Begriffe entscheidend für deinen Erfolg: *Mentions* und *Citations*.

Auch wenn sie oft im selben Atemzug genannt werden, bezeichnen Mentions und Citations zwei unterschiedliche Arten, wie deine Marke in einer KI-Antwort erscheinen kann.

Mentions: die direkte Erwähnung deiner Marke

Eine Mention (auf Deutsch: »Erwähnung«) liegt vor, wenn eine KI in ihrer generierten Antwort den Namen deiner Marke, deines Produkts oder einer mit dir verbundenen Person (z. B. einer Expertin aus deinem Unternehmen) nennt, ohne dabei direkt auf deine Website zu verlinken.

Stell dir vor, jemand fragt eine KI: »Welches Tablet eignet sich gut für Kinder?«. Die KI antwortet mit einer Liste von Vorschlägen: »Für Kinder eignen sich mehrere Tablets. Beliebte Modelle sind das Amazon Fire HD Kids, das Samsung Galaxy Tab A und das Apple iPad. Das Amazon-Modell ist besonders robust, während das iPad Zugang zu einem riesigen App-Store bietet.« In diesem Fall sind »Amazon Fire HD Kids«, »Samsung Galaxy Tab A« und »Apple iPad« Mentions. Die Produkte werden als relevante Optionen genannt und damit in das Bewusstsein der Nutzenden gerückt.

In der Praxis könnte das aussehen wie in Abbildung 2.6 und Abbildung 2.7.

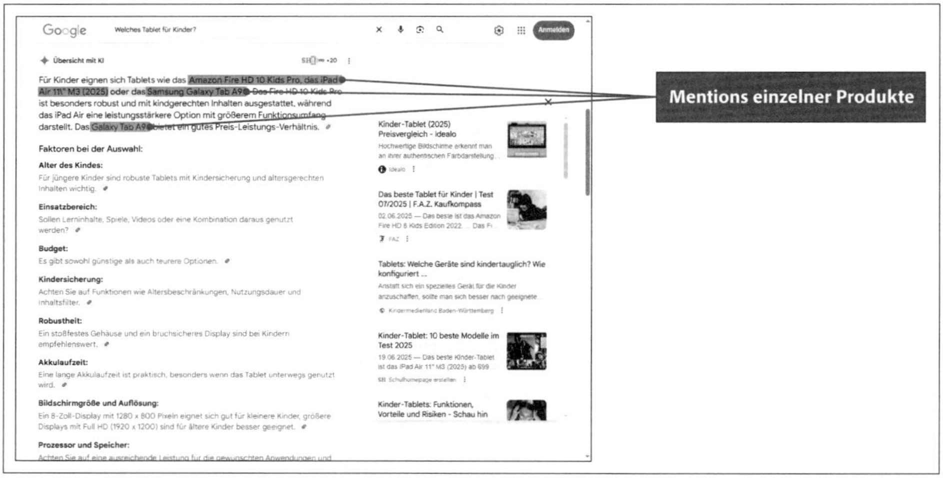

Abbildung 2.6: Mentions von Produkten in den AI Overviews

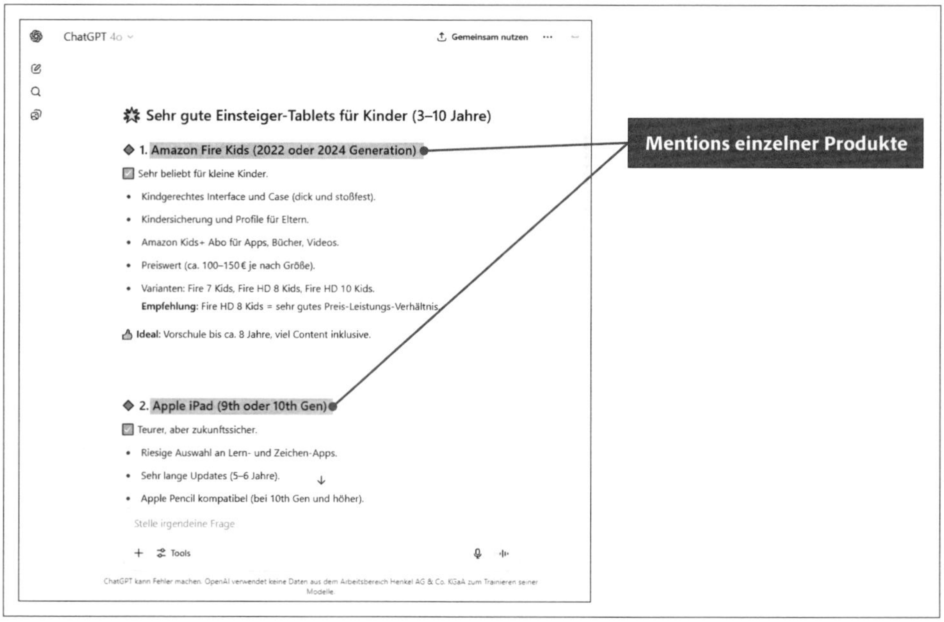

Abbildung 2.7: Mentions von Produkten in ChatGPT

Citations: der direkte Draht zu deiner Website

Eine Citation (auf Deutsch: »Zitat« oder »Quellenangabe«) ist eine explizite Verlinkung auf eine Seite, die von der KI als Quelle für die generierte Antwort herangezogen wurde. Sie ist die Bestätigung, dass der Inhalt der entsprechenden Seite als vertrauenswürdige Faktengrundlage für die Antwort gedient hat.

Es gibt direkte und indirekte Citations. Eine direkte Citation ist ein Link in der KI-Antwort, der direkt auf deine Website führt. Eine indirekte Citation ist ein Link, der auf eine Seite von Dritten führt, auf der deine Marke, dein Produkt, deine Dienstleistung o. Ä. genannt wird. Details dazu findest du in Kapitel 4.

Die Darstellung von Citations ist vielfältig und wird von den Anbietern ständig weiterentwickelt. Einige gängige Formen sind:

- **Citation-Boxen**: Am Ende oder neben einer KI-Antwort findest du die Quellen in einer separaten Box gesammelt aufgelistet.
- **Icons im Text**: Kleine Symbole am Ende eines Textabschnittes signalisieren, dass dieser von einer bestimmten Quelle stammt. Bei einer Mausinteraktion wird die Quelle sichtbar.
- **Direkte Links im Text**: Ähnlich wie klassische Hyperlinks im Web verweisen blau hervorgehobene Textstellen direkt auf die Quell-URL.

Die folgenden sechs Abbildungen geben dir einen guten Überblick über die verschiedenen Arten von Citations.

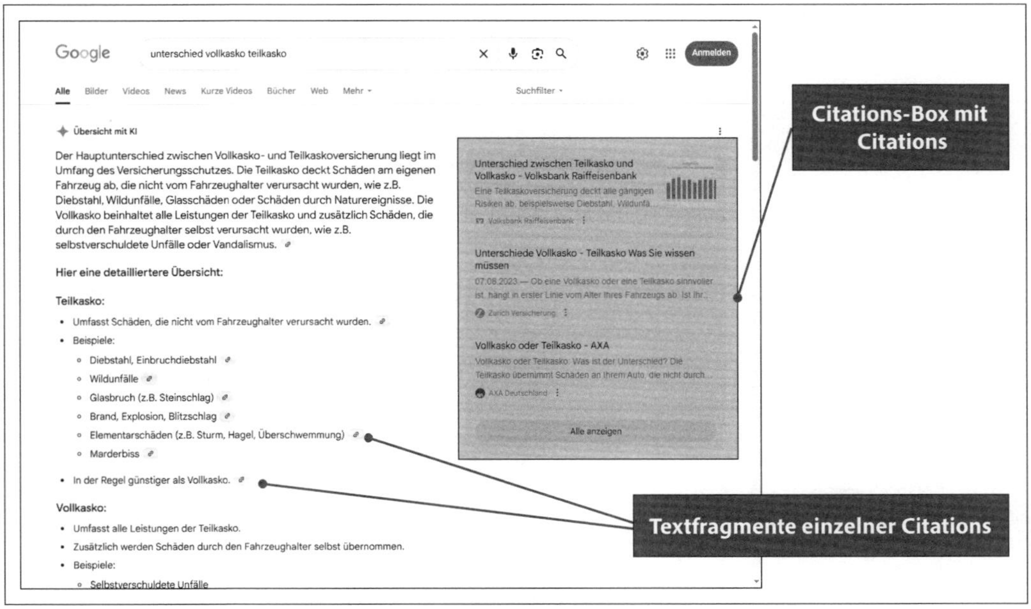

Abbildung 2.8: Citations in AI Overviews mit sichtbarer Citations-Box

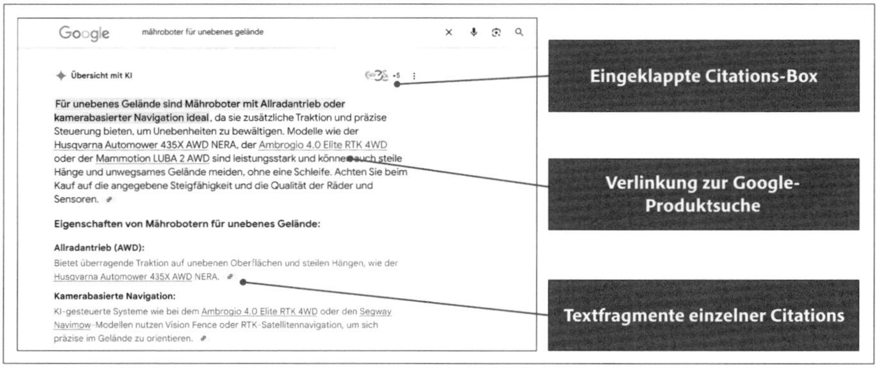

Abbildung 2.9: Citations in AI Overviews mit eingeklappter Citations-Box und Textfragmenten einzelner Citations

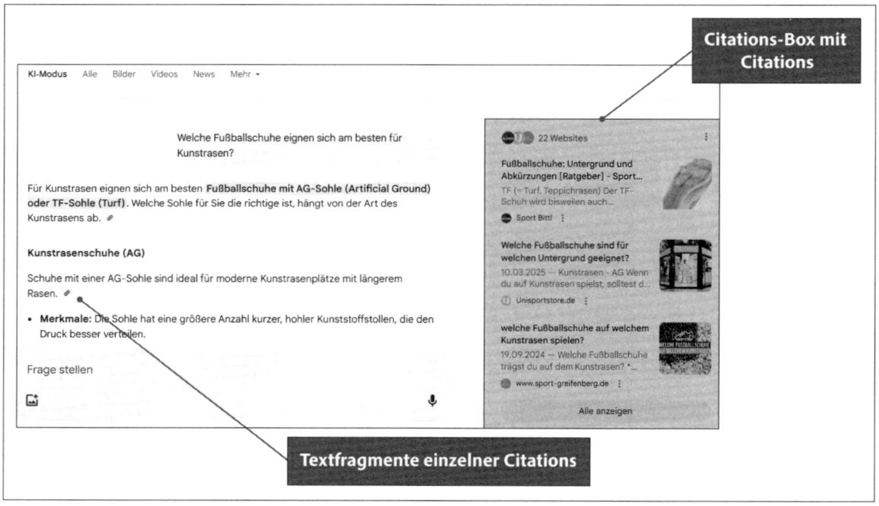

Abbildung 2.10: Citations im AI Mode

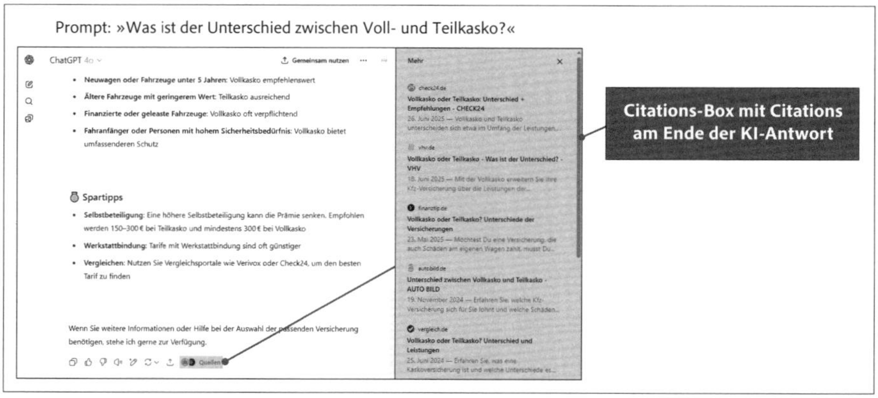

Abbildung 2.11: Citations-Box in ChatGPT mit Citations am Ende der KI-Antwort

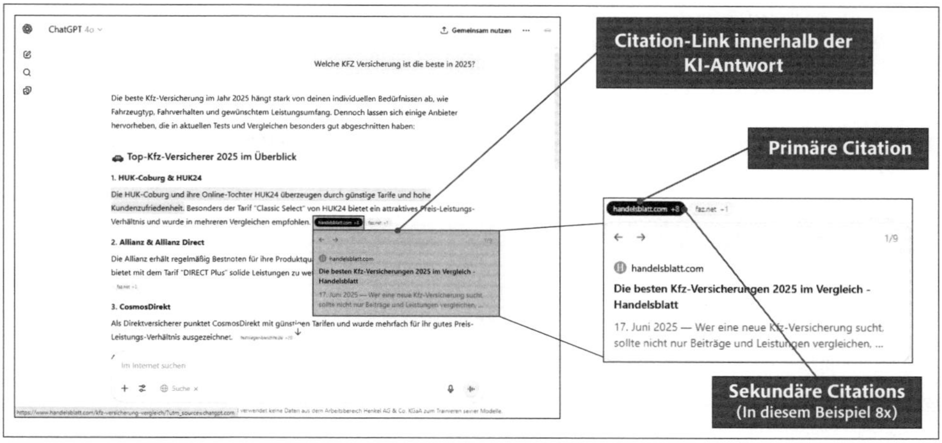

Abbildung 2.12: Citations-Box in ChatGPT mit Citation-Link innerhalb der KI-Antwort

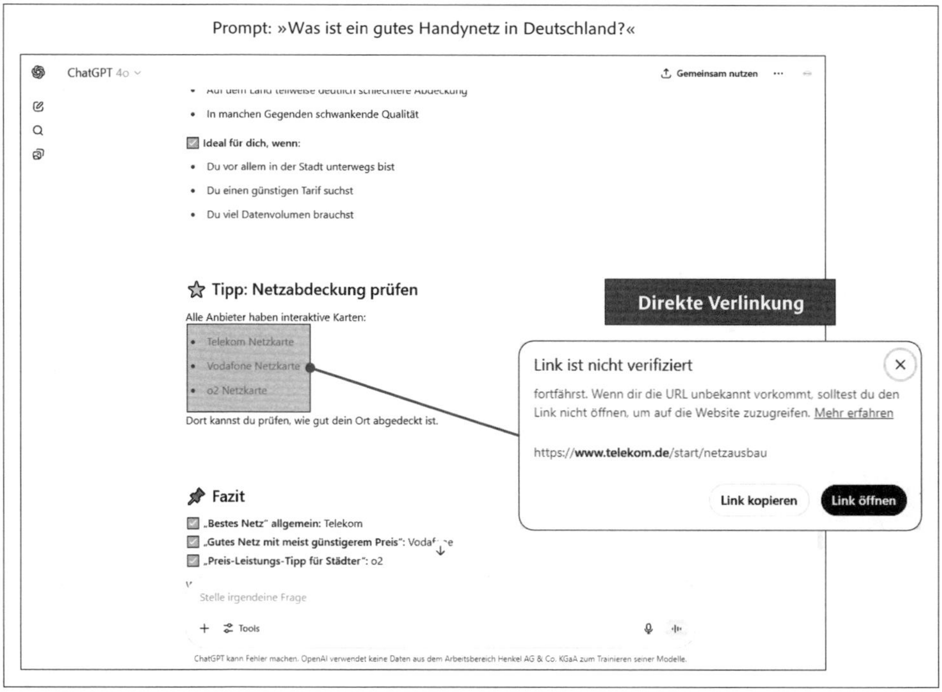

Abbildung 2.13: Citations in ChatGPT mit direkter Verlinkung

[+]

Tipp: Link ist nicht gleich Link

Sowohl Google als auch die Entwickler*innen anderer KI-Systeme versuchen oft, die Nutzenden möglichst lange im eigenen Ökosystem zu halten. Externe Links werden manchmal mit einem zusätzlichen Warnhinweis versehen, während Links zu eigenen Diensten (z. B. der Google-Produktsuche) direkt integriert sind.

In Kapitel 4 erfährst du mehr über den Wert von Mentions und Citations für Unternehmen. In Kapitel 8 zeigen wir dir, wie du Mentions und Citations in Tools tracken kannst.

2.2.6 Grounding: die Entstehung von Citations

Citations entstehen nicht bei jeder Anfrage. Sie sind das Ergebnis eines spezifischen Prozesses, der als *Grounding* bezeichnet wird (siehe Abbildung 2.14).

So funktioniert er vereinfacht:

- Eine Nutzerin stellt eine Anfrage (Prompt).
- Die KI analysiert, ob sie die Frage allein auf Basis ihrer Trainingsdaten umfassend und faktisch korrekt beantworten kann oder ob sie weitere Informationen benötigt.
- Stellt sie fest, dass ihr Wissen lückenhaft oder nicht aktuell genug ist, startet sie den Grounding-Prozess: Sie führt eine aktive Websuche durch und greift auf andere gespeicherte Datenquellen zurück, um aktuelle und relevante Informationen zu finden. Sie stützt sich also bei der Antwort auf überprüfbare Quellen. Die KI verfolgt damit das Ziel, Output zu erstellen, der mit hoher Wahrscheinlichkeit korrekt ist.
- Die besten gefundenen Webseiten werden dann als Quellen (Citations) herangezogen, um die Antwort zu formulieren und zu belegen. Aber nicht alle gefundenen Webseiten werden auch zwangsläufig zitiert.

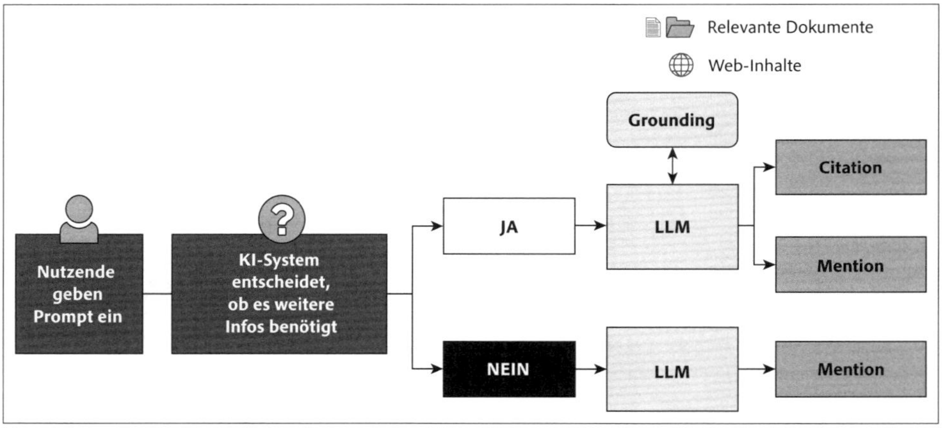

Abbildung 2.14: Das KI-System löst den Grounding-Prozess aus, wenn die Trainingsdaten nicht ausreichen, um den Prompt zu bearbeiten.

[»]

Hinweis: Signalwörter lösen Grounding aus

Bestimmte Signalwörter im Prompt, die auf ein Bedürfnis nach aktuellen oder sehr spezifischen Informationen hindeuten, sind oft der Auslöser für einen Grounding-Prozess. Dazu gehören Jahreszahlen (»die besten E-Autos 2025«), lokale Bezüge (»Umzugsunternehmen in Berlin«) oder Vergleichsfragen.

Die goldene Regel lautet: *Ohne Grounding-Prozess keine Citation.* Wenn die KI die Antwort allein aus ihren Trainingsdaten generiert, kann sie nur Mentions erzeugen. Dein Ziel muss es also sein, Inhalte zu erstellen, die für Anfragen relevant sind, die diesen Grounding-Prozess auslösen.

Übrigens: Bei Perplexity, im AI Mode und bei AIOs findet immer ein Grounding statt.

Oft wird dir im Grounding-Kontext auch das Akronym RAG begegnen. *RAG (Retrieval-Augmented Generation)* beschreibt eine spezifische Technik, mit der ein LLM durch eine externe Komponente (den Retrieval-Mechanismus) erweitert wird.

- **Retrieval**: Suche nach und Abruf von relevanten Informationen (oft mithilfe von Vector Embeddings) aus einer Wissensdatenbank
- **Augmented**: Erweiterung oder Anreicherung des Kontexts des LLMs mit den abgerufenen Fakten
- **Generation**: abschließender Schritt, bei dem das LLM die endgültige Antwort basierend auf dem bereitgestellten angereicherten Kontext formuliert

Das Grounding beschreibt das übergeordnete Ziel, die KI-Antworten an externen, überprüfbaren Daten zu verankern. RAG ist eine der spezifischsten und erfolgreichsten Architekturen, um dieses Grounding zu implementieren.

[i]

Info: Was müssen RAG-Systeme können?

Die Leistung von RAG-Systemen wird anhand von drei Kernkriterien bewertet: Kontextrelevanz (Präzision der abgerufenen Informationen), Faktentreue (Übereinstimmung der Antwort mit dem Kontext) und Antwortrelevanz (Bezug zur ursprünglichen Frage).

2.2.7 Query-Fan-out: intelligentes Auffächern von Suchanfragen

Query-Fan-out ist eine Technik, die KI-Systeme anwenden, um komplexe Suchanfragen zu verarbeiten. Das System fächert dabei eine einzelne Suchanfrage in mehrere verwandte Unterthemen und Sub-Querys auf. Die KI analysiert also die ursprüngliche Anfrage und generiert automatisch verschiedene, semantisch verwandte Suchanfragen, die gleichzeitig über mehrere Datenquellen hinweg gestellt werden (Quelle: *https://blog.google/products/search/google-search-ai-mode-update/*). Diese Sub-Querys sind nicht einfach nur Keywords, sondern semantisch verwandte Ideen und Konzepte, definiert durch sogenannte Entitäten.

Ein konkretes Beispiel zeigt die Leistungsfähigkeit dieser Technik: Du suchst nach »neuen Damen-Wanderschuhen für eine zweiwöchige Alpentour« und fragst nach den besten Modellen. Abbildung 2.15 zeigt, wie der AI Mode einen Query-Fan-out-Prozess startet (Thinking ..., Kicking off ..., Looking at ..., Getting info from Maps, Shopping). Er analysiert Inhalte über verschiedene Websites hinweg und präsentiert dann ein aggregiertes Ergebnis.

Abbildung 2.15: Der AI Mode auf der Suche nach Ergebnissen

Sub-Querys könnten beispielsweise sein (siehe Abbildung 2.16):

- damen wanderschuhe alpines terrain
- bewährte modelle damen wanderschuhe alpen
- robuste wanderschuhe berge bewertungen

etc.

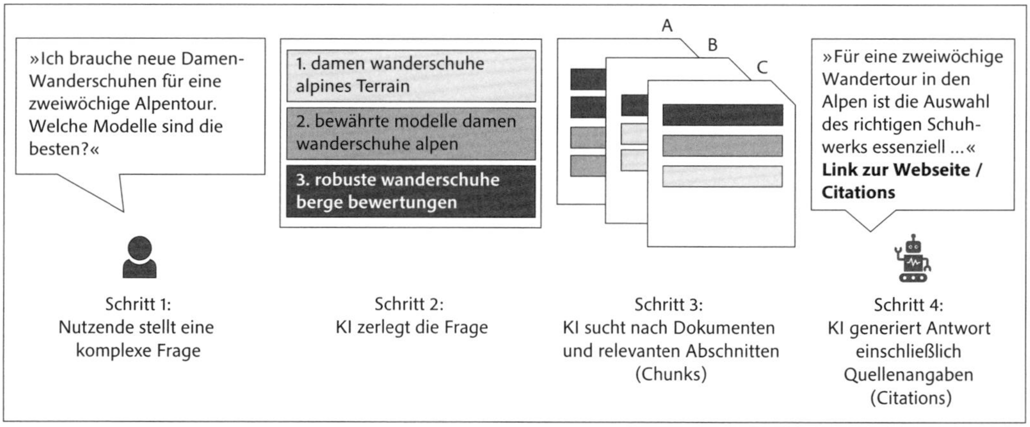

Abbildung 2.16: Query-Fan-out mit Sub-Querys zu Damen-Wanderschuhen

Für noch gründlichere Recherchen soll künftig der Deep-Search-Modus von Google die Query-Fan-out-Technik weiter ausreizen. Diese Funktion kann laut Google Hunderte von Suchanfragen durchführen, unterschiedliche Informationsstücke miteinander verknüpfen und in wenigen Minuten einen vollständig referenzierten Expert*innenbericht erstellen. So kann die Suchmaschine tiefer ins Web eintauchen als zuvor und hyperrelevante Inhalte entdecken, die perfekt zur ursprünglichen Frage passen.

2.2.8 Sentiment - der Ton macht die Musik

Sentiment bezeichnet die Tonalität, mit der KI-Systeme deine Marke, dein Produkt oder dein Unternehmen in ihren Antworten darstellen - ob positiv (»die führende Lösung für ...«), neutral (»eine Option ist ...«) oder negativ (»einige User*innen berichten von Problemen mit ...«). Auf diese Weise prägen KI-Plattformen also die Markenwahrnehmung. Die Sentiment-Analyse ist demnach ein wichtiger Erfolgsmesser für GEO.

Du strebst natürlich nur positive und neutrale Nennungen an und kannst auch auf das Sentiment um deine Marke herum einwirken (siehe Kapitel 7). Negative Erwähnungen kommen jedoch vor - vor allem, wenn der Prompt schon negativ formuliert ist. Abbildung 2.17 stellt dar, wie ChatGPT auf den Prompt »Welchen Stromanbieter sollte man aufgrund eines schlechten Kundenservices meiden?« gleich mehrere Anbieter mit schlechten Bewertungen listet.

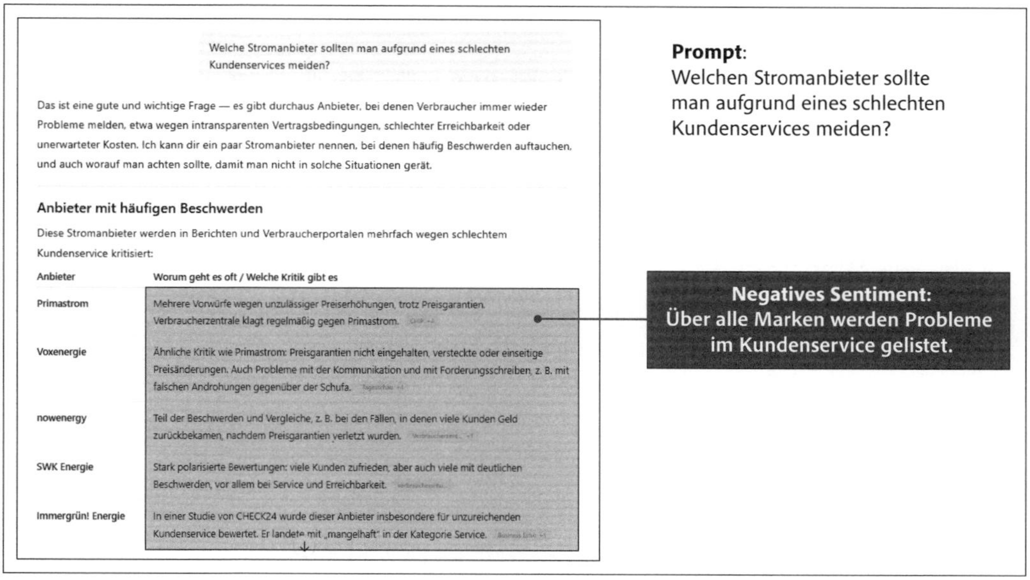

Abbildung 2.17: ChatGPT führt auf einen negativ formulierten Prompt hin gleich bei allen gelisteten Stromanbietern Minuspunkte auf.

Sentiments sind nicht vorhersehbar, zumindest nicht im Sinne einer eindeutigen und unfehlbaren Zuordnung zu Prompts: Nicht immer resultiert z. B. ein neutral formulierter Prompt in einem neutralen oder gar positiven Sentiment für deine Marke. Abbildung 2.18 zeigt ein Beispiel für ein negatives Sentiment, obwohl der Prompt keinerlei Hinweis auf eine negative Absicht gibt. In einer größtenteils neutralen Antwort auf einen neutralen Prompt erwähnt die KI bei nur einer von mehreren ausgewählten Marken einen weniger guten Aspekt. Wahrscheinlich handelt es sich hierbei um einen seltenen Fall, da KI-Systeme aktuell noch so trainiert sind, dass sie negative Antworten eher vermeiden. Dennoch solltest du dir der Möglichkeit bewusst sein.

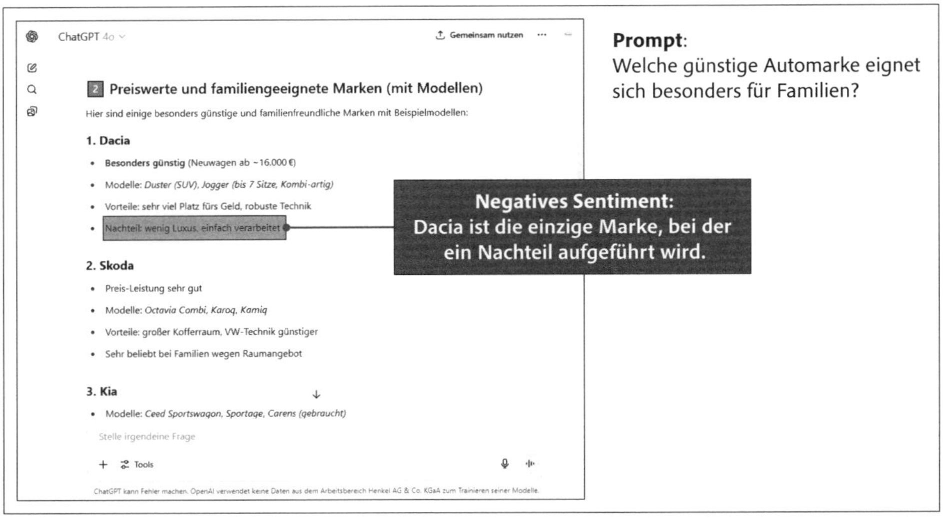

Abbildung 2.18: Neutral formulierter Prompt »Welche günstige Automarke eignet sich besonders für Familien?« in ChatGPT

2.3 Welche Arten von KI-Systemen es gibt – und wie sie funktionieren

Die rasante Entwicklung künstlicher Intelligenz hat eine facettenreiche Landschaft an generativen KI-Systemen hervorgebracht, die sich in ihrer Funktionsweise und ihrem Umgang mit Informationen unterscheiden. Für dein Unternehmen oder für dich als Content-Ersteller*in ist es maßgeblich, diese Unterschiede zu verstehen, da jede Art von System oder Plattform eine eigene, spezifische Optimierungsstrategie erfordert.

2.3.1 Die drei Kerntypen von generativen KI-Systemen

Um die verschiedenen KI-Systeme einordnen zu können, ist eine Klassifizierung in drei Kerntypen hilfreich (siehe Abbildung 2.19).

Den ersten Typ bilden *Suchmaschinen, die LLMs nutzen,* wie beispielsweise Googles AI Overviews, Googles AI Mode oder Perplexity. Diese Systeme greifen primär auf ihren aktuellen Suchmaschinen-Index als Datenbasis zurück, AI Overviews z. B. auf den Google-Index. Anschließend fasst ein Sprachmodell (z. B. Gemini 2.5 Pro) die Inhalte der dort gefundenen Webseiten zusammen und präsentiert eine Kombination aus einer textlichen Antwort und den klassischen Links zu den Quellen-Webseiten.

Beispiel: Rosenpflege

[zB]

Du suchst nach »Tipps für die Rosenpflege im Frühling« und Google liefert dir in den AI Overviews direkt eine KI-generierte Liste mit den wichtigsten Schritten – inklusive Links zu den Webseiten, von denen die Informationen stammen.

Als zweiten Typ gibt es die *KI-Chatbots mit optionaler Websuche,* zu denen prominente Beispiele wie ChatGPT, Google Gemini und Claude gehören. Ihre primäre Wissensquelle ist der interne Trainingsdatensatz des Sprachmodells. Nur bei Bedarf, etwa bei hoher Antwortunsicherheit, führt das System in einem Prozess namens Grounding (siehe Abschnitt 2.2.6) eine aktive Websuche durch oder greift auf andere gespeicherte Datenquellen zurück, um das Wissen mit aktuellen Informationen anzureichern. Das Ergebnis ist nicht immer reiner Text, sondern kann je nach Prompt auch multimodal angereichert sein, also z. B. Bilder, Videos, Verlinkungen zu YouTube oder Maps aufweisen.

Beispiel: Hundesteuer

[zB]

Fragst du »Wie hoch ist die Hundesteuer 2026 in Berlin?«, weiß der Chatbot, dass seine Trainingsdaten hier veraltet sein könnten, und startet eine Websuche, um aktuelle Informationen zu finden.

Diese Systeme sind flexibler und aktueller. Sie können deine Website als Quelle nutzen und zitieren, wenn du relevante und aktuelle Inhalte bereitstellst.

Die technologische Basis für viele dieser Anwendungen sind *reine Sprachmodelle (LLMs),* die den dritten Kerntyp darstellen. Ein Beispiel wäre ein Llama-4-Modell, betrieben in einem eigenen, nicht mit dem Web verbundenen Chatbot. Solche reinen LLMs agieren ausschließlich auf Basis ihrer Trainingsdaten ohne Internetzugriff und generieren reine Textantworten aus ihrem internen »Wissen«.

Beispiel: Neuer Markenname

[zB]

Stell dir vor, deine Marke hat vor drei Monaten einen neuen Namen bekommen. Ein reines LLM, dessen Trainingsdaten älter sind, wird hartnäckig den alten Markennamen verwenden, weil es die Änderung noch nicht »gelernt« hat.

Optimierungen für diese Systeme sind ein Marathon, kein Sprint. Es kann Monate dauern, bis Änderungen in den Trainingsdaten ankommen bzw. ein neues Sprachmodell gelauncht wird, das auf aktuelleren Informationen trainiert wurde.

	LLMs bzw. KI-Chatbots *ohne* Websuche	KI-Chatbots, die Websuche nutzen	Suchmaschinen, die LLMs nutzen
Datenbasis	Trainingsdaten/Wissen vom LLM	Trainingsdaten/Wissen vom LLM + ggf. aktueller SuMa-Index	Aktueller SuMa-Index
Ergebnis-erzeugung	Versuchen, das Ergebnis ausschließlich aus dem eigenen Wissen oder aufgrund von Wahrscheinlichkeiten zu erzeugen	Kombinieren Trainingsdaten mit optionaler Websuche (nur bei Bedarf, z. B. wenn ein Schwellenwert überschritten wird oder Triggerbegriffe genutzt werden)	Nutzen Webinhalte für Ergebniserzeugung und fassen diese mit einem LLM zusammen
Ergebnis-format	Reine Textantwort	Text + multimodal ggf. mit wenigen/ausgewählten Links	Links (SERP-Snippets) mit ggf. Text + multimodal

Hybride Systeme nutzen Suchmaschine ***und*** LLM, aber unterschiedlich »kombiniert«

Abbildung 2.19: Die generativen KI-Systeme lassen sich in drei Kerntypen unterteilen.

[»]

Hinweis: Was wir als Nutzende sehen

Als Nutzende agieren wir selten mit einem reinen Sprachmodell, sondern meist mit hybriden Systemen, die ein LLM mit anderen Datenquellen kombinieren.

2.3.2 Konkrete KI-Anwendungen

Die obige Klassifizierung hilft, die populärsten Anwendungen und ihre jeweiligen Eigenheiten zu analysieren.

Googles AI Overviews und AI Mode: Suchmaschinen mit KI

Googles *AI Mode* (auf Deutsch heißt er »KI-Modus«) und die *AI Overviews* (auf Deutsch »Übersicht mit KI«) sind Paradebeispiele für eine KI-integrierte Suchmaschine. Sie nutzen das Sprachmodell Gemini, um Inhalte aus dem Google-Index zusammenzufassen.

Die *AI Overviews* liefern in der Regel eine kompakte Antwort (siehe Abbildung 2.20), die du direkt oberhalb der gewöhnlichen organischen Suchergebnisse siehst. Darunter fächern sich oft noch diverse Detailthemen auf.

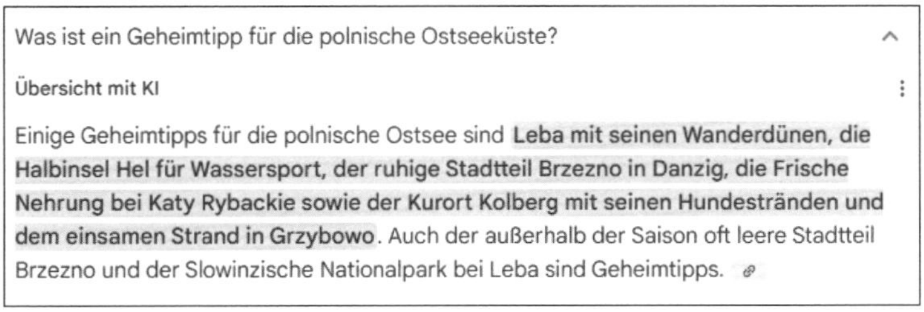

Abbildung 2.20: Ergebnis in AI Overviews für eine informationale Suchanfrage

Der *AI Mode* oder *KI-Modus*, der in Deutschland seit Oktober 2025 verfügbar ist, stellt die fortschrittlichere Variante dar. Er ist besonders bei tiefergehenden Recherchen, Schlussfolgerungen, Gegenüberstellungen oder Vergleichen hilfreich. Die entsprechenden Analysen übernimmt die KI komplett selbstständig. Somit eignet sich der AI Mode vor allem für komplexe und schwierige Fragen. Du kannst damit Themen bearbeiten, für die du vorher vielleicht mehrere Suchvorgänge gebraucht hättest, und – anders als bei AI Overviews – eine Konversation mit der KI führen. Auch höchst individuelle, personalisierte Fragen bewältigt der AI Mode gut.

Beispiel: Persönliche Frage im AI Mode

»Ich bin männlich, 48 Jahre alt, und arbeite seit über 20 Jahren in einer leitenden Position im Maschinenbau. Seit einem Motorradunfall vor zwei Jahren habe ich chronische Rückenschmerzen, die meine Arbeitsfähigkeit und meine Lebensqualität stark beeinträchtigen. Da ich meinen Job mit hohem physischem und psychischem Druck nicht mehr wie gewohnt ausüben kann, erwäge ich eine berufliche Neuorientierung. Ich möchte aber nicht auf die intellektuelle Herausforderung verzichten. Welche Möglichkeiten gibt es, um meine Expertise in eine weniger körperlich anstrengende Tätigkeit einzubinden, und welche Schritte sollte ich zur Umschulung und Schmerzbewältigung unternehmen?«

Mittels einer Technik namens Query-Fan-out (siehe Abschnitt 2.2.7) kann das System umfangreiche Anfragen in thematische Teilbereiche zerlegen und so umfassende, multimodale und sogar aufgabenerledigende Antworten generieren (siehe Abbildung 2.21). Das System untersucht dafür mehrere Unterthemen und Datenquellen.

Der AI Mode greift einerseits auf Webinhalte zu, andererseits aber auch auf Quellen wie den Knowledge Graph oder Produktdaten aus dem Shopping Graph. Selbst deinen Suchverlauf in Google und andere Dienste wie Gmail kann er heranziehen, um personalisierte und kontextbezogene Ergebnisse zu liefern.

Im Oktober 2025 äußerte sich der VP of Product von Google in einem Podcast zu den weiteren Mechanismen, auf denen die KI-Suche via Google basiert (Quelle: *https://youtu.be/kOnsqqVbIeY?si=0Kwkacwcj_0pUBuo*). Robby Stein machte deutlich, dass das Kernziel weiterhin sei, vertrauenswürdige, autoritative und hilfreiche Informationen zu liefern. Googles KI-Suche erreiche dies, indem sie sich auf Signale aus der herkömmlichen Google-Suche stütze, etwa Spam-Erkennung und Nützlichkeit (*helpfulness*). Das System verankere seine KI-generierten Antworten in demselben Bewertungs- und Ranking-Framework, das der regulären Suchmaschinenplatzierung zugrunde liege. Dieser Ansatz positioniert Googles KI-Suche also weniger als eigenständiges KI-System und mehr als Erweiterung von Googles Informationsinfrastruktur. Reasoning und Ranking sollen zusammenarbeiten, um faktisch korrekte Antworten zu liefern.

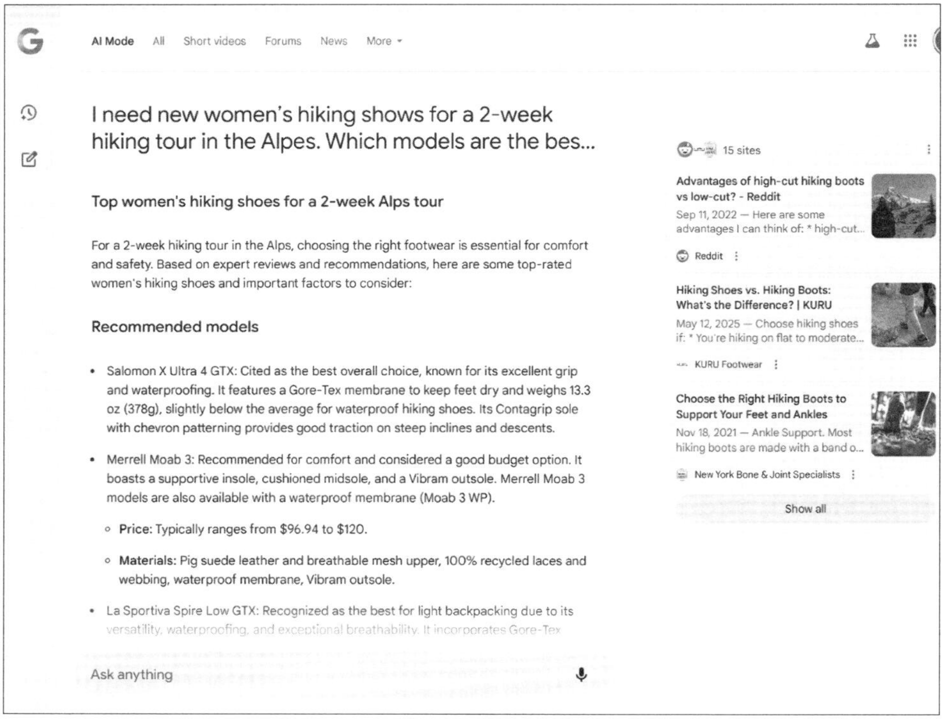

Abbildung 2.21: Ergebnis im KI-Modus für eine kontextgebundene transaktionale Suchanfrage mit Produktvergleichen

Google hat eine Reihe von Features für den AI Mode angekündigt, die eine vielfältige und interaktive Suche erlauben. Zu den neuen Fähigkeiten sollen u. a. gehören:

- **Deep Search**: tiefergehende Fragen- und Recherchefunktionen
- **Datenvisualisierung**: Analyse komplexer Datensätze, Erstellung von Diagrammen und Grafiken zur Visualisierung von Daten
- **Search Live**: Echtzeit-Interaktion mit der Suche nach dem Objekt, das Nutzende mit eigener Kamera sehen
- **Persönlicher Kontext**: Der AI Mode soll personalisierte Vorschläge auf Grundlage früherer Suchanfragen bieten und nutzt die Verbindung zu anderen Google-Apps wie Google Mail, um persönlichen Kontext einzubringen. Die Nutzung des Suchverlaufs lässt sich jedoch unter »Web- & App-Aktivitäten« deaktivieren. Außerdem lassen sich einzelne Suchanfragen oder der gesamte »AI Mode«-Suchverlauf löschen. So behältst du die Kontrolle über die Personalisierung.
- **Shopping**: Stöbern, Vergleichen und Eingrenzen von Produkten
- **»Try it on«-Funktion**: virtuelles Anprobieren von Kleidungsstücken
- **Agentenfähigkeit**: Ein Agent erledigt Aufgaben wie Formulare ausfüllen, Eventtickets finden, Restaurants reservieren oder den Check-out bei einem Kauf.

Auch dieses KI-System liegt nicht zwangsläufig immer richtig. Mithilfe von Feedback der Nutzenden will Google die Funktionen fortlaufend optimieren und erweitern.

Der AI Mode ist also eine umfassende Ergänzung der AI Overviews und integriert einen Chatbot innerhalb der bekannten Google-Umgebung. Tabelle 2.2 stellt die Unterschiede übersichtlich dar.

Merkmal	AI Overviews	AI Mode
Zweck	Schnelle Zusammenfassungen (Momentaufnahmen) für bestimmte Suchanfragen	Ein leistungsfähigeres und interaktiveres KI-gestütztes Sucherlebnis für komplexe und vielschichtige Anfragen
Format	Erscheinen als statische Momentaufnahmen am oberen Rand der Suchergebnisseite	Ein separater Modus (extra Reiter und Button auf Google) oder eine Schnittstelle mit einem konversationellen, chatähnlichen Format
Interaktion	Einmalige Zusammenfassung für eine bestimmte Anfrage	Ermöglicht Folgefragen und verfeinerte Suchen innerhalb derselben Sitzung
Komplexität	Behandeln im Allgemeinen informationale Anfragen	Konzipiert für komplexe, mehrteilige und nuancierte Fragen
Zugrunde liegende KI	Nutzen eine Version des Google Gemini-Sprachmodells	Nutzt eine fortschrittlichere, benutzerdefinierte Version von Gemini 2.5 mit erweitertem logischem Denken

Tabelle 2.2: Die Unterschiede zwischen AI Overviews und AI Mode

Der Vormarsch von KI-Antworten führt zu einem fundamentalen Wandel. Da die Nutzenden Antworten direkt in der Suche erhalten (der AI Mode ist direkt auf der Google-Startseite abrufbar, wenn auch in einem extra Reiter bzw. über einen extra Button), ist mit einem signifikanten Traffic-Verlust für Organic Search zu rechnen, bekannt als Zero-Clicks- oder Decoupling-Effekt.

Das Ziel deiner Optimierung verschiebt sich daher weg von reinen Klicks hin zur prominenten Platzierung als zitierte Quelle in den KI-Antworten. Wie du dabei genau vorgehst, erfährst du in diesem Buch.

ChatGPT, Gemini & Co: die Realität der Chatbot-Verlinkung

Die bekannten KI-Chatbots wie ChatGPT und Gemini sind zwar technologisch beeindruckend, ihre Relevanz als Traffic-Lieferant ist jedoch begrenzt. Eine Analyse aus dem Juni 2025 von Millionen von Prompts (siehe *https://www.linkedin.com/posts/jbeus_ai-chatbot-seo-nur-wenige-antworten-verlinken-activity-7333382803469819905-_Za6*) zeigt, wie selten von dieser Möglichkeit Gebrauch gemacht wird (siehe Abbildung 2.22). Im Durchschnitt enthalten nur 13,95 % aller untersuchten Chatbot-Antworten mindestens einen Link zu einer externen Quelle. Dabei gibt es große Unterschiede: Google Gemini verlinkt in 23,0 % seiner Antworten, während ChatGPT mit nur 6,3 % das Schlusslicht bildet. Diese Daten belegen, dass die Hoffnung auf nennenswerten Traffic aus Chatbot-Antworten für die meisten Websitebetreiber*innen trügerisch ist.

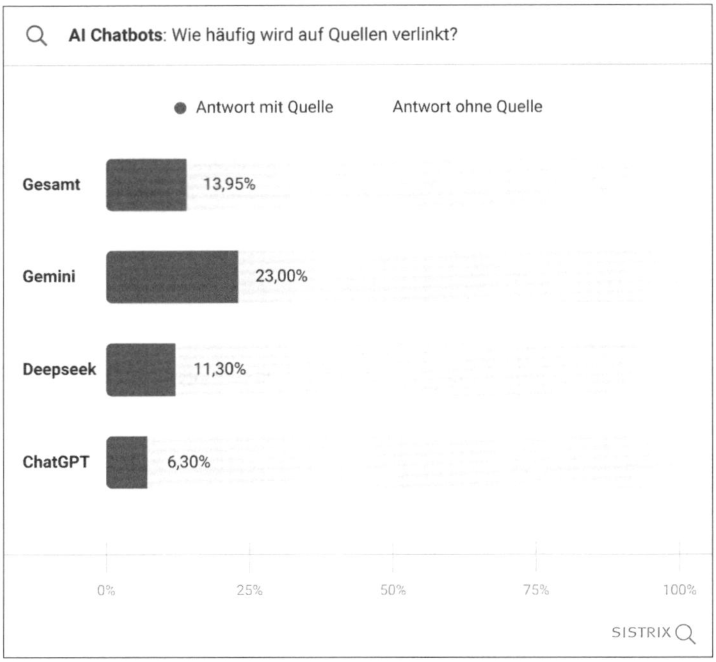

Abbildung 2.22: Die genannte Analyse zeigt, wie selten KI-Chatbots wie Gemini, DeepSeek und ChatGPT auf Quellen verlinken.

[!]

Achtung: ChatGPT ist kein LLM

ChatGPT wird häufig als LLM angesehen, das ist jedoch ein Missverständnis. Tatsächlich ist es eine Anwendung, die ein Sprachmodell wie GPT-5 nutzt und um Fähigkeiten wie die Websuche, Assistenten (Custom GPTs) und andere erweitert.

Reine LLMs (ohne Webzugriff)

Für reine LLMs ist die Steuerbarkeit gering. Um in den Sprachmodellen eine Rolle zu spielen, müssen deine Inhalte in den Quellen vorhanden sein, mit denen das Sprachmodell trainiert wird. In älteren GPT-Modellen war offensichtlich, welche Quellen das waren. Dazu zählten etwa Wikipedia, große Publisher und Foren, aber auch Bücher und der Common Crawl. Bei aktuellen Modellen sind diese Informationen nicht öffentlich.

Neue Sprachmodelle kommen aktuell nur alle sechs bis zwölf Monate heraus – so lange haben deine neuen Inhalte also gar keine Chance, Teil der Trainingsdaten zu werden.

Kurzfristige GEO-Effekte kannst du hier also kaum erwarten; die Priorität liegt bei den beiden erstgenannten Systemtypen.

2.3.3 Aufwand und Erfolg der Optimierung

Die unterschiedlichen Systemtypen haben also direkte Konsequenzen für den Aufwand und die Erfolgsaussichten von GEO. Bei KI-gestützten Suchmaschinen wie Googles AI Overviews ist der Aufwand für die Beeinflussung vergleichsweise niedrig, und der Erfolg der Maßnahmen ist relativ schnell und deutlich erkennbar. Hier führen auf GEO ausgerichteter Content sowie klassische SEO-Maßnahmen im Sinne von E-E-A-T (Experience, Expertise, Authoritativeness, Trustworthiness) und eine akkurate technische Umsetzung am effektivsten zum Ziel.

Im Gegensatz dazu ist der Aufwand bei reinen Sprachmodellen extrem hoch. Um hier sichtbar zu werden, müssen die eigenen Inhalte Teil der Trainingsdaten werden. Das ist ein ressourcenintensiver Prozess, dessen Erfolge – wenn überhaupt – aufgrund der eher seltenen Modellwechsel zudem nur stark verzögert erkennbar sind.

Fazit: Drei KI-Systeme erfordern eine differenzierte Herangehensweise

Eine erfolgreiche KI-Optimierungsstrategie muss differenziert sein. Doch nicht in jedem Fall bzw. nicht für jedes Geschäftsmodell musst du für alle KI-Systeme gleich gut aufgestellt sein. Vor allem bei begrenzten Ressourcen wählst du zunächst das System, das für deine Inhalte, Ziele und Zielgruppe am vielversprechendsten ist. Deshalb ist es wichtig, die Unterschiede zu verstehen (siehe auch Abschnitt 3.2).

2.4 Make or Buy? GEO inhouse oder mit Agentur umsetzen?

Ob sich GEO inhouse – also in einem Unternehmen selbst – umsetzen lässt, ob das Unternehmen besser eine Agentur oder Freelancer*innen beauftragen sollte oder ob ein Hybrid-Modell das richtige ist, lässt sich kaum pauschal beantworten. Die Entscheidung zwischen »Make or Buy« müssen Unternehmen jedoch häufig treffen und dabei zwischen verschiedensten individuellen Aspekten abwägen: Ist das Projekt einmalig oder willst du langfristig Expertise im Unternehmen aufbauen? Gibt es bereits einschlägige Kernkompetenzen, z. B. eine eigene SEO-Abteilung und Redaktion? Ist Budget vorhanden, um entsprechende Ressourcen aufzubauen oder extern zu beauftragen?

Wir skizzieren hier die Vorteile jeder Lösung und wie eine Zusammenarbeit mehrerer Akteure aussehen könnte. Dabei gehen wir davon aus, dass es in Unternehmen aufgrund der großen Schnittmenge zwischen SEO und GEO keine eigenständigen GEO-Abteilungen geben wird, sondern dass die – eventuell vorhandene – SEO-Abteilung bzw. SEO-Agentur die neue Disziplin mit übernehmen wird.

2.4.1 Vorteile von GEO inhouse

Die Frage, ob dein Unternehmen GEO inhouse betreiben sollte, lässt sich aus verschiedenen Perspektiven beleuchten: strategischen, organisatorischen und technischen. Vorteile der Inhouse-Variante können sein:

1. **Tiefe Datenintegration und enge Zusammenarbeit mit Fachabteilungen**: Inhouse-Teams haben einen strukturellen Geschwindigkeitsvorteil, weil sie direkten Kontakt mit internen Stakeholder*innen haben, etwa mit Brand-Manager*innen oder Produktverantwortlichen. Das erleichtert einen reibungslosen Austausch zwischen GEO-Team, Redaktion und Fachabteilung. Auch interne Datenquellen (z. B. reale Fragen an den Kundenservice, Wissensdatenbanken, CMS, PIM/DAM, Support-Tickets, Produktdokumentation etc.) sind für den GEO-Prozess äußerst wertvoll. Produkt-, Rechts- und Marken-Reviews lassen sich mit denselben Tools und in denselben Kommunikationskanälen bearbeiten. Und nicht zuletzt gestalten sich Freigabeprozesse intern oft schneller als extern.
2. **Marken- und Tonalitätskonsistenz**: Die konsistente Stimme der Marke ist ein Kernziel jeglicher Marketing-Aktivität und auch für GEO sehr wichtig. Inhouse-Teams haben direkten Zugriff bzw. kennen sich bereits mit Styleguides, Terminologie-Datenbanken und redaktionellen Präferenzen aus. Dadurch erzielen sie eine einheitliche Tonalität, können kritische Produktbotschaften immer gleich kommunizieren und rechtliche Vorgaben verlässlich beachten. Die Nähe zu den internen Fachabteilungen reduziert das Risiko subtiler Abweichungen, die sich in generativen Antworten negativ auswirken könnten.
3. **Langfristige Kompetenzbildung und geringere Abhängigkeiten**: Der interne Aufbau von GEO-Kompetenzen stärkt die Organisation nachhaltig. Wissen verbleibt im Team, wird dokumentiert und ist für angrenzende Marketing-Initiativen nutzbar. Das senkt mittel- bis langfristig Abhängigkeiten von Dritten, reduziert das Risiko von Blackbox-Methoden und erleichtert den Wechsel von Tools.
4. **Finanzen**: Ein Inhouse-Team für GEO ganz neu aufzubauen, kostet Geld, und auch die Weiterbildung eines bestehenden Teams erfordert ein gewisses Budget. Ob sich solche Investitionen lohnen, hängt u. a. davon ab, wie langfristig das Unternehmen seine GEO-Aktivitäten plant. Bestehen z. B. bereits eine kompetente SEO-Abteilung und Redaktion, die sich lediglich GEO-Kenntnisse aneignen müssen, könnte die interne im Vergleich zur externen Umsetzung auf Dauer günstiger sein.

Auf einen Blick: Vorteile der Inhouse-GEO

Die Inhouse-Umsetzung der GEO bietet strukturelle Vorteile in puncto Kontrolle, Geschwindigkeit, Datenintegration, Markenführung, Kompetenzaufbau, Kostensteuerung, Compliance und technischer Verzahnung. Sie ist besonders dann attraktiv, wenn die proprietären Daten und Inhalte deines Unternehmens den Kern der Wertschöpfung bilden, du einen langfristigen Wissensaufbau in deinen Teams anstrebst und GEO tief in bestehende Systeme integrieren willst.

2.4.2 Vorteile einer GEO-Agentur

Die Auslagerung der GEO (Generative Engine Optimization) an eine spezialisierte Agentur kann für deine Organisation vorteilhaft sein, wenn du schnell handlungsfähig werden willst, ohne zunächst interne Kapazitäten aufzubauen. Während die Inhouse-Variante Kontrolle und tiefere Integration begünstigt, bietet das Agenturmodell beschleunigten Zugang zu spezialisiertem Know-how, marktbewährten Prozessen und skalierbaren Ressourcen.

In diesem Kapitel stehen die Vorteile einer GEO-Agentur entlang der typischen Entscheidungsdimensionen Zeit, Kompetenz, Risiko, Skalierung und Governance im Fokus.

1. **Schneller Markteintritt**: Agenturen mit SEO- und GEO-Schwerpunkt verfügen in der Regel über etablierte Hilfsmittel, z. B. Content-Briefings für generative Antworten, Monitoring-Möglichkeiten für relevante KPIs sowie eine breite Auswahl bewährter On-Page- und Off-Page-Maßnahmen. Dadurch lässt sich die Anlaufzeit bis zu ersten belastbaren Ergebnissen verkürzen.
2. **Breite Erfahrungsbasis**: Durch die Arbeit mit unterschiedlichsten Unternehmen, Organisationen und Branchen sammeln Agenturen viel Wissen darüber, welche Inhaltstypen, Datenquellen und Veröffentlichungsstrategien in generativen Antwortumgebungen performen. Dieser breite Erfahrungsschatz hilft, individuelle Chancen je nach Unternehmen zu identifizieren.
3. **Zugang zu spezialisierten Tools**: Professionelle GEO verlangt neben klassischer SEO-Analytik zusätzliche Instrumente, etwa für Prompt-Tests, Citation-Checks oder Content-Analysen speziell für KI-Systeme. Agenturen verfügen in der Regel über ein größeres Tool-Set als Unternehmen, die nicht auf SEO/GEO spezialisiert sind. Zudem können sie auf bereits entwickelte GEO-Tools wie eigene Prompt-Bibliotheken oder Branchen-Benchmarks zurückgreifen.
4. **Skalierbare Produktion und orchestrierte Zusammenarbeit**: Will dein Unternehmen beispielsweise Inhalte in hoher Frequenz veröffentlichen, profitiert es von skalierbaren Ressourcen. Agenturen können dedizierte Teams – etwa für Datenaufbereitung, Content-Erstellung und technische Implementierung – parallel einsetzen. Bewährte Produktionsprozesse gewährleisten eine reibungslose Zusammenarbeit.
5. **Aktuelle Marktkenntnis**: Die Suchlandschaft unterliegt raschen Änderungen. Für Unternehmen ohne Monitoring-Routinen kann es aufwendig sein, diese Änderungen zeitnah in Content- und Datenstrategien zu überführen. Agenturen verfolgen sämtliche GEO- und KI-News systematisch und übersetzen sie in konkrete Maßnahmen.
6. **Kosteneffizienz bei befristeten oder explorativen Vorhaben**: Für Projekte mit begrenzter Laufzeit oder explorativem Charakter ist der Aufbau eines Vollzeit-Inhouse-Teams oft unwirtschaftlich. Das Agenturmodell erlaubt es, Budget in klar umrissene Leistungsbausteine einzubinden.

7. **Enablement und Wissenstransfer**: Ein weiterer Vorteil erfahrener GEO-Agenturen liegt im strukturierten Wissenstransfer. Trainings befähigen bei Bedarf Inhouse-Teams und reduzieren langfristige Abhängigkeiten. In hybriden Setups kann die Agentur initiale GEO-Hilfsmittel entwickeln und anschließend in die Organisation überführen.

Auf einen Blick: Vorteile einer GEO-Agentur

Eine GEO-Agentur bietet vor allem Erfahrung, Geschwindigkeit, skalierbare Ressourcen, Querblick über Branchen und methodische Stringenz. Gerade in frühen Phasen oder bei befristeten Vorhaben lassen sich so Risiken reduzieren und Chancen in generativen KI-Systemen schneller erschließen.

2.4.3 Vorteile von GEO-Freelancer*innen

Die Zusammenarbeit mit GEO-Freelancer*innen bietet eine flexible Option zwischen Inhouse-Team und Agentur. Sie eignet sich insbesondere für klar umrissene Aufgabenpakete und temporäre Kompetenzlücken. Inhaltlich überschneiden sich viele Vorteile mit dem Agenturmodell – etwa die beschleunigte Umsetzung. Unternehmen haben jedoch bei Einzeleinsätzen von Freelancer*innen noch mehr Kosten- und Ressourcenkontrolle.

1. **Fokussierte Expertise on Demand**: Freelancer*innen mit GEO-Schwerpunkt decken häufig eng definierte Spezialbereiche ab. Sie sind z. B. Expert*in für bestimmte Themenbereiche (Finanzen, Fashion etc.) oder haben tiefe Kenntnisse in einzelnen Aufgabenbereichen der GEO (z. B. Texte verfassen, Tools aufsetzen). Dadurch lässt sich Expertise genau dort einsetzen, wo sie benötigt wird, ohne langfristige Bindung.
2. **Kostentransparenz und Budgetsteuerung**: Die Beauftragung von Freelancer*innen ermöglicht eine sehr genaue Steuerung nach Stunden, Paketen oder Meilensteinen. Das ist besonders vorteilhaft in explorativen Phasen oder für Teilprojekte mit unsicherem ROI.
3. **Zusammenarbeit mit Inhouse-Teams**: Freelancer*innen lassen sich nahtlos als Sparrings-Partner*innen für Redaktionen, als technische Unterstützung oder für die externe Qualitätssicherung einbinden. Interne und externe Rollen können entlang derselben Standards arbeiten und so Reibungsverluste minimieren.

Auf einen Blick: Vorteile von GEO-Freelancer*innen

GEO-Freelancer*innen bieten schnelle Verfügbarkeit, fokussierte Spezialkompetenz und hohe Budgetflexibilität – ideal für Pilotprojekte, spezifische Lücken oder eine schlanke Skalierung ohne langfristige Bindung. Ihre Arbeit lässt sich exakt an Unternehmensvorgaben ausrichten, sodass Qualität, Compliance und Messbarkeit auch in kleinen Set-ups gewährleistet bleiben.

2.4.4 Zusammenarbeit zwischen Inhouse-Teams und Agentur

Die Zusammenarbeit zwischen einem internen Team und einer spezialisierten GEO-Agentur vereint strategische Kontrolle mit externer Skalierung und methodischer Tiefe. Dieses Hybrid-Modell ist in der Praxis häufig die *leistungsfähigste Option*: Das Inhouse-Team sichert Markenführung, Governance und Datenhoheit, während die Agentur Geschwindigkeit, Erfahrung, erprobte Prozesse und Toolkenntnisse sowie -zugänge einbringt. Du kannst also schneller mit Ergebnissen rechnen, dich auf bewährte Agenturverfahren verlassen und auf Wunsch auch dein Team effizient weiterbilden lassen – bei gleichzeitig klarer Verantwortlichkeit entlang deiner Unternehmensziele.

Wichtig für eine gelungene Zusammenarbeit sind:

1. **Zielbilder und Rollenklärung**: Am Anfang steht ein präzises, gemeinsam entwickeltes Zielbild für die GEO: Welche Such- und Antwortplattformen priorisiert ihr, welche Geschäftsmetriken zählen, und welche Risiken sind zu adressieren? Daraus leitet ihr eine Rollenverteilung ab, die Doppelarbeiten vermeidet. Typisch ist ein Modell, in dem das Inhouse-Team Produkt- und Markenhoheit, Datenzugänge, Freigaben und interne Roadmaps verantwortet, während die Agentur für Methodik, Beschleunigung und Skalierung sorgt – etwa bei der Entwicklung einer Content- und Prompt-Strategie, Content-Erstellung, der technischen Implementierung und bei Off-Page-Maßnahmen.
2. **Gemeinsame Daten- und Wissensgrundlage**: Ein wirksames Hybrid-Set-up benötigt eine geteilte, kuratierte Wissensbasis. Dein Inhouse-Team stellt geprüfte Quellen, Terminologie, Styleguides und Datenkataloge bereit. Die Agentur übersetzt diese in wiederverwendbare GEO-Bausteine wie Prompt-Templates und Content-Briefings. Klares Ownership und regelmäßiges Nachhalten von Quellen, Dokumenten und Versionen sind wichtig, um Aktualität und Konsistenz sicherzustellen.
3. **Qualitätsmetriken**: Gemeinsame Metriken sind der Kern jeder Kooperation. Neben Kern-GEO-KPIs (siehe Kapitel 4) zur Sichtbarkeit in den KI-Antworten und dem Sentiment braucht GEO auch Qualitätsindikatoren wie die inhaltliche Abdeckung kritischer Nutzer*innenfragen, Konsistenz mit der Markenstimme, Quellenklarheit und Fehlerquoten in generativen Antworten. Eine erfahrene GEO-Agentur hat wichtige Kennzahlen bereits auf dem Schirm und kann sie mit den Vorgaben deines Unternehmens vereinen.
4. **Schnittstellen zu anderen Abteilungen**: Idealerweise ist von der Geschäftsführung über die Marketing-Abteilung bis zur IT jedes Team zumindest über die GEO-Maßnahmen deines Unternehmens informiert und bestenfalls sogar mit den Grundzügen von SEO und GEO vertraut. Das gewährleistet Einheitlichkeit und eine reibungslose Zusammenarbeit. Das gemeinsame, hybride Arbeiten an der GEO funktioniert besonders gut, wenn Schnittstellen zu angrenzenden Funktionen formalisiert sind. Produkt-Teams liefern der Agentur z. B. automatisch Daten für neue Produkte, Fachabteilungen nehmen Content ab, Recht und Compliance definieren Prüfpunkte und Freigabekriterien, IT/Security verantwortet Log-ins.

5. **Wissenstransfer und Enablement**: Das bevorzugte Modell muss kein Dauer-Outsourcing sein, sondern kann auf Wunsch zu einem systematischen Kompetenzausbau im Unternehmen führen. Die Agentur liefert Trainings, das Inhouse-Team übernimmt schrittweise Ownership. Bewährt haben sich Playbooks mit klaren Betriebsanweisungen sowie Shadowing-Phasen, in denen interne Rollen die Aufgaben der Agentur spiegeln, bevor sie sie eigenständig fortführen.
6. **Vertrags- und Budgetmodelle**: Für die Steuerung empfehlen sich hybride Verträge: ein Retainer für kontinuierliche Leistungen (etwa Projektmanagement oder Qualitätssicherung) sowie Einzelaufträge für klar definierte Arbeitspakete (etwa Content-Erstellung oder Off-Page-Maßnahmen).

Fazit: Das Hybrid-Modell bündelt das Beste aus zwei Welten

Die Zusammenarbeit zwischen Inhouse-Teams und GEO-Agentur bringt die wichtigsten Vorteile beider Modelle zusammen: konsequente Markenführung, überschaubare Budgetsteuerung, Erfahrung, Geschwindigkeit und Skalierbarkeit. Entscheidend sind ein gemeinsames Zielbild, klare Rollen, abgestimmte Metriken sowie geteiltes Wissen und eine deutliche Kommunikation zwischen allen Beteiligten. Sind diese Bausteine implementiert, lässt sich GEO wirksam, kontrolliert und lernorientiert umsetzen.

Kapitel 3
Strategie entwickeln – mit System zur erfolgreichen GEO-Architektur

Die Strategie ist das Fundament, auf dem du deine GEO-Maßnahmen aufbaust. Sie besteht aus vier Teilen.

Stell dir vor, du könntest deine Marke, deine Produkte oder deine Dienstleistungen direkt in den Antworten von KI-Systemen wie ChatGPT, Perplexity oder den AI Overviews von Google platzieren. Genau das ist das Ziel von GEO. Die Strategie bildet dafür dein Fundament. In diesem Kapitel erhältst du einen kompakten, vierstufigen Ordnungsrahmen.

3.1 Was du grundsätzlich über GEO-Strategien wissen musst

Um im komplexen Umfeld der KI-Systeme zu bestehen, brauchst du einen klaren Plan. Deine GEO-Arbeit lässt sich insgesamt in fünf Kernbereiche oder Blöcke gliedern, die du bereits kurz in Kapitel 2 kennengelernt hast. Die Strategie ist dein initiales Projekt, das den Kurs vorgibt. Du solltest sie zwar in größeren Abständen überprüfen, vor allem, wenn sich die Thematik auf deiner Website verändert, aber erst einmal stellt sie das solide Fundament deines Vorhabens dar. Die anderen Bereiche – Monitoring (Kapitel 4), Content (Kapitel 5), Technik (Kapitel 6) und Off-Page (Kapitel 7) – sind prozessorientierte, fortlaufende Aufgaben und so etwas wie die Eckpfeiler deiner GEO-Maßnahmen.

3.1.1 Die vier Bestandteile deiner GEO-Strategie

Im Rahmen deiner GEO-Strategie arbeitest du die folgenden vier Bestandteile aus (siehe Abbildung 3.1):

1. *KI-Systeme* strategisch auswählen (Abschnitt 3.2)
2. *Prompts und Inhalte* strategisch definieren (Abschnitt 3.3)
3. *Monitoring* strategisch aufsetzen (Abschnitt 3.4)
4. *Roadmap* strategisch anlegen (Abschnitt 3.5)

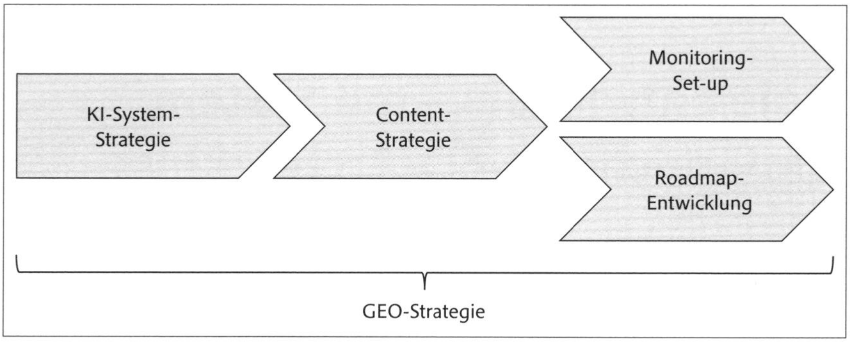

Abbildung 3.1: Die vier Bestandteile deiner GEO-Strategie – Monitoring-Set-up und Roadmap-Entwicklung kannst du parallel aufbauen.

3.1.2 Die sechs Leitfragen jeder GEO-Strategie

Bevor du richtig tief in die Strategie einsteigst, stelle dir die folgenden wichtigen W-Fragen:

1. *Wofür willst du Autorität sein?* Definiere präzise Themencluster und Rollen.
2. *Für wen?* Identifiziere konkrete Nutzungsszenarien und Prompts deiner Zielgruppen anstelle generischer Keywords.
3. *Auf welchen Plattformen?* Priorisiere KI-Systeme und Suchfunktionen nach Geschäftsnutzen und Ressourceneinsatz.
4. *Womit belegst du Kompetenz?* Plane zitierfähige Formate, Daten, Studien, Verfahren, Cases und externe Bestätigungen.
5. *Wie wird die Maschine dich erkennen?* Sichere semantische Klarheit, eindeutige Entitäten, saubere Struktur und standardisierte Auszeichnungen.
6. *Woran misst du Erfolg?* Kombiniere Kern-GEO-KPIs (Mentions, direkte/indirekte Citations, Sentiment) mit Business-KPIs (Referral Traffic, Conversions).

Auf einen Blick: Das macht eine gute GEO-Strategie aus

Eine gute GEO-Strategie ist klar, fokussiert und evidenzbasiert. Du definierst darin, für welche Themen du Autorität sein willst, für wen und auf welchen Plattformen – und übersetzt das in konsistente Inhalte, eindeutige Entitäten, maschinenlesbare Technik und belastbare Off-Page-Signale. Mit definierten KPIs und einem realistischen Betrieb über Monitoring, Content, Technik und Off-Page hältst du die Architektur stabil und lernfähig. So positionierst du deine Marke dort, wo generative Systeme Antworten geben – nachvollziehbar, zitierfähig und dauerhaft.

3.2 So entwickelst du eine fundierte KI-System-Strategie

KI-Systeme entwickeln sich rasant, und für Unternehmen wird es immer wichtiger, dort sichtbar zu sein, wo ihre Kund*innen sich informieren. Doch einfach blind auf allen Plattformen aktiv zu werden, ist wie Geld zu verbrennen. Eine durchdachte KI-System-Strategie ist der Schlüssel zum Erfolg. Sie ist der zentrale Baustein deiner übergeordneten GEO-Strategie und hilft dir, realistische Ziele zu setzen und deine Ressourcen gezielt einzusetzen.

Die fünf praxisorientierten Schritte zu deiner eigenen, maßgeschneiderten Strategie sind:

1. **Festlegung der zu erreichenden Ziele**: Was möchtest du erreichen?
2. **Plattform-Priorisierung**: Auf welche KI-Systeme fokussierst du deine Maßnahmen?
3. **Machbarkeitsbewertung**: Bist du in der Lage, die Ziele zu erreichen und die Maßnahmen umzusetzen?
4. **Hindernisanalyse**: Welche Hindernisse stehen dir im Weg und wie leicht lassen sie sich beseitigen?
5. **ROI-Bewertung**: Was kosten die Bemühungen und was bringen sie dir?

3.2.1 Schritt 1: Definiere, was du erreichen willst

Bevor du auch nur eine einzige Maßnahme planst, musst du wissen, wohin die Reise gehen soll. Hier geht es nicht um kleinteilige Marketing-KPIs, sondern um die übergeordneten Unternehmensziele, die du mit deinem Engagement im Bereich Generative Engine Optimization (GEO) unterstützen willst.

Die drei häufigsten Unternehmensziele sind:

1. **Markenbekanntheit steigern**: Mehr Menschen sollen deine Marke und deine Produkte kennenlernen.
2. **Reputation verbessern**: Menschen sollen deine Marke nicht nur kennen, sondern sie auch positiv wahrnehmen - z. B. als besonders sicher, innovativ oder vertrauenswürdig.
3. **Neugeschäft ausbauen**: Du willst direkt neue Kund*innen gewinnen und deinen Umsatz steigern.

GEO ist dabei nur einer von vielen möglichen Kanälen, die zur Erreichung der Ziele beisteuern können. Um die Markenbekanntheit zu steigern, könntest du auch TV-Werbung schalten. Für eine bessere Reputation könntest du eine klassische PR-Kampagne starten. Und Neugeschäft lässt sich auch über SEO oder bezahlte Anzeigen generieren.

Deine Aufgabe ist es, zu definieren, wie GEO konkret auf deine Ziele einzahlen kann (siehe Abbildung 3.2). Für die Markenbekanntheit sind beispielsweise Digital-PR-Maßnahmen nützlich. Der Ruf deines Unternehmens lässt sich verbessern, indem du Prozesse schaffst, um regelmäßig Bewertungen für deine Marke zu generieren. Und indem du z. B. deine Produkte oder Dienstleistungen in externen Bestenlisten platzierst, kannst du neue Kund*innen gewinnen.

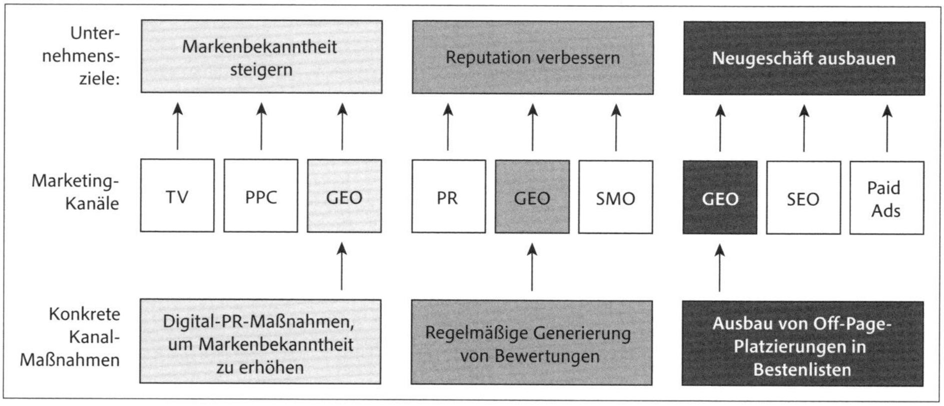

Abbildung 3.2: GEO kann durch konkrete Maßnahmen zur Erreichung der Unternehmensziele beitragen.

3.2.2 Schritt 2: Priorisiere die richtigen Plattformen

Die KI-Landschaft ist riesig und unübersichtlich. Du kannst und solltest nicht versuchen, auf allen Systemen gleichzeitig die Nummer eins zu sein. In diesem Schritt entscheidest du, auf welche Plattformen du deine Energie und dein Budget konzentrierst.

Bewerte jede relevante KI-Plattform anhand der folgenden vier Kriterien:

1. Marktrelevanz und Reichweite
2. Zielgruppe und Nutzungsverhalten
3. Strategische Passung und Unternehmensziele
4. Messbarkeit und ROI-Potenzial

1. Marktrelevanz und Reichweite: Wer nutzt die Plattform?

Schau dir die harten Fakten an: Wie hoch sind die Nutzungszahlen? Wie schnell wächst die Plattform? Erreichst du dort deine demografische Zielgruppe? Handelt es sich um einen Marktführer mit breiter Streuung oder einen Nischenplayer, der perfekt zu dir passt?

[zB]

Beispiel: ChatGPT

ChatGPT erlebte ein explosives Wachstum, zeigte aber zwischendurch auch schon Sättigungstendenzen. Die Nutzungshäufigkeit differenziert sich aus: Es gibt Power-User*innen und Gelegenheitsnutzer*innen. Besonders junge Zielgruppen verwenden KI-Chatbots sehr intensiv, oft sogar als primäre Informationsquelle.

2. Zielgruppe und Nutzungsverhalten: Wie wird die Plattform genutzt?

Jede Plattform hat ihren eigenen Charakter. Analysiere die typischen Suchintentionen und Prompt-Strukturen. Stellen die Nutzenden eher einfache Fragen oder führen sie komplexe, dialogbasierte Recherchen? Stehen kommerzielle Absichten im Vordergrund oder die reine Informationssuche?

- **ChatGPT** verwenden viele für kreative Aufgaben, Brainstorming, Texterstellung und offene, komplexe Fragestellungen.
- **Gemini** spricht eher Recherche-Profis und technikaffine Personen an, da die Plattform Wert auf faktenbasierte Antworten und tiefergehende Quellenangaben legt.
- **Perplexity** positioniert sich als Produktivitätshub für Professionals, die komplexe Workflows abbilden und ihre Effizienz steigern wollen, oft durch die Verknüpfung verschiedener Datenquellen wie E-Mails oder Dokumente.

Tipp: Überprüfe deine Erkenntnisse regelmäßig

Die Datenlage zum Nutzungsverhalten ist noch lückenhaft und verändert sich ständig. Deine Erkenntnisse sind eine Momentaufnahme. Beobachte die Entwicklung genau.

3. Strategische Passung und Unternehmensziele: Passt die Plattform zu meiner Branche und meinen Zielen?

Hier bringst du die Erkenntnisse aus den ersten beiden Kriterien zusammen. Gibt es eine besondere Affinität zwischen der Plattform und deiner Branche? Wie stark ist der Wettbewerb bereits vertreten? Existieren vielleicht noch unbesetzte Nischen, in denen du dich als Thought Leader positionieren kannst? Abbildung 3.3 zeigt beispielhaft, welche Plattformen welche Zielgruppen ansprechen.

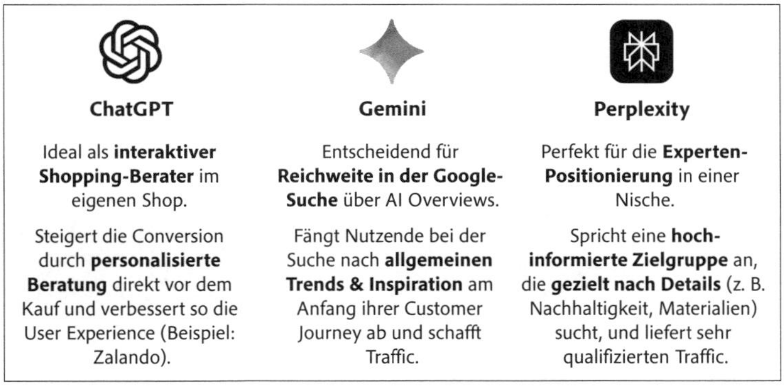

Abbildung 3.3: Beispiele für die strategische Passung von Plattformen

Beispiel: B2B und Microsoft Copilot

Für ein B2B-Unternehmen könnte sich ein Blick auf Microsoft Copilot besonders lohnen. Viele Geschäftskund*innen arbeiten auf Windows-Rechnern, wo Copilot tief integriert ist. Hier die richtige Strategie zu haben, kann wertvoller sein als der Fokus auf eine Plattform mit mehr Nutzenden, die aber nicht deine Kernzielgruppe sind.

4. Messbarkeit und ROI-Potenzial: Lohnt sich der Aufwand und kann ich den Erfolg messen?
Am Ende des Tages musst du den Erfolg deiner Maßnahmen nachweisen können. Prüfe daher: Lässt sich der Traffic von der KI-Plattform technisch eindeutig zuordnen? Wie hoch ist die Qualität dieses Traffics (z. B. die Conversion Rate)?

Hier gibt es große Unterschiede:

- **ChatGPT**: Referral Traffic ist gut messbar, und die Qualität (Conversion Rate) ist nach aktuellem Stand oft hoch.
- **Gemini**: Die Messbarkeit ist eingeschränkt, da Traffic oft pauschal unter »Organic« verbucht wird. Erwähnungen (Mentions) sind jedoch gut trackbar.
- **Perplexity**: Die Messbarkeit ist durch direkte Quellenangaben (Citations) sehr klar, was die Plattform besonders für qualifizierten Nischen-Traffic interessant macht.

[+]

Tipp: Alles zur Erfolgsmessung in Kapitel 4
Kapitel 4 beschäftigt sich intensiv mit den Kern-GEO-Metriken, die du tracken kannst und solltest.

Die größte Herausforderung: Bei keiner Plattform wissen wir aktuell, welche Prompts die Nutzenden genau eingeben und wie oft.

Deine Entscheidung: Nach dieser Analyse musst du eine grundlegende Entscheidung treffen. Konzentrierst du dich zunächst auf eine einzige Plattform oder verfolgst du eine Multi-Plattform-Strategie? Die klare Empfehlung lautet: Starte fokussiert mit einer Plattform. Lerne, sammle Erfahrungen und beobachte die Mitnahmeeffekte auf anderen Systemen. Ein zu breiter Ansatz mit begrenztem Budget ist zum Scheitern verurteilt.

Abbildung 3.4 fasst die vier Kriterien für die Bewertung einer KI-Plattform noch einmal zusammen.

Abbildung 3.4: Die strategische Plattformauswahl für GEO findet anhand von vier Bewertungskriterien statt.

3.2.3 Schritt 3: Bewerte deine Machbarkeit

Du hast deine Ziele und deine Fokus-Plattform festgelegt. Jetzt folgt der ehrliche Blick in den Spiegel: Bist du überhaupt in der Lage, deine Pläne umzusetzen?

Interne Ressourcen: Was hast du bereits im Haus?

Analysiere deine vorhandenen Kompetenzen, technischen Infrastrukturen, Tools und Budgets. Daraus leitet sich eine klassische Make-or-Buy-Entscheidung ab:

- **Make**: Welche Aufgaben haben eine so hohe Frequenz und strategische Bedeutung, dass es sich lohnt, dafür eigene Stellen und Kompetenzen im Unternehmen aufzubauen (z. B. die Content-Erstellung auf der eigenen Website)?
- **Buy**: Welche Aufgaben fallen nur sporadisch an oder erfordern hochspezialisiertes Wissen, das du besser bei einer externen Agentur einkaufst (z. B. Off-Page-Maßnahmen)?

[+]

Tipp: Selbst machen oder kaufen?

Mehr zur Make-or-Buy-Entscheidung findest du in Abschnitt 2.4.

Inhaltliche Voraussetzungen: Sind deine Marke und dein Content stark und klar genug für die KI?

KI-Systeme benötigen klare Signale, um deine Marke als Autorität zu erkennen. Bewerte die Qualität und Menge deines vorhandenen Contents. Deine Markenkommunikation muss eindeutig und konsistent sein.

[zB]

Beispiel: Rebranding von »Engelbert Strauss« zu »Strauss«

Die Marke hat sich umbenannt, aber unzählige ältere Quellen (und sogar viele neue Berichte) verwenden weiterhin den alten Namen »Engelbert Strauss«. Für eine KI ist das ein Dilemma: Die Trainingsdaten sind veraltet, und selbst bei einer aktuellen Websuche erhält sie widersprüchliche Signale. Das KI-System kann nicht sicher lernen, dass die alte Autorität auf die neue, kürzere Marke übertragen werden soll. Eine gute GEO-Strategie würde hier gezielt neue, eindeutige Quellen schaffen, um das Rebranding für die KI nachvollziehbar zu machen.

Investitionsbedarf: Was kostet es, die Lücke zu schließen?

Vergleiche deinen aktuellen Zustand mit dem Zustand, den du erreichen musst, um deine Ziele zu verwirklichen. Leite daraus ab, welche Investitionen in Personal, Tools, Content und Off-Page-Maßnahmen notwendig sind, und prüfe, ob diese realistisch aufgebracht werden können.

3.2.4 Schritt 4: Analysiere mögliche Hindernisse

Auf dem Weg zum GEO-Erfolg werden dir Steine in den Weg gelegt, etwa rechtliche, organisatorische, technische oder wirtschaftliche (siehe Abbildung 3.5). Identifiziere sie frühzeitig, um nicht ausgebremst zu werden.

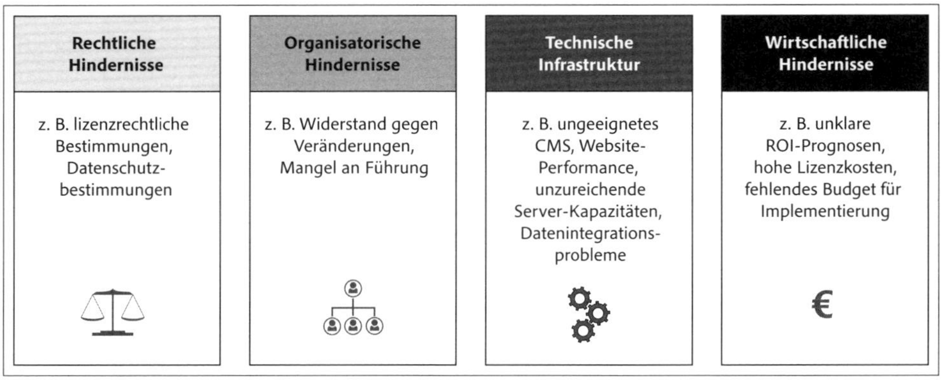

Abbildung 3.5: Die Bewertung von Hindernissen, die einer erfolgreichen GEO im Weg stehen könnten, findet auf vier Ebenen statt.

Rechtliche Hindernisse

Datenschutz und Lizenzrecht sind die größten Themen.

Beispiel: Nutzungsrechte für die KI

Ein Online-Buchhändler erhält Katalogdaten von verschiedenen Verlagen. Einige Verlage untersagen jedoch ausdrücklich die Nutzung ihrer Kataloge durch KI-Systeme. Der Händler muss diese Kataloge also technisch von der Erfassung durch KI-Bots ausschließen. Er kann zwar noch Erwähnungen erhalten, aber keine direkten Verlinkungen (direkte Citations) aus den KI-Antworten für Produkte dieser Verlage generieren.

Organisatorische Hindernisse

Oft liegt der Widerstand im eigenen Unternehmen: Angst vor Veränderung, fehlendes Verständnis in der Führungsebene oder unrealistische Erwartungen. GEO erfordert eine gewisse Ambiguitätstoleranz. Die Zusammenhänge zwischen Aufwand und Ertrag sind nicht immer so linear wie bei Pay-per-Click-Werbung.

Tipp: Vergleiche GEO mit klassischen Marketing-Kanälen

Auch bei einem TV-Spot kannst du den direkten Zusammenhang zum Kauf im Supermarkt nicht lückenlos nachweisen. Es geht darum, dein Unternehmen an eine gewisse Unschärfe zu gewöhnen und trotzdem von den langfristigen Trends zu überzeugen.

Technische Hindernisse

Die Technik ist eine häufige Fehlerquelle. Veraltete Content-Management-Systeme (CMS), langsame Ladezeiten oder Probleme bei der Datenintegration können deine GEO-Bemühungen sabotieren. In diesem strategischen Schritt geht es erst einmal nur darum, wirkliche Blockaden zu ermitteln und zu beheben. Technisches Optimierungspotenzial (siehe Kapitel 6) wird es immer geben, daran kannst du parallel zu den anderen GEO-Aufgaben arbeiten.

[zB]

Beispiel: Technische Hürden in der Praxis

- **SSL-Zertifikat**: Eine versteckte Einstellung im SSL-Zertifikat einer Agentur-Website verhinderte, dass KI-Systeme die Seite aufrufen konnten. Keine Aufrufe, keine direkten Citations.
- **JavaScript-Rendering**: Ein großer Modehändler wollte in KI-Systemen sichtbarer werden. Die Analyse zeigte: Die Website war so stark auf JavaScript angewiesen, dass die KI-Bots den eigentlichen Inhalt nicht »sehen« konnten.

Wirtschaftliche Hindernisse

Wirtschaftliche GEO-Hindernisse keimen oft im Spannungsfeld zwischen Messbarkeit, Ressourcen und Prozessen auf. Die offensichtlichsten Hürden: Das Budget fehlt, z. B. um neue Tools anzuschaffen oder spezialisiertes Personal einzustellen. Häufig sind finanzielle Mittel auch langfristig verplant, sodass sich neue Ansätze wie GEO nicht so einfach unterbringen lassen. Und da die ROI-Prognose noch unsicher ist, wird es dir eventuell schwerfallen, die Entscheidungsträger*innen zu überzeugen.

Was tun, nachdem du Hindernisse ermittelt hast?

Wenn du deine Hindernisse identifiziert hast, priorisiere sie. Eine einfache Impact-Aufwand-Matrix (siehe Abbildung 3.6) hilft dir dabei.

- **Hohe Wirkung, geringer Aufwand (Quick Wins)**: Sofort umsetzen! Das SSL-Zertifikat zu korrigieren, wäre ein solcher Fall.
- **Hohe Wirkung, hoher Aufwand (Großprojekte)**: Das sind deine strategischen Initiativen. Die Umstellung einer Website von Client-Side-Rendering auf Server-Side-Rendering fällt in diese Kategorie.
- **Geringe Wirkung, geringer Aufwand (Fill-ins)**: Kann man nebenbei erledigen.
- **Geringe Wirkung, hoher Aufwand (Zeitfresser)**: In der Regel ignorieren.

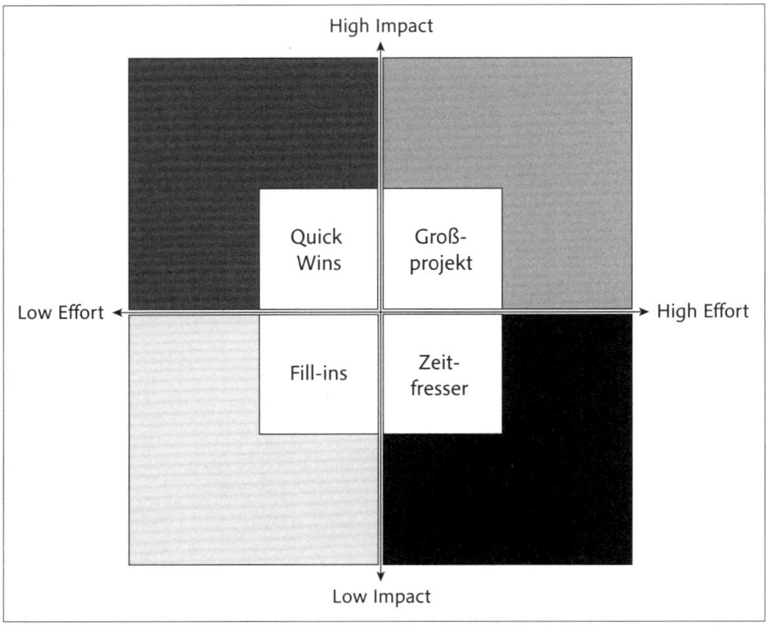

Abbildung 3.6: Beispielhafte strategische Priorisierung zwischen Aufwand und Wirkung

3.2.5 Schritt 5: Führe die finale ROI-Bewertung durch

Dies ist der letzte Schritt, der alles zusammenführt. Du stellst die einfache Frage: »Was kostet es und was bringt es?«

Auf der Kostenseite

- Personal- und/oder Dienstleistungskosten
- Tool- und Lizenzkosten
- Kosten für die technische Infrastruktur

Vergiss dabei nicht die Opportunitätskosten: Was kostet es dich, wenn du nicht in GEO investierst? Je später du einsteigst, desto teurer wird es, relevante Ergebnisse zu erzielen.

Auf der Nutzenseite

- Wert der gestärkten Markenautorität durch Erwähnungen und Zitierungen in KI-Antworten
- Wert des Referral Traffics
- Wert einer höheren Conversion Rate durch gestiegene Markenbekanntheit

Die Markenbekanntheit kannst du z. B. durch Panel-Umfragen zur gestützten und ungestützten Markenbekanntheit vor und nach deinem GEO-Projekt messen. Mehr dazu erfährst du in Abschnitt 4.2.

GEO ist eine Wette auf die Zukunft

Sei dir bewusst: Ein Investment in GEO hat selten einen sofortigen, positiven ROI (siehe Abbildung 3.7). Es ist eine Investition in die Zukunft. Du wettest darauf, dass die Bedeutung von KI-Systemen in der Customer Journey weiter zunehmen wird.

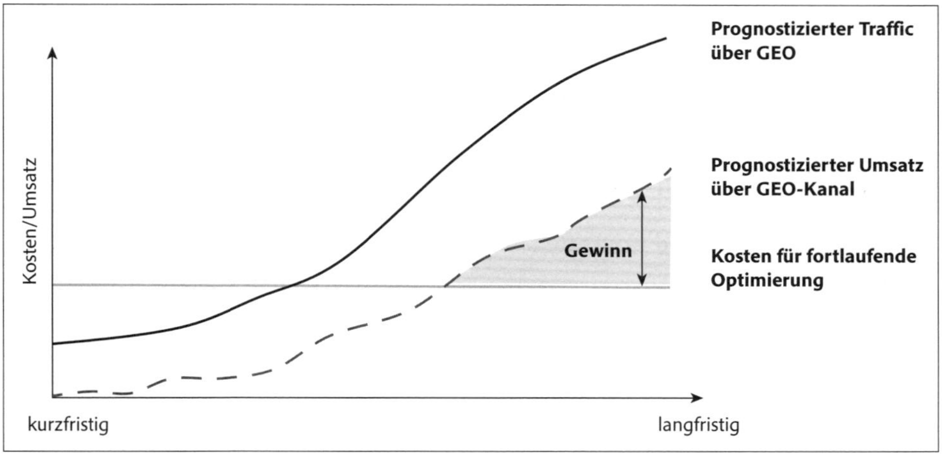

Abbildung 3.7: Dieses Forecast-Beispiel veranschaulicht, dass GEO-Gewinne eher langfristig zu erwarten sind.

Angesichts der Entwicklungen – von der Integration von Meta AI in WhatsApp bis zur immer tieferen Verankerung von KI in Betriebssystemen wie iOS und den AI Overviews sowie dem AI Mode in der Google-Suche – ist es keine gewagte Wette. Nicht zu investieren, bedeutet zu glauben, dass dieser Trend wieder verschwindet.

Der Köder muss dem Fisch schmecken, nicht dem Angler. Deine Kund*innen nutzen diese Systeme bereits. Deine Aufgabe als Marketer*in ist es, ihnen dort zu begegnen und den Raum einzunehmen, den du einnehmen kannst und solltest.

Fazit: Mit System zur Strategie

Der Weg zu einer funktionierenden KI-System-Strategie ist steil und erfordert Analyse, Mut und Ausdauer. Es gibt viel zu bewerten und zu analysieren. Doch wenn du diese fünf Schritte systematisch durcharbeitest, schaffst du eine solide Grundlage, um deine Ressourcen effektiv einzusetzen und langfristig von der KI-Revolution zu profitieren. Dein Erfolg ist es wert, diesen Weg zu gehen.

3.3 Content strategisch denken – vom Thema zum Prompt

Die Content-Strategie ist das Herzstück der operativen GEO. Darin legst du fest, welche Haupt- und Unterthemen für dich im Hinblick auf die GEO relevant sind und wie du sie priorisieren musst. Du bestimmst, welche Zielgruppen und Personas du erreichen willst; du ermittelst, welche Fragestellungen – welche Prompts – du aus deinen Themen und Zielgruppen ableiten kannst und welche Prompts die Grundlage für die operative Arbeit (Content-Erstellung, Monitoring und Off-Page) sein sollen. Dieser systematische Prozess gliedert sich in sechs Schritte, mit denen du dich in diesem Abschnitt vertraut machen kannst:

1. **Hauptthemen identifizieren**: Für welche Themen soll ich in den KI-Systemen sichtbar sein?
2. **Zielgruppe und Personas identifizieren**: Wer sind die Menschen hinter den Nutzungen?
3. **Probleme, Fragen und Kontexte analysieren**: Welche Bedürfnisse haben die Menschen?
4. **Unterthemen ausdefinieren**: Wie kann ich die Bedürfnisse clustern und kategorisieren?
5. **Prompts je Unterthema ableiten**: Welche Prompts sind für Unterthemen relevant? Wie wählt man Prompts fürs Tracking aus?
6. **Unterthemen priorisieren**: Anhand welcher Metriken können Unterthemen priorisiert werden?

Bevor du tief einsteigst, ordne dein Vorhaben einem der folgenden *Szenarien* zu. Je nach Ausgangslage variieren der Aufwand und die für dich relevanten Schritte.

1. **Kompletter Neuaufbau**: Du startest eine neue Website ohne bestehende Inhalte oder Struktur. Hier ist der gesamte 6-Schritte-Prozess notwendig, um eine solide Grundlage zu schaffen.
2. **Teilweiser Ausbau**: Deine Website existiert bereits, soll aber um zusätzliche Bereiche erweitert werden, z. B. neue Produktkategorien. In diesem Fall kannst du eventuell Schritte wie die Identifikation von Haupt- und Unterthemen überspringen, die du ja schon haben solltest.
3. **Optimierung des Bestehenden**: Du hast eine etablierte Website mit Content und möchtest diese nach GEO-Prinzipien optimieren. Hier konzentrierst du dich auf die Zielgruppen- und Persona-Analyse und die Ableitung von Prompts. Auch die Priorisierung der Unterthemen ist relevant.

In Abbildung 3.8 siehst du, bei welchem Szenario du welche Schritte durchführen solltest. Für den maximalen Lerneffekt gehen wir im Folgenden den kompletten Prozess für das erste Szenario durch: Baust du eine komplett neue Website auf, musst du alle sechs Schritte durchlaufen.

Szenario	Hauptthemen identifizieren	Zielgruppen & Personas	Probleme, Fragen, Kontexte	Unterthemen ausdefinieren	Prompts ableiten	Unterthemen priorisieren
Kompletter Neuaufbau der Website (keine Struktur, kein Content vorhanden)	✓	✓	✓	✓	✓	✓
Neuer Website-Bereich (z. B. Produkterweiterung)		✓	✓		✓	✓
KI-Optimierung bestehender Website (Struktur & Content vorhanden, ggf. bereits SEO-Strategie)		✓	✓		✓	✓

Abbildung 3.8: Die drei Szenarien und die dazugehörigen Schritte

3.3.1 Schritt 1: Hauptthemen identifizieren

Am Anfang steht die grundlegende Frage: Für welche übergreifenden Themen möchtest du in KI-Systemen sichtbar sein? Wenn dein Unternehmen verschiedene Dienstleistungen oder Produkte anbietet, konzentriere dich zunächst auf das strategisch wichtigste Thema. Für unser Beispiel-Szenario legen wir als Hauptthema »Hausbau« fest. Darauf fokussieren wir alle weiteren Schritte.

3.3.2 Schritt 2: Zielgruppen und Personas definieren

Wer sind die Menschen, die ihre Fragen und Bedürfnisse in die KI-Systeme eingeben? Um sie effektiv ansprechen zu können, musst du sie verstehen. Definiere zunächst grobe Zielgruppen und erstelle daraus detaillierte Personas.

Eine Zielgruppe fasst Menschen mit ähnlichen Merkmalen zusammen (siehe Abbildung 3.9). Für das Thema Hausbau könnten das sein:

- junge Familien und Paare
- Designliebhaber*innen
- Kapitalanleger*innen
- Menschen im Ruhestand
- Selbermacher*innen (do it yourself)
- Familienverbünde (Mehrgenerationenhäuser)

Junge Familien & Paare	**Motivation**: Zukunftssicheres Zuhause für wachsende Familie **Fokus**: Sicherheit, Platzangebot, verlässliche Partner
Menschen im Ruhestand	**Motivation**: Hochwertiger, barrierefreier Altersruhesitz **Fokus**: Komfort, kompromisslose Qualität, altersgerechte Technik
Design-Liebhaber*innen	**Motivation**: Einzigartige Vision verwirklichen **Fokus**: Außergewöhnliches Design, maßgeschneiderte Lösung
Selbermacher*innen	**Motivation**: Mit viel Eigenleistung Traum vom Haus verwirklichen **Fokus**: Kostenersparnis, Ausbauhäuser
Kapitalanleger*innen	**Motivation**: Bauen zur Vermietung oder als reine Wertanlage **Fokus**: Rendite, Kosteneffizienz, reibungslose Umsetzung
Familienverbund	**Motivation**: Gemeinsames Zuhause für mehrere Generationen **Fokus**: Flexibilität, Barrierefreiheit, Gemeinschaftsflächen

Abbildung 3.9: Beispielhafte Zielgruppen für das Thema Hausbau

Eine *Persona* geht tiefer. Sie ist das detaillierte, fiktive Profil einer Person, die eine Zielgruppe repräsentiert. Sie hilft dir, die Bedürfnisse, Motivationen und das Verhalten deiner potenziellen Kund*innen greifbar zu machen (siehe Abbildung 3.10).

Block 1: Das Fundament (Wer ist die Persona?)

1. **Persona-Name & Rolle**: griffiger Name, Beruf und eine zentrale Eigenschaft
2. **Demografische Basis**: Alter, Familienstand & Einordnung der Lebensphase
3. **Jobs-to-be-Done**: ultimatives Ziel / die zentrale Aufgabe, die erledigt werden soll
4. **Constraints & Kontext**: Rahmenbedingungen & Einschränkungen
5. **Paint Points & Herausforderungen**: die größten Probleme, Ängste & Frustrationen

Block 2: Die Strategie (Wie handelt und entscheidet die Persona?)

6. **Vertrauensanker**: Wem oder was vertraut die Persona?
7. **Bevorzugte Content-Formate**: Welche Art von Inhalten konsumiert sie am liebsten?
8. **Suchverhalten & Sprache**: Wie und wo sucht sie nach Informationen?
9. **Entscheidungskriterien**: Was führt am Ende zur »Ja«- oder »Nein«-Entscheidung?
10. **AI-Validierungsstil**: Wie nutzt und bewertet die Persona KI-Antworten bei ihrer Recherche?

Abbildung 3.10: Aufbau einer Persona anhand von zehn Aspekten (Quelle: www.growth-memo.com/p/personas-are-critical-for-ai-search)

Block 1, das Fundament, beschreibt die Persona mit Namen, Rolle, Alter etc., schließt dann das Ziel an und was die Rahmenbedingungen dafür sind, und endet mit den Pain Points, also den Ängsten und Problemen der Persona.

Block 2, die Strategie, definiert, wie die Persona handelt und entscheidet. Wem vertraut sie, welche Art von Content konsumiert sie, wo sucht sie nach Informationen, was führt am Ende zu einer Entscheidung und wie nutzt und bewertet sie KI-Antworten bei ihrer Recherche?

[zB]

Beispiel-Persona 1: Melanie, die sicherheitsorientierte Familienplanerin

- *Rolle und Situation*: 35 Jahre alt, verheiratet, ein Kind. Plant ein zukunftssicheres Zuhause für ihre wachsende Familie, hat wenig technisches Wissen und hohen Zeitdruck.
- *Ziele und Herausforderungen*: Sucht nach einem verlässlichen Baupartner. Kostenkontrolle und ein reibungsloser Prozess sind ihr sehr wichtig. Hat Angst vor versteckten Kosten, unzuverlässigen Baufirmen und zu vielen Informationen.
- *Entscheidungsverhalten*: Vertraut auf offizielle Siegel und Zertifikate, Erfahrungsberichte, Empfehlungen. Unverhandelbar sind eine Festpreisgarantie und ein persönlicher Ansprechpartner.
- *So erreichst du Melanie*: Sie recherchiert intensiv online und nutzt KI-Systeme, um Antworten zu validieren.

Nun könntest du noch eine zweite Persona mit anderen Eigenschaften entwerfen.

[zB]

Beispiel-Persona 2: Wolfgang, der qualitätsbewusste Ingenieur

- *Rolle und Situation*: 62 Jahre alt, verheiratet, im Ruhestand. Hat keinen Zeitdruck, aber sehr hohe Ansprüche an Technik und Material.
- *Ziele und Herausforderungen*: Will ein technisch perfektes, langlebiges Haus, das er individualisieren kann. Hat Angst vor oberflächlicher Beratung, mangelnder Transparenz und Standardlösungen.
- *Entscheidungsverhalten*: Setzt auf Premium-Marken und Empfehlungen von Architekt*innen und anderen Ingenieur*innen. Unverhandelbar sind eine nachweisbare Materialqualität und die technische Kompetenz des Anbieters.
- *So erreichst du Wolfgang*: Er liest sich tief in technische Whitepapers, detaillierte Fallstudien und Materialvergleiche ein.

Erstelle für deine relevantesten Zielgruppen eine bis zwei solcher Personas. Sie sind das Fundament für alle weiteren strategischen Entscheidungen.

3.3.3 Schritt 3: Probleme, Fragen und Kontexte analysieren

Was treibt deine Personas um? Versetze dich in ihre Lage und sammle die konkreten Fragen und Probleme, die sie im Zusammenhang mit deinem Hauptthema haben.

Melanie (sicherheitsorientiert) fragt sich:

- »Wie erkenne ich eine vertrauenswürdige Baufirma?«
- »Welche Baunebenkosten kommen auf mich zu?«
- »Welche Leistungen sind im Bauvertrag garantiert?«
- »Wie plane ich einen Grundriss, der auch in fünf Jahren mit mehreren Kindern noch perfekt passt?«

Wolfgang (qualitätsbewusst) fragt sich hingegen:

- »Welche Referenzprojekte des Anbieters kann ich mir ansehen?«
- »Gibt es einen Kompetenznachweis der beteiligten Fachleute?«
- »Wie transparent ist die Dokumentation der verbauten Materialien?«
- »An welche Systemmaße und Konstruktionsraster sind wir gebunden?«

Diese Fragen (und möglichen Prompts) sind der Rohstoff für deine Inhalte.

3.3.4 Schritt 4: Unterthemen ausdefinieren

Nun clusterst und kategorisierst du die gesammelten Probleme und Fragen zu konkreten Unterthemen. Diese bilden die Arbeitsebene für deine Content-Produktion. Sie sind die spezifischen Inhaltsblöcke, die du erstellen wirst, um die Bedürfnisse deiner Personas zu adressieren. Abbildung 3.11 zeigt beispielhaft Melanies Bedürfnisse und einige entsprechende Unterthemen.

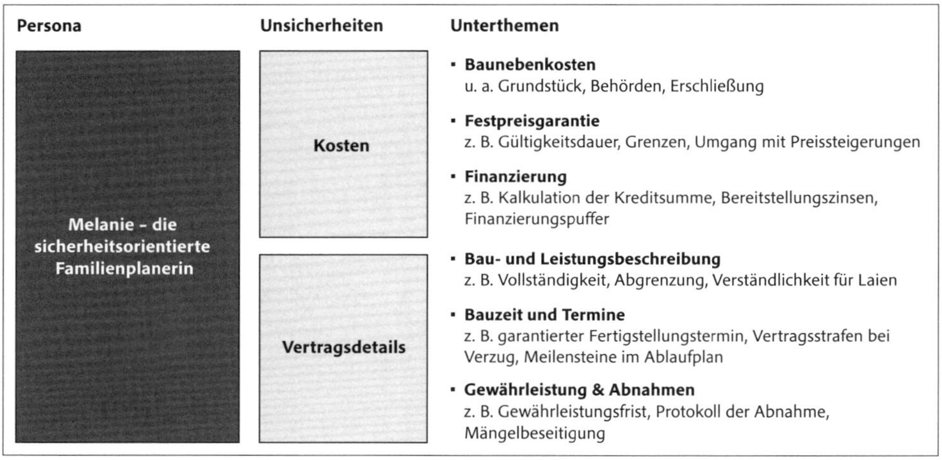

Abbildung 3.11: Beispielhafte Unterthemen für die Persona Melanie

3.3.5 Schritt 5: Prompts ableiten und auswählen

Dieser zweiteilige Schritt ist entscheidend. Du findest zunächst passende Prompts für deine Unterthemen basierend auf den Fragestellungen deiner Personas und wählst dann die relevantesten für dein Monitoring aus. Ein Prompt ist eine konkrete Frage oder Anweisung, die eine Nutzerin in ein KI-System eingibt.

- schlechter Prompt: »Baufinanzierung erklären« (zu breit)
- guter Prompt: »Wie hoch sind die aktuellen marktüblichen Bauzinsen in Deutschland bei einer 10-jährigen Zinsbindung?« (konkret)

[«]

Hinweis: Keywords sind keine Prompts!

Während du in der SEO mit kurzen Begriffen wie »Kredit Hausbau« arbeitest, benötigst du für die GEO ganze Sätze oder Fragen: »Wie bekomme ich einen Kredit für mein Hausbauprojekt?« Die Ausnahme bilden die AI Overviews, für die »klassische« SEO-Keywords durchaus noch relevant sind, da sie in die Suchergebnisse eingebunden sind.

Schritt 5, erster Teil: Wie du passende Prompts findest

Konzentriere dich auf generische (non-branded) Prompts, also Suchanfragen ohne Markennennung. Hier geht es darum, neue Interessent*innen zu gewinnen, die sich noch nicht für einen Anbieter entschieden haben.

Bei Prompts mit deiner Marke (branded) wissen die Kund*innen oder Interessent*innen bereits, zu welcher Marke sie eine Antwort bekommen wollen, und so sollte deine Marke auch die einzig legitime Quelle für die Antwortgenerierung sein. Branded Prompts können allerdings für die Sentiment-Bewertung relevant sein. Fällt bei der Analyse von branded Prompts auf, dass deine Marke nicht auftaucht oder nicht direkt zitiert wird, solltest du mögliche Hindernisse in der technischen Umsetzung prüfen.

Methoden zur Prompt-Findung sind:

Prompt-Engineering

Da dir keine echten Nutzungsdaten der einzelnen KI-Systeme zur Verfügung stehen, musst du repräsentative Prompts, die natürlich wirken, künstlich erstellen. Strukturiere deine Testfragen nach verschiedenen Dimensionen, um ein umfassendes Bild zu erhalten:

Intent-Variationen (Was will die Person?)

- Kaufintention: »Ich brauche ein Projektmanagement-Tool, das DSGVO-konform ist und Server in der EU hat.«
- Recherche: »Was sind die Unterschiede zwischen Confluence und Notion für eine Wissensdatenbank?«
- Problemlösung: »Wir nutzen für Reisekostenabrechnung, Gehaltsabrechnung, Zeiterfassung und Projektmanagement unterschiedliche Tools, was zu einem hohen Aufwand führt. Gibt es hier für alles eine All-in-One-Lösung?«

Expertise-Level-Variationen (Wer fragt?)

- Tech-savvy: »Ich brauche eine Headless-CMS-Lösung mit GraphQL-API.«
- Non-technical: »Ich bin kein IT-Mensch, welches CRM ist wirklich einfach zu bedienen?«

Kontext-Variationen (Wie viele Informationen werden gegeben?)

- Mit Kontext: »Als Remote-First-Unternehmen suchen wir eine Lösung für asynchrone Zusammenarbeit über Zeitzonen hinweg.«
- Ohne Kontext: »Beste B2B-Marketing-Tools.«

Wähle auf dieser Basis repräsentative Prompts aus, die auf deine strategischen Themen und die Bedürfnisse deiner Zielgruppe einzahlen.

Alle nachfolgenden Möglichkeiten dienen dazu, dass du basierend auf den bereits erstellten Prompts und den vorhandenen Unterthemen weitere Prompts findest, um deine Liste zu erweitern.

Suchmaschinen nutzen

Gib die bereits recherchierten Prompts je Unterthema in den Suchschlitz bei Google ein und sieh dir die Abschnitte **Weitere Fragen** (siehe Abbildung 3.12) und **Wird auch oft gesucht** (siehe Abbildung 3.13) an. Das sind Goldgruben für verwandte Prompts.

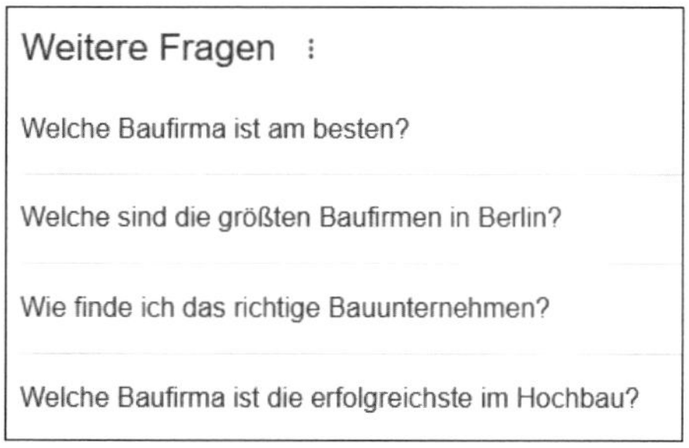

Abbildung 3.12: Weitere Fragen in Google zu »Welche Baufirma in Berlin ist seriös?«

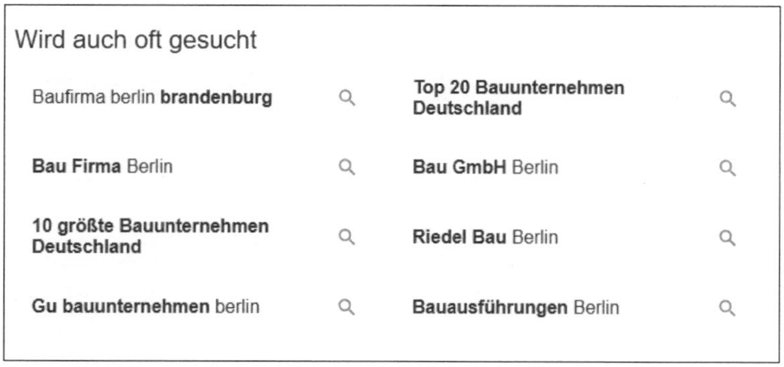

Abbildung 3.13: Aus diesen weiteren Hinweisen von Google kannst du ebenfalls Prompts ableiten.

Beliebt für die Suche nach weiteren Fragen ist auch das Tool »AlsoAsked« (*https://alsoasked.com*).

Query-Fan-out simulieren

KI-Systeme zerlegen einen initialen Prompt oft in mehrere Detailfragen (Query-Fan-out, siehe Abschnitt 2.2.7), um eine umfassende Antwort zu generieren. Tools wie Otterly.AI (*https://otterly.ai/app/?page=query_fan_out*), Perplexity Pro (*www.perplexity.ai*, siehe Abbildung 3.14) oder Qforia (*https://qforia.streamlit.app*) können diesen Prozess simulieren und dir eine Fülle von verwandten Prompts liefern.

Abbildung 3.14: So sieht beispielsweise der Query-Fan-out in Perplexity Pro aus.

KI-Chatbots fragen

Gib einem KI-System deine Persona, ihr Problem und dein Thema und bitte es, passende Prompts zu generieren. Oder lege deine bereits erarbeitete Prompt-Liste vor und frage die KI, ob sie die Liste noch ergänzen kann.

Eigene Daten analysieren

Dieser Punkt trifft nur zu, wenn du eine bestehende Website und auch Daten zu den benötigten Themen hast, ist also nur für Szenario 2 und 3 relevant.

- *Google Search Console*: Filtere deine Suchanfragen nach Phrasen mit mindestens x Wörtern (über einen Regex-Befehl, siehe Beispiel in Abbildung 3.15 mit mindestens 10 Wörtern). Die Wahrscheinlichkeit ist hoch, dass es sich dabei um Prompts handelt.
- *Keyword-Listen*: Nutze deine bestehenden Keyword-Listen aus SEO und SEA als Inspiration, um daraus vollständige Fragen zu formulieren und Prompts abzuleiten. Wie du zuvor schon erfahren hast, sind Keywords noch keine vollständigen Prompts, aber eben eine gute Ausgangsbasis dafür. Und du hast auch bereits gesehen, dass deine

SEO- und SEA-Keywords besonders für die Optimierung für AI Overviews wichtig sind, da AI Overviews in die Suchergebnisse eingebunden sind.

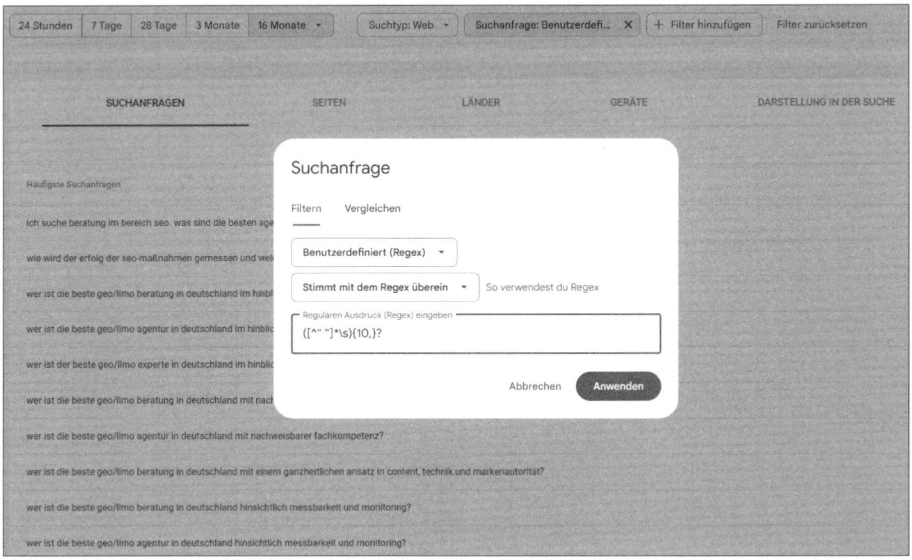

Abbildung 3.15: Filtern mit Regex-Befehl in der Google Search Console nach Suchanfragen mit einer Anzahl von mindestens 10 Wörtern

Info: Was ist ein Regex-Befehl?

Regex steht für »regulärer Ausdruck«. Ein Regex-Befehl ist eine Zeichenfolge, die als Muster dient, um Text zu suchen, zu validieren oder zu bearbeiten. Fachleute für Informatik und Webentwicklung verwenden diesen Befehl, um komplexe Muster in Zeichenketten (Strings) zu finden und zu manipulieren, z. B. beim Überprüfen von Eingaben, beim Ersetzen von Text oder beim Extrahieren bestimmter Informationen.

Schritt 5, zweiter Teil: Prompts für das Tracking auswählen

Du kannst unmöglich Tausende von Prompts überwachen. Die Kosten wären enorm und der Überblick ginge verloren. Wähle daher pro Unterthema eine überschaubare Anzahl an repräsentativen Prompts aus. Die Prompts musst du zunächst mit den Daten zu bestimmten Kriterien ergänzen. Auf dieser Basis triffst du dann eine Auswahl fürs Tracking. Nutze dafür eine Mischung aus verschiedenen Kriterien – die folgenden sind nur ein Beispiel und speziell auf KI-Chatbots wie z. B. ChatGPT ausgerichtet. Je nach fokussiertem KI-System und Unternehmenszielen sowie Geschäftsmodell können deine Daten ganz anders aussehen:

Citation-Potenzial: Findet für den Prompt ein Grounding (siehe Abschnitt 2.2.6) statt? Das bedeutet, das KI-System durchsucht externe Quellen und belegt seine Antwort mit Links (Citations). Nur wenn die KI ein Grounding durchführt, hast du die Chance auf eine Verlinkung aus der KI-Antwort. Tools wie Dejan (*https://grounding.dejan.ai*) werten die Wahrscheinlichkeit eines Grounding-Prozesses pro Prompt aus.

Sentiment: Ist der Prompt neutral (»Welche Versicherungen brauche ich beim Hausbau?«), positiv (»Welche Banken haben die besten Konditionen?«) oder negativ (»Welche Bauunternehmen haben die schlechtesten Bewertungen?«) formuliert? Prompts, die auf eine positive oder neutrale Markenerwähnung abzielen, sind geeignet, um Sichtbarkeit zu generieren. Prompts, die auf eine negative Markenerwähnung abzielen, solltest du zum Schutz deiner Marke überwachen.

Customer Journey: In welcher Phase befindet sich die Person? Besteht schon Interesse oder muss erst noch Bedarf geweckt werden?

- Anfang (Attention): »Lohnt sich der Kauf einer Immobilie noch?«
- Mitte (Interest): »Welche Posten gehören typischerweise zu den Baunebenkosten?«
- Mitte (Desire): »Welche Arten der Baufinanzierung gibt es und was sind die Vor- und Nachteile?«
- Ende (Action): »Finde mir den besten Bauzins für eine Finanzierung von 400.000 € mit 10 Jahren Zinsbindung.«

[+]

Tipp: Lege Tabellen für die Prompt-Bewertung an

Erstelle eine Tabelle (siehe Abbildung 3.16), um deine Prompts zu sammeln und sie nach diesen Kriterien zu bewerten. Ziel ist eine bunte Mischung, die die Bandbreite eines Unterthemas gut abbildet.

Beispiel-Prompts	Grounding?	Sentiment	Customer Journey
Welche Positionen gehören typischerweise zu den Baunebenkosten?	Nein	neutral	Interest
Lohnt sich der Kauf einer Immobilie noch?	Ja	neutral	Awareness
Baunebenkosten für Notar, Grunderwerbsteuer und Maklerprovision	Ja	neutral	Interest
Baunebenkosten Checkliste für private Bauherren	Ja	neutral	Interest
Sind Baunebenkosten bei der Baufinanzierung zu berücksichtigen?	Ja	neutral	Interest
Welche Gewährleistungen sind bei Bauleistungen obligatorisch?	Nein	neutral	Interest
Finde den besten Bauzins für eine Finanzierung von 280.000 € bei einer Zinsbindung von 10 Jahren	Ja	neutral	Action
Unterschiede zwischen VOB und BGB bei Bauvertragsgarantien	Ja	neutral	Interest
Welche Arten der Baufinanzierung gibt es und was sind die Vor- und Nachteile?	Nein	neutral	Desire
Welche Leistungen fallen nicht unter die Gewährleistung im Bauvertrag?	Nein	neutral	Interest

Abbildung 3.16: So könnte deine nach den drei Kriterien ausgewertete Prompt-Tabelle aussehen.

Zum Sinn und Unsinn des Prompt-Trackings

Vielleicht fragst du dich nicht nur, wie genau du dein Tracking gestalten sollst (dazu mehr in Abschnitt 3.4 und Kapitel 4), sondern auch, ob es überhaupt sinnvoll ist, derzeit schon

Zeit und eventuell Geld in diese Aktivität zu investieren. Tabelle 3.1 stellt Pro- und Kontra-Argumente dar.

These: Prompt-Tracking ist nicht sinnvoll	These: Prompt-Tracking ist sinnvoll
Weil es so viele und vielfältige Prompts gibt, lassen sie sich kaum systematisch tracken.	Deine Gründe für den Fokus auf GEO sind klar! Dort erreichst du im Moment eine wachsende Anzahl an Interessent*innen und potenziellen Kund*innen, während sie ihre Kaufentscheidung treffen. Damit sich der Einsatz von Zeit und Geld lohnt, musst du den Erfolg deiner Maßnahmen messen und einschätzen können, ob sie dich deinen Zielen näherbringen. Es gibt keine Alternative!
Eindeutige Daten (wie bei SEO etwa Suchvolumina) zur Bewertung von Prompts fehlen. So lassen sich Ressourcen wie Zeit und Geld nur schlecht priorisieren.	
Tools tracken nur, wenn jemand nicht eingeloggt ist und das KI-System kostenlos nutzt. Wie groß die Überschneidung zu dem ist, was Nutzende insgesamt von KI-Systemen sehen, bleibt ungewiss.	

Tabelle 3.1: Argumente pro und kontra Prompt-Tracking

3.3.6 Schritt 6: Unterthemen priorisieren

Der letzte Schritt deiner Content-Strategie ist ein wenig knifflig. Anders als in der SEO gibt es für GEO, wie gesagt, noch keine verlässlichen Daten wie das Suchvolumen, um das Potenzial eines Themas objektiv zu bewerten. Wir wissen schlicht nicht, wie oft ein bestimmter Prompt eingegeben wird.

Daher musst du auf alternative strategische Ansätze zur Priorisierung zurückgreifen:

- Priorisiere Unterthemen, die *näher an der Kaufentscheidung* liegen (Lower Funnel), da sie schneller zu Umsatz führen können.
- Bevorzuge Themen, bei denen häufig ein *Grounding* stattfindet, da nur bei diesen Prompts eine Chance auf direkte Citations besteht.
- Fokussiere dich auf die Unterthemen der Zielgruppe, die für dein Geschäft am *wertvollsten* ist.
- Priorisiere Themen, die mit Produkten oder Dienstleistungen *mit hoher Marge* oder hohem Lagerbestand zusammenhängen.
- Lasse *Erfahrungen aus SEO und SEA* einfließen.

Fazit: Plane deine Inhalte strategisch

Eine GEO-Content-Strategie ist ein systematischer Prozess, der dich bzw. deine Marke befähigt, in KI-Antworten sichtbar zu werden. Auch wenn die Datenlage noch lückenhaft ist, solltest du jetzt handeln. Du musst dort präsent sein, wo deine zukünftigen Kund*innen ihre Entscheidungen treffen. Mit den hier vorgestellten sechs Schritten hast du ein klares Konzept, um deine Inhalte strategisch zu planen, zu erstellen und deine Zielgruppe effektiv zu erreichen.

3.4 So setzt du dein GEO-Monitoring Schritt für Schritt auf

Parallel zur Strategieentwicklung konzipierst du das Set-up für deine fortlaufende Erfolgsmessung. Das Monitoring übersetzt die strategischen Ziele in messbare Metriken und schafft eine datengestützte Entscheidungsgrundlage. Es zeigt dir, ob die durchgeführten Maßnahmen die gewünschte Wirkung entfalten oder ob du die Strategie anpassen musst. Ein systematisches Vorgehen ist dabei entscheidend, um nicht im Datendschungel den Überblick zu verlieren.

Dieser Abschnitt führt dich durch fünf Schritte, mit denen du ein robustes und aussagekräftiges Monitoring-System für deine Generative Engine Optimization (GEO) aufbaust:

1. **Festlegung der Kennzahlen**: Welche Kennzahlen willst du überwachen?
2. **Tool-Auswahl**: Welche Tools willst du nutzen?
3. **Auswahl zu überwachender Prompts**: Welche Prompts willst du regelmäßig beobachten?
4. **Wettbewerber-Auswahl**: Welche Wettbewerber willst du betrachten?
5. **Festlegung des Monitoring-Zyklus**: Wie oft sollen die Kennzahlen überwacht und ausgewertet werden?

3.4.1 Schritt 1: Die richtigen Kennzahlen definieren – dein Kompass für den Erfolg

Das Wichtigste zuerst: Wähle deine Kennzahlen (KPIs) aus, bevor du dich für Tools entscheidest. Deine strategischen Ziele bestimmen, was du messen musst, und die benötigten Kennzahlen bestimmen, welches Werkzeug dafür geeignet ist.

In diesem Schritt überführst du deine strategischen Ziele in ein konkretes Messkonzept, das die gesamte Wirkungskette abbildet. Ein mehrstufiger Ansatz gewährleistet dabei einen objektiven Erfolgsnachweis und macht den ROI (Return on Invest) deiner Maßnahmen sichtbar.

Die drei Ebenen des Messkonzepts und ihre Metriken

- **Input-Metriken (vorgelagert)**: Diese Zahlen machen deinen operativen Aufwand transparent. Dazu gehören z. B. On-Page-KPIs wie die Anzahl optimierter Inhalte oder die Erstellung multimedialer Inhalte in einem bestimmten Zeitraum. Aber auch Off-Page-KPIs sind wichtig, etwa die Anzahl neu geschaffener Quellen in einem bestimmten Zeitraum oder die Anzahl bestehender Quellen, mit denen du Kontakt aufgenommen hast. Mehr zu Input-Metriken liefert Abschnitt 4.1.

- **Kern-GEO-KPIs**: Sie messen die direkte Wirkung deiner Maßnahmen in den KI-Systemen. Hier schlägt also das Herz deines GEO-Monitorings. Kennzahlen in Bezug auf Sichtbarkeit und Sentiment sind z. B. der prozentuale Anteil und die Anzahl an Mentions, direkten und indirekten Citations oder einem positiven (aber auch neutralen oder negativen) Sentiment. Du vergleichst außerdem deine Sichtbarkeits- und Sentiment-Kennzahlen mit denen deiner Wettbewerber und hast die Möglichkeit, Umfragen unter deinen Nutzenden zu machen, um herauszufinden, wie sie von deiner Marke gehört haben. Abschnitt 4.2 hält weitere Informationen zu den Kern-GEO-KPIs bereit.
- **Output-Metriken (nachgelagert)**: Diese Kennzahlen stellen die Verbindung zum Unternehmenswert her und beantworten die Frage nach dem Business-Impact. Beispiele für Business-KPIs sind Impressions (aktuell nur für AI Overviews messbar), Referral Traffic, Conversions und Leads sowie der Umsatz. Brand-KPIs können die Bekanntheit und das Image deiner Marke sein, die Treue deiner Kundschaft oder der Wert eines Kontakts zwischen einem Kunden und deiner Marke. Selbstverständlich beeinflusst nicht nur die GEO die Entwicklung deiner Brand-KPIs, sondern sämtliche deiner Marketingmaßnahmen – dazu hast du bereits etwas in Abschnitt 3.2.1 gelesen.

In Abbildung 3.17 siehst du die drei Messebenen jeweils mit einigen möglichen Metriken.

Vorgelagert: Input-Metriken	**Kern-GEO-KPIs**	**Nachgelagert: Output-Metriken**
On-Page-KPIs: ▪ Anteil aller relevanten Inhalte bzgl. Crawl- und Erreichbarkeit ▪ Anzahl optimierter Inhalte in Zeitraum X ▪ Erstellung multimedialer Inhalte o. ä. in Zeitraum X ▪ ... **Off-Page-KPIs**: ▪ Anzahl neu geschaffener Quellen in Zeitraum X ▪ Anzahl an bestehenden Quellen, mit denen Kontakt aufgenommen wurde in Zeitraum X ▪ Anzahl bestehender Quellen, auf denen Inhalt angepasst wurde in Zeitraum X ▪ ...	**Sichtbarkeit & Sentiment**: ▪ Share of ... (Anteil an) - Mentions - Direct Citations - Indirect Citations - Positive/neutral/negative Sentiment ▪ Number of ... (Anzahl an) - Prompts - Mentions - Direct Citations - Indirect Citations - Positive/neutral/negative Sentiment **Wettbewerbs-KPIs**: Vergleichende Analyse der Sichtbarkeit und des Sentiments ggü. Wettbewerbern **Nutzendenbefragung**: Durchführung einer »How did you hear about us?«-Umfrage	**Business-KPIs**: ▪ Impressions (AI Overviews) ▪ Referral Traffic ▪ Conversions/Leads ▪ Umsatz **Brand-KPIs**: ▪ Markenbekanntheit (Brand Awareness) ▪ Markenimage (Brand Image) ▪ Markentreue (Brand Loyalty) ▪ Wert von einem Kund*innen-/Markenkontakt ▪ ...

Abbildung 3.17: Mögliche Input-Metriken, Kern-GEO-KPIs und Output-Metriken

[+]

Tipp: Metriken und GEO-Tools im Detail

In Kapitel 4 erhältst du ausführliche Informationen zu den Metriken. Kapitel 8 geht näher auf GEO-Tools und die Kennzahlen und Metriken ein, die sie abbilden können.

Und wie wählst du die richtigen Metriken für dich aus?

Bei den **Input-Metriken** triffst du die Auswahl je nach den Maßnahmen, die du umsetzt. Das können mehr sein als in Abbildung 3.17, es können aber auch weniger sein, wenn du z. B. gerade keine Off-Page-Optimierung anstrebst.

Bei den **Kern-GEO-KPIs** solltest du standardmäßig den Anteil (prozentual) und die Anzahl (in absoluten Werten) an Mentions und direkten Citations tracken. Das ist das Minimum, um einen Erfolg der Disziplin nachzuweisen. Weitere Sichtbarkeits- und Sentiment-Kennzahlen sind optional.

Die Wettbewerbsbeobachtung ist ebenfalls optional, aber in den meisten Fällen durchaus sinnvoll - wenn du genügend relevante Wettbewerber hast.

Die Befragung deiner Nutzenden ist zum aktuellen Stand sinnvoll, weil die Output-Metriken momentan nur eingeschränkt messbar sind.

Bei den **Output-Metriken** kannst du Impressions aktuell nur für AI Overviews messen. Wenn du parallel zu GEO- auch SEO-Maßnahmen umsetzt, solltest du diese Kennzahl auf dem Schirm haben.

Referral Traffic sowie Conversions, Leads und Umsatz sollten zum Standard gehören. Die Messung kann allerdings je nach KI-System schwierig sein (dazu mehr in Kapitel 4).

Die Brand-KPIs sind optional. Kannst du sie gut und einfach messen, solltest du das auf jeden Fall tun.

3.4.2 Schritt 2: Die passenden Werkzeuge auswählen – deine Beobachtungsposten

Nachdem du deine Kennzahlen definiert hast, prüfst du, welche Tools diese am besten abbilden. Oft wirst du feststellen, dass kein einzelnes Tool sämtliche deiner Anforderungen abdeckt. Dann brauchst du eine Multi-Tool-Strategie.

Abbildung 3.18 stellt dar, dass verschiedene KPIs jeweils eigene Tools benötigen, z. B. misst du On-Page-KPIs (Input-Metriken) über deine eigenen Systeme, während du Off-Page-KPIs (Input-Metriken) sowie deine eigenen und die GEO-KPIs der Wettbewerber mit Monitoring-Tools betrachten kannst. Für die Output-Metriken hingegen kämen Analytics- und CRM-Tools infrage. Die Ergebnisse aller Tools lässt du am besten in einem Dashboard zusammenfließen, damit der Überblick jederzeit gewährt bleibt.

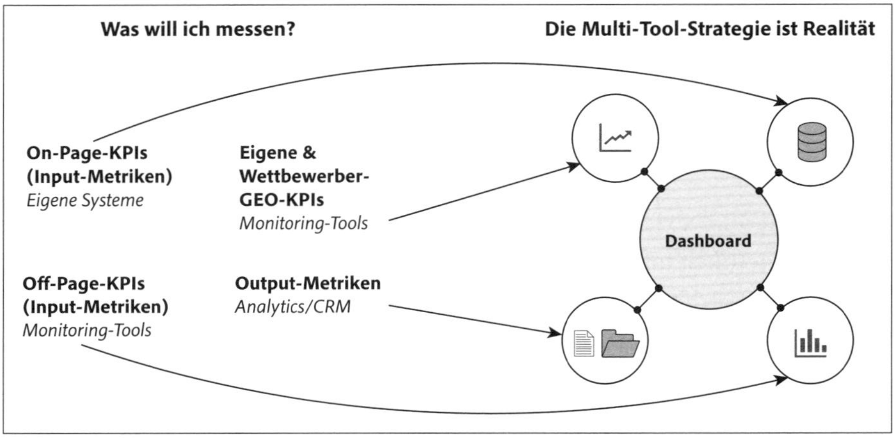

Abbildung 3.18: Kein einzelnes Tool deckt alle relevanten KPIs ab – daher wird in den meisten Fällen eine Multi-Tool-Strategie notwendig sein.

[+]

Tipp: Daten verbinden

Der Schlüssel zu einem aussagekräftigen Monitoring liegt in der Verknüpfung von externen Tool-Daten mit deinen internen Business-Daten. Nur so kannst du den Return on Investment (ROI) deiner GEO-Aktivitäten zweifelsfrei nachweisen.

Die GEO-Tool-Landschaft: drei Wege zum Ziel

Der Markt für GEO-Tools entwickelt sich rasant, gefühlt kommen täglich neue Tools hinzu. Die Features bestehender Tools ändern sich ebenfalls laufend. Dennoch lässt sich das Angebot derzeit in drei Hauptkategorien einteilen:

1. **Spezialisierte GEO-Tools**, die für das Monitoring der Sichtbarkeit in KI-Systemen entwickelt wurden, verfügen aktuell über die umfassendsten GEO-Features.
2. **Erweiterte SEO-Suiten** haben GEO-Features in ihr Leistungsspektrum aufgenommen und nutzen die Synergieeffekte beider Disziplinen sowie die verknüpfte Erfolgsmessung.
3. **Custom-Lösungen** sind individuell entwickelte Tools, die vollständig auf die jeweiligen Bedürfnisse z. B. eines Unternehmens angepasst sind. Der Wartungsaufwand bei solchen Lösungen ist relativ hoch.

Wir befassen uns in diesem Buch nur mit den Tools, die du für die Messung der Kern-GEO-KPIs benötigst. Alles andere würde den Rahmen sprengen. Die in Abbildung 3.19 als Beispiele aufgeführten Tools sowie weitere stellen wir in Kapitel 8 vor.

Spezialisierte GEO-Tools	Erweiterte SEO-Suiten	Custom-Lösungen
▪ spezifisch für das Monitoring der Sichtbarkeit in KI-Systemen entwickelt ▪ aktuell die umfassendsten GEO-Features	▪ integrieren GEO-Features in Tools, die auf SEO spezialisiert sind ▪ Nutzung der Synergieeffekte beider Disziplinen und gemeinschaftliche Erfolgsmessung	▪ individuelle Entwicklung ▪ maximale Anpassung der Features auf eigene Bedürfnisse ▪ hoher Maintenance-Aufwand
Beispiele: Peec AI, Profound, Writesonic Rankscale, Otterly.AI etc.	**Beispiele**: ahrefs, SISTRIX, Semrush etc.	**Beispiele**: Interne BI-Projekte

Abbildung 3.19: Die drei hauptsächlichen Tool-Kategorien für GEO

Welche Tool-Kategorie ist für dich die richtige?

Eine **Custom-Lösung** ist wahrscheinlich nur in wenigen Fällen sinnvoll, etwa, wenn du mit sehr konkreten Fragestellungen und Kennzahlen arbeitest, die GEO-Tools bzw. SEO-Suiten nicht abdecken können. Der hohe Aufwand für die Entwicklung und regelmäßige Anpassung einer Custom-Lösung ist nicht zu unterschätzen.

GEO-Tools und **SEO-Suiten** werden sich in puncto Funktionalität und Daten vermutlich in nächster Zeit angleichen. Deshalb gibt es momentan keine klare Empfehlung für die eine oder die andere Lösung. Der Vorteil einer SEO-Suite ist, dass deine SEO- oder Online-Marketing-Abteilung wahrscheinlich bereits einen Account hat, für den schon Budget einkalkuliert ist, und sie somit die Erfolgsauswertung beider Disziplinen zusammen vornehmen kann. Vor allem für AI Overviews ist das ein sinnvolles Vorgehen.

Spezialisierte GEO-Tools werden wahrscheinlich immer diejenigen sein, die die meisten Funktionalitäten aufweisen und sich auch am schnellsten an Änderungen anpassen.

Welche Funktionen bei der Tool-Wahl wichtig sind

Unterschiedliche Tools haben unterschiedliche Funktionen. Triff deine Auswahl mit Blick auf das, was du brauchst. Die wichtigsten Funktionen oder Features sind:

- **Kennzahlen**: Welche Kennzahlen deckt das Tool ab? Werden die Kennzahlen in Dashboards dargestellt oder kann man sie durch einen Daten-Export errechnen?
- **Wettbewerber**: Kannst du manuell Wettbewerber hinterlegen? Wenn ja, wie viele?
- **KI-Systeme**: Welche KI-Systeme deckt das Tool ab? Kannst du sie individuell auswählen?
- **Prompts**: Wie viele Prompts kannst du tracken und kannst du sie manuell hinterlegen? Spielt das Tool auch die Antworten der KI-Systeme zu den abgefragten Prompts aus? Welche Kosten fallen für das Prompt-Tracking zusätzlich an?
- **Erhebungsfrequenz**: Wie häufig werden die Daten zu Prompts aktualisiert? Täglich, wöchentlich, monatlich? Lässt sich das individuell festlegen?
- **Datenhistorie**: Wie lange speichert das Tool die erhobenen Daten?

- **Exportmöglichkeiten**: Kannst du Daten exportieren? Falls ja, in welcher Form? CSV, API, Direktanbindung zu BI-Tools?
- **Projekte**: Wie viele Projekte kannst du anlegen?
- **Multi-User-Support**: Wie viele Personen dürfen Zugriff haben und wie werden die Rechte verwaltet?
- **Alerts und Reportings**: Gibt es eine Alert-Funktion? Falls ja, welche? Lassen sich automatisch Reports generieren?
- **Support-Qualität**: Gibt es einen deutsch- oder englischsprachigen Support? Wie verläuft das Onboarding im Tool?
- **Flexibilität**: Bindet dich der Anbieter ans Tool oder könntest du jederzeit wechseln? Achte auf folgende Punkte:
  - Ein Export deiner (historischen) Daten muss jederzeit möglich sein.
  - Es darf keine proprietären Metriken geben, die einen Tool-Wechsel verhindern.
  - Du solltest standardisierte KPIs verwenden können.
  - Prüfe die Vertragskonditionen auf Kündigungsfristen und Mindestlaufzeiten.

Erstelle dir eine Checkliste wie die in Abbildung 3.20, die du dir je nach deinen Bedürfnissen anpassen und mit der du Tools vergleichen kannst.

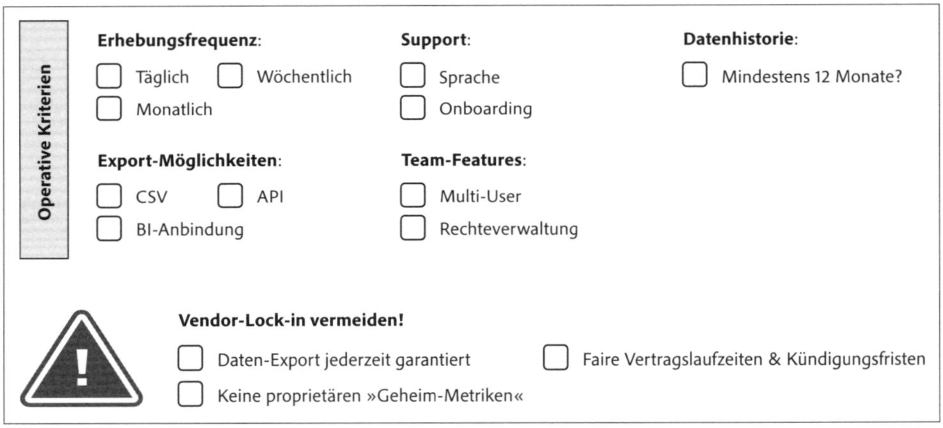

Abbildung 3.20: Deine Checkliste vor der finalen Vertragsunterschrift für ein Tool

3.4.3 Schritt 3: Die entscheidenden Prompts auswählen – die richtigen Fragen stellen

Dies ist der kritischste Erfolgsfaktor im gesamten Set-up. Eine falsche Prompt-Auswahl führt nicht nur zu unnötigen Tool-Kosten, sondern auch zu strategischen Fehlentscheidungen. Im Gegensatz zum klassischen Keyword-Tracking ist ein lückenloses Tracking aller denkbaren Prompts weder sinnvoll noch wirtschaftlich.

In Abschnitt 3.3 hast du bereits erfahren, dass du pro Unterthema eine Auswahl an Prompts zusammenstellen solltest – anhand von Metriken und durch Datenanreicherung. Im Standardfall würdest du nun alle ausgewählten Prompts in dem Tool (oder den Tools) deiner Wahl hinterlegen, im Idealfall geclustert nach Unterthema.

Sollte das Tracking aufgrund einer zu großen Anzahl an Prompts zu teuer sein, musst du wiederum auswählen. Dazu stehen dir folgende Methoden zur Verfügung, die du einzeln oder gemeinsam umsetzen kannst:

- Pro Unterthema reduzierst du die Anzahl der getrackten Prompts noch einmal.
- Du trackst nicht von Beginn an Prompts zu allen Unterthemen, sondern fügst die Prompts pro Unterthema nach und nach im Tool hinzu. So halten sich die Kosten am Anfang noch in Grenzen. Starte mit den Unterthemen, die du als erstes bearbeiten willst, wo du also Content optimieren oder Off-Page-Maßnahmen durchführen möchtest oder Ähnliches. Immer, wenn ein neues Unterthema in den Fokus der Optimierungsmaßnahmen rückt, fügst du dem Monitoring die entsprechenden Prompts des Unterthemas hinzu.

Entscheidest du dich für den zweiten Weg, muss dir bewusst sein, dass du damit die Erfolgsmessung beeinflusst: Wenn du kontinuierlich neue Prompts zum Monitoring hinzufügst, verfälscht dies die Kennzahlen für den prozentualen Anteil an Mentions und Citations. In diesem Fall ist der Blick auf die absoluten Zahlen sinnvoller (nicht Anteil, sondern Anzahl).

[!]

Achtung: Fragmentierungsfalle bei ChatGPT

Ein und derselbe Prompt kann je nach Anwendungskontext vollkommen unterschiedliche Ergebnisse liefern. Besonders bei ChatGPT ist diese Fragmentierung ausgeprägt:

- *inkognito / nicht eingeloggt*: Die KI greift seltener auf eine Websuche zurück.
- *eingeloggter Free Account*: Die Schwelle für eine Websuche ist mittel.
- *Paid Account*: Die KI nutzt proaktiv die Websuche, integriert Shopping-Links und andere erweiterte Features.

Diese Unterschiede musst du beim Monitoring deiner Prompts und auch bei der Auswahl der Tools unbedingt berücksichtigen.

3.4.4 Schritt 4: Das relevante Wettbewerbsumfeld definieren – wissen, mit wem du konkurrierst

Deine eigene Leistung ist stets relativ. Eine valide Bewertung ist nur im Kontext des Marktumfelds möglich. Für das GEO-Monitoring musst du den Begriff »Wettbewerber« jedoch neu und breiter definieren. Es geht nicht nur darum, wer das gleiche Produkt verkauft, sondern auch darum, wer die Fragen deiner Zielgruppe beantwortet.

Die zwei Arten von Wettbewerbern sind:

- **Direkte transaktionale Wettbewerber**: Das sind deine direkten Business-Konkurrenten (z. B. Salesforce vs. HubSpot).
- **Nischenmarken**: Das sind oft kleinere, spezialisierte Marken oder Open-Source-Projekte, die in Nischen-Communitys (z. B. auf Reddit oder in Fachforen) hoch angesehen sind.

Nutze die Discovery-Funktionen deiner Tools, um herauszufinden, wer bei deinen wichtigsten Prompts tatsächlich erscheint. Richte dann bei Bedarf für verschiedene Themencluster (z. B. »Tools für Start-ups« vs. »Enterprise-Lösungen«) separate Wettbewerber-Sets ein, um ein präzises Bild zu erhalten.

3.4.5 Schritt 5: Den Monitoring-Zyklus festlegen – vom Wissen zum Handeln

Die Festlegung des Monitoring-Zyklus ist eine strategische Abwägung. Aufgrund der hohen Volatilität generativer KI-Ergebnisse sind häufigere Abfragen für aussagefähige Daten notwendig. Wir empfehlen, Prompts täglich zu tracken. Das bedeutet aber nicht, dass du dir die Ergebnisse auch täglich anschauen musst.

Frequenz und Prozesse definieren

- **Tägliches Tracking**: Unverzichtbar für kritische Metriken wie Brand-Mentions, für deine Prompts und die Sentiment-Entwicklung. Auch wenn du Off-Page-Kampagnen durchführst, ist ein tägliches Tracking von relevanten Prompts sinnvoll, um die Ergebnisse der Maßnahmen schnell erfassen zu können. Nochmals: Tägliches Tracking heißt, dass die Daten täglich aufgezeichnet werden – du musst sie dir nicht immer sofort und täglich anschauen und auswerten, das reicht auch wöchentlich.
- **Wöchentliches Review**: Analysiere Trends der Kern-GEO-KPIs, Wettbewerber-Bewegungen und identifiziere aufkommende Themen oder Content-Lücken.
- **Monatliches Deep-Dive**: Führe eine komplette Landscape-Analyse durch, bewerte die Entwicklung der Input- und Output-Metriken und passe bei Bedarf dein Prompt-Portfolio an.

Entscheidend ist, dass du klare Reaktions-Playbooks für verschiedene Szenarien entwickelst. Was passiert, wenn das Sentiment einbricht? Wie reagierst du, wenn ein neuer Hidden Champion auftaucht? Monitoring ohne geplante Aktionen ist wertlos.

Stakeholder-gerechtes Reporting

Bereite die Daten so auf, dass sie für die jeweiligen Empfänger*innen relevant sind:

- **C-Level (monatlich)**: Entwicklungen bei den Kern-GEO-KPIs sowie den Output-Metriken
- **GEO-Team (wöchentlich)**: Überblick über die Entwicklungen der Kern-GEO-KPIs

- **GEO-Team (monatlich)**: Überblick über die Entwicklungen der Input- und Output-Metriken (zusätzlich zum wöchentlichen Reporting zu den Kern-GEO-KPIs)

Fazit: Stell dein Monitoring strategisch auf

Ein erfolgreiches GEO-Monitoring aufzusetzen, ist ein strategischer Prozess, keine reine IT-Aufgabe. Indem du mit den Kennzahlen beginnst, die richtigen Tools für deine Ressourcen wählst, die Kunst der Prompt-Auswahl meisterst, deinen Wettbewerb neu definierst und klare Prozesse für die Reaktion auf deine Daten etablierst, schaffst du eine verlässliche Grundlage für nachhaltigen Erfolg.

3.5 Roadmap richtig planen - GEO erfolgreich über Zeit skalieren

Deine Roadmap ist die strategische Brücke, die deinen aktuellen Stand mit deinen Zielen verbindet. Sie ist mehr als nur ein Plan; sie ist deine persönliche Anleitung, um alle gewonnenen Erkenntnisse in konkrete, priorisierte und terminierte Maßnahmen zu überführen. Du greifst jetzt also auf alles zurück, was du in den Schritten 1 bis 4 der GEO-Strategie erarbeitet hast, und machst dir einen Plan, welche Optimierungsmaßnahmen du umsetzen möchtest. Dein Ausgangspunkt ist der Status quo.

Startposition bestimmen: die umfassende Ist-Analyse

Bevor du loslegst, musst du genau wissen, wo du stehst. Die Ist-Analyse beleuchtet deinen aktuellen Status aus fünf entscheidenden Perspektiven. Betrachte sie als die fünf Säulen deines Fundaments:

1. **Sichtbarkeitsbewertung**: Wie sichtbar ist deine Marke aktuell bereits?
2. **Sentiment-Analyse**: In welchem Kontext wird deine Marke aktuell genannt?
3. **Bewertung der Content-Qualität**: Ist für alle Themen Content vorhanden und wie gut ist er aufbereitet?
4. **Off-Page-Reputation**: Welche externen Quellen sprechen bereits über dich?
5. **Bewertung der technischen Umsetzung**: Wie gut sind deine Inhalte für Maschinen lesbar und interpretierbar?

3.5.1 Schritt 1: Die Sichtbarkeitsbewertung - wie sichtbar ist deine Marke wirklich?

Du führst zunächst eine quantitative Bestandsaufnahme deiner aktuellen Markenpräsenz in den relevanten KI-Systemen durch (den Systemen, die du in der KI-System-Strategie aus Abschnitt 3.2.2 als relevant definiert hast). Prüfe im zuvor ausgewählten Tool, wo deine Marke bei deinen recherchierten Prompts bereits auftaucht.

Die Grundlage hierfür ist die Content-Strategie aus Abschnitt 3.3, die alle Unterthemen und entsprechenden Prompts je Unterthema enthält. Für die einmalige Bestandsaufnahme greifst du darauf zurück.

Anders als ggf. beim Monitoring checkst du *alle* definierten Prompts einmalig hinsichtlich Mentions und Citations (direkte und indirekte) für deine Marke. Dein Ziel: Du willst einen Überblick darüber erhalten, wo du aktuell stehst – auch im Vergleich zu den Wettbewerbern, die du mithilfe von Abschnitt 3.4.4 festgelegt hast.

In Abbildung 3.21 siehst du, wie das Tool *Peec AI* anzeigt, ob deine Marke Erwähnung findet und ob deine Wettbewerber genannt werden.

[+]

Tipp: Achte auf den Unterschied zwischen direkten und indirekten Citations

Ein direkter Verweis führt auf deine eigene Website – das ist der Idealfall. Ein indirekter Verweis führt auf eine andere, externe Seite (z. B. einen Magazinartikel), die über dich berichtet. Beide sind wertvoll, um deine Sichtbarkeit vollständig zu erfassen.

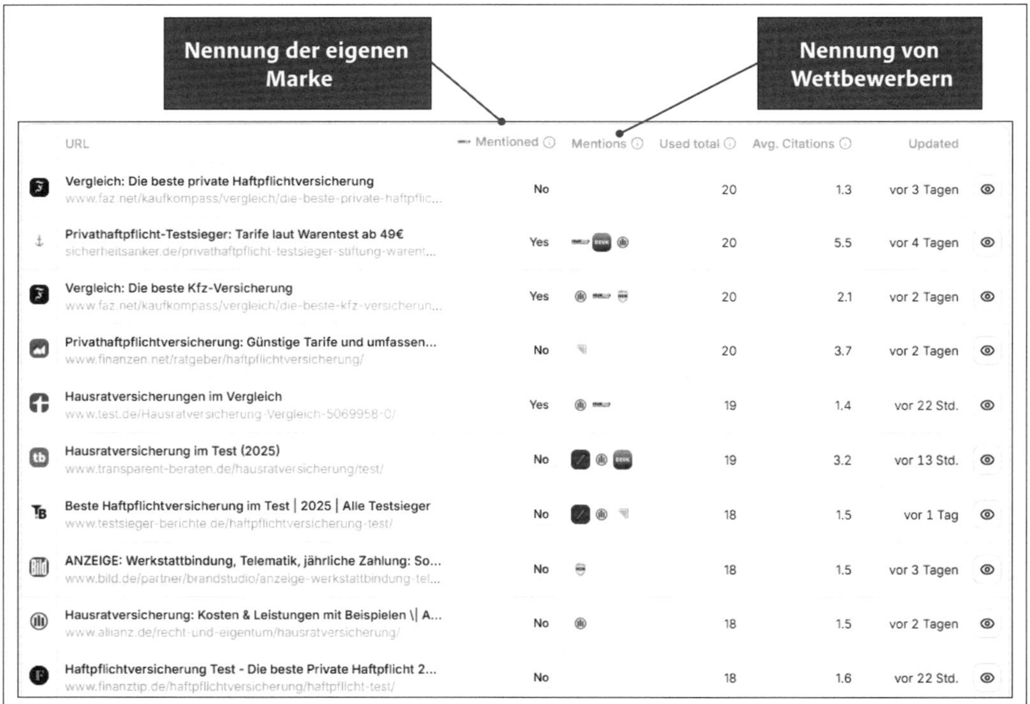

URL	Mentioned	Mentions	Used total	Avg. Citations	Updated
Vergleich: Die beste private Haftpflichtversicherung www.faz.net/kaufkompass/vergleich/die-beste-private-haftpflic...	No		20	1.3	vor 3 Tagen
Privathaftpflicht-Testsieger: Tarife laut Warentest ab 49€ sicherheitsanker.de/privathaftpflicht-testsieger-stiftung-warent...	Yes		20	5.5	vor 4 Tagen
Vergleich: Die beste Kfz-Versicherung www.faz.net/kaufkompass/vergleich/die-beste-kfz-versicherun...	Yes		20	2.1	vor 2 Tagen
Privathaftpflichtversicherung: Günstige Tarife und umfassen... www.finanzen.net/ratgeber/haftpflichtversicherung/	No		20	3.7	vor 2 Tagen
Hausratversicherungen im Vergleich www.test.de/Hausratversicherung-Vergleich-5069958-0/	Yes		19	1.4	vor 22 Std.
Hausratversicherung im Test (2025) www.transparent-beraten.de/hausratversicherung/test/	No		19	3.2	vor 13 Std.
Beste Haftpflichtversicherung im Test | 2025 | Alle Testsieger www.testsieger-berichte.de/haftpflichtversicherung-test/	No		18	1.5	vor 1 Tag
ANZEIGE: Werkstattbindung, Telematik, jährliche Zahlung: So... www.bild.de/partner/brandstudio/anzeige-werkstattbindung-tel...	No		18	1.5	vor 3 Tagen
Hausratversicherung: Kosten & Leistungen mit Beispielen \\| A... www.allianz.de/recht-und-eigentum/hausratversicherung/	No		18	1.5	vor 2 Tagen
Haftpflichtversicherung Test - Die beste Private Haftpflicht 2... www.finanztip.de/haftpflichtversicherung/haftpflicht-test/	No		18	1.6	vor 22 Std.

Tool: Peec AI

Abbildung 3.21: So zeigt Peec AI an, ob deine oder die Marken deiner Wettbewerber eine Mention erhalten.

Beispiel: Sneaker

[zB]

Du vertreibst fair produzierte Sneaker. Ein zentraler Prompt für dich ist »Welche Sneaker-Marken produzieren nachhaltig?«. Bei der Analyse stellst du fest: Deine Marke wird in der Antwort genannt (Mention), aber die KI verweist als Quelle auf einen externen Blogartikel über dich (indirekte Citation) und nicht auf deine eigene, aktuelle Nachhaltigkeitsseite. Hier hast du direkt einen Ansatzpunkt für eine Optimierung, damit du künftig eine direkte Citation erhältst. Was genau du dafür tun musst, lernst du in Kapitel 5 und Kapitel 6.

3.5.2 Schritt 2: Die Sentiment-Analyse: In welchem Licht stehst du da?

Die Sentiment-Analyse gibt der reinen Sichtbarkeit eine qualitative Dimension. Es reicht nicht, nur genannt zu werden; der Kontext muss stimmen. In der Content-Strategie hast du bereits Prompts mit Daten zur Tonalität angereichert. Du weißt also, welche Prompts *neutral, positiv* oder *negativ* formuliert sind. Jetzt willst du auswerten, ob deine Marke bei den abgefragten Prompts in einem neutralen, positiven oder negativen Kontext erwähnt wird. Ziel ist es, Risiken zu erkennen und Chancen zu ergreifen.

Bei neutral und positiv formulierten Prompts möchtest du mindestens eine Mention, im Idealfall eine direkte Citation. Bekommst du sie, gehst du tiefer und analysierst das Sentiment des *Kontextes* dieser Mentions bzw. Citations. Du möchtest erreichen, dass deine Marke in einem positiven oder zumindest neutralen Zusammenhang erscheint. Ist das nicht der Fall, musst du Maßnahmen zur Optimierung ableiten.

Bei negativ formulierten Prompts möchtest du nicht genannt werden, denn eine Nennung im falschen Umfeld kann deiner Reputation schaden. Wenn es trotzdem vorkommt, musst du individuell je Prompt einschätzen, ob du etwas tun kannst (und wie hoch der Aufwand und die Erfolgswahrscheinlichkeiten sind), um dort nicht mehr erwähnt oder zitiert zu werden.

Beispiel: Kosmetik

[zB]

Deine Marke für vegane Kosmetik erscheint in einer KI-Antwort zum Thema »Marken, die Tierversuche durchführen«. Das ist ein akutes Reputationsrisiko, das du sofort angehen musst. Umgekehrt ist eine positive Nennung in der Antwort auf »Beste vegane Sonnencreme« eine Chance, die du weiter stärken kannst.

Vorsicht: Diese Art der Sentiment-Auswertung decken die Tools aktuell noch nicht so ab, dass es dir wirklich nützlich sein könnte (siehe dazu auch Abschnitt 4.2.3). Das heißt, du kannst dir zwar die Sentiment-Metriken der Tools anschauen, musst aber die Ergebnisse bei deiner Auswertung genau und manuell überprüfen.

Zusätzlich zur Abfrage auf Prompt-Ebene kannst du auch noch eine *Entitäten-Analyse* durchführen: Dabei fragst du deine ausgewählten KI-Systeme direkt nach deiner Marke, z. B.: »Wie nimmst du Marke XY wahr?« oder »Mit welchen Eigenschaften verbindest du Marke XY?« und so weiter. Auf diesem Weg erhältst du weitere Einblicke dazu, wie deine Marke aktuell im KI-Umfeld wahrgenommen wird.

3.5.3 Schritt 3: Die Prüfung der Content-Qualität: Wie gut sind deine Inhalte?

Führe nun ein internes Audit deiner Website-Inhalte durch. Du bewertest, ob für alle in der Content-Strategie festgelegten Unterthemen Content vorhanden ist und wie gut dieser Content ist – also ob deine Texte und Formate die Anforderungen für GEO bereits erfüllen. Stelle dir dabei folgende Fragen:

- Sind die Inhalte klar strukturiert und sprachlich präzise formuliert, sodass sie zitierfähig sind?
- Decken sie die wahre Absicht (Intention) hinter den relevanten Prompts ab?
- Beantworten sie die Fragen der Nutzenden vollständig und verständlich?

Diese Analyse deckt auf, wo du Lücken hast (Content-Gaps), und liefert dir die Basis für die Entscheidung, welche Inhalte du überarbeiten, erweitern oder komplett neu erstellen musst.

[zB]

Beispiel: PM-Software

Du bietest Projektmanagement-Software an. In deinem Blog gibt es einen Artikel mit dem Titel »Funktionen unserer Software«. Der Prompt »Wie organisiere ich ein Projekt in Software XY mit einem kleinen Team?« wird von der KI aber mit einer Schritt-für-Schritt-Anleitung beantwortet. Dein Inhalt passt also nicht zur Absicht der Suchenden. Du hast eine Content-Lücke aufgedeckt! Erstelle einen neuen Leitfaden-Artikel, der genau diese Frage beantwortet und deine Software als Lösung präsentiert.

3.5.4 Schritt 4: Off-Page-Reputation: Wer spricht über dich?

Richte deinen Blick nach außen und mache eine systematische Bestandsaufnahme deiner digitalen Reputation: Welche externen Quellen erwähnen deine Marke oder dein Produkt bereits und welche nicht?

Bei der Off-Page-Optimierung versuchst du einerseits, neue Quellen zu schaffen, und andererseits, bestehende Quellen zu beeinflussen (siehe Details in Kapitel 7). Zu externen Quellen zählen beispielsweise Fachartikel auf den Webseiten von Publishern, Erwähnungen auf Partner-Websites oder Besprechungen in Online-Foren.

Bei der Bestandsaufnahme betrachtest du logischerweise nur die bereits bestehenden Quellen. Du kannst mit Tools herausfinden, welche Quellen die KI zu deinen relevanten

Prompts zitiert, jedoch ohne deine Marke aufzuführen. Darauf aufbauend kannst du Maßnahmen planen, um diese Quellen zu beeinflussen und dazu zu bewegen, deine Marke zu erwähnen. Deine Analyse kann außerdem in den zweiten Off-Page-Ansatz – das Erschaffen neuer Quellen – einfließen.

Beispiel: Veggie-Box [zB]

Du betreibst »Veggie-Box«, ein Abo für saisonales Biogemüse mit dem Liefergebiet Leipzig, und möchtest in KI-Antworten zu »Welche Anbieter für Gemüsekisten gibt es in Leipzig?« und ähnlichen Prompts erscheinen. Bei deiner Analyse bemerkst du, dass ein regionaler Food-Blog in einem Artikel über »Gemüsekisten im Test« deine Marke nicht erwähnt. Deine Aufgabe ist es nun, die Herausgeberin des Blogs zu kontaktieren. Liefere ihr die wichtigsten Daten, positive Kund*innenstimmen und attraktive Visuals gleich mit und versuche, sie dazu zu bewegen, deine Marke mit in ihre Liste aufzunehmen.

3.5.5 Schritt 5: Analyse der technischen Potenziale: Was schlummert in deiner Technik?

Bei dieser Analyse geht es um mehr als nur die grundlegende Möglichkeit für KI-Bots und Suchmaschinen, deine Seite zu crawlen. Im Fokus steht die Frage: Wie gut sind deine Inhalte für Maschinen lesbar und interpretierbar? Prüfe, ob du die semantische Bedeutung von Inhalten durch technische Auszeichnungen klarer machen kannst oder ob deine Seitenarchitektur deine thematischen Schwerpunkte deutlich genug hervorhebt. Auch die allgemeine Nutzungserfahrung (Page Experience) ist ein wichtiger Hebel. Ziel ist es, strategische Ansatzpunkte zu finden, mit denen du dir einen technischen Wettbewerbsvorteil verschaffen kannst. Das konkrete Vorgehen kannst du Kapitel 6 entnehmen.

Beispiel: Produktseite [zB]

Auf deiner Produktseite kann ein Mensch leicht erkennen, was der Preis, der Produktname und die Verfügbarkeit ist. Ein KI-Bot kann das aber nicht immer eindeutig zuordnen. Durch den Einsatz von strukturierten Daten (z. B. via Schema.org) zeichnest du diese Informationen explizit aus. Damit machst du sie für Maschinen unmissverständlich lesbar und erhöhst die Wahrscheinlichkeit, dass sie korrekt in KI-Antworten erscheinen.

Vom Wissen zum Handeln: Maßnahmen planen und priorisieren

Nachdem du deine Startposition kennst, überführst du die aufgedeckten Potenziale und Defizite in einen konkreten Maßnahmen- und Zeitplan. Definiere dazu spezifische Arbeitspakete für die zentralen Bereiche:

- **Content**: Welche Inhalte musst du überarbeiten oder neu erstellen, um die Content-Gaps zu schließen?
- **Off-Page**: Mit welchen Maßnahmen hast du eine Chance, auf relevante externe Quellen einzuwirken oder neue Quellen zu schaffen, um deine Reputation zu stärken?
- **Technik**: Welche technischen Optimierungen musst du umsetzen?

Der entscheidende Schritt ist die anschließende Priorisierung dieser Pakete. Nutze dafür Kriterien wie den geschätzten strategischen Nutzen, den erwarteten Aufwand und kritische Abhängigkeiten.

Verspricht die Überarbeitung deiner wichtigsten Produktseite z. B. einen hohen Nutzen bei mittlerem Aufwand, kannst du ihr eine hohe Priorität verleihen. Gleichzeitig ist eine technische Optimierung der Ladezeit vielleicht die Voraussetzung dafür, dass die neue Produktseite überhaupt erfolgreich sein kann. Diese technische Maßnahme muss also zuerst erledigt werden, obwohl ihr direkter Nutzen nicht sofort sichtbar ist. So stellst du sicher, dass du deine Ressourcen zur richtigen Zeit an der richtigen Stelle einsetzt.

Fazit: Deine GEO-Roadmap – von der Planung zur Umsetzung

Deine Roadmap ist die operative Übersetzung deiner GEO-Strategie in Wirkung: Aus der Ist-Analyse der fünf Säulen – Sichtbarkeit, Sentiment, Content-Qualität, Off-Page-Reputation und Technik – leitest du konkrete, terminierte Maßnahmen ab, priorisierst sie konsequent nach Nutzen, Aufwand und Abhängigkeiten und setzt sie iterativ um.

Starte pragmatisch: erst Bestandsaufnahme, dann klare Arbeitspakete für Content, Off-Page und Technik, anschließend Priorisierung. Denke in Sequenzen statt in Einzelmaßnahmen: Was erzeugt kurzfristig Wirkung, was baut langfristig Autorität auf?

Kurz: Die Roadmap verbindet Status quo und Zielbild – sie macht GEO vom Konzept zur Routine.

Kapitel 4
Erfolg messen – welche Kennzahlen wirklich zählen

Woher weißt du, ob sich deine Mühen für mehr Sichtbarkeit in KI-Systemen wirklich auszahlen? Das geht nur mit klaren Messstrategien. Hier erfährst du, wie du GEO-Maßnahmen systematisch erfasst und bewertest.

In diesem Kapitel lernst du Schritt für Schritt, wie du deinen GEO-Erfolg trackst – von der Umsetzung bis zum Business-Impact. Du steigst tiefer in die Input-Metriken, Kern-GEO-KPIs und Output-Metriken ein, die du in Abschnitt 3.4 bereits kurz kennengelernt hast. So verstehst du präzise, wie du anhand deiner Input-Metriken dokumentierst, was du in einem definierten Zeitraum konkret umgesetzt hast – z. B. optimierte Inhalte, neu aufgebaute Quellen oder aktualisierte Seiten. Anschließend geht es an die Kern-GEO-KPIs, mit denen du die Wirkung deiner Maßnahmen in KI-Systemen misst: Wie oft wirst du erwähnt oder direkt zitiert, wie entwickelt sich das Sentiment deiner Marke? Abschließend erfährst du, welche Output-Kennzahlen dir zeigen, wie sich GEO auf deine Geschäftsziele auswirkt – etwa über Referral Traffic, Conversions oder Umsatz (wie du sinnvolle Unternehmensziele im Kontext deiner KI-System-Strategie definierst, liest du in Abschnitt 3.2). Im Ergebnis erhältst du ein belastbares KPI-Set, mit dem du GEO planbar machst, Prioritäten richtig setzt und Erfolge intern überzeugend belegst.

4.1 Input-Metriken verstehen – was du tracken solltest

Der Bereich Input-Metriken umfasst die Entwicklung aller Maßnahmen, die du tatsächlich umsetzt. Vorweg: Du hast eine enorme Bandbreite an Möglichkeiten, unterschiedlichste Input-Metriken festzulegen, die für deine individuelle Situation wichtig sind. Die folgenden Metriken und ihre Unterscheidungen sind darum nur Beispiele.

4.1.1 Welche On-Page- und Off-Page-KPIs gibt es?

Eine Untergliederung in On-Page- und Off-Page-KPIs hat sich als sinnvoll erwiesen: Maßnahmen auf der eigenen Website gehören in den Bereich On-Page; Maßnahmen außerhalb der eigenen Website sind Teil der Off-Page-Arbeit.

On-Page-KPIs können beispielsweise sein:

- der *Anteil aller relevanten Inhalte bzgl. Crawl- und Erreichbarkeit*; anders ausgedrückt: Welche deiner Webseiten-Inhalte sollen KI-Systeme lesen und zitieren können (alles, was du beim technischen Unterbau deiner Website konkret beachten solltest, liest du in Kapitel 6)?
- die *Anzahl der optimierten Inhalte* in einem definierten Zeitraum, z. B. Anzahl der überarbeiteten Produkttexte
- die *Erstellung multimedialer Inhalte* und dergleichen in einem definierten Zeitraum, z. B. Anzahl erstellter Videos für die Anreicherung des Contents in einem Magazin (wie du die GEO-Content-Erstellung angehst, erfährst du detailliert in Kapitel 5)

[»]

Hinweis: Vorschau auf Off-Page-Maßnahmen

Um Off-Page-KPIs besser verständlich zu machen, hier ein kleiner Ausblick auf das Thema aus Kapitel 7: Der Off-Page-Bereich hält zwei Ansätze bereit, die *außerhalb* deiner eigenen Website für die Sichtbarkeit deiner Marke in KI-Systemen sorgen. Du kannst einerseits neue, externe Inhalte schaffen, in denen es um deine Marke geht (z. B. Gastbeiträge in Fachmagazinen). Andererseits kannst du externe Medien dahingehend beeinflussen, dass sie deine Marke in bereits bestehende Inhalte mit aufnehmen (z. B. lieferst du einem Herausgeber Fakten zu deinem Produkt, die belegen, warum es einen Platz in seiner schon veröffentlichten Bestenliste verdient).

Off-Page-KPIs können beispielsweise sein:

- die *Anzahl neu geschaffener Quellen* in einem definierten Zeitraum, z. B. die Anzahl gebuchter Advertorials oder verfasster Gastbeiträge oder Community-Posts
- die *Anzahl an bestehenden Quellen*, die du in einem definierten Zeitraum *kontaktiert* hast, wie oben in der Vorschau den Herausgeber
- die *Anzahl bestehender Quellen*, die während eines definierten Zeitraums infolge deiner Kontaktaufnahme ihren *Inhalt angepasst haben*

Welche Zeiträume du für deine Messung festlegst, hängt immer davon ab, welche Mengen an Maßnahmen du umsetzt. Schreibst du beispielsweise innerhalb eines Jahres 20 Texte, genügt ggf. eine quartalsweise oder halbjährliche Dokumentation. Hast du hingegen einen deutlich höheren Output bei der Content-Produktion, ist eine monatliche Dokumentation sinnvoll.

4.1.2 Zu welchem Zweck erhebst du Input-Metriken?

Input-Metriken sind dein *Frühwarnsystem* und dein *Fortschrittstacho* zugleich. Sie zeigen dir, was du tatsächlich umgesetzt hast – unabhängig davon, ob die Wirkung schon sichtbar ist. So vermeidest du blindes Arbeiten und kannst jederzeit belegen, welche Maßnahmen in welchem Zeitraum erfolgt sind. Kurz: Du hältst fest, was du konkret erstellt, veröffentlicht, überarbeitet oder gelöscht hast, und stellst sicher, dass sich dein Status quo nicht verschlechtert, sondern schrittweise verbessert.

Damit diese Dokumentation strategisch nutzbar ist, brauchst du Klarheit darüber, wo genau Maßnahmen stattgefunden haben. Diese Präzision ist die Grundlage, um später deine Kern-GEO-KPIs korrekt zu interpretieren:

- **On-Page**: Notiere, welche Unterthemen du bearbeitet hast und auf welchen URLs Änderungen live sind. Das ist wichtig, weil du die Entwicklung deiner Kennzahlen später auch pro URL prüfen wirst. Nur wenn du weißt, welcher Content wo steht, kannst du Veränderungen bei Mentions, Citations oder Sentiment sauber den entsprechenden Seiten zuordnen.
- **Off-Page**: Halte fest, welche Quellen du neu geschaffen, angepasst oder erstmals kontaktiert hast – etwa Branchenverzeichnisse, Medienbeiträge oder Partnerseiten. Auch hier brauchst du die konkrete Quelle (Domain/URL), um beurteilen zu können, welche Maßnahmen Wirkung zeigen und wo Nacharbeit nötig ist.

[+]

Tipp: Es gibt keine Universallösung fürs Tracking – finde deine Lösung

Hinsichtlich der Tools für das Tracking der Input-Metriken gilt: Nutze, was zu deinem Workflow passt. Viele Teams arbeiten erfolgreich mit Projektmanagement-Tools (z. B. zur Aufgaben- und Statusdokumentation) und ergänzen diese um strukturierte Tabellen in Excel oder Google Sheets (z. B. für URL-Listen, Zeiträume, Verantwortlichkeiten, Status, Notizen). Entscheidend ist weniger das Tool, sondern die Konsequenz und Granularität in der Erfassung. So schaffst du die zu deinen Bedürfnissen passende Datengrundlage, auf der du GEO verlässlich steuerst und bewertest.

4.2 Die wichtigsten GEO-KPIs – worauf kommt es an?

Im Kern verfolgt die GEO vier zentrale Ziele: 1. Mentions erhalten, 2. direkte Citations bekommen, 3. indirekte Citations erhalten und 4. das Sentiment zu deiner Marke verbessern. Um den Fortschritt in diesen Zielen zu bewerten, brauchst du belastbare – und messbare – Metriken für Sichtbarkeit und Sentiment. So erkennst du, ob deine Maßnahmen in KI-Systemen greifen bzw. wo du justieren solltest.

[!]

Achtung: GEO-Metriken sind noch nicht einheitlich

Verstehe die folgenden Metriken als einen Vorschlag dafür, wie GEO-Erfolge messbar werden können. Bei der GEO funktioniert die Messung nämlich (noch) nicht so einheitlich wie bei anderen Marketing-Kanälen, wo sich bereits klare Branchenstandards etabliert haben. Es ist zwar zu erwarten, dass sich in naher Zukunft Messstandards für Erfolge in der GEO herauskristallisieren werden. Allerdings empfiehlt es sich nicht, bis dahin abzuwarten und anderen das Feld zu überlassen.

Arbeite darum mit den in diesem Kapitel vorgeschlagenen Metriken zur Erfolgsmessung, auch wenn du sie nicht alle bequem auf Knopfdruck auswerten kannst – und auch nicht kohärent mit allen Tools. Beispielsweise musst du teils noch mit den Datenexporten der Tools arbeiten, um die Metriken auswerten zu können.

Diese typischen »Geburtsstunden«-Problemchen mitsamt Uneinheitlichkeit und Behelfsmäßigkeit werden dir auch in Kapitel 8 noch einmal begegnen: Die Tools, die du dort kennenlernst, können zwar Metriken zu den Zielen von GEO (Mentions, Citations und Sentiment) abdecken, jedoch legen sie noch sehr unterschiedliche Auswertungen und Metriken zu den Zielen fest. Du siehst also: Wachbleiben und Mitdenken ist gefragt – aber es lohnt sich unbedingt, schon jetzt einen Vorsprung gegenüber dem Wettbewerbsfeld zu erarbeiten.

4.2.1 Die wichtigsten GEO-KPIs im Überblick

Nun aber zu den Kern-GEO-KPIs – hier erhältst du erst einmal einen kurzen Überblick darüber, was die KPIs sind. Im nachfolgenden Abschnitt 4.2.2 widmen wir uns der Frage, auf welchen Ebenen du sie betrachtest. In Abschnitt 4.2.3 geht es dann darum, welche Handlungen du aus deinen Betrachtungen ableiten kannst.

1. **Sichtbarkeit und Sentiment in absoluten Zahlen (Number of ...)**
   - **Number of Prompts**: Anzahl der Prompts im Tracking in absoluten Zahlen
   - **Number of Mentions**: Anzahl der Erwähnungen deiner Marke in absoluten Zahlen
   - **Number of Direct Citations**: Anzahl der Prompts in absoluten Zahlen, in deren Antworten deine Seiten direkt verlinkt/zitiert werden
   - **Number of Indirect Citations**: Anzahl der Prompts in absoluten Zahlen, in deren Antworten externe Quellen zitiert werden, die dich erwähnen
   - **Number of Positive/Neutral/Negative Sentiment**: Anzahl der Prompts in absoluten Zahlen mit positivem, neutralem oder negativem Kontext zu deiner Marke in den KI-Antworten

   Absolute Zahlen helfen dir, Volumen und Aktivitätslevel zu verstehen – etwa ob sich die Gesamtzahl deiner Mentions erhöht, auch wenn der prozentuale Anteil eine andere Tendenz zeigt. Sie sind die sachliche Basis für Ressourcen- und Prioritätsentscheidungen.
2. **Sichtbarkeit und Sentiment als prozentualer Anteil (Share of ...)**
   - **Share of Mentions**: prozentualer Anteil der Prompts, in deren Antworten deine Marke erwähnt wird

- **Share of Direct Citations**: prozentualer Anteil der Prompts, in deren Antworten deine Seiten direkt verlinkt/zitiert werden
- **Share of Indirect Citations**: prozentualer Anteil der Prompts, in deren Antworten externe Quellen zitiert werden, die dich erwähnen
- **Sentiment-Verteilung**: prozentualer Anteil mit positivem, neutralem oder negativem Kontext zu deiner Marke in den KI-Antworten

Warum ist eine Erfassung in Anteilen bzw. in Prozent wichtig? Weil sich die absolute Zahl der beobachteten Prompts im Zeitverlauf ändern kann – du ergänzt nachträglich neue, für dich wichtige Prompts oder entfernst irrelevante aus deiner Dokumentation. Prozentwerte halten deine Bewertung vergleichbar und verhindern Verzerrungen durch wechselnde Grundgesamtheiten. Dokumentierst du hingegen immer nur eine absolute Gesamtzahl an Prompts, kann das deine Metriken über die Zeit verfälschen.

[+]

Tipp: Metriken pro KI-System betrachten

Die Metriken »Number of…« und »Share of…« solltest du dir auch nach KI-System aufgegliedert anschauen. Trackst du deine Prompts in mehreren KI-Systemen, möchtest du natürlich auch sehen, wie gut deine Marke in den einzelnen Systemen performt. In Abschnitt 9.3 kannst du dir dazu ein Fallbeispiel von MYPOSTER ansehen, wo ein Advertorial nur in zwei der vier betrachteten KI-Systeme direkte Citations bekommt.

3. **Wettbewerbs-KPIs**

   Tracke die genannten Kennzahlen zur Sichtbarkeit im gleichen Umfang auch für deine Konkurrenz (wie du ein relevantes Wettbewerbsumfeld für dich definierst, liest du in Abschnitt 3.4.4). So siehst du, wo du relativ zulegst oder zurückfällst, erkennst Themenlücken und kannst gezielt Maßnahmen ableiten. Der Blick nach außen ist essenziell, um deine Position im Wettbewerbsfeld realistisch zu bewerten.

4. **Nutzendenbefragungen (»How did you hear about us?«)**

   Ergänze dein Tracking durch kurze, wiederkehrende Umfragen auf deinen Seiten. Sie zeigen dir, über welche Wege Menschen tatsächlich zu dir finden – das ist wichtig, weil Traffic aus KI-Systemen nicht immer sauber zuzuordnen ist (siehe Abschnitt 4.2.5). So schließt du Messlücken und erhältst ein plausibles Gesamtbild aus Tool-Daten und direktem Feedback.

Mit diesem KPI-Rahmen hast du ein kompaktes Steuerungs-Set: Anteile für Vergleichbarkeit, absolute Zahlen für Volumen, Wettbewerbswerte für Marktbezug und Umfragen zur Validierung. Damit machst du GEO messbar, priorisierbar und nachvollziehbar.

4.2.2 Betrachtungsebenen der Kennzahlen

Damit deine KPIs dir wirklich helfen, musst du sie auf sinnvollen Ebenen betrachten. So erkennst du sowohl Detailmuster in einzelnen Antworten als auch übergreifende Entwicklungen in Themenclustern und Projekten. Die folgende Dreiteilung hat sich in der Praxis bewährt:

1. **Ebene einzelner Prompts**

   Hier analysierst du die Performance einzelner Prompts, etwa »Welche Positionen gehören typischerweise zu den Baunebenkosten?« (wie du relevante Prompts im Rahmen einer durchdachten Content-Strategie ableitest, liest du in Abschnitt 3.3). In dieser Granularität geht es um qualitative Beobachtungen: Erhältst du eine Mention? Gibt es eine direkte oder indirekte Citation? In welchem Kontext (Sentiment) tauchst du auf? Eine prozentuale Betrachtung ist hier wenig sinnvoll, weil die Grundgesamtheit genau ein Prompt ist. Ziel dieser Ebene: Hypothesen bilden, Content-Lücken entdecken und konkrete Maßnahmen ableiten.

2. **Aggregation pro Unterthema bzw. URL**

   Die nächste Ebene fasst alle Prompts eines Unterthemas oder einer spezifischen URL zusammen, z. B. »Baufinanzierung Kosten«. Jetzt werden prozentuale Anteile und absolute Zahlen aussagekräftig: Share of Mentions, Share of Direct/Indirect Citations, Sentiment-Verteilung sowie die absoluten Zahlen (»Number of ...«). So siehst du, ob deine Inhalte in einem Themencluster konsistent performen, wo Optimierung wirkt und wo du nachschärfen musst. Diese Ebene ist die Brücke zwischen operativer Umsetzung und messbarer Wirkung.

3. **Projektebene (Gesamtprojekt oder Teilbereich)**

   Auf der obersten Ebene bündelst du alle Prompts eines Projekts, z. B. das Gesamtprojekt »Hausbau« oder einen Teilbereich wie »Baufinanzierung«. Viele Tools erlauben dir, Projekte anzulegen und darin Prompts thematisch oder domainbasiert zu organisieren. Dadurch erhältst du ein strategisches Dashboard: Wie entwickeln sich Sichtbarkeit und Sentiment über das gesamte Projekt hinweg? Welche Unterthemen treiben den Erfolg? Wo brauchst du zusätzliche Ressourcen?

   Abbildung 4.1 stellt die drei Ebenen noch einmal im Überblick dar.

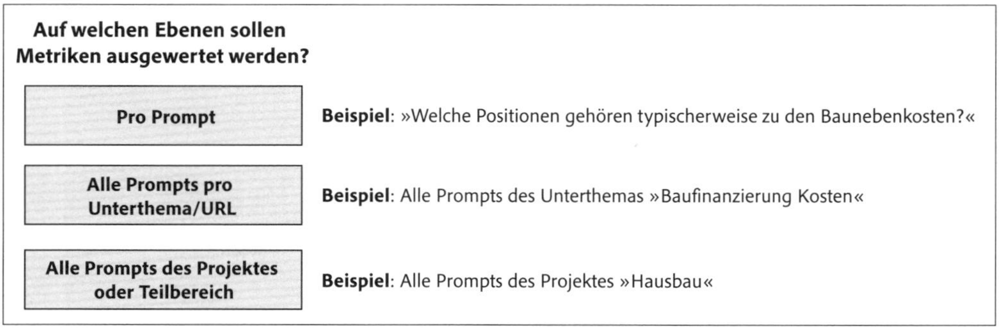

Abbildung 4.1: Beobachtungsebenen der Metriken

[!]

Achtung: Behalte die Konkurrenz auf allen Ebenen im Blick

Jede dieser Ebenen solltest du nicht nur für dich selbst, sondern auch im Wettbewerbsvergleich betrachten. Erst der relative Blick zeigt, ob du Fortschritte in einem dynamischen Umfeld erzielst, ob du Themenführerschaft ausbaust oder ob Konkurrenten in bestimmten Clustern schneller zulegen. So entstehen klare Prioritäten für deine nächsten GEO-Maßnahmen.

4.2.3 Sichtbarkeit verstehen, Lücken schließen: KPI-Analyse mit klaren Handlungsableitungen

Du hast nun einen Überblick über die zentralen GEO-Metriken erhalten und ihre Rollen im Gesamtbild verortet. In diesem Abschnitt liest du, welche Fragen du zu jeder Kennzahl stellen solltest, um darauf basierend nötige Maßnahmen ableiten zu können. So wird aus einem bloßen KPI-Set ein praxisnahes Steuerungsinstrument, das dir hilft, deine Sichtbarkeit systematisch zu erhöhen und Wirkung planbar zu machen. Beginne mit den Basics und arbeite dich zu den aussagekräftigeren Kennzahlen vor.

Prompts

Bei der Metrik »Number of Prompts« geht es um die Frage: Wie viele Prompts trackst du insgesamt? Die Zahl wirkt banal, ist aber operativ wichtig, weil sie deinen Analyseumfang bestimmt. Aus der Verteilung lassen sich direkte Fragestellungen und nachgelagerte Maßnahmen ableiten:

- Wie verteilen sich deine Prompts auf Unterthemen? Ist die Abdeckung ausgewogen oder sammelt ein Thema besonders viele Prompts?
- Wie relevant ist die Dokumentation? Sind alle Prompts wirklich nötig oder kannst du deine Prompt-Liste bereinigen bzw. Prompts priorisieren?
- Bestehen Lücken? Fehlen bei manchen Unterthemen wichtige Prompts, die du ergänzen solltest?

Ziel ist eine fokussierte, thematisch vollständige Prompt-Liste. Für die Erfassung eignen sich GEO-Tools, die du in Kapitel 8 kennenlernst.

Mentions

Mentions sind ein zentraler Indikator dafür, ob deine Marke in KI-Systemen überhaupt wahrgenommen wird. Sie bilden gemeinsam mit direkten Citations die wichtigsten GEO-KPIs.

- **Share of Mentions**: prozentualer Anteil der Prompts, in deren Antworten deine Marke erwähnt wird. Beispiel: »Marke XY wird bei 20 von 30 Prompts genannt« entspricht einem Share of Mentions von 66,7 %. Der Wert zeigt dir, wie konsistent du in deinem

Themen-Set präsent bist – unabhängig davon, ob du später weitere Prompts hinzufügst oder entfernst. Das Gleiche betrachtest du für deine Wettbewerber, also den Anteil der Prompts, bei denen deine wichtigsten Wettbewerber erwähnt werden. Der Vergleich hilft dir, zu erkennen, ob du relativ unterrepräsentiert bist und in welchen Themenclustern du Sichtbarkeitslücken schließen solltest.

- **Number of Mentions**: Anzahl der Prompts in absoluten Zahlen, in deren Antworten deine Marke erwähnt wird. Beispiel: »Marke XY wird bei 27 von 73 Prompts erwähnt.« Die Zahl zeigt dir das tatsächliche Volumen deiner Erwähnungen. Auch hier siehst du dir wieder deine Wettbewerber an, also die Anzahl der Prompts in absoluten Zahlen, bei denen Wettbewerber erwähnt werden. Durch die Gegenüberstellung erkennst du, ob der Wettbewerber mehr Sichtbarkeit aufbaut und bei welchen Unterthemen du nachschärfen musst.

Diese Kennzahlen liefern dir konkrete Ansatzpunkte für Fragestellungen, aus denen du ggf. Optimierungsmaßnahmen für dich ableiten kannst:

- Bei welchen Prompts erhältst du keine Erwähnung – und warum? Fehlen Inhalte, Formate oder eindeutige Signale (z. B. klare FAQs, Daten, Definitionen)?
- Wo werden Wettbewerber erwähnt, du aber nicht? Analysiere deren Inhalte: Welche Qualität, Tiefe oder Autorität sorgt für die Erwähnung?
- Wie groß ist die Überschneidung der Mentions zwischen dir und deinen Wettbewerbern? Hohe Überschneidung weist auf ein enges Wettbewerbsfeld hin; niedrige Überschneidung zeigt Themenchancen oder Spezialisierungen.

Mentions geben dir einen ersten Eindruck deiner Sichtbarkeit. Sie zeigen, wo du bereits Teil der Antwortlandschaft bist und wo du durch Content-Optimierungen und Off-Page-Aktivitäten noch sichtbarer werden kannst.

Tools und Metrik-Bezeichnungen für Mentions

Je nach Tool können die Kennzahlen für Mentions unterschiedlich heißen. Wichtig ist weniger der Name als das Verständnis, welche Metrik dahintersteckt: prozentuale Anteile (Share of Mentions) für Vergleichbarkeit und Trendbewertung sowie absolute Zahlen (Number of Mentions) für Volumen und Ressourcensteuerung. In Tabelle 4.1 siehst du, wie inkonsistent die Benennung und Abdeckung der Metriken in ausgewählten Tools aktuell noch ist (Stand: November 2025).

Tool	Bez. für Share of Mentions (Anteil)	Bez. für Number of Mentions (absolute Zahl)
Peec AI	Visibility	Auswertung über Exporte möglich
Otterly.AI	Brand Coverage	Mentions

Tabelle 4.1: Metrik-Bezeichnungen für Mentions in diversen Tools

Tool	Bez. für Share of Mentions (Anteil)	Bez. für Number of Mentions (absolute Zahl)
Writesonic	AI Visibility	Answers mentioning me
Rankscale	Share of Voice	Mentions
Semrush	KI-Sichtbarkeit	Mentions

Tabelle 4.1: Metrik-Bezeichnungen für Mentions in diversen Tools (Forts.)

[+]

Tipp: Sorge intern und extern für begriffliche Klarheit

Lege dir ein Mapping für dein internes Dashboard an, damit Team und Stakeholder*innen dieselben Begriffe verwenden. Wenn ein Tool nur eine der beiden Perspektiven (Anteil oder absolute Zahl) liefert, ergänze die fehlende Sicht entweder durch ein zweites Tool oder durch ein konsistentes Export- und Berechnungs-Set-up in Excel oder Google Sheets. So bleiben deine Mentions-Metriken über Tools, Themencluster und Zeiträume hinweg vergleichbar.

Direct Citations

Direct Citations sind die hochwertigste Form der Sichtbarkeit: KI-Systeme verlinken direkt auf deine Inhalte und nutzen sie als Quelle. Entsprechend sind sie ein zentraler Qualitätsindikator für deine GEO-Arbeit und liefern dir präzise Ansatzpunkte für Content-Optimierungen.

- **Share of Direct Citations**: prozentualer Anteil der Prompts, in deren Antworten KI-Systeme direkt auf deine Quelle verlinken. Beispiel: »Quelle der Marke XY wird bei 12 von 30 Prompts zitiert« entspricht einem Share of Direct Citations von 40 %. Der Wert zeigt dir, wie oft deine Inhalte nicht nur erkannt, sondern als verlässliche Referenz in den KI-Antworten herangezogen werden. Betrachte denselben Anteil für deine Wettbewerber, um zu erkennen, ob deine Quellen seltener gewählt werden und in welchen Themenclustern du deine Autorität stärken solltest. Diese Prozentwerte machen Entwicklungen vergleichbar, auch wenn sich die Anzahl der beobachteten Prompts im Zeitverlauf ändert.
- **Number of Direct Citations**: Anzahl der Prompts in absoluten Zahlen, in deren Antworten deine Inhalte direkt zitiert werden. Beispiel: »Quelle der Marke XY wird bei 19 von 73 Prompts direkt zitiert.« Diese Zahl macht das tatsächliche Volumen deiner Zitierungen sichtbar. Stelle die absoluten Zitierungen deiner Wettbewerber gegenüber, um zu erkennen, ob sie mehr Referenzautorität aufbauen. So identifizierst du jene Unterthemen, bei denen du nachjustieren musst.

Aus diesen Kennzahlen kannst du wieder konkrete Fragestellungen und nachgelagerte Maßnahmen ableiten:

- Bei welchen Prompts erhältst du Direct Citations – und warum? Analysiere die Antwortkontexte und extrahiere Erfolgsfaktoren (z. B. Datenqualität, Eindeutigkeit von Definitionen, Originalstudien, klare Strukturen, saubere Markup-Nutzung).
- Wo fehlen dir Direct Citations? Prüfe, welche Informationsbausteine, Belege oder Formate nötig wären, um zitierfähig zu werden. Oft helfen präzise FAQs, Sources/Footnotes, aktualisierte Zahlen, schematisierte Inhalte oder dedizierte Referenzseiten.
- Welche Prompts bringen deinen Wettbewerbern Direct Citations, dir jedoch nicht? Das zeigt dir Lücken und Quick Wins (Inhalte, Autoritätssignale, Informationsdichte ...).
- Wie groß ist die Überschneidung der Direct Citations zwischen dir und deinen Wettbewerbern? Geringe Überschneidung weist auf Alleinstellungs- oder Themenlücken hin; hohe Überschneidung erfordert Differenzierung in Tiefe, Aktualität oder Format.

Besonders wertvoll ist die URL-Perspektive:

- Welche deiner URLs werden direkt verlinkt – Startseite, Produktseite, Ratgeber/Magazin, Daten-/Studienseite, Glossar?
- Was macht diese Seiten zitierwürdig (Originaldaten, klare Definitionen, Autor*innenprofil, strukturierte Tabellen, Schema-Markup, Aktualität)?
- Lässt sich dieses Erfolgsrezept auf weitere Inhalte übertragen?

Stärke zitierte Seiten gezielt weiter: aktualisieren, Evidenz erweitern, Quellen ausbauen, interne Verlinkung verbessern – so verteidigst du deine Direct Citations.

Tools und Metrik-Bezeichnungen für Direct Citations

Direct Citations sind besonders wertvoll, weil KI-Systeme deine Inhalte dabei explizit als Quelle *nutzen und verlinken*. Beim Tool-Set-up zählt vor allem, dass du sowohl Anteile (Share of Direct Citations) als auch absolute Zahlen (Number of Direct Citations) erfassen kannst – für Vergleichbarkeit über Zeit und Projekte sowie für die Einschätzung des tatsächlichen Volumens. Tabelle 4.2 zeigt, dass die Benennung und Abdeckung dieser Metriken aktuell ebenfalls noch inkonsistent sind (Stand: November 2025).

Tool	Bez. für Share of Direct Citations (Anteil)	Bez. für Number of Direct Citations (absolute Zahl)
Peec AI	Source Usage by Domain	Citations
Otterly.AI	Citation Share	# of Citations
Writesonic	Auswertung über Exporte möglich	My pages cited
Rankscale	Share of Citations	Citations

Tabelle 4.2: Metrik-Bezeichnungen für Direct Citations in ausgewählten Tools

Tipp: Nutze Tools mit Zeitstempeln für Citations

Zeitstempel (siehe Abbildung 4.2) zeigen dir, wie lange es dauert, bis KI-Systeme neu veröffentlichte oder überarbeitete Seiten erstmals als Quelle nutzen, und wann eine Citation zuletzt gesehen wurde. Diese Verlaufsdaten helfen dir, Wirkungslatenzen zu verstehen, Veröffentlichungsrhythmen zu optimieren und potenziellen Citation-Verlust frühzeitig zu erkennen. Wenn verfügbar, nutze Tools, die Erst- und Letztsichtung ausweisen, um deine Maßnahmen präziser zu takten.

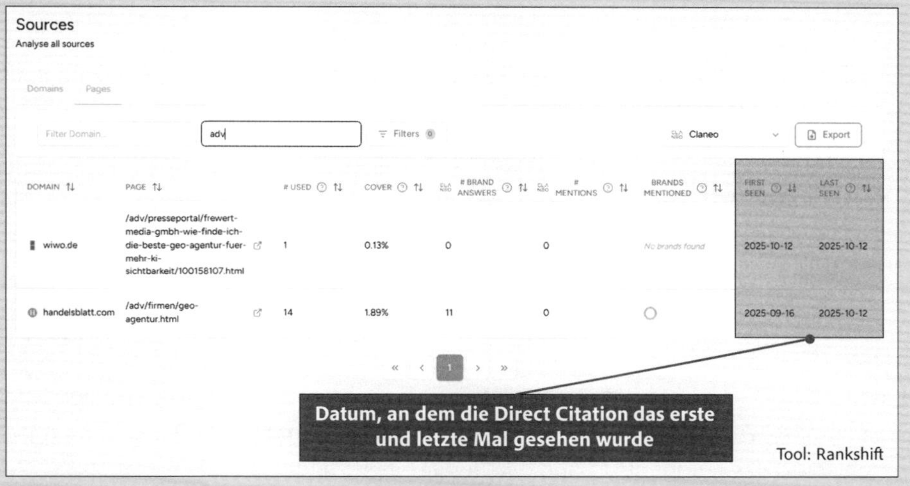

Abbildung 4.2: Zeitstempel am Beispiel des Tools Rankshift (das Feature haben aber auch andere Tools)

Indirect Citations

Indirect Citations zeigen, ob dich externe Quellen erwähnen, die von KI-Systemen wiederum direkt zitiert werden. Auch wenn der Link nicht auf deine Seite weist, profitierst du: Deine Marke erscheint im Kontext vertrauenswürdiger Quellen, was Sichtbarkeit und Autorität stärkt. Deshalb lohnt sich ein gezieltes Tracking sowohl anteilig (Share) als auch in absoluten Zahlen (Number).

- **Share of Indirect Citations**: prozentualer Anteil der Prompts, bei denen KI-Antworten zentrale Aussagen, Zahlen, Definitionen, Modelle oder Formulierungen aus deinen Inhalten erkennbar übernehmen, ohne dich als Quelle direkt zu verlinken. Beispiel: »Bei 18 von 30 Prompts finden sich erkennbare Inhalte von Marke XY, wobei aber eine andere Quelle verlinkt wird« entspricht einem Share of Indirect Citations von 60 %. Der Wert zeigt dir, in welchen Themenclustern deine Inhalte bereits faktisch als Basis dienen, aber noch nicht direkt als Quelle ausgezeichnet werden. Vergleiche diesen Anteil mit dem deiner Wettbewerber. Identifiziere Cluster, in denen du zwar oft rezipiert wirst, aber seltener direkte Verweise erhältst – hier liegen die größten Hebel für strukturelle und Off-Page-Optimierungen. Diese Anteile machen Entwicklungen und Wettbewerbsabstände sichtbar, unabhängig davon, wie viele Prompts du insgesamt beobachtest.

- **Number of Indirect Citations**: absolute Anzahl der Prompts, bei denen KI-Systeme Inhalte von dir indirekt verwenden, ohne dich als Quelle zu zitieren. Beispiel: »Marke XY wird bei 34 von 73 Prompts indirekt zitiert.« Diese Zahl macht das tatsächliche Volumen der stillen Rezeption sichtbar. Vergleiche die absoluten Werte mit denen deiner Wettbewerber, um zu erkennen, wo andere bereits häufiger als inoffizielle Wissensquelle dienen und wo du gezielt gegensteuern solltest.

Natürlich lassen sich auch aus diesen Kennzahlen wieder konkrete Fragestellungen und nachgelagerte Maßnahmen ableiten:

- Welche URLs zitierter Quellen erwähnen dich? Erstelle eine Liste.
- Welche Quellentypen bringen dich nach vorn: Vergleichsseiten, Branchenmagazine, Fachblogs, Datenportale, Verzeichnisse?
- In welchem Tonfall erwähnen dich die externen Quellen? Negatives Sentiment (siehe dazu auch den folgenden Abschnitt) erfordert aktives Reputationsmanagement und bessere Evidenz.
- Kannst du Quellen kontaktieren, um deren Inhalte zu optimieren? Hast du ggf. bereits einen direkten Kontakt zu ihnen? Oft sind Qualität, Klarheit und Belegführung noch steigerbar; das erhöht die Chance, weiterhin zitiert zu werden.
- Wie oft zitiert eine bestimmte externe Domain dich über verschiedene Prompts hinweg? Hohe Frequenz deutet auf strategische Partnerquellen hin, die du pflegen solltest.

Tools und Metrik-Bezeichnungen für Indirect Citations

Die Unterstützung für Indirect Citations ist je nach Tool unterschiedlich ausgeprägt. Anhand der Bezeichnungen der in Tabelle 4.3 versammelten Tools zeigt sich erneut die derzeitige Inkonsistenz in der Benennung und Abdeckung der Metriken (Stand: November 2025). Häufig brauchst du Exporte und eine konsolidierte Auswertung.

Tool	Bez. für Share of Indirect Citations (Anteil)	Bez. für Number of Indirect Citations (absolute Zahl)
SISTRIX	Auswertung über Exporte möglich	Auswertung über Exporte möglich
Otterly.AI	Auswertung über Exporte möglich	Auswertung über Exporte möglich
Writesonic	Auswertung über Exporte möglich	Domains mentioning me
Rankscale	Auswertung über Exporte möglich	Citation Mentions

Tabelle 4.3: Unterstützung bzw. Metrik-Bezeichnungen für Indirect Citations in diversen Tools

Sentiment

Neben der Frage, ob du in KI-Antworten vorkommst, ist entscheidend, wie du dort »rüberkommst«. Das Sentiment zeigt, in welchen Kontexten – positiv, neutral oder negativ – deine Marke in KI-Antworten erscheint. Es ist damit ein Frühindikator für Reputation und Vertrauen in KI-Systemen.

- **Share of Sentiment**: prozentualer Anteil der Prompts, deren Antworten eine positive, negative oder neutrale Tonalität zu deiner Marke aufweisen. Beispiel: »Marke XY wird bei 15 von 30 Prompts positiv erwähnt« entspricht einem Share of Positive Sentiment von 50 %. Die Werte zeigen dir, wie deine Marke in deinem Themen-Set wahrgenommen wird. Die prozentuale Sicht hilft dir, Trends zu erkennen und Vergleiche über unterschiedliche Prompt-Mengen hinweg belastbar zu machen.
- **Number of Sentiment**: Anzahl der Prompts in absoluten Zahlen, in deren Antworten deine Marke mit einer positiven, neutralen oder negativen Tonalität erwähnt wird. Beispiel: »Marke XY wird bei 27 Prompts positiv erwähnt.« Die Zahl zeigt dir das tatsächliche, absolute Volumen deiner positiven Erwähnungen.

Aus der Sentiment-Betrachtung leitest du deine Fragestellungen ab, um passende Maßnahmen definieren zu können:

- In welchen spezifischen Themenclustern oder bei welchen Produkten tritt überwiegend positives bzw. negatives Sentiment auf? Ermittle die genauen Ursachen für die Stimmung.
- Welche Art von Inhalten (z. B. Produktbewertungen, Support-Anfragen, Fachartikel) generiert das stärkste positive oder negative Feedback? Finde heraus, welche Content-Typen die Reputation am meisten beeinflussen.
- In welchem Kontext wird die Marke negativ erwähnt? Negatives Sentiment erfordert aktives Reputationsmanagement, verbesserte Produktinformationen oder eine klarere Kommunikation.
- Gibt es bestimmte zitierte Quellen oder Domains (bei Citations), die ein durchgängig negatives Sentiment aufweisen? Prüfe, ob du diese Quellen kontaktieren und ihnen bessere, faktengestützte Informationen zur Verfügung stellen kannst, um die Darstellung zu korrigieren.
- Wie reagiert das Sentiment auf spezifische Marketingkampagnen, Produktlaunches oder Krisenkommunikation? Analysiere den zeitlichen Verlauf der Stimmung, um den Erfolg von Maßnahmen zu bewerten.
- Kannst du positive Erwähnungen in den KI-Antworten gezielt für dein eigenes Content-Marketing nutzen? Identifiziere die Aspekte, die besonders gut ankommen, und verstärke diese in deiner eigenen Content-Strategie.

Du gewinnst klare Aufträge zum Gegensteuern durch bessere Evidenz, eindeutigere Leistungsversprechen, präzisere FAQs, vertrauensstiftende Inhalte auf deiner Website sowie gezielte Off-Page-Arbeit (z. B. redaktionelle Klarstellungen, Daten-Updates, Kund*innenstimmen und Bewertungen).

Tools und Metrik-Bezeichnungen für das Sentiment

Auch im Bereich Sentiment unterscheiden sich Name und Tiefe der Metrik je nach Tool. Außerdem besteht hier eine spezielle zusätzliche Herausforderung: Viele Tools bestimmen das Sentiment einer KI-Antwort zu spezifischen Prompts über hinterlegte »Keywords«. Dazu pflegen sie mutmaßlich eine Datenbank mit Schlüsselbegriffen (oft automatisch pro Themenbereich oder Projekt), deren Begriffe pauschal einem positiven, neutralen oder negativen Sentiment zugeordnet sind. Genau hier entstehen Fehlklassifikationen, wenn die Datenbank der Schlüsselbegriffe nicht manuell anpassbar ist.

Ein Beispiel: Das Keyword »hoher Preis« mag für eine Marke im Niedrigpreissegment korrekt als negativ eingeordnet sein. Für eine Luxusmarke ist derselbe Begriff jedoch kontextgerecht und keineswegs zwingend negativ. Ohne die Möglichkeit zur manuellen Pflege bleiben solche Nuancen unberücksichtigt. Für deine Praxis heißt das: Verlasse dich nicht ausschließlich auf die Tool-Auswertung. Hinterfrage die Ergebnisse, definiere projektspezifische Sentiment-Regeln und prüfe die wichtigsten Prompts manuell. So stellst du sicher, dass das gemessene Sentiment zur Positionierung deiner Marke passt und als belastbares Steuerungssignal taugt.

Du siehst, es ist in diesem Bereich wichtig, die Ausgaben der Tools konsistent zu mappen und regelmäßig über Stichproben und manuelle Checks zu validieren. So sicherst du dich ab, falls automatisierte Sentiment-Analysen etwas fehldeuten. Tabelle 4.4 zeigt dir die unterschiedlichen Bezeichnungen bzw. die Abdeckung der Sentiment-Metriken in einigen Tools (Stand: November 2025).

Tool	Bez. für Sentiment
Peec AI	Sentiment-Score
SISTRIX	Sentiment-Analyse (Brand-Zusammenfassung basierend auf KI-Antworten)
Otterly.AI	AI Brand Sentiment Analysis
Writesonic	Sentiment distribution
Rankscale	Sentiment
Semrush	Sentiment strength (entspr. Share of Sentiment)

Tabelle 4.4: Metrik-Bezeichnungen für Sentiment in diversen Tools

4.2.4 Warum die Position von Mentions und Citations in KI-Antworten in den meisten Fällen irrelevant ist

Einige Tools ordnen der Reihenfolge, in der Mentions und Citations innerhalb einer KI-Antwort erscheinen, eine hohe Relevanz zu. Die Top-Position (also ganz oben in der KI-Antwort bzw. an erster Stelle in der Zitatliste) gilt als besonders vorteilhaft. Tatsächlich ist sie in der Praxis kaum aussagekräftig. Die konkrete Platzierung von Mentions und Citations (und ob eine Top-Platzierung als wünschenswert gelten kann) ist stark vom Kontext des Prompts und der Antwortlogik des Systems abhängig.

Ein simples Beispiel: Bei einer Frage wie »Was sind die besten Reiseanbieter?« mag eine frühe Mention ggf. wünschenswert sein. Jedoch wäre bei einer Frage wie »Was sind unseriöse Reiseanbieter, die ich meiden sollte?« die Spitzenposition eine mittelschwere Katastrophe für dich. Kurz gesagt: *Position ohne Kontext führt zu Fehlinterpretationen.*

Dazu solltest du bedenken, dass es in KI-Antworten meist zu Mehrfachnennungen von Marken kommt. Abwägende Empfehlungen oder zusammenfassende Urteile können einer späteren Mention mehr Gewicht geben als die erste Listenposition. Das zeigt sich im konkreten Beispiel in Abbildung 4.3: HolidayCheck steht als Mention an erster Stelle. Der Logik einiger Tracking-Tools zufolge wäre das vorteilhaft für HolidayCheck – in Wirklichkeit ist die »Top-Position« hier allerdings wenig relevant, weil die KI in einem Resümee (»Mein Urteil«) die zweitplatzierte Mention, nämlich Check24, empfiehlt.

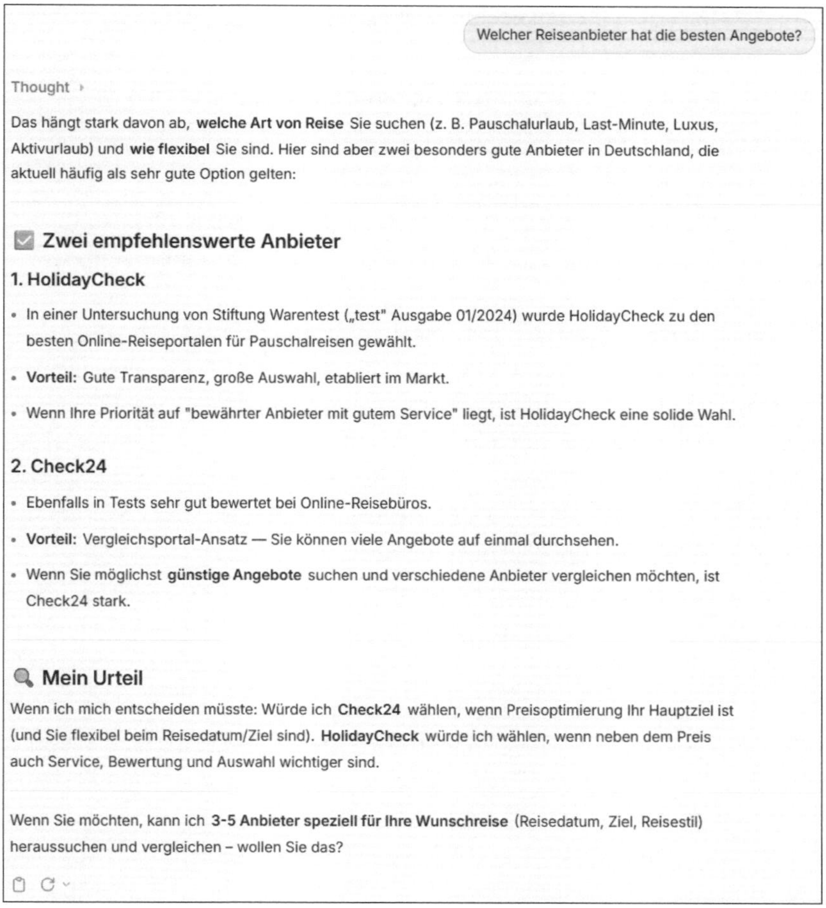
Welcher Reiseanbieter hat die besten Angebote?

Thought

Das hängt stark davon ab, **welche Art von Reise** Sie suchen (z. B. Pauschalurlaub, Last-Minute, Luxus, Aktivurlaub) und **wie flexibel** Sie sind. Hier sind aber zwei besonders gute Anbieter in Deutschland, die aktuell häufig als sehr gute Option gelten:

Zwei empfehlenswerte Anbieter

1. HolidayCheck

- In einer Untersuchung von Stiftung Warentest („test" Ausgabe 01/2024) wurde HolidayCheck zu den besten Online-Reiseportalen für Pauschalreisen gewählt.
- **Vorteil:** Gute Transparenz, große Auswahl, etabliert im Markt.
- Wenn Ihre Priorität auf "bewährter Anbieter mit gutem Service" liegt, ist HolidayCheck eine solide Wahl.

2. Check24

- Ebenfalls in Tests sehr gut bewertet bei Online-Reisebüros.
- **Vorteil:** Vergleichsportal-Ansatz — Sie können viele Angebote auf einmal durchsehen.
- Wenn Sie möglichst **günstige Angebote** suchen und verschiedene Anbieter vergleichen möchten, ist Check24 stark.

Mein Urteil

Wenn ich mich entscheiden müsste: Würde ich **Check24** wählen, wenn Preisoptimierung Ihr Hauptziel ist (und Sie flexibel beim Reisedatum/Ziel sind). **HolidayCheck** würde ich wählen, wenn neben dem Preis auch Service, Bewertung und Auswahl wichtiger sind.

Wenn Sie möchten, kann ich **3-5 Anbieter speziell für Ihre Wunschreise** (Reisedatum, Ziel, Reisestil) heraussuchen und vergleichen – wollen Sie das?

Abbildung 4.3: HolidayCheck steht an erster Stelle in einer Antwort von ChatGPT, doch die Empfehlung lautet schlussendlich anders.

Für die GEO-Steuerung zählen robuste Signale (Mentions, Direct/Indirect Citations, Sentiment) – nicht die Listenposition, die sich je nach Prompt, Antwortformat und Modellversion ändern kann. Konzentriere dich darum auf qualitativ belastbare Metriken.

Möchtest du trotzdem auch die Position deiner Mention und/oder direkten Citation als Metrik in dein Monitoring mit aufnehmen, schaue dir den individuellen Kontext jeder Erwähnung/Verlinkung an. Nur mit diesem manuellen Vorgehen kannst du die jeweilige Position verlässlich bewerten.

4.2.5 »How did you hear about us«-Umfragen

Die Online-Suche nach Informationen ist fragmentiert. Menschen springen zwischen den Systemen. Sie beginnen etwa in ChatGPT, sehen dort eine Erwähnung deiner Marke, setzen ihre Mission im Browser mit einer Google-Suche fort oder tippen deine URL direkt in die Adressleiste ein. Dieses Springen zwischen verschiedenen Systemen – ohne den direkten Klick von einem System ins andere – bezeichnen wir als »Kanalbruch«.

[i]

Info: Traffic aus Mentions, Traffic aus direkten Citations

Erhält deine Marke nur eine *Mention*, kann kein messbarer Referral Traffic entstehen, sondern höchstens Direct-Type-in Traffic oder Brand Traffic.

Anders ist das bei *Citations*. Klicken Nutzende auf den Link in deiner direkten Citation, können Tracking-Tools diesen Traffic auch als Referral Traffic registrieren.

Du kannst den Erfolg deiner GEO-Maßnahmen aktuell also noch nicht gut genug messen. Auch im Vergleich von Analytics- und CRM-Tools ergeben sich Ungenauigkeiten, was die Erfolgsmessung für GEO-Metriken angeht. Es bietet sich daher an, auf deiner eigenen Website über »How did you hear about us«-Umfragen bei den Nutzenden abzufragen, über welche Kanäle sie auf deine Website aufmerksam geworden sind. Damit erhältst du eine *zusätzliche Messinstanz* zu deinen Analytics- und CRM-Tools. Warum das sinnvoll sein kann, verdeutlichen die folgenden Beispiele:

Eine Autorin beschreibt in einem Beitrag auf LinkedIn im September 2025, welche Ergebnisse sie durch die Auswertung von Umfragen erhalten hat (*https://www.linkedin.com/posts/violaeva_self-reported-attribution-vs-ga4-vs-hubspot-activity-7372251076739092480-RirX/*). Ihre Insights:

- Laut Google Analytics 4 kommt über mehrere KI-Systeme Traffic auf ihre Website. ChatGPT hat den höchsten Referral-Traffic-Anteil unter allen ausgewählten KI-Systemen (siehe Abbildung 4.4).
- Das CRM der Autorin, Hubspot, konnte KI-Systemen hingegen keinen Lead (Ausfüllen des Kontaktformulars auf der Website) zuordnen. Obwohl also Referral Traffic über KI-Systeme auf die Website kommt, sagt Hubspot, dass scheinbar 0 % der Besucher*innen, die über KI-Systeme auf die Website gelangt sind, das Kontaktformular ausgefüllt haben (siehe Abbildung 4.5).

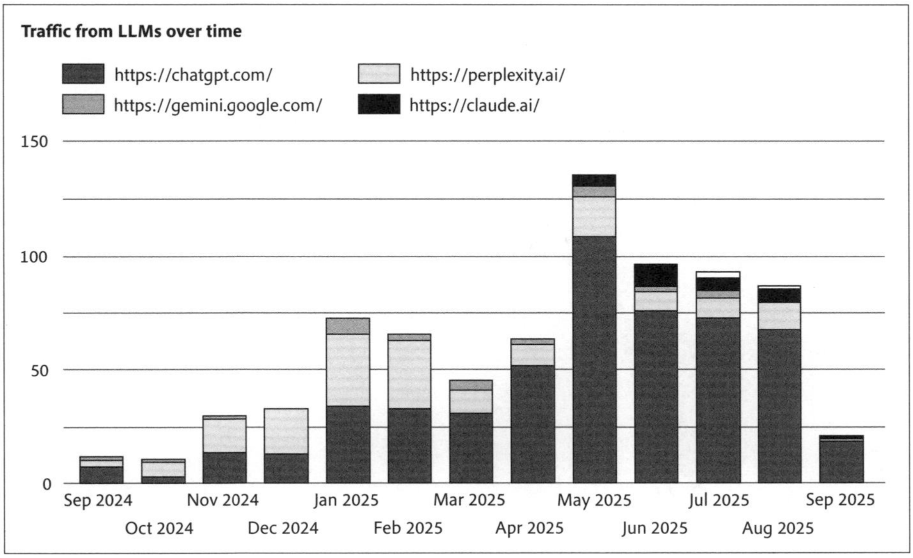

Abbildung 4.4: Der Referral Traffic über ChatGPT ist laut Google Analytics 4 im Vergleich zu den anderen KI-Systemen am höchsten.

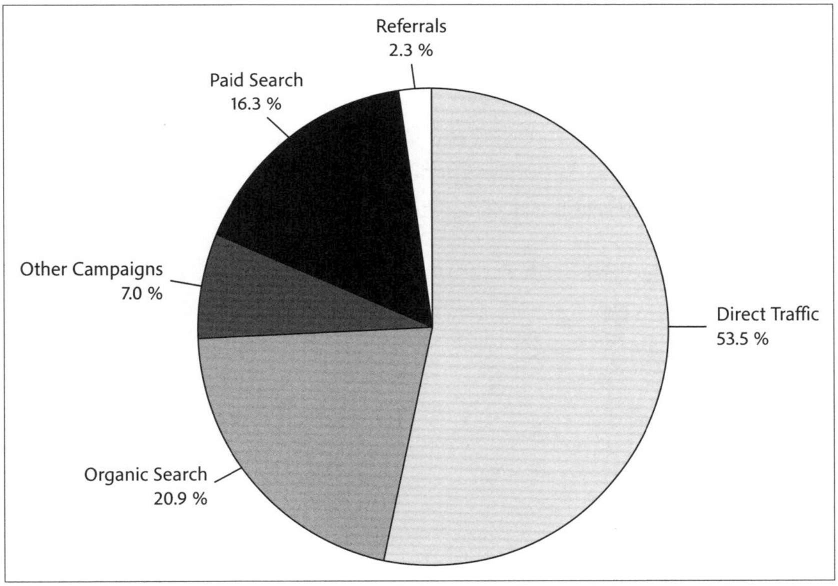

*Abbildung 4.5: Hubspot besagt, dass keine Besucher*innen aus KI-Systemen das Kontaktformular ausgefüllt haben.*

Das scheint zunächst widersprüchlich, und die Autorin zieht »How did you hear about us«-Umfragen heran, um mehr Klarheit zu gewinnen. Das Ergebnis: Etwas mehr als 23 % der Umfrageteilnehmer*innen geben an, über ein KI-System auf die Website aufmerksam geworden zu sein (siehe Abbildung 4.6).

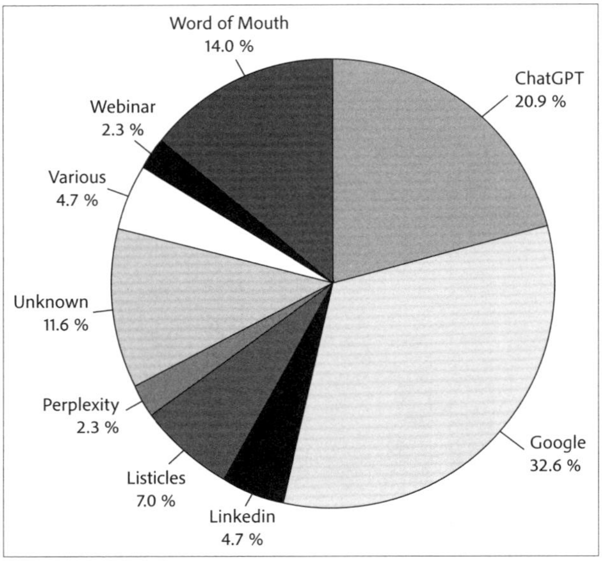

Abbildung 4.6: In Umfragen geben 20,9 % der Nutzenden an, über ChatGPT zur betreffenden Website gekommen zu sein, 2,3 % über Perplexity.

Ein weiteres Beispiel zu internen Messdaten unserer Agentur verdeutlicht, wie KI-Systeme bereits heute – oft unbemerkt von Analytics- und CRM-Tools – zu Leads (und Conversions) beitragen.

Laut Google Analytics 4 stammen aggregiert von Januar bis Oktober 2025 rund 2 % unseres gesamten Web-Traffics aus KI-Systemen (siehe Abbildung 4.7). Das ist ein messbarer, klar attribuierter Anteil, der vor allem auf Klicks aus direkten Citations zurückzuführen ist.

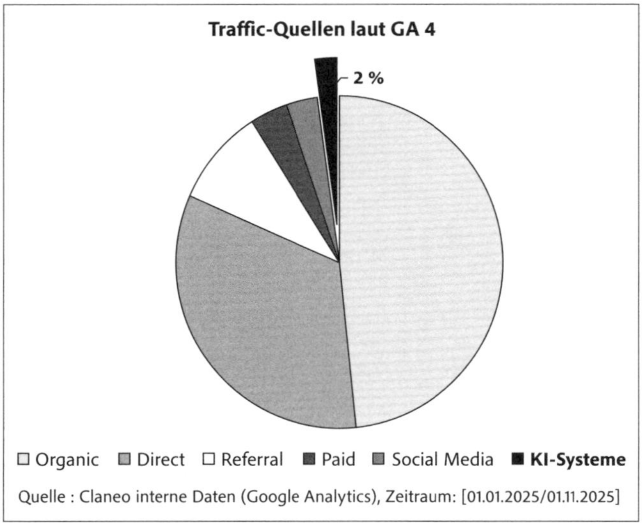

Abbildung 4.7: Google Analytics 4 registriert für Claneo einen Traffic-Anteil von 2 %, der von KI-Systemen stammt.

Noch aufschlussreicher wird das Bild, wenn man die technischen Tracking-Daten mit Nutzendenangaben kombiniert. Auf unserer Website fragen wir im Kontaktformular standardisiert, wie Interessent*innen auf die Agentur aufmerksam geworden sind (siehe Abbildung 4.8).

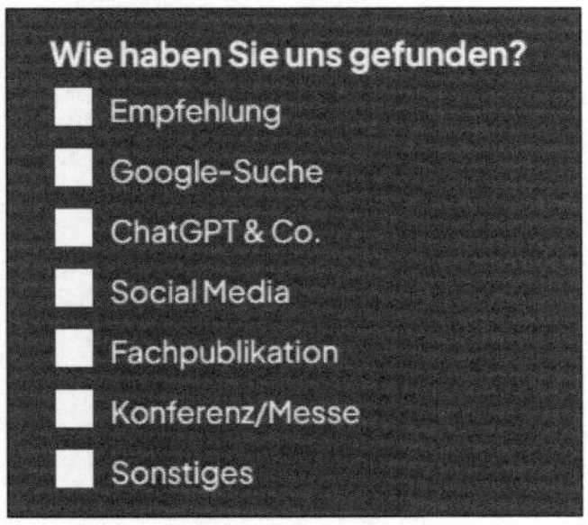

*Abbildung 4.8: Die »How did you find us«-Abfrage an Interessent*innen von Claneo*

Der dokumentierte Zeitraum zeigt: 9 % der eingegangenen Anfragen geben ein KI-System als Quelle an (siehe Abbildung 4.9).

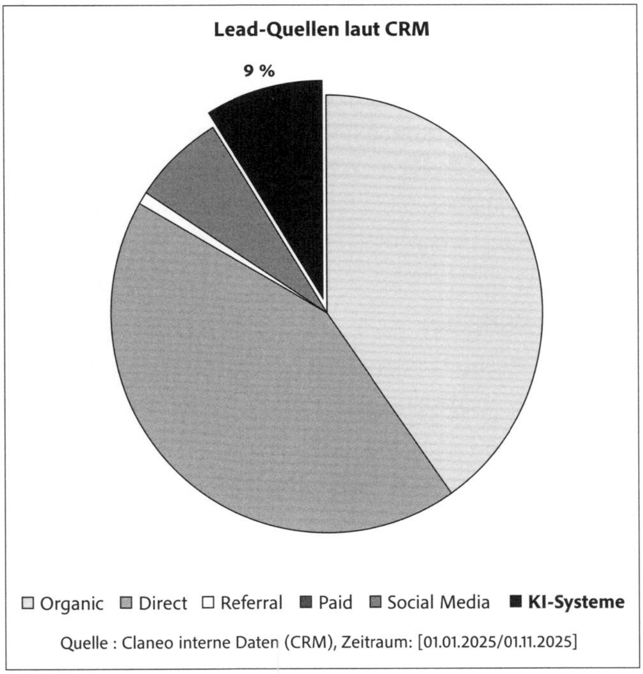

*Abbildung 4.9: Ganze 9 % der Interessent*innen geben in Claneos Abfrage an, über KI-Systeme auf die Agentur aufmerksam geworden zu sein.*

Unser CRM registriert also gegenüber einem Anteil von 2 % Referral Traffic in GA4 einen deutlich höheren Anteil an Leads, die über KI-Systeme auf die Website der Agentur gelangen – nämlich 9 %.

[+]

Tipp: Binde Umfragen möglichst »reibungslos« ein

Typischerweise platzierst du »How did you find us«-Umfragen dort, wo die Nutzenden ohnehin mit dir interagieren. Das kann im Lead-Formular, beim Newsletter-Sign-up oder während oder nach dem Check-out sein - je nachdem, an welchem Punkt der Customer Journey dir eine Auswertung der Umfrage am wertvollsten ist. Ebenfalls geeignet sind leichtgewichtige Onsite-Umfragen, die als kleines Interstitial erscheinen, sobald die Nutzenden eine bestimmte Interaktion abschließen.

Wichtig ist, dass die Frage knapp formuliert ist und die Teilnahme nicht wie eine »Zumutung« erscheint. So sicherst du hohe Antwortquoten ohne Reibungsverluste. Für eine sinnvolle Auswertung bietest du strukturierte Antwortoptionen nach Multiple-Choice-Muster plus Freitext-Option an. Achte darauf, die Optionen stets konsistent zu halten, damit du Trends belastbar vergleichen kannst.

4.3 Output-Metriken: Was GEO zum Unternehmenserfolg beiträgt

Am Ende jeder GEO-Initiative steht die Frage: Welche Wirkung entfalten deine Maßnahmen auf den Unternehmenserfolg? Output-Metriken geben darauf eine klare Antwort. Sie zeigen, wie sich Sichtbarkeit in KI-Systemen in echte Ergebnisse verwandelt - von Traffic und Leads hin zu Umsatz und Markenstärke. Grundsätzlich unterscheidet man zwei Gruppen von Output-Metriken: Business-KPIs, die sich meist direkt und eindeutig messen lassen, und Brand-KPIs, die eher indirekt wirken und daher sorgfältig interpretiert werden müssen.

- **Business-KPIs (direkte, operative Wirkung)**
  - Impressions: Sichtkontakte in KI-Features. Aktuell vor allem für Google AI Overviews trackbar, da andere Systeme noch keine ausgereiften Tracking-Tools bereitstellen.
  - Referral Traffic: Besuche, die nach einem Klick auf eine direkte Citation aus einem KI-System auf deiner Website landen.
  - Conversions/Leads: Zielerreichungen wie Registrierungen, Anfragen, Käufe - idealerweise inklusive Attribution auf KI-Referrals, wenn vorhanden.
  - Umsatz: der monetäre Outcome deiner GEO-Aktivitäten - direkt messbar bei transaktionalen Zielen.
- **Brand-KPIs (indirekte, wahrnehmungsgetriebene Wirkung)**
  - Markenbekanntheit (Brand Awareness): erkennbar z. B. an einem Anstieg der Direct Type-ins und der navigationalen Suchen nach deiner Marke.
  - Markenimage (Brand Image): dokumentierbar über wiederkehrende »Brand Perception«- oder Sentiment-Umfragen.

- Markentreue (Brand Loyalty): ablesbar an wiederkehrender Kundschaft, höherer Wiederkaufrate oder längerer Kund*innenbeziehung.
- Wert eines Kund*innen-/Markenkontakts: qualitativer und quantitativer Beitrag eines Kontakts zur Customer Journey, z. B. über Lead-Qualität, CLV (Customer Lifetime Value) oder Zeit bis zur Conversion.

Diese Metriken machen den Impact deiner Maßnahmen sicht- und steuerbar. *Business-KPIs* belegen kurzfristige Effekte, die du direkt im Performance-Reporting nachvollziehen kannst. *Brand-KPIs* zeigen mittel- bis langfristige Wirkungen auf Wahrnehmung und Präferenz. Das ist entscheidend, um GEO nicht nur als Traffic-Hebel, sondern als strategisches Instrument für den Markenaufbau zu verstehen. Natürlich beeinflusst nicht nur die GEO deine Business- und Brand-KPIs, sondern die Summe aller Marketing-Maßnahmen, die du durchführst.

In Kombination entsteht ein ganzheitliches Bild: Du siehst, wo direkte Citations unmittelbar zu Conversions führen, wo Mentions Awareness schaffen und wie beides zusammenspielt, um Nachfrage aufzubauen. So kannst du Budgets gezielt verteilen, Prioritäten setzen und den Wert deiner GEO-Arbeit intern überzeugend belegen.

4.3.1 KI-Referrals einfach sichtbar machen: Nutze die Looker-Studio-Vorlage von Claneo für GA4

Zum schnellen Einstieg ins Reporting empfiehlt sich die Looker-Studio-Vorlage von Claneo für Google Analytics 4 (zu finden unter *https://www.claneo.com/de/llm-traffic-check*). Damit visualisierst du den Referral Traffic aus KI-Systemen ohne langes Set-up – inklusive Filter, Zeitverläufen und Vergleichsmöglichkeiten (siehe Abbildung 4.10).

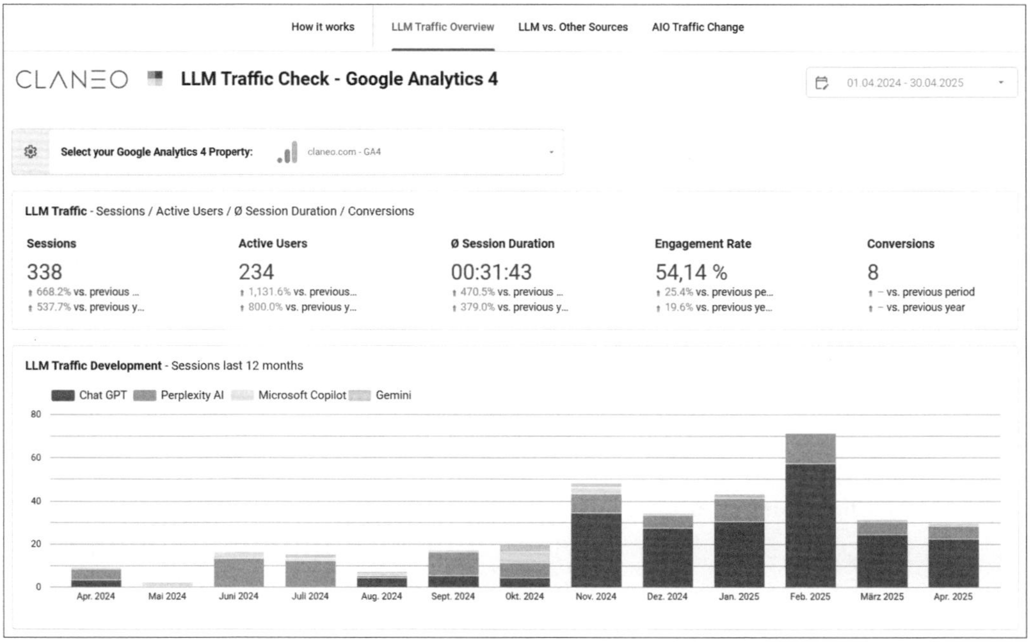

Abbildung 4.10: Looker-Studio-Vorlage für das Tracking von KI-Referral Traffic von Claneo

So gehst du vor: Erstelle eine Kopie des Dashboards und verknüpfe es mit deiner eigenen GA4-Property. Die Schritt-für-Schritt-Anleitung ist direkt in der Vorlage verlinkt (Reiter »How it works«).

Das Ergebnis ist ein übersichtliches, sofort nutzbares Monitoring für KI-Referrals, das du in dein regelmäßiges GEO-Reporting integrieren kannst – ideal, um Stakeholder*innen den Impact von direkten Citations auf Referral Traffic und Conversions transparent und nachvollziehbar zu zeigen.

Alternativ zur beschriebenen Vorlage findest du im Netz zahlreiche Anleitungen zum Aufsetzen des Trackings in GA4, z. B. *https://ahrefs.com/blog/track-analyze-ai-traffic/*.

4.3.2 Wirkungsweisen der Metriken: von der Umsetzung zur Wirkung

Mess- und steuerbare GEO braucht klare Abfolgen. Erst handeln, dann dokumentieren, anschließend Wirkung prüfen und Erkenntnisse ableiten – ein Wechselzyklus von »Work« und »Wait«, wie Abbildung 4.11 veranschaulicht. Dieses Vorgehen schafft die nötige Transparenz und verhindert, dass du Kennzahlen im luftleeren Raum interpretierst.

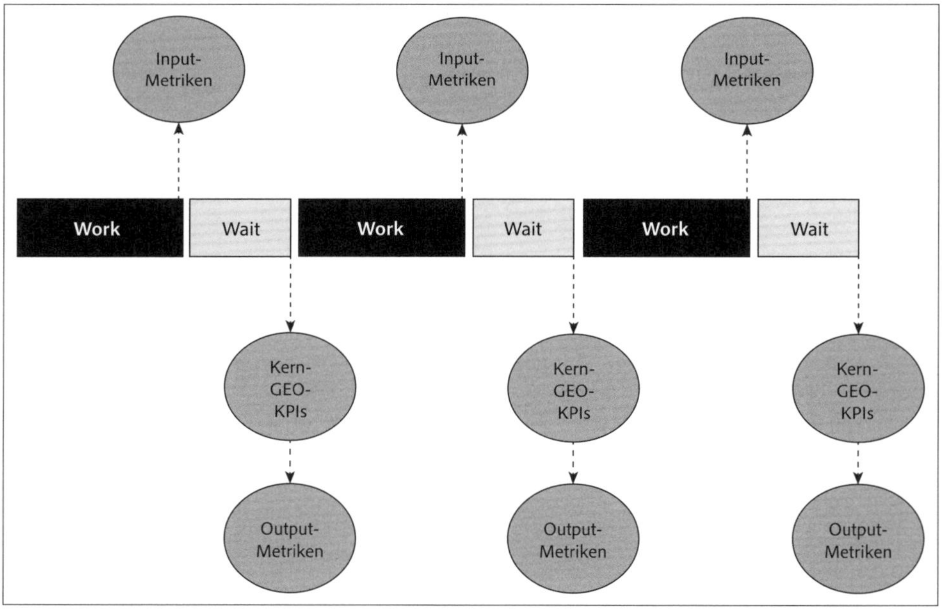

Abbildung 4.11: Work/Wait-Wechselzyklus: Nach Umsetzung können GEO-KPIs früh Wirkung zeigen, Output-Metriken belegen den Geschäftserfolg.

1. **Maßnahmen umsetzen**

   Der Startpunkt ist immer operativ: Du erstellst, optimierst oder aktualisierst Inhalte (On-Page) und arbeitest an externen Quellen und Beziehungen (Off-Page). Ohne greifbare Umsetzungen gibt es nichts, was KI-Systeme aufgreifen können.

2. **Input-Metriken dokumentieren**

   Am Ende eines Umsetzungszyklus hältst du fest, was konkret passiert ist: Welche Seiten wurden überarbeitet? Welche Quellen wurden aufgebaut oder kontaktiert? Auf welchen URLs sind Änderungen live? Diese Input-Metriken bilden die Grundlage, um nachfolgende Entwicklungen korrekt zuordnen zu können.

3. **Abwarten und Wirkung prüfen**

   Anschließend beobachtest du die Effekte anhand der Kern-GEO-KPIs (Sichtbarkeit und Sentiment: Mentions, Direct/Indirect Citations, Sentiment-Verteilung). Diese Wartezeit muss nicht lang sein. Wie in Abschnitt 9.3 (MYPOSTER-Case) beschrieben, war beispielsweise bereits zwei Tage nach Veröffentlichung eines Advertorials eine direkte Citation zu verbuchen – ein Hinweis darauf, dass KI-Systeme relevante, gut strukturierte Inhalte schnell aufgreifen können.

4. **Output-Metriken ableiten**

   Aus den Kern-GEO-KPIs ergibt sich, was im Geschäft ankommt: Referral Traffic, Conversions/Leads, Umsatz sowie brandbezogene Effekte wie Awareness und Image. So schlägst du die Brücke von der Umsetzung über die Wirkung in KI-Systemen bis zum Business-Impact.

Kapitel 5
Content mit Wirkung – so optimierst du Inhalte für GEO

Wie erschaffst du Content, den KI-Systeme leicht zitieren können, den aber auch Menschen attraktiv finden? Der Schlüssel liegt in einigen zeitlosen Tugenden des Schreibens und weiterentwickelten SEO-Praktiken.

Bei all den Veränderungen, die sich während der Evolution der Online-Suche mal schneller und mal langsamer vollziehen, gibt es doch einige verlässliche Konstanten: Die *Bedürfnisse* deiner Zielgruppen beispielsweise ändern sich in Bezug auf Content so gut wie gar nicht. Menschen wünschen sich nach wie vor verständliche, klar formulierte, zielorientierte Inhalte. Sie suchen nach hilfreichen, prägnanten Antworten – nicht nach Werbung, nicht nach effekthascherischen Worthülsen und schon gar nicht nach verklausulierten Stilblüten. Content soll in erster Linie den Nutzenden unter die Arme greifen.

In diesem Kapitel erfährst du Schritt für Schritt, wie du deinen Text – die Grundlage guten Contents – gestaltest, warum Einzigartigkeit, Aktualität und eine konsistente Markenpräsenz wichtiger denn je sind und wie du deine Inhalte aufwertest und einbettest. Den Prozess stellt Abbildung 5.1 schematisch dar: vom reinen Textcontent über die Aufwertung, etwa mit Multimedia-Elementen, bis zur Einbettung in deine Website.

Du wirst in diesem Kapitel Informationen zu GEO *und* SEO finden. Das hat einen guten Grund: Wenn es um Webseiten-Content geht, ist GEO nicht ohne SEO realisierbar. Für Suchmaschinen optimierte Texte sind die Grundlage, auf die GEO aufbaut. Content-Erstellung für Webseiten ist also eine hybride Disziplin, bei der SEO die unabdingbare Grundlage bildet. GEO kommt als zusätzliche Ebene im Sichtbarkeits-Game hinzu. Oder anders ausgedrückt: Es wäre nicht sinnvoll, Content ausschließlich für Generative Engines zu optimieren. Und zwar aus zwei Gründen:

1. Einige KI-Systeme greifen auf die Ergebnisse der organischen Suche als Quelle zurück (siehe Abschnitt 2.3).
2. Maschinen müssen in der Lage sein, deine Inhalte zu lesen; das können sie am besten, wenn auch die SEO-Hausaufgaben gemacht sind.

[!]

Achtung: Vergiss deine Lesenden nicht

Technologie hin oder her, die Nutzendenfreundlichkeit deiner Texte steht immer an erster Stelle, wie eingangs schon erwähnt. Ein Webseiten-Text wird nie nur für Maschinen, sondern zuallererst für Menschen geschrieben. Du behältst dabei stets deine bereits festgelegten Zielgruppen und Personas (siehe Abschnitt 3.3) im Auge – sie müssen sich von deinen Inhalten angesprochen und abgeholt fühlen.

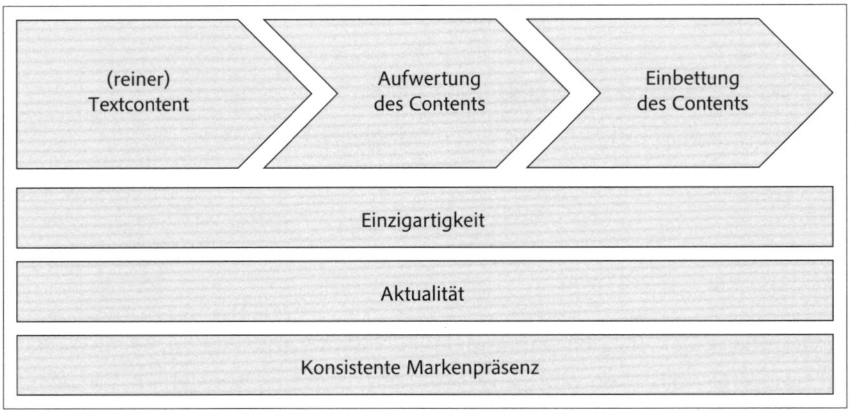

Abbildung 5.1: Die Qualität des Contents ist eine entscheidende Basis für GEO – du erarbeitest sie in aufeinander aufbauenden Schritten.

Inwiefern unterscheidet sich ein SEO-Text von einem GEO-Text?

Schauen wir uns zum Einstieg an, wie sich ein klassischer SEO-Text von einem GEO-Text unterscheidet. Die beiden folgenden Texte sind natürlich nur exemplarisch, stark komprimiert und vor allem überspitzt dargestellt. Sie bedienen beide das gleiche Thema, verfolgen aber unterschiedliche Zwecke: Der SEO-Text zielt auf Sichtbarkeit in den organischen Suchergebnissen ab und setzt auf klare Keyword-Signale sowie breite Themenabdeckung. Der GEO-Text dagegen ist so strukturiert, dass KI-Systeme ihn leicht in Antwortbausteine zerlegen und zitieren können – mit präzisen Aussagen, Zahlen und Entscheidungsregeln. Der direkte Vergleich hilft dir, die theoretischen Unterschiede praktisch zu sehen – und zu erkennen, warum eine hybride Form beider Varianten sinnvoll ist.

[zB]

Beispiel: SEO-Text zum Thema Bürostaubsauger

[Hauptüberschrift] **Bürostaubsauger: saubere Büros, bessere Arbeitsumgebung**

Ein Bürostaubsauger hält Arbeitsplätze sauber, verbessert die Luftqualität und unterstützt ein professionelles Erscheinungsbild [...]

[Zwischenüberschrift] **Arten von Bürostaubsaugern**

Es gibt Beutelstaubsauger, beutellose Modelle, Akkustaubsauger und Nass-/Trockensauger. Sie decken verschiedene Anforderungen ab [...]

[Zwischenüberschrift] **Leistung und Lautstärke von Bürostaubsaugern**

Achten Sie auf die wichtigsten Kennzahlen: Wattzahl, Saugkraft (in Pa) und einen leisen Betrieb, damit der Bürostaubsauger sowohl effizient als auch angenehm nutzbar ist [...]

[Zwischenüberschrift] **Bürostaubsauger-Filter und Hinweise zur Hygiene**

Integrierte und wechselbare HEPA-Filter reduzieren Feinstaub und Allergene in der Umgebungsluft; das ist ideal für offene Büros und empfindliche Personen [...]

[Zwischenüberschrift] **Mehr Flexibilität dank Zubehör für Bürostaubsauger**

Bodendüsen, Fugendüsen und Polsteraufsätze erleichtern die Reinigung von Teppichen, Ecken und Sitzmöbeln [...]

Was zeichnet den SEO-Text aus?

Der SEO-Text setzt das Hauptkeyword »Bürostaubsauger« nicht nur sichtbar in der Hauptüberschrift ein, sondern streut es auch natürlich in Zwischenüberschriften und Absätzen, damit Suchmaschinen Thema und Relevanz eindeutig erkennen. Er deckt die typischen Unterthemen sukzessive aufeinander aufbauend, semantisch verwoben und eher breit als tief ab: Arten, Leistung, Filter, Zubehör. Die Kategorien entsprechen einem kleinen Keyword-Cluster, der verschiedene Suchvarianten semantisch einfängt. Die Absätze sind kurz und gut scannbar, die semantischen Überschriftenstrukturen erleichtern sowohl Lesenden als auch Crawlern die Orientierung und steigern die On-Page-Relevanz. Inhaltlich fokussiert sich der Text auf allgemeine Nutzenargumente und Einstiegshinweise, verzichtet jedoch auf tiefe, zitierfähige Daten. Das entspricht einem klassischen SEO-Ansatz: breite Themenabdeckung, klare Keyword-Signale und gute Lesbarkeit – primär mit dem Ziel, Sichtbarkeit in den organischen Suchergebnissen zu erzielen, weniger, um als Quelle in generativen Antworten zitiert zu werden.

Beispiel: GEO-Text zum Thema Bürostaubsauger

[Hauptüberschrift]: **Bürostaubsauger kaufen: Welche Leistung, Lautstärke und Filter brauchen Sie? (Kaufratgeber Januar 2026)**

Bürostaubsauger bieten eine deutlich höhere Leistungsfähigkeit als Haushaltsstaubsauger bei gleichzeitig geräuscharmem Betrieb. Dank stärkerer Motoren sind sie für den dauerhaften Einsatz konzipiert [...]

[Zwischenüberschrift] **Welche Saugleistung reicht im Büroalltag?**

Für typische Büroflächen (100–300 m^2) reicht eine reale Saugkraft von ca. 15–20 kPa; bei Teppichanteilen >50 % sind 20–25 kPa sinnvoll. Wichtig: Herstellerangaben zur Wattzahl sind nicht gleich Saugkraft – prüfen Sie die kPa oder Air Watts der Düse [...]

[Zwischenüberschrift] **Wie leise sollte ein Bürostaubsauger sein?**

Leiser Betrieb liegt bei 60–70 dB(A). Offene Büros profitieren von Geräten <65 dB(A), damit Meetings und Konzentrationsphasen nicht gestört werden. Wenn täglich gereinigt wird, veranschlagen Sie noch niedrigere dB(A), statt vorrangig auf die Leistung zu achten [...]

[Zwischenüberschrift] **Welcher Filter ist wirklich hygienisch?**

Ein HEPA H13/H14 filtert 99,95–99,995 % der Partikel (bis zu 0,3 µm). Sinnvoll sind leistungsstarke Filter bei Allergien, einer hohen Personenfrequenz sowie in Druckerräumen. Achten Sie auf zertifizierte Filterklassen; »HEPA-like« ist nicht gleich HEPA [...]

[Zwischenüberschrift] **Beutel vs. beutellos: Wann ist was besser?**

Beutelgeräte sind hygienischer beim Wechsel und halten Feinstaub besser zurück; beutellose sparen Folgekosten und sind praktisch bei häufigem Leeren. »It depends«-Entscheidungspfad: Bei Allergiker*innen eher Beutel, bei häufigen, kurzen Reinigungen beutellos [...]

[Zwischenüberschrift] **Entscheidungscheck: So wählen Sie aus**

Übersichtstabelle bzw. Checkliste:

Teppichanteil >50 % → 20–25 kPa und motorisierte Bodendüse.

Offenes Büro mit Daily-Cleaning → <65 dB(A) und H13/14-Filter.

Allergien im Team → Beutel + H13/H14.

Viele kleine Flächen, Treppen → Akkugerät mit Wechselakku.

[...]

[Zwischenüberschrift] **Mini-FAQ**

Reicht 15 kPa bei Hartboden?

Ja, meist mit passender Düse.

Was sagt die Wattzahl aus?

Nur Energieaufnahme, nicht die Saugkraft.

Ist HEPA Pflicht?

Nein, aber ratsam bei Allergien / hoher Frequenz.

[...]

Was zeichnet den GEO-Text aus?

Der GEO-Text legt den Fokus nicht auf eine homogene Streuung von Keywords, sondern nutzt eine sehr diverse, fachlich präzise Terminologie (z. B. Air Watts, HEPA-Klassifizierung) und prüfbare Werte, sodass KI-Systeme Aussagen zuverlässig extrahieren, einordnen und als Quelle referenzieren können. Er liefert in jedem Abschnitt die Antwort gleich im ersten Satz und unterlegt sie mit konkreten Zahlen oder Spannen, etwa zur Saugleistung in kPa, zur Lautstärke in dB(A) oder zu Filterklassen wie HEPA H13/H14. Darüber hinaus macht er die »It depends«-Kriterien explizit und übersetzt sie in einfache Entscheidungslogik. Wenn bestimmte Bedingungen A oder B vorliegen, ist Option X oder Y die bessere Wahl – wie im obigen Beispiel: »Bei Allergiker*innen eher Beutel, bei häufigen, kurzen Reinigungen beutellos«. Die Abschnitte sind klar abgegrenzt und so formuliert, dass sie auch ohne Kontext verständlich bleiben – jedes Stück funktioniert als eigenständiger, zitierfähiger Chunk. Ein kurzes FAQ greift naheliegende Unterfragen separat auf und bedient damit den Query-Fan-out.

Fazit: Die Mischung macht's – SEO und GEO zusammen denken

Der klassische SEO-Text sorgt für Auffindbarkeit in den organischen Suchergebnissen, indem er klare Keyword-Signale setzt, Themen breit abdeckt und gut scannbar strukturiert. Der GEO-Text liefert hingegen präzise, zitierfähige Abschnitte mit Zahlen, Kriterien und Entscheidungslogik, die KI-Systeme direkt in Antworten übernehmen können. Um beide Disziplinen wirksam zu bedienen, brauchst du eine kluge Mischung: saubere Keyword- und Strukturarbeit für Suchmaschinen, kombiniert mit klaren Chunks, »Antwort-im-ersten-Satz«-Herangehensweise, belastbaren Belegen und »It depends«-Regeln für generative Oberflächen. Wie du diese Verbindung umsetzt, zeigen wir dir Schritt für Schritt in den folgenden Abschnitten.

5.1 Starker Textcontent als Fundament – das musst du liefern

Guter Text bleibt der Kern deiner Sichtbarkeit – auch wenn Antworten zunehmend von KI-Systemen generiert werden. Praktisch für alle, die schon immer Wert auf Textqualität gelegt haben: Die zeitlosen Eigenschaften guten Schreibens machen Texte zugleich zitierfähig für KI-Systeme.

5.1.1 Verwende eine klare, einfache Sprache

KI und Menschen haben eines gemein: Beide bevorzugen eine klare, direkte Sprache. Das trifft vor allem dann zu, wenn sie Sachinformationen aufnehmen, die sie für eine Entscheidung brauchen. Dieses Bedürfnis entspricht dem altbewährten Schreibgebot, sich so einfach wie möglich und so ausführlich wie nötig auszudrücken. Die meisten Texte im Netz sind auf irgendeine Weise Gebrauchstexte, bei denen es weniger um die literarische Qualität als um die Nützlichkeit und Anwendbarkeit geht. Im Zeitalter von GEO gilt das ganz besonders:

- Deine Inhalte sollten den Kontext des Nutzens antizipieren und in der Form geschrieben sein, wie eine KI sie voraussichtlich zitieren wird – kompakt, sachlich, hilfreich.
- Schreibe aktiv, denn oft sind passive Formen mit *wird*, *werden*, *lassen/lässt sich* vermeidbar; sie verlängern Sätze unnötig. Meide Füllwörter (*relativ*, *freilich*, *sehr*, *halt* usw.) und den Lesefluss hemmende Verschachtelungen. So behalten Lesende bei jedem Satz, den sie aufnehmen, das »Ziel«, also den Zweck des gesamten Textes, im Blick.
- Prüfe, ob du lange Sätze, die sich über mehrere Zeilen erstrecken, in mehrere Sätze aufsplitten kannst. Das verschafft Lesenden gedankliche Pausen und erleichtert KIs das Extrahieren einzelner Informationen.

- Wenn du Unsicherheit kommunizierst, tue es konstruktiv: »Die bessere Wahl hängt von X und Y ab; prüfe A, B, C – dann ist Option Z meist überlegen.«

5.1.2 Chunking mit Verstand: ein Gedanke pro Abschnitt

Behalte stets im Blick, wie KI-Systeme an die Informationen kommen, aus denen sie ihre Antworten generieren. Sie ziehen nicht etwa ganze Texte heran, verstehen sie von Anfang bis Ende und vollziehen die logischen Querverbindungen und Schlüsse darin nach. Stattdessen erfassen sie immer nur einzelne Informationsbrocken darin – auf Englisch »Chunks« (siehe die Erläuterungen zu den grundlegenden GEO-Begriffen in Abschnitt 2.2). Eine andere, ziemlich treffende Übersetzung des Begriffs ist »Datenblock«. Genau das ist es, was KI-Systeme aus Texten machen: einzelne, inhaltlich voneinander abgegrenzte Sinneinheiten, also Datenblöcke.

Ein langer Ratgebertext etwa behandelt meistens nicht nur eine einzige Information, sondern gliedert sich in Sub-Informationen, in Kapitel, Abschnitte und Absätze, in faktische, argumentierende, exemplifizierende Passagen usw. Das ist die Ebene, auf der KI-Systeme auf Informationen zugreifen. Bildlich gesprochen: Sie schnappen sich nicht das ganze zusammengesetzte Puzzlemotiv, sondern die einzelnen Puzzleteile. Deren Vorteil ist: Sie lassen sich wieder neu zusammensetzen, und zwar passend zu anderen, aber thematisch verwandten Suchintentionen. Die vielen Publisher und anderen Anbieter im Internet, die ihre Texte, also Puzzlemotive, bereitstellen, liefern so zwangsläufig die Puzzleteile, aus denen sich KI-Systeme bedienen, um sie irgendwo an ganz anderer Stelle wieder neu zusammenzusetzen (also um Antworten auf Querys – Fragen oder Prompts – zu liefern).

Warum ist das Chunking der KI-Systeme für dich so wichtig?

Weil du möchtest, dass KIs deine Inhalte gut verstehen und wiedergeben können. Denn sind deine Inhalte zitierfähig, eröffnen sie dir die Chance, dass wiederum du selbst als Quelle der generierten Antwort genannt wirst. Das eröffnet auch kleineren und nischigen Websites die Chance auf Sichtbarkeit in KI-Suchmaschinen und -Chatbots: Die semantische Relevanz eines Absatzes für eine bestimmte Query wiegt schwerer als die Autorität einer gesamten Domain.

Komm der KI also beim Aufbereiten deiner Inhalte ein gutes Stück entgegen – passe deine Texte an ihre Art, Informationen zu beschaffen, an. Das heißt konkret:

- Schreibe deinen Text in Form von gut abgrenzbaren »Chunks«, also in sich geschlossenen Sinneinheiten. Eine vorgegebene, optimale Größe für Chunks gibt es nicht, da jedes KI-System sie anders bewertet.
- Reduziere »semantisches Rauschen«: pro Abschnitt eine Frage, eine Kernaussage oder eine definierte Aufgabe, keine sinnfremden oder leeren Aussagen, welche die Aussage verwässern.

- Liefere die Essenz der Antwort im ersten Satz, begründe und belege anschließend. So finden Lesende schnell den relevanten Abschnitt – und KI-Systeme können ihn zuverlässig extrahieren.
- Es sollte idealerweise nicht nötig sein, noch andere Passagen des Textes zu lesen, um einen bestimmten Text-Chunk vollauf zu verstehen.
- Nutze Zwischenüberschriften, Listen und kurze Absätze, wenn sie die Aussage schärfen.
- Formuliere Überschriften als Fragen, sofern es sich anbietet. Das kommt der Art und Weise entgegen, wie Menschen Prompts formulieren bzw. Querys in Suchmaschinen eingeben: als natürliche Fragen mit sehr umfangreichen Longtail-Keywords.
- Schaffe einen Übergang zum nächsten Chunk, um auf weiterführende Inhalte zu verweisen. Du kannst auch Ankerlinks bzw. Sprungmarken zu weiter entfernten Abschnitten einfügen.

[i]

Info: Der Unterschied zwischen Query und Prompt

Eine Query ist eine Anfrage an ein Such- oder Retrieval-System (klassische Suche oder RAG-Retrieval). Sie ist oft kürzer und hat das Ziel, relevante vorhandene Informationen zu finden. Beispiele für Querys sind »Turnschuhe atmungsaktiv schwarz Herren 42« oder auch »Welche Wärmepumpe im Altbau?«.

Ein Prompt ist eine Eingabe in ein generatives Modell in natürlicher Sprache und meist ausführlicher. Sein Ziel ist es, das Modell mit Anweisungen, Rollen, Kontext, Einschränkungen, Beispielen usw. zu steuern. Ein Beispiel wäre: »Du bist ein erfahrener Turnschuhverkäufer. Ich brauche atmungsaktive Herren-Turnschuhe für den Alltag in Größe 42. Was sind die besten Modelle? Liste jeweils die Vorteile und die Bewertungen auf.«

Ein ordentlich strukturierter Text schafft es, Inhalte so wiederzugeben, dass sie auch »fragmentiert« oder in Chunks sinnvoll bleiben und zugleich die inhaltliche Breite eines Themas abdecken. Das ist letztendlich nichts anderes als eine Grundtugend guter Wissensvermittlung.

[!]

Wichtig: Fließtext ist ebenfalls chunkfähig

Du musst und solltest nicht jeden Text in ein starres Korsett zwingen. Für Menschen kann es nervig und ermüdend sein, immer wieder das exakt gleiche Muster vor Augen zu haben. Gut geschriebener Fließtext ist ebenfalls chunkfähig, wenn die Themen logisch getrennt und sprachlich wie auch strukturell klar markiert sind. Behalte die »Idealstruktur« einfach für die besonders wichtigen Aussagen deiner Texte im Hinterkopf, um sicherzugehen, dass KI-Systeme alles Entscheidende mitschneiden.

5.1.3 »Citation-Worthiness«: Fakten, Belege, Verantwortung

Die Zitier*fähigkeit* von Content ist weitgehend ein struktureller Aspekt – die Zitier*würdigkeit* wiederum betrifft den inhaltlichen Gehalt deines Contents. KI-Systeme bevorzugen inhaltlich dichte Abschnitte, die präzise, belegbar und autoritativ sind. Vage, mehrdeutige Behauptungen, die nicht durch Quellen oder Daten unterfüttert sind, haben schlechte Chancen, als Zitate in KI-Antworten aufzutauchen. Optimal sind faktenbasierte, spezifische Aussagen, die eine KI überprüfen oder anhand von Daten nachvollziehen kann.

[zB]

Beispiel: Ratgebertext zu Wärmepumpen im Altbau

Die Aussage »Wärmepumpen funktionieren oft auch im Altbau gut« ist viel zu allgemein formuliert, dadurch ist sie mehrdeutig und nicht überzeugend. Eine deutlich höhere »Citation-Worthiness« erreicht eine solche Aussage: »Laut der Feldstudie ›Wärmepumpen in Bestandsgebäuden‹, die das Fraunhofer-ISE 2020 veröffentlichte, erreichten Luft-Wasser-Wärmepumpen in Bestandsbauten der Baujahre 1949 bis 2005 eine gemittelte Jahresarbeitszahl von 3,1. Erdreich-Wärmepumpen erreichten im Messzeitraum eine noch höhere durchschnittliche Jahresarbeitszahl von 4,1.«

Das Wärmepumpen-Beispiel mag etwas überspitzt sein, aber das Prinzip ist klar: Liefere Zahlen, nenne Quellen, zeige Expertise und Aktualität. Die Zitierwürdigkeit steigt durch klare Aussagen, nachvollziehbare Belege, konsistente Terminologie und durch Inhalte, die mehrere nahe verwandte Fragen sauber getrennt beantworten.

5.1.4 Thematische Breite UND Tiefe: Wie du den Query-Fan-out bedienst

In Abschnitt 2.2.7 hast du bereits die Query-Fan-out-Technik kennengelernt. Zur Erinnerung: Mit ihr teilen KI-Systeme einen einzelnen Prompt in mehrere kleinere, verwandte Unterfragen auf. Für diese Unterfragen tragen sie dann parallel die Antworten zusammen, um anschließend alle Ergebnisse zu einer umfassenden detaillierten Antwort zusammenzufügen. KI-Systeme sollen spezifisch formulierte Fragen dadurch breiter gefächert beantworten, um möglicherweise implizit mitgemeinte Aspekte einer Frageintention ebenfalls abzudecken.

Du antizipierst den Query-Fan-out, indem du deinen Text von Anfang an so planst, dass er nicht nur die Kernfrage beantwortet, sondern auch die naheliegenden Unterfragen, Varianten und »Mitgedacht«-Aspekte. Stell dir vor, du schreibst für eine neugierige Person, die nach der ersten Antwort direkt nachhakt: »Und was ist mit …?« Genau diese Nachfragen greifst du strukturiert auf – als eigenständige, klar gekennzeichnete Abschnitte.

1. Starte mit dem Prompt, antworte sofort.

Formuliere eine klare Überschrift (als Frage oder präzisen Claim) und liefere im ersten Satz die Essenz der Antwort. Danach folgen Begründungen, Zahlen, Beispiele und Ausnahmen. So hast du einen starken »Hauptchunk«, auf den KI-Systeme und Lesende sich stützen können.

2. Liste die erwartbaren Unterfragen und gib ihnen eigene Abschnitte.
Recherchiere, welche Aspekte Nutzende bei der Formulierung eines Kern-Prompts fast immer mitdenken. Sammle die relevanten Unterfragen (z. B. Voraussetzungen, Kosten, Alternativen, Risiken, Pro und Kontra, häufige Fehler, Schritt-für-Schritt-Vorgehen, Definitionen/Begriffe).

Bei der Recherche von Unterfragen helfen dir diverse Tools, die den Query-Fan-out simulieren (siehe Abschnitt 3.3). Spielen wir das hier einmal am konkreten Beispiel von Otterly.AI durch (*https://geo.otterly.ai/geo/ai-query-fan-out/*).

[!]

Achtung: Gesunden Menschenverstand einschalten
Wichtig ist, dass du die Ergebnisse jeglicher Query-Fan-out-Simulation auf Sinnhaftigkeit für deine Zwecke überprüfst. Du übernimmst also nicht einfach alles, was ein Tool dir vorschlägt, sondern entscheidest von Fall zu Fall, ob die jeweilige Frage in deinen Content gehört oder nicht.

Du gibst deine Haupt-Query bzw. deinen Prompt in das Eingabefeld ein. Wir arbeiten hier mit der Query »wärmepumpe im altbau«. Dazu wählst du aus, für welches KI-System du den Query-Fan-out simulieren möchtest (in unserem Beispiel stehen Google AI Overview, Google AI Mode und ChatGPT zur Verfügung, siehe Abbildung 5.2).

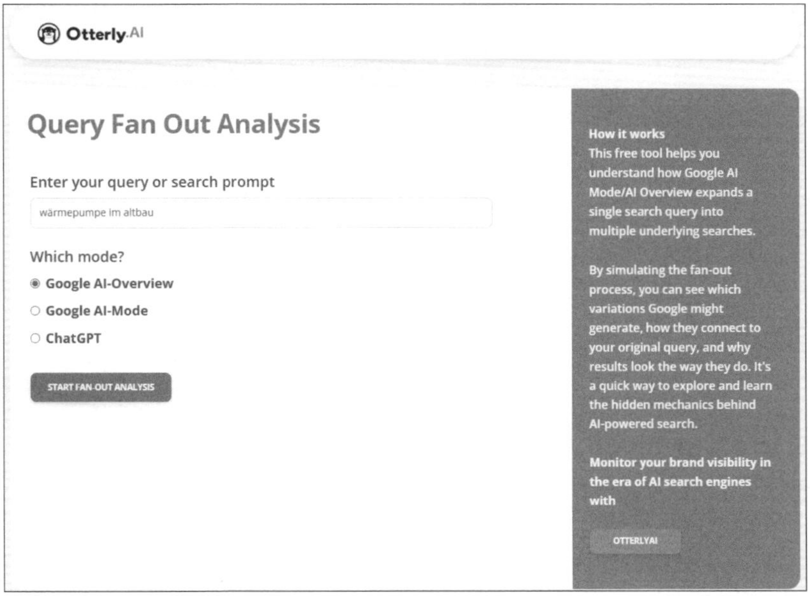

Abbildung 5.2: Die Oberfläche des Query-Fan-out-Tools von Otterly.AI ähnelt dem Suchschlitz von Suchmaschinen wie Google.

Mit einem Klick auf **START FAN-OUT ANALYSIS** beginnt die automatische Ermittlung von weiterführenden Fragen. Kurz darauf siehst du die Ergebnisse (siehe Abbildung 5.3).

Query Fan-Out Analysis for Google AI Overview

Prompt:
Wärmepumpe im Altbau

Reasoning:
The original query 'Wärmepumpe im Altbau' (Heat pump in old building) is concise but implies several critical sub-questions regarding feasibility, cost, efficiency, installation challenges, and suitable types for older buildings. To provide a comprehensive yet simple AI overview, it's necessary to fan out to cover these distinct aspects and common user concerns. A count of 14 queries allows for fulfilling the mandatory query types while adequately exploring the most important facets of the topic, ensuring a well-rounded and informative summary for the user without overwhelming a 'simple' overview.

Number of queries:
14

Abbildung 5.3: Otterly.AI erläutert auf der Ergebnisseite in einer kurzen Summary, wie viele und welche Art von Sub-Querys das Tool gefunden hat.

Darunter folgt eine detaillierte Aufschlüsselung aller ermittelten Sub-Querys, sortiert nach der konkret formulierten Query, dem Query-Typ, dem zugehörigen User Intent und dem zugrunde liegenden Reasoning.

Abbildung 5.4 zeigt, wie Otterly.AI im Zuge der Simulation eines Query-Fan-outs weiterführende Fragen zu deiner Query ermittelt und erläutert, welchen Intent die jeweilige Query abdeckt und in welche thematische Richtung diese die ursprüngliche Anfrage auffächert. Das ermöglicht es dir, deinen Content mit einer klaren Zielfokussierung zu erstellen.

Query	Type	User Intent	Reasoning
Heizungsumstellung Altbau Wärmepumpe	reformulation	Understand the process, considerations, and practical steps involved in converting an older building's heating system to a heat pump.	This query rephrases the original in a more action-oriented way, focusing on the 'conversion' aspect. It directly addresses the practical implications and planning required for integrating a heat pump into an existing Altbau heating infrastructure, anticipating a user's need for a step-by-step understanding.
Ist eine Wärmepumpe im unsanierten Altbau sinnvoll?	reformulation	Assess the fundamental feasibility, efficiency, and cost-effectiveness of installing a heat pump in an older building that has not undergone significant energy-related renovations or insulation improvements.	This query refines the original by adding 'unsanierten' (unrenovated), addressing a common and critical sub-context for Altbau owners. It directly probes the core challenge of heat pump efficiency in less insulated structures, which is a major concern for this user segment.
Förderung Wärmepumpe Altbau	related_query	Find information on available government subsidies, grants, and financial incentives specifically for installing heat pumps in older residential buildings.	Cost is a major factor for any home improvement, especially for heat pumps in older buildings. Information on subsidies and financial support is a critical related topic that users will almost certainly investigate early in their decision-making process.
Wärmepumpen-Arten für Bestandsgebäude	related_query	Discover which specific heat pump technologies (e.g., air-to-water, ground source, exhaust air) are best suited and most efficient for the unique characteristics and constraints of older building structures.	The general term 'Wärmepumpe' is broad; a user with an Altbau will need to know which specific types are viable for their particular building characteristics, space availability, and existing infrastructure. This query expands on the specific technologies.
Lautstärke Wärmepumpe Altbau Nachbarn	related_query	Understand potential noise emissions from heat pump units, particularly air-to-water systems, and their implications for neighboring properties in densely populated older residential areas.	Noise is a common practical concern for heat pump installations, especially in older, often more tightly packed residential areas. This query addresses a practical, related problem that affects both the homeowner and their environment.
Voraussetzungen Wärmepumpe Altbau	implicit_query	Understand the necessary conditions, technical requirements, and potential structural or system modifications an old building must meet for a heat pump to be installed and operate effectively.	The original query implies a need to know if it's even 'possible' or 'advisable'. This query addresses the underlying 'what do I need to do first?' question, covering the essential prerequisites beyond just installation.
Wärmepumpe Altbau Dämmung notwendig?	implicit_query	Determine if additional insulation (e.g., wall, roof, window upgrades) is a mandatory or highly recommended prerequisite for achieving optimal efficiency and cost savings with a heat pump in an older home.	A common concern with heat pumps in older, less insulated buildings is their efficiency. This query directly addresses the implicit question of whether insulation upgrades are required or highly beneficial to ensure the heat pump performs as expected.

Abbildung 5.4: Simulation eines Query-Fan-outs in Otterly.AI

Du musst nicht immer besonders viel schreiben, um möglichst viele Unterfragen abzudecken. Orientiere dich an der grundsätzlichen Intention, die deine Zielgruppe mit einem Prompt verfolgt. Finde eine Balance, bei der dein Text ein Thema mit der nötigen Spezifität und Relevanz beleuchtet, aber nicht unnötig aufgebläht wird. Der »beste« Content ist nicht immer der detaillierteste Text, sondern das hilfreichste Format für die spezifische Frage. Übersetze jeden Kern-Prompt in eine klare Abschnittsfrage bzw. in einen präzisen Claim. Dein Ziel ist auch hier, dass jeder Abschnitt ohne Kontext verständlich und zitierfähig bleibt.

3. High-Impact-Chunks: Decke Varianten und Ausnahmen ab.

KI-Systeme fächern Querys u. a. entlang von Bedingungen auf. Man nennt das »It depends«-Kriterien, durch die sich Lösungen und Empfehlungen individuell ändern können. Decke diese Kriterien ab, indem du Bedingungen und entsprechende Empfehlungen sichtbar machst: »Wenn A auf dich zutrifft, dann wähle X, wenn du aber vor allem B brauchst, dann empfiehlt sich eher Y«. Nutze Entscheidungspfade oder kurze Vergleichsblöcke (»X vs. Y – wann ist was besser?«). Solche Vergleiche, Listen der Kriterien, Tabellen, Vor- und Nachteile, How-tos und Abgrenzungen sind Textformate, die generative Oberflächen besonders häufig heranziehen. Mit ihnen signalisierst du, dass dein Text nicht nur eine Standardantwort hat, sondern mehrere realistische Szenarien abdeckt.

Wir hatten in Abschnitt 3.3.5 bereits besprochen, mit welchen Tools du den Query-Fanout simulieren und geeignete Prompts für dein Thema finden kannst. Es gibt noch diverse weitere Methoden und Tools, mit denen du speziell »It depends«-Kriterien für dein jeweiliges Thema ermittelst, beispielsweise:

AnswerThePublic (*https://answerthepublic.com/de*): Das Tool visualisiert Suchanfragen rund um ein Keyword und verbindet es mit Fragen wie »was«, »wie«, »welche« usw. Du gibst dein Thema bzw. Hauptprodukt ein – nehmen wir das Beispiel »Luftreiniger« – und das Tool zeigt die »It depends«-Kriterien in Form von Nutzendenfragen an: »welcher luftreiniger bei allergie«, »welcher luftreiniger gegen rauch«, »luftreiniger für große räume«, »luftreiniger leise für schlafzimmer«. Jede dieser Fragen birgt das Potenzial für abwägende Formate.

Keyword-Recherche-Tools wie Ahrefs, Semrush und SISTRIX: Professionelle SEO-Tools zeigen dir, nach welchen Haupt- und verwandten Nebenkeywords Nutzende wie oft suchen. Achte hier gezielt auf Long-Tail-Keywords, die eine Bedingung enthalten. Filtere nach Fragewörtern oder Begriffskombinationen wie »robuster laptop *zum* spielen«, »kaffeemaschine *mit* mahlwerk«, »fernseher *für* helle räume«. Diese Zusätze sind deine »It depends«-Kriterien. Mehr über diese (und weitere) Tools erfährst du in Kapitel 8.

4. Verbinde die Chunks sinnvoll – ohne sie zu vermengen.

Halte jeden Abschnitt fokussiert. Dennoch dürfen (und sollen) einzelne Chunks auf weiterführende Inhalte verweisen. Du schaffst damit semantische Übergänge. Innerhalb eines Textes kannst du Ankerlinks bzw. Sprungmarken zu passenden Abschnitten einfügen, wenn sie weiter entfernt sind. Und über interne Verlinkungen leitest du Lesende wie auch Maschinen zu thematisch verwandten URLs auf deiner Webseite. So bleibt die Extrahierbarkeit hoch, während Lesende den roten Faden behalten.

Checkliste für deinen Content

Klare Sprache verwenden

- aktiv statt passiv schreiben
- Füllwörter vermeiden
- lange Sätze in mehrere kurze aufteilen
- Unsicherheit konstruktiv kommunizieren
- kompakt, sachlich und hilfreich formulieren

Chunking beachten

- ein Gedanke pro Abschnitt
- Essenz der Antwort im ersten Satz liefern
- jeden Chunk so formulieren, dass er ohne Kontext verständlich ist
- Zwischenüberschriften als Fragen formulieren, wo angemessen
- Listen und kurze Absätze nutzen
- Übergänge zum nächsten Chunk schaffen

Citation-Worthiness sicherstellen

- Fakten mit Zahlen und Quellen belegen
- präzise, belegbare Aussagen formulieren
- konsistente Terminologie verwenden
- Expertise und Aktualität zeigen
- vage Behauptungen vermeiden

Thematische Breite und Tiefe bieten

- Kernfrage sofort beantworten
- erwartbare Unterfragen in eigenen Abschnitten behandeln
- »It depends«-Kriterien und Varianten abdecken
- Entscheidungspfade und Vergleiche einbauen
- Vor-/Nachteile, How-tos und Abgrenzungen integrieren
- Balance zwischen Spezifität und Relevanz finden

Strukturelle Optimierung

- Chunks sinnvoll verknüpfen, ohne sie zu vermengen
- interne Verlinkungen zu verwandten Inhalten setzen
- semantisches Rauschen reduzieren

5.1.5 Exkurs: Gut prompten – so setzt du KI effizient bei der Texterstellung ein

In Kapitel 3 hast du erfahren, wie du deine Content-Strategie aufziehst und herausfindest, welche Querys und Prompts du mit deinen Inhalten beantworten solltest, um deine Sichtbarkeit in KI-Systemen zu steigern. Auf dem Weg zu deinem Ziel »Mentions und Citations in KI-Systemen erhalten« machst du dir diese Systeme zunutze: Schreibe deine Inhalte möglichst effizient mit KI-Unterstützung.

Nehmen wir an, du erstellst einen Ratgeber und nutzt dazu ChatGPT. Die Qualität des Ergebnisses, die das Modell dir liefern wird, hängt stark von deinem Prompt ab (du erinnerst dich – »Garbage in, Garbage out«). Es kommt also darauf an, der KI alles zu geben, was sie braucht, um zu einem guten Redakteur zu werden.

Ein guter Prompt definiert Ziel, Rolle, Zielgruppe, Tonalität, Struktur, inhaltliche Leitplanken, Quellenarbeit und den Arbeitsmodus (Schritt für Schritt, Iterationen). Hier ist ein praxistaugliches Vorgehen:

Checkliste: Was in deinen Prompt gehört

- **Ziel**: Was soll entstehen? (z. B. »strukturierter Ratgebertext«)
- **Rolle der KI**: Welche Expertise soll sie einnehmen? (z. B. »exzellenter Fachredakteur für Baufinanzierung mit 10 Jahren Berufserfahrung«). Du kannst es in dieser Hinsicht ruhig etwas »übertreiben« und der KI außerordentlich starke qualitative Attribute zuschreiben. Ein Modell versteht dadurch besser, dass es eine Expertenrolle einnimmt und einen dementsprechenden Output liefern soll.
- **Zielgruppe**: Für wen schreibst du? (z. B. »junge Familien ohne Vorwissen«).
- **Ton und Stil**: Tonalität, Ansprache, Format (z. B. Ansprache mit »du« oder »Sie«, sachlich, hilfreich, praxisnah).
- **Umfang und Struktur**: Gliederung, Überschriften-Ebenen, Abschnittslängen.
- **Inhaltliche Anforderungen**: Muss-Fragen, »It depends«-Kriterien, Beispiele, Zahlen, Quellen.
- **Datenstand und Aktualität**: »Stand: Monat/Jahr«, Update-Hinweise (»Was ist neu?«).
- **GEO-Kriterien**: Antwort im ersten Satz, zitierfähige Chunks.
- **Weglassen**: werbende Passagen, ungesicherte Behauptungen.
- **Arbeitsmodus**: Schritt für Schritt, Zwischenergebnisse prüfen lassen, offene Punkte abfragen.

Du siehst, ein guter Prompt enthält eine Vielzahl spezifischer Vorgaben und kann dementsprechend umfangreich ausfallen. Ein ausformulierter Prompt sähe mit all diesen Angaben so aus:

[zB]

Beispiel: Prompt für das Erstellen eines Ratgebertextes zum Thema Baunebenkosten

Du bist ein Top-Fachredakteur für Bau- und Immobilienfinanzierung in Deutschland mit 20 Jahren Berufserfahrung und breitem Wissen über SEO- und GEO-Content-Creation. Du besitzt facettenreiches Wissen über die Baubranche und bist stets über aktuelle Entwicklungen informiert. Schreibe einen klar gegliederten, zitierfähigen Ratgeber zum Thema »Baunebenkosten verstehen«, der den Lesenden schnelle Orientierung gibt und KI-Systemen extrahierbare Abschnitte liefert. Die Zielgruppe sind Paare bzw. junge Familien ohne Vorwissen. Tonalität: Ansprache mit »du«, sachlich, hilfreich, praxisnah und mit anschaulichen Beispielen.

Struktur: Beginne mit H1, danach H2/H3. Optimierung für Generative Engines / Chunking: Ein Gedanke pro Abschnitt; jeder Abschnitt beginnt mit einem Kernsatz, der die Frage bzw. den Claim der zugehörigen Überschrift beantwortet; danach Details, Zahlen, Beispiele. Am Textanfang »Stand: 01/2026«; ggf. »Was ist neu?«-Kasten (2 bis 4 Punkte); am Ende des Ratgebers kurze FAQ (3 bis 5 Fragen). Inhaltlich beantworte mindestens: typische Posten und Spannen; typischer Gesamtrahmen (Prozent der Baukosten) und Einflussfaktoren; »It depends«-Kriterien (Lage, Erschließung, Grundstück, Genehmigungen); Vorgehen zur realistischen Planung (inkl. Puffer); häufige Fehler und Vermeidung. Integriere Listen nur, wenn sie die Aussage schärfen oder das Verständnis komplexer Sachverhalte vereinfachen. Quellen: knappe Verweise im Text (z. B. »laut Verbraucherzentrale, 2025«), vollständiger Quellenblock am Ende (Titel/Organisation, Jahr, Link). Ausschlüsse: keine Werbung, keine ungesicherten Behauptungen; frage vor heiklen Passagen nach, wenn Daten/Definitionen unklar sind. Arbeitsmodus: 1) Schlage zuerst eine detaillierte Gliederung vor und warte. 2) Schreibe Abschnitt für Abschnitt mit meinem Feedback.

Nicht jeder Prompt muss so detailliert sein. Je nach gewünschtem Output reichen auch nur einige dieser Angaben, z. B. Ziel, Rolle, Thema. Probiere dich aus und teste mit unterschiedlichen Prompts, wie du am besten zum Ergebnis kommst.

5.2 Warum Einzigartigkeit zum entscheidenden Faktor wird

In generativen Suchoberflächen konkurrieren nicht ganze Seiten um Rankings, sondern einzelne Abschnitte um Referenzen. KI-Systeme zerlegen Inhalte in Sinnstücke, prüfen deren Aussagekraft und bauen daraus Antworten. Wenn dein Text das liefert, was das Modell nicht »aus sich selbst heraus« paraphrasieren kann, steigt deine Chance, als Quelle genannt zu werden. Genau hier wird Einzigartigkeit zum Schlüssel.

5.2.1 Mit schwer replizierbaren Inhalten KI und Konkurrenz voraus sein

Einzigartigkeit des Contents ist bei der SEO eine wichtige Voraussetzung für hohe Rankings in den organischen Suchergebnissen. Das wiederum ist auch für deine Sichtbarkeit in Suchmaschinen, die LLMs nutzen, von Bedeutung, denn Googles AI Overviews, Perplexity und Co. wählen die Quellen, die sie zitieren, basierend auf den organischen Rankings aus.

Bei der Optimierung für KI-Chatbots ist Einzigartigkeit des Contents aus einem anderen Grund relevant: Für ChatGPT und Co. zählt nicht (nur), ob du in den organischen Suchergebnissen erscheinst. Auch Inhalte von Seiten, die in klassischen Suchmaschinen niedrig ranken, haben die Chance, zitiert zu werden – wenn nur ein Inhalts-Chunk darin genau zum Prompt passt. Allerdings wird hier auch die Aktualität der Inhalte eine Rolle spielen (siehe Abschnitt 5.3).

Bei der GEO für KI-Chatbots brauchst du schwer replizierbare Inhalte (originelle Daten, spezifische Vergleiche, belegte Zahlen oder Erfahrungen aus erster Hand), weil ein Modell diese nicht zuverlässig intern rekonstruieren kann. Kann ChatGPT einen Inhalt nicht intern liefern, muss es ihn referenzieren.

Praktisch heißt das: Du gewinnst, wenn du Mehrwert bietest, den das Modell braucht, um eine sichere, differenzierte Aussage zu stützen – keine austauschbaren Formulierungen, sondern belastbare Substanz.

Die messbare Wirksamkeit solcher Inhalte ist mittlerweile belegt: Das Einbinden von Zitaten, Quellen und Statistiken kann die Sichtbarkeit in generativen Antworten um bis zu 40 % steigern (Quelle: *https://arxiv.org/pdf/2311.09735*). Diese Elemente machen Abschnitte für Modelle »tragfähig« und reduzieren das Risiko von Halluzinationen, weil klare Belege damit verknüpft sind. Inhalte, die sauber belegt sind und strukturiert Antworten liefern, sind für Modelle leichter zu verarbeiten, weshalb sie sie häufiger referenzieren.

[zB]

Beispiele für einzigartige, schwer replizierbare Inhalte

- **Proprietäre Daten**: Eigene Datensätze, Umfragen, Messungen oder Experimente, die du transparent dokumentierst. Du beschreibst Methode, Stichprobe, Zeitraum und Limitationen – daraus ziehst du klare, zitierfähige Schlüsse. Beispiel: »Auswertung von 12.438 Produktbewertungen (09–12/2025): Retourenquote sinkt um 18 % bei Produktvideos; Konfidenzintervall ...«. Solche Ergebnisse sind für Modelle wertvoll, weil sie belastbare Zahlen liefern, die anderswo nicht identisch vorliegen.
- **Exklusive Vergleiche**: Aktuelle Marktübersichten, Preislisten, Feature-Matrizen, Benchmark-Tests oder Produktvergleiche, die nur du in dieser Form pflegst. Wichtig sind Aktualität und Differenzierung: Du nennst, wann welches Kriterium aus-

schlaggebend ist, und belegst Unterschiede mit Messwerten. Beispiel: »Ladeeffizienz bei 11 kW vs. 22 kW unter Winterbedingungen: -7 % bei …«. Diese Details bringen Modelle dazu, dich als Quelle zu nennen, statt generisch zu antworten.

- **Kontextstarke Erfahrungswerte**: Fallstudien mit Zahlen, Prozessschritten und »Was hat funktioniert, was nicht«. Je konkreter die Parameter, desto weniger austauschbar der Inhalt. Beispiel: »B2C-Shop: 14-tägiger A/B-Test, 120k Sessions; Snippet-Änderung ›Preis ab …‹ → +9,8 % CTR bei ›Sale‹-Querys, keine Auswirkung bei ›Vergleich‹-Querys.« Solche Einsichten sind mehr als Best Practices – sie verankern deine Autor*innenschaft in überprüfbaren Ergebnissen.
- **Nicht-textuelle Assets mit Textankern**: Tools, Rechner, strukturierte Tabellen, Visualisierungen, deren wesentliche Aussagen du im Text komprimiert erklärst. Der Trick: Du machst die Resultate im Fließtext zitierbar (»Der Rechner zeigt: Bei Tarif A liegt die jährliche Ersparnis bei …«). So entsteht eine Passage, die sich direkt in Antworten übernehmen lässt, aber auf dein interaktives Asset verweist.

Zusammengefasst: Modelle bevorzugen Inhalte, die a) etwas liefern, das sie nicht sicher intern rekonstruieren können (Originalität), b) in kompakten, klaren Sinneinheiten vorliegen (Struktur) und c) mit Quellen und Verantwortlichkeit abgesichert sind (Vertrauen). Wo diese drei Bedingungen zusammenkommen, steigen die Chancen, als Quelle in generativen Antworten ausgewählt zu werden.

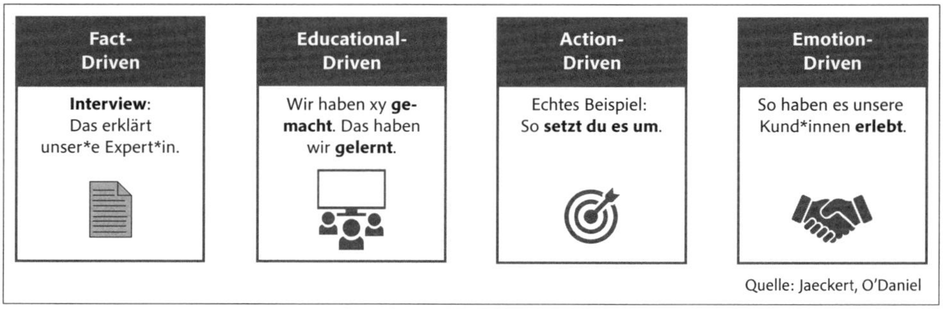

Abbildung 5.5: Das Modell von Jaeckert und O'Daniel für »First Hand Experience«-Content

Du kannst dafür auch den Ansatz für »First Hand Experience«-Content von Fabian Jaeckert und Benjamin O'Daniel (Quelle: *www.jaeckert-odaniel.com/en/ranch-style-seo-vs-skyscraper/*) nutzen, den Abbildung 5.5 zusammenfasst: Fact-Driven können etwa aktuelle Nachrichten und Einordnungen von deinen Expert*innen sein. Educational-Driven sind beispielsweise hilfreiche Tipps, die du oder deine Mitarbeitenden aus eigener Erfahrung teilen. Action-Driven sind konkrete Handlungsanleitungen und Umsetzungsbeispiele aus dem echten Leben. Bei Emotion-Driven geht es um Erfahrungen deiner Kundschaft, die aus einer emotionalen Haltung heraus berichten.

5.2.2 Finde deine eigenen Wege zu einzigartigen Inhalten

Je nach Branche oder auch deinen verfügbaren Ressourcen kann es dir schwerfallen, geeignete einzigartige und zitierwürdige Inhalte zu finden. Whitepapers, Studien oder gar Tools auf der eigenen Webseite können trotz KI-Unterstützung aufwendig zu erstellen sein. Allerdings ist es keineswegs nötig, besonders groß zu denken – oder weit über dein Unternehmen hinaus. Du kannst auch mit dem arbeiten, was ohnehin schon in deinem Unternehmen vorhanden ist.

Gibt es beispielsweise einen Kundendienst, dann nutze diese wertvolle Ressource. Mit welchen Fragen, Problemen oder auch Ärgernissen wendet sich deine Kundschaft an das Team, wo sind Menschen unsicher oder skeptisch, und welche Lösungen bieten die Mitarbeitenden an? KI-Systeme sind unter anderem deshalb Blackboxes für Unternehmen, weil unsicher ist, wie Kund*innen Prompts formulieren und in welchen Fällen deine Website als Quelle auftaucht. Die Fragen, die den Kundendienst erreichen, sind im Grunde nur eine andere Form der Prompts, für die du als Quelle genannt werden möchtest. Daher drängen sie sich als Web-Content auf.

Gleiches gilt für Außendienst-Mitarbeitende, die beispielsweise Erdwärmepumpen in verschiedensten Häusern installieren, Beratungsgespräche zu Lebensversicherungen führen, Reparaturen an Fensterrollläden vornehmen oder Finanzierungen für Hauskredite kalkulieren. Das inhärente Wissen, die Erfahrungen und ehrlichen Einschätzungen von Problemen und deren Lösungen im Alltag kannst du als Hands-on-Erfahrung kommunizieren, während niemand anders diese Art Wissen besitzt.

Letztendlich findet sich überall in Unternehmen irgendeine Form von tiefer Expertise, die du aus GEO-Sicht evaluieren solltest. Du beweist deine Kompetenz und Vertrauenswürdigkeit, indem du »deine« Themen aus der realen Erfahrung heraus betrachtest. Das schafft eine Nähe zu den potenziellen Kund*innen, bei der sie sich verstanden fühlen.

5.3 Der Aktualitäts-Bonus: So punktet dein Content bei Nutzenden und KI

Suchmaschinen wie auch KI-Systeme wollen nicht nur die besten, sondern auch die neuesten Informationen liefern. Inhalte, die regelmäßig gepflegt und auf den neuesten Stand gebracht werden, haben deshalb oft bessere Chancen auf Sichtbarkeit als solche, die lange unverändert bleiben. Im GEO-Zeitalter erhält der Faktor »Aktualität« eine besondere Bedeutung: KI-Systeme haben eine ausgeprägte Vorliebe für frische Inhalte.

5.3.1 Recency Bias: KI-Systeme bevorzugen frische Inhalte – und das rigoros

Eine Person fragt ChatGPT, wie hoch der Stromverbrauch einer Wärmepumpe im schwach gedämmten Altbau ausfällt und welche Voraussetzungen gegeben sein müssen, damit die Wärmepumpe wirtschaftlich läuft. Im World Wide Web gibt es zahlreiche Beiträge zu diesem Thema – umfangreiche Ratgeber mit technischem Hintergrundwissen, aber auch auf das Wesentliche verknappte Überblicke. Manche Beiträge sind sauber recherchiert, dokumentiert und kalkuliert, andere nur Einzelfall-Erfahrungsberichte. Wie entscheidet das KI-Modell nun, welche Quellen es für die Antwort heranzieht? Nicht selten lautet die Antwort offenbar: mithilfe des Veröffentlichungsdatums. Denn aktuelle Untersuchungen zeigen: Viele KI-Systeme bevorzugen konsequent Quellen mit jüngeren Veröffentlichungs- oder Aktualisierungsdaten gegenüber älteren Quellen – selbst dann, wenn die älteren Inhalte fachlich gleichwertig oder besser sind. Diese systematische Bevorzugung von Aktualität, der »Recency Bias«, hat direkte Folgen für deine Content-Strategie.

In seinem Fachartikel »I Found It in the Code, Science Proved It in the Lab: The Recency Bias That's Reshaping AI Search« (Quelle: *https://metehan.ai/blog/i-found-it-in-the-code-science-proved-it-in-the-lab-the-recency-bias-thats-reshaping-ai-search/*), veröffentlicht im Oktober 2025, dokumentiert der SEO-Experte Metehan Yesilyurt technische Hinweise auf diesen Mechanismus und verknüpft sie mit experimentellen Belegen für dessen Wirkung.

Was zeigen die Analysen?

- **Technischer Hinweis im System**: Yesilyurt fand in den Konfigurationsdateien von ChatGPT ein aktiviertes Freshness-Profil (»use_freshness_scoring_profile: true«). Das deutet darauf hin, dass Aktualitäts-Signale explizit in die Bewertung von Inhalten einfließen.
- **Experimentelle Bestätigung**: Labortests der Waseda University belegen, dass jüngere Datumsangaben die Sichtbarkeit von Passagen und Quellen in KI-Antworten erhöhen – bis hin zu deutlichen Ranking-Sprüngen innerhalb der KI-Antworten (Quelle: *https://arxiv.org/abs/2509.11353*). Zur Erläuterung: »Ranking« meint in diesem Kontext die interne Reihenfolge, Gewichtung und Auswahl von Passagen bzw. Quellen innerhalb der mehrstufigen Retrieval- und Reranking-Pipeline, die vor der Antwortgenerierung abläuft. Nur Passagen oberhalb bestimmter Qualitäts- oder Relevanzschwellen werden in die Antwort übernommen oder verlinkt. Die Tests der Waseda University vergleichen, wie oft eine Quelle bzw. Passage in Antworten erscheint (Inclusion/Reference-Rate), an welcher Position in der Quellenliste sie angezeigt wird, oder wie häufig ein Modell eine Passage in den Kontext zieht. Ein »Freshness«-Signal kann bewirken, dass eine Passage diese Schwelle überschreitet und einen »Ranking-Sprung« macht. Je höher der Ranking-Bereich, desto stärker der Boost-Effekt durch Aktualität; je niedriger der Ranking-Bereich, desto weniger spielt Aktualität eine Rolle bei der Platzierung (Yesilyurt nennt es einen »Wippen-Effekt«).
- **Modellunterschiede**: Bestimmte LLMs sind widerstandsfähiger gegen die Voreingenommenheit für Aktualität, andere erweisen sich als anfälliger für den Bias. Betroffen vom Recency Bias sind aber alle geprüften KI-Systeme – und alle lassen sich in unterschiedlichem Maße von gefälschten Veröffentlichungsdaten täuschen. Das bedeutet auch: Deine Inhalte treffen je nach Plattform auf unterschiedliche Selektionslogiken.

Den Befund zum Recency Bias stützen weitere Konfigurationshinweise: Neben dem aktivierten Freshness-Profil verweisen das Reranking-Modul »ret-rr-skysight-v3« und das Intent-Feature »enable_query_intent: true« auf eine mehrstufige, kontextgetriebene Ranking-Pipeline. Vereinfacht bedeutet das: Zuerst rufen KI-Systeme zur Frage passende Dokumentpassagen aus dem Web ab, anschließend bewertet ein Reranker-Modell ihre Relevanz im Lichte der erkannten Suchintention – und gewichtet dabei Frische explizit mit. In Summe begünstigt diese Kette neuere Inhalte gegenüber älteren, selbst wenn die älteren inhaltlich gleichwertig oder besser sind.

Weitere Studien bestätigen Recency Bias und Volatilität von Citations

Auch eine Logfile-Analyse von Sonny Vasquez von Seer Interactive aus dem Juni 2025 stützt den Befund zum Recency Bias: KI-Crawler (u. a. drei ChatGPT-Bots) rufen dem Analyseteam zufolge überwiegend jüngere Inhalte ab (Quelle: *www.seerinteractive.com/insights/study-ai-brand-visibility-and-content-recency*). Konkret gestaltet sich die Verteilung der Zugriffe durch die Bots folgendermaßen:

- 65 % der Log-Hits entfielen auf Content, der im laufenden Jahr 2025 veröffentlicht/aktualisiert wurde.
- 79 % der Hits betrafen Inhalte aus den vergangenen zwei Jahren (2024–2025).
- 89 % der Hits lagen auf Content der letzten drei Jahre (2023–2025).
- 94 % der Hits stammten aus den letzten fünf Jahren (2021–2025).
- 6 % der Zugriffe entfielen auf Inhalte, die älter als sechs Jahre sind.

Das Team ordnet das als klare Frischepräferenz ein und zieht Parallelen zu Googles langjähriger Tendenz, Aktualität stärker zu gewichten. Anders ausgedrückt: Content, der mehr als fünf Jahre keine Aktualisierung spendiert bekam, befindet sich auf dem Weg ins Online-Oblivion. Sonny Vasquez kommt hinsichtlich der Handlungsempfehlungen für Publisher zu den gleichen Schlüssen wie Metehan Yesilyurt: Aktualität sichtbar und substanziell pflegen, Seiten mit zyklischer Relevanz priorisiert aktualisieren und KI-Sichtbarkeit messen (Logfile-Tracking kombinieren mit Citation-Monitoring).

Die Bevorzugung von frischen Inhalten durch KI-Systeme deckt sich mit Analysen von Profound aus dem Juli 2025. Das Forschungsteam wies nach, dass sich die in KI-Antworten zitierten Domains stark und häufig ändern (Quelle: *www.tryprofound.com/blog/ai-search-volatility*). Für identische Fragen wechselten innerhalb eines Monats 40 bis 60 % der zitierten Quellen – je nach Plattform betrug dieser sogenannte »Citation Drift«

- bei Google AI Overviews 59,3 %,
- bei ChatGPT 54,1 %,
- bei Microsoft Copilot 53,4 % und
- bei Perplexity 40,5 %.

Das bedeutet: Deine »Nachbarschaft« in KI-Antworten ist wesentlich instabiler als in klassischen SERP-Rankings. Einzelne Spot-Checks verlieren damit an Aussagekraft. Entscheidend sind Trends über Zeit und plattformspezifische Unterschiede.

5.3.2 Warum KI-Systeme »frischeren« Content bevorzugen

Der für Sichtbarkeit in KI-Modellen offenbar entscheidende Recency Bias geht mit der Erwartung der Nutzenden an Aktualität einher: Viele Prompts haben einen Zeitbezug (Preise, Verfügbarkeiten, Richtlinien, Releases). KI-Systeme versuchen, diese Erwartung durch zeitnahe Informationen zu erfüllen, und gewichten frische Quellen entsprechend.

Der Bias erwächst im Zuge des Trainings der KI-Modelle aus diesem Anspruch heraus. So ist die Bevorzugung von aktuellen Inhalten Yesilyurt zufolge vermutlich nicht etwa ein Bug oder ein (de-)aktivierbares Feature, sondern eine fest in den Modellarchitekturen verwurzelte Eigenschaft.

5.3.3 Welche offenen Fragen und Kritikpunkte zum Recency Bias bestehen?

In vielen Punkten, die den Recency Bias betreffen, lassen sich noch keine eindeutigen oder zufriedenstellenden Aussagen treffen:

1. Es bleibt unklar, wie das Freshness-Scoring technisch genau implementiert ist. Es gibt zwar Belege für aktivierte Frische- und Reranking-Mechaniken, aber keine transparente Dokumentation darüber, welche Signale (Publikationsdatum, Änderungsdatum, Zeitverfall) in welcher Stärke einfließen.
2. Warum ist dieser Bias nicht einfach konfigurierbar, d. h., warum lässt sich die Gewichtung von Aktualität nicht modell- oder themenspezifisch abschwächen, anpassen oder deaktivieren? Das deutet auf feste Architekturentscheidungen hin, die den Bias systemisch verankern und hochwertigen Content im Zweifelsfall dafür abstrafen, dass dieser schlicht länger existiert.
3. Wie verhindert man »Timestamp-Gaming«? Wenn KI-Systeme Datumsangaben stark gewichten, steigt der Anreiz, Inhalte durch simple Manipulation lediglich »frisch« erscheinen zu lassen – ohne substanzielle Updates. Es bräuchte robuste Mechanismen zur Erkennung echter inhaltlicher Änderungen statt kosmetischer Zeitstempel, etwa die Bewertung von Textdifferenzen, neuen Quellen, geänderten Kennzahlen und aktualisierten Empfehlungen.
4. Welche Auswirkungen hat der Bias auf Domänen, in denen ältere Inhalte autoritativ sind (Recht, klassische Forschung, Referenzwerke)? Wie unterscheiden Modelle zeitlose, maßgebliche Quellen von aktuellen, aber weniger belastbaren Inhalten? Ist eine domänenspezifische Zeitgewichtung nötig, um verlässliche Antworten zu sichern?

5.3.4 Was solltest du angesichts des Recency Bias tun?

Trotz der bestehenden Unsicherheiten kannst du bereits tätig werden und deinen Content KI-freundlich auf den neuesten Stand bringen:

1. **Aktualisiere sinnvoll, nicht kosmetisch.**
   - Update deine Inhalte regelmäßig bzw. nach Bedarf – bei Evergreen-Content kann eine Aktualisierung alle drei bis zwölf Monate sinnvoll sein. Es gibt aber auch Content-Formate bzw. Themen, die du noch häufiger aktualisieren solltest, etwa Empfehlungsinhalte mit dynamischen Kriterien (»beste Tagesgeldkonten«). Verlasse dich nicht auf kosmetische Änderungen oder gar ein gefälschtes Veröffentlichungsdatum. Es ist langfristig zu erwarten, dass KI-Systeme das Timestamp-Gaming wahrnehmen und abstrafen.
   - Zeige Veröffentlichungs- und Aktualisierungsdaten sichtbar an. Führe beispielsweise einen »Was ist neu?«-Kasten mit konkreten Änderungen (»Fördersatz X geprüft/angepasst«, »Version 2.1 veröffentlicht«, »Abschnitt Y präzisiert«).
   - Pflege eine Update-Routine für deine wichtigsten Landingpages, Produktseiten etc., speziell für zyklische oder sich schnell ändernde Themen (z. B. Releases, Förderungen, rechtliche Änderungen).
2. **Strukturiere für KI-freundliche Frische.**
   - Beginne relevante Abschnitte mit der zentralen, datierten Aussage (»Stand: 01/2026 – Das gilt aktuell …«).
   - Benenne Evergreen-Inhalte klar (»Grundlagenressource« oder »zeitlos gültige Anleitung« usw.) und trenne sie von zeitkritischen Updates.
   - Verlinke von neueren Webseiten auf ältere, etablierte Seiten und zurück, damit beides auffindbar bleibt.
3. **Breite planen, Tiefe halten.**
   - Qualität bleibt wichtig. Zwar fließt Aktualität als ein Merkmal in die Bewertung der »Zitierwürdigkeit« von Passagen ein, aber es gibt eben auch noch weitere Qualitäts- und Relevanzschwellen, die darüber bestimmen, ob ein Modell eine gefundene Passage zitiert oder nicht. Besonders hochwertige, spezifische Inhalte mit starker Relevanz für eine Antwort haben also gegenüber aktuellerem, aber qualitativ unterlegenem Content trotzdem eine Chance auf Zitierung.
   - Denke in »lebenden« Inhalten: Für saisonale oder zyklische Topics (z. B. »Steueränderungen 2025«, »Black-Friday-Angebote«, »EM 2028 Spielplan«) planst du Updates ein, statt jährlich neue, isolierte Seiten zu erstellen, sofern die URL-Strategie und dein CMS das sinnvoll unterstützen.
4. **Berücksichtige Plattformunterschiede.**
   - Teste deine Sichtbarkeit auf mehreren KI-Systemen. Modelle reagieren unterschiedlich; optimiere die Textstruktur und Update-Hinweise entsprechend.

5.4 Inhalte gezielt aufwerten – für Menschen und Maschinen

Starker, einzigartiger und aktueller Textcontent ist eine essenzielle Voraussetzung für deine Sichtbarkeit in KI-Systemen – aber er ist dennoch nur ein Teil des Ganzen im GEO-Game. Selbst der beste Text geht in der Konkurrenz unter, wenn du ihn nicht gezielt aufwertest. In diesem Abschnitt erfährst du, wie visuelle Elemente deinen Inhalt stärken, ohne ihn zu verwässern, welche Relevanz Meta-Snippets in Zukunft haben und wie du Autor*innenschaft sowie Markenidentität sichtbar machst.

5.4.1 Multimodale Ergänzungen als Textbooster – ohne den Text zu verwässern

Auch wenn dein Fokus auf Text liegt: Denke beim Schreiben textnahe, multimodale Elemente mit, die deinen Inhalt stärken (nicht ersetzen!). Google und Co. sind in der Lage, Audio- und Video-Transkripte sowie Bilder einzubeziehen. Relevante Grafiken, Tabellen und optisch aufbereitete Zusammenfassungen verstärken die Zitierfähigkeit deiner Textaussagen, wenn sie im Text erklärt werden.

[»]

Hinweis: Ein Bild ist kein Ersatz für die Aussage

Jede wesentliche Aussage muss im Text stehen und ohne Bild verständlich sein. So bleiben deine Kernaussagen auch als eigenständige Chunks verwendbar.

Warum visuelle Elemente deinen Text stärken

Gut eingesetzte Bilder, Grafiken und Videos machen Inhalte leichter zugänglich – für Menschen und für Suchmaschinen. Sie strukturieren den Text, schaffen Orientierungspunkte und helfen Lesenden, komplexe Sachverhalte schneller zu erfassen. Gerade auf textlastigen Seiten lockern visuelle Elemente den Lesefluss auf und führen durch den Inhalt, ohne vom Wesentlichen abzulenken.

Wie man visuelle Elemente sinnstiftend einsetzt, zeigen dir die Beispiele von der 1KOMMA5°-Website in Abbildung 5.6 und Abbildung 5.7 (Quelle: *https://1komma5.com/de/solaranlage/photovoltaik-flachdach/*). Die Grafiken veranschaulichen, wie PV-Module auf einem Flachdach installiert werden können. Allein durch Textbeschreibungen wäre der Sachverhalt für die Lesenden schwer vorstellbar. Gleichzeitig machen die Grafiken den umgebenden Text nicht unnötig – erst beides zusammen erleichtert das Verständnis des technischen Themas.

Möglichkeiten für die Ausrichtung deiner PV-Anlage auf dem Flachdach

Auf einem Flachdach gibt es zwei Möglichkeiten, deine Anlage auszurichten:

Die erste Möglichkeit ist die **Ost-West-Ausrichtung** – die bevorzugte Wahl für Photovoltaik auf Flachdächern. Die Module werden abwechselnd nach Osten und Westen ausgerichtet montiert. So entsteht das typische Zickzackmusterder Solarmodule, das du vielleicht schon auf Flachdächern gesehen hast. Der Vorteil: Mit der Ost-West-Ausrichtung **nutzt du sowohl die Morgen- als auch die Abendsonne optimal**. In den Mittagsstunden steht die Sonne so hoch, dass sie gleichermaßen auf die Ost-West-Module scheint und so ebenfalls Ertrag liefert. Du produzierst deinen Strom also über den Tag verteilt.

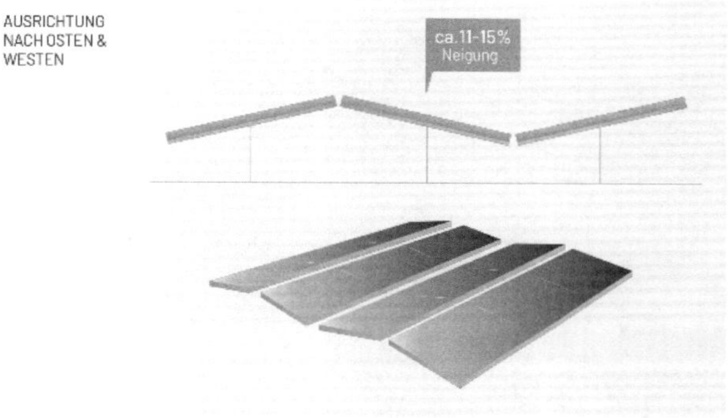

Ost-West-Ausrichtung Flachdachanlage

Abbildung 5.6: Bild und Text ergänzen sich sinnvoll. Die Grafik visualisiert den komplexen Sachverhalt, ohne dass der Text obsolet würde.

Die zweite Möglichkeit ist die Südausrichtung: Dadurch steigt der Ertrag zur Mittagszeit. Vor allem in den Wintermonaten kannst du so mehr Solarstrom erzeugen, denn im Osten und Westen steht die Sonne dann meist sehr tief. Außerdem erreichst du bei Südausrichtung die meisten Kilowattstunden pro Modul.

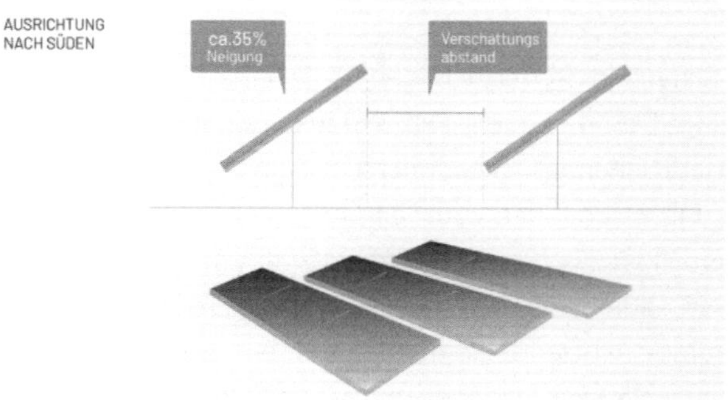

Südausrichtung Flachdachanlage

Abbildung 5.7: Pro Möglichkeit der Ausrichtung finden die Lesenden eine Grafik vor, damit Unterschiede sofort sichtbar werden.

Setze Multimedia nicht als Selbstzweck, sondern gezielt ein

Oft werden generische Bilder oder Fotos neben dem Text platziert, weil sie nun einmal »dazugehören«. Das mag einen atmosphärischen Wert haben und Textwüsten vermeiden, aber Multimedia kann noch viel mehr für deine Website tun.

Abbildung 5.8: Animiertes Demo-Video mit weiterführenden Info-Buttons von Buderus zur Funktion einer Wärmepumpe

Ein erklärendes Schaubild an der richtigen Stelle, eine Bildreihe, die einen Ablauf zeigt, oder eine interaktive Demo-Sequenz zum Produkt – all das erhöht nicht nur die Verständlichkeit, sondern lädt Seitenbesucher*innen dazu ein, das Thema abseits von bloßem Text kennenzulernen und Zeit mit den visuellen Elementen zu verbringen. Abbildung 5.8 und Abbildung 5.9 (Quelle: *www.buderus.de/de/waermepumpe/hybrid-waermepumpe*) zeigen ein Beispiel für eine aufwendige Demo-Sequenz auf der Buderus-Website zum Thema Hybrid-Wärmepumpe. Nutzende können in dem virtuellen Systemhaus interaktiv nachvollziehen, wie verschiedene Erzeuger und Verbraucher von regenerativer Energie zusammenarbeiten, welche Komponenten eingebunden sind und auf welchen Wegen sich Energie im Haus verteilt.

Derlei nahbare, spielerische Elemente wirken sich positiv auf die Verhaltenssignale aus: Sind Demos, Videos oder Bilder interessant und wertschöpfend genug, bleiben Besucher*innen länger auf der Seite, scrollen weiter und interagieren mehr.

*Abbildung 5.9: Die interaktive Demo von Buderus liefert Mehrwert und hält Besucher*innen länger auf der Seite.*

[+]

Tipp: Multimedia erzielt Reichweite jenseits der Website

Du kannst für deine Website produzierte Videos immer auch auf anderen Plattformen platzieren (v. a. YouTube, Instagram, TikTok, LinkedIn oder auch externe Quellen). Je nach Umgebung bieten sich entweder die Langform oder Shorts an. Verlinke immer in beide Richtungen zwischen solchen Social-Media-Plattformen und deiner Website. Deine Webseitenbesucher*innen nutzen dadurch mitunter die Gelegenheit, sich weiter auf deinem YouTube-Kanal umzuschauen, und wer sich ursprünglich auf LinkedIn aufhält, findet den Weg auf deine Website.

5.4.2 Optimierung von Snippets: Bleibt dein Schaufenster in den SERPs bestehen?

Ein Snippet (siehe Abbildung 5.10) ist dein Auftritt in den Suchergebnissen von Google und anderen herkömmlichen Suchmaschinen. Nutzende geben ihre Query in den Suchschlitz ein und sehen als Ergebnis eine Liste von Einträgen, die mehrere Zeilen umfasst: einen Title, darunter eine etwas längere Description und die verlinkte URL zur entsprechenden Webseite. Das vermittelt Menschen schon vor dem Klick einen Eindruck davon, worum es auf deiner Seite geht – und ob sich der Besuch lohnt. Dein Ziel beim Anfertigen eines Snippets ist klar: Verständnis schaffen und zum Klick motivieren.

Abbildung 5.10: Ein Snippet enthält Title und Description, Favicon, Markennamen und Breadcrumb-URL.

Wenn du Title und Description nicht setzt, generiert Google beides automatisch aus deinem Seiteninhalt – abhängig von der konkreten Suchanfrage.

Wie relevant bleiben deine Beschreibungen im KI-Kontext?

Etwa im September 2025 begann Google in den USA damit zu experimentieren, die klassischen Snippet-Descriptions auf seinen Suchergebnisseiten durch KI-generierte Zusammenfassungen zu ersetzen. Es tauchten zwei Varianten von KI-Snippet-Beschreibungen auf:

1. Google blendet eine zusätzliche KI-Snippet-Zusammenfassung der Seite unterhalb der herkömmlichen Description ein (siehe Abbildung 5.11). Sie informiert darüber, welche Art von Daten auf der jeweiligen Webseite zu finden sind.

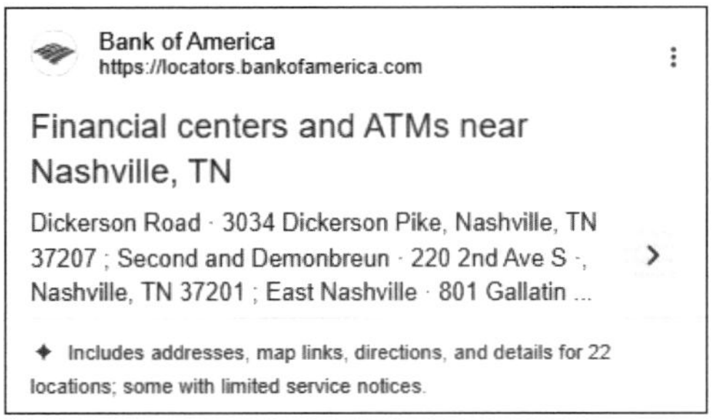

Abbildung 5.11: Diese Variante von KI-generierten Meta-Descriptions erscheint unterhalb der konventionellen Description.

2. Google ersetzt die herkömmliche Description komplett durch eine eigene KI-erstellte Fassung (siehe Abbildung 5.12). Sie fasst die Informationen auf der Webseite wie eine AI Overview zusammen.

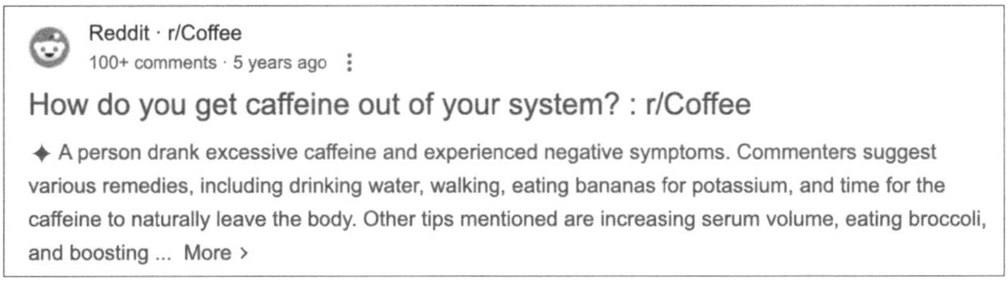

Abbildung 5.12: Eine zweite Variante von KI-Descriptions ersetzt die herkömmliche Description komplett.

Diese KI-Snippets tauchten in den »normalen« Google-Suchen auf, also nicht etwa nur im gesonderten AI Mode. Erkennbar sind KI-Snippets jeweils am vorangestellten Gemini-Logo oder »Sparkles«, wie das Zeichen in der Google-Terminologie heißt.

Das Vorgehen ähnelt der bereits seit Längerem bekannten Praxis, die von den Website-Anbietern vorgegebenen Meta-Descriptions gegebenenfalls zu »ignorieren« und durch eigene zu ersetzen. Google zieht die Inhalte direkt aus dem indexierten Seiten-Content und zitiert eine prägnante, intentorientierte Passage. Neu ist nun die explizite Nutzung von KI zum Generieren von andersartigen Descriptions. Teilweise sind diese sogar über einen »More«-Button erweiterbar, wodurch die KI-Snippets deutlich länger sein können als traditionelle.

Welche Ziele verfolgt Google mit eigenen KI-Descriptions?
Zum einen passt Google die Suchergebnisse mit dieser Maßnahme stärker an die vermutete Suchintention an. Descriptions wie in Abbildung 5.11 vermitteln zusätzliche Informationen über die jeweilige Webseite und zeigen auf, welche Art von Inhalten Nutzende erwarten können – Adressen, Location-Links und Service-Informationen etwa. Mit solchen Informationen können Menschen besser einschätzen, ob eine gefundene Webseite genau das in genau der Form bietet, was sie gerade brauchen. Die anbietereigene Description leistet das nicht.

In Abbildung 5.12 wiederum tauscht Google die webseiteneigene Description komplett aus. Damit bedient die Suchmaschine den Intent, dass eine Person akut Hilfe wegen einer Überdosierung von Koffein benötigt, und fasst die zielführenden Ratschläge des Reddit-Threads zusammen. Nutzende müssen also gar nicht erst durch die Diskussion scrollen, um die Hilfe zu finden, die sie – vermutlich – gerade brauchen. Diese eliminierte Notwendigkeit, von Google weg und zu einer anderen Website abzuwandern, stellt den größten Vorteil für Google (und größten Nachteil für Content-Anbieter) dar.

Welche Auswirkungen haben KI-Descriptions für Anbieter?
Anbieter verlieren noch mehr Kontrolle über die in den SERPs sichtbaren Texte. Descriptions sind ihre Schaufenster, in denen sie den Wert einer Webseite für Menschen bewerben, anteasern oder erklären. Sie enthalten die klickentscheidenden Informationen wie CTAs, USPs, Preise und Nutzenversprechen. Solche Anknüpfungspunkte mit ihren Zielgruppen werden seltener – zumindest, wenn Google wie in Abbildung 5.12 komplett eigene Descriptions ausspielt.

Sind eigene Meta-Descriptions in Zukunft überflüssig?
Ein Testlauf aus 2025 deutet an, dass Google deine Meta-Descriptions zunehmend als optionalen Hinweis versteht, nicht als verbindliche Zusammenfassung deines Seiteninhalts. Aus einer Untersuchung ergab sich, dass fehlende Meta-Descriptions sogar zu etwas mehr organischem Traffic führen (Quelle: *http://r-wrk.de/et9h9*).

Unsere Empfehlung lautet: Das manuelle Verfassen und Hinterlegen einer Meta-Description schadet nicht, wird dich aber wahrscheinlich in Zukunft weder in puncto GEO noch SEO deutlich voranbringen. Daher ist die Description – so sieht es zumindest momentan aus – eher ein Nice-to-have. Das gilt aber derzeit nicht für den Title – der bleibt weiterhin unerlässlich! Und natürlich ist auch das nur eine Momentaufnahme. Behalte die Entwicklungen im Auge.

5.4.3 Autor*innenschaft sichtbar machen und Markensignale stärken

Du hast jetzt schon öfter gelesen, dass die Autorität deiner Marke wichtig für GEO ist. Es gibt mehrere Wege, sie zu stärken. Einer davon besteht darin, die Autor*innen wichtiger Beiträge auf deiner Website zu nennen und als Expert*innen zu positionieren. Dieses Vorgehen entspricht auch dem bekannten E-E-A-T-Prinzip.

Du kannst auf vielfältige Weise sichtbar machen, wer hinter deinen Inhalten steht. Eine gut gestaltete Autor*innenbox hilft Seitenbesucher*innen, Kompetenz und Verantwortlichkeit auf einen Blick zu erkennen. Platziere sie am Anfang oder Ende des Artikels und nenne den vollständigen Namen, die Rolle oder Funktion, eine kurze Vita mit fachlichen Schwerpunkten sowie Links zu verifizierbaren Profilen wie LinkedIn oder ResearchGate. Optimalerweise verfügen alle wichtigen Involvierten außerdem über eigene Profilseiten. Diese enthalten eine prägnante Biografie, relevante Qualifikationen und Zertifikate, eine Themenliste (»Schwerpunkte: Photovoltaik, Ladeinfrastruktur«), ausgewählte Referenzen und Publikationen sowie ein konsistentes Foto. Verlinke von jedem Artikel auf diese Profilseite und umgekehrt auf die wichtigsten Beiträge.

So entsteht ein vertrauenswürdiges Bild: echte Person, echte Expertise, nachvollziehbarer Hintergrund, wie die Beispiele von Finanztip in Abbildung 5.13 und Abbildung 5.14 zeigen.

Abbildung 5.13: Name der Autorin, Expertise und Datum auf der Artikelseite (Quelle: www.finanztip.de/indexfonds-etf/was-sind-etfs/)

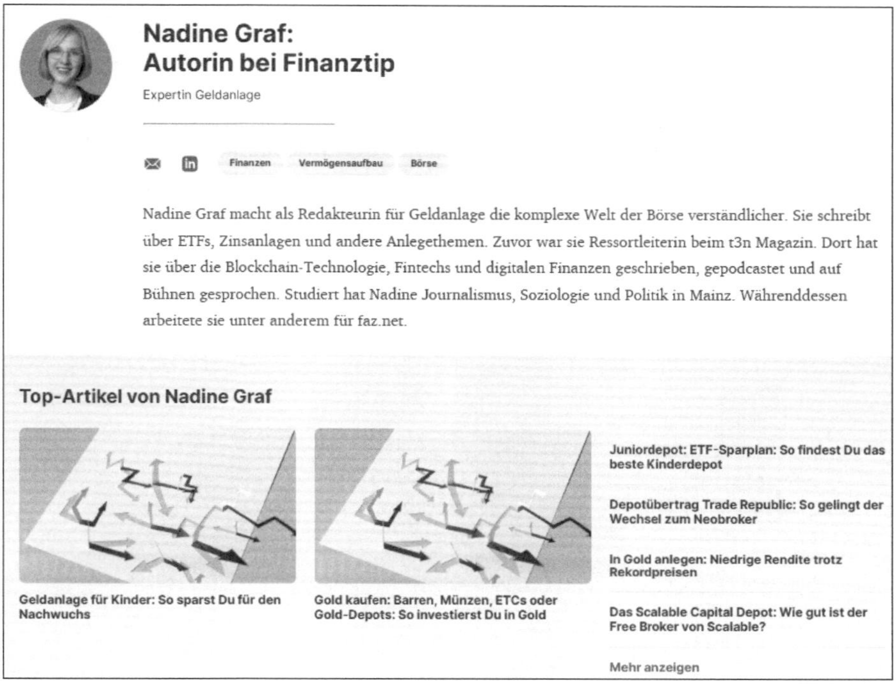

Abbildung 5.14: Profilseite der Autorin mit Vita, Artikeln sowie Kontaktmöglichkeiten (Quelle: www.finanztip.de/autor/nadine-graf/)

Sofern dein Themenkosmos komplex und Vertrauen in die Informationen entscheidend ist, solltest du auch alle weiteren relevanten Verantwortlichkeiten explizit darstellen: Wer hat den Text fachlich geprüft, welche externen Expert*innen waren beteiligt usw.? Ein Hinweis wie »Fachlich geprüft von Dr.-Ing. Maxine Musterfrau, Elektrotechnik« schafft bei beratungsintensiven oder sicherheitsrelevanten Themen das nötige Vertrauen. Im Idealfall formulierst du diese Prüffunktion einheitlich und platzierst sie in der Nähe der Autor*innenbox. Damit machst du sichtbar, dass Qualitätskontrolle Teil deines Redaktionsprozesses ist, und hilfst Menschen sowie Maschinen, die Glaubwürdigkeit deiner Inhalte einzuschätzen.

Seriosität und Transparenz (sowie die entscheidende Aktualität deines Contents, siehe Abschnitt 5.3) beweist es außerdem, wenn du deutlich zeigst, wann ein Text veröffentlicht und zuletzt aktualisiert wurde.

All diese Maßnahmen rundest du mit einer aussagekräftigen »Über uns«-Seite ab. Stelle dein Team vor, erkläre deine Mission und was dein Qualitätsversprechen konkret bedeutet. Lege redaktionelle Leitlinien offen: Wie recherchiert ihr, wie prüft ihr Fakten, wie geht ihr mit Korrekturen um? Diese Transparenz baut Vertrauen auf – gerade bei Ratgeberinhalten – und gibt Menschen wie KI-Systemen klare Anhaltspunkte dafür, wer ihr seid, wofür ihr steht und wie ihr arbeitet.

5.5 Markenpräsenz konsistent aufbauen: deine Identität klar machen

Wenn du eine Marke als wiedererkennbare Entität etablieren möchtest, dann musst du dafür sorgen, dass sie überall gleich aussieht und sich gleich »anfühlt«. In der Praxis heißt das: klare Semantik, eindeutige Kernbotschaft, konsistente Begriffe und Themen – und konsequente Wiederholung über alle Kanäle, nicht nur deine eigenen. So schaffst du Vertrauen und erkennbare Relevanz und verbesserst zugleich die Auffindbarkeit in Suchmaschinen und generativen Antworten der KI. Abbildung 5.15 fasst zusammen, worauf es ankommt.

Abbildung 5.15: Um deine Marke überall einheitlich zu präsentieren, brauchst du eine semantisch eindeutige Bestimmung und eine Kernbotschaft.

Semantische Klarheit bedeutet, dass eindeutig ist, wofür deine Marke steht und welches Bedürfnis sie erfüllt. Nutzende und Maschinen (Suchmaschinen, KI-Systeme) ordnen deine Marke darüber in ihrem mentalen bzw. algorithmischen Modell ein. Je klarer die Bedeutung, desto leichter wirst du gefunden, verstanden und erinnert. Definiere das zentrale Bedürfnis: »Für welches Problem bin ich die verlässliche Lösung?«

Eine starke Marke verdichtet ihren Nutzen in einer *Kernbotschaft*. Diese Botschaft ist dein Leitstern für Inhalte, Kampagnen und Produktkommunikation. Sie sorgt dafür, dass du nicht mit wechselnden Claims dein Profil verwässerst.

- Formuliere eine prägnante, merkfähige Kernbotschaft mit klarem Nutzenversprechen.
- Verwende dieselbe Aussage über alle Touchpoints – das gilt für deine eigene Website, Social Media, Newsletter, Präsentationen, im Sales- und im Support-Bereich, in Bran-

chenverzeichnissen, aber auch dort, wo andere über dich berichten, etwa im Rahmen von Off-Page-Maßnahmen (siehe Kapitel 7).

- Wiederhole die Botschaft konsequent. Konsistenz entsteht durch Frequenz und Gleichförmigkeit, nicht durch Abwechslung.
- Halte Schreibweisen strikt ein: Markennamen, Produktnamen, Begriffe und Abkürzungen müssen überall identisch und korrekt sein. Einheitliche Groß-/Kleinschreibung und Satzzeichen gehören dazu.

Pflege dein Google-Unternehmensprofil

Beginne mit deinem Google-Unternehmensprofil (früher Google My Business): Pflege Name, Kategorie und eine klare Beschreibung ein, ergänze Öffnungszeiten und hochwertige Bilder, und beantworte Bewertungen zeitnah (und selbstverständlich sachlich). Dieses Profil ist oft der erste Kontaktpunkt bei Brand-Suchen. Je vollständiger und aktueller es ist, desto vertrauenswürdiger wirkst du.

Verankere deinen »Look and Feel« in der Öffentlichkeit

Um deine Markenführung einheitlich zu halten, nutzt du ein konsistentes Logo und Favicon, arbeitest mit einem festen Kurznamen, einer festgelegten Tonalität sowie einem prägnanten Claim bzw. einer Kernbotschaft, wie zuvor beschrieben. Diese visuellen und sprachlichen Elemente sollten sich stets auf deiner Website, in Social Media, in PDFs und Präsentationen, Branchenverzeichnissen, Bewertungsplattformen etc. wiederfinden. Konsistenz erleichtert Menschen die Wiedererkennung und macht es Suchsystemen leichter, alle Signale einer Marke korrekt zusammenzuführen.

Zeige, wo du überall zu finden bist

Verlinke deine offiziellen Profile sichtbar und sauber. Dazu zählen etwa LinkedIn, Twitter/X, YouTube und so weiter. Platziere diese Links auf der Website im Header bzw. Footer und verzeichne sie zusätzlich in strukturierten Daten über *sameAs*. So hilfst du Maschinen, deine Präsenz über Plattformen hinweg als einheitliche Entität zu erkennen, und gibst Nutzenden schnelle Wege, mehr über dich zu erfahren.

5.6 Inhalte richtig einbetten – Kontext ist King

Hast du deinen Textcontent erst einmal konzipiert, strukturiert und niedergeschrieben, fehlt nur noch die Einbettung des Ganzen auf der Website. Das klingt zunächst banal, aber du hast eine nahezu unendliche Menge an Möglichkeiten, deinen Text auf einer konkreten Seite zu präsentieren. Jede einzelne davon erzeugt eine andere Wirkung; die Einbettung deines Textes kann so unpassend gewählt sein, dass deine Besucher*innen frustriert abspringen. Sie kann aber auch so geschickt durchdacht sein, dass dein Text eine Überzeugungskraft erhält, die über das bloße Wort hinausgeht. Nicht zuletzt bestimmt die Einbettung deines Contents darüber, wie gut LLMs ihn auslesen und weiterverwerten können – die Grundlage für deine Sichtbarkeit in KI-Systemen.

5.6.1 Wie entscheidest du über die »richtige« Einbettung deines Textcontents?

Stelle dir diese grundlegenden Fragen:

1. Was ist der *Zweck* der jeweiligen Seite? Handelt es sich beispielsweise um eine Produkt- oder Ratgeberseite?
2. Damit einhergehend: Welches *Hauptkeyword* bzw. welche wichtigen *Prompts* gibt es für den jeweiligen Text? Deuten diese auf eine rein informationale Suchintention oder eine transaktionale Absicht hin?
3. In welchem *Bereich* deiner Website befinden sich Besucher*innen hier – etwa auf der Homepage oder einer tief verzweigten Unterseite?
4. Was sollen Menschen hier *machen* – Wissen erlangen, einen Anmeldebutton klicken (Leads generieren), etwas kaufen (Sales)?

[zB]

Zwei einfache Beispiele: Produkt- und Ratgeberseite

- **Produktseite und Teil deines Online-Shops**: Das Hauptkeyword zur Seite ist »xxl herren hemden kaufen«; ein wichtiger Prompt könnte dementsprechend lauten: »Ich suche Herrenhemden in Übergröße. Welches sind die besten Anbieter mit Online-Shop?« Besucher*innen wollen hier vor allem verschiedene Hemdenmodelle betrachten und optional auch etwas Kaufberatung dazu erhalten. Die Seite zielt darauf ab, dass Menschen die Produkte in deinem Sortiment bestellen. Wohin nun mit dem optimierten Content? Um nicht vom Wesentlichen abzulenken, bietet es sich an, den Text erst unterhalb von allen Produktbildern zu platzieren, je nach Länge des Textes ggf. auch in einer Sidebar.
- **Umfassender Ratgeber**: Die Query ist »Darf ich eine private Wallbox öffentlich anbieten?«. Menschen wollen hier alle Informationen über die Vor- und Nachteile, die Kosten sowie die (steuer-)rechtlichen Implikationen einer öffentlich angebotenen Wallbox erfahren. Diese Webseite ist Teil eines größeren Ratgeberbereiches auf deiner Webpräsenz. Darüber hinaus ist es möglich, über deine Website Wallboxen zu erwerben und installieren zu lassen. Im Fokus jedes Ratgebers steht der informationale Textcontent: Die Lesenden sind (noch) nicht bereit, eine Wallbox zu kaufen, sondern sie suchen zunächst nur Information, Abwägung und Absicherung. Allzu aufdringliche Produktbilder und vorangestellte Calls-to-Action (CTA) stehen diesem informationalen Bedürfnis entgegen. Darum nehmen der Text- sowie ggf. der Bild- und Video-Content den sogenannten Body der Webseite ein, also den zentralen Hauptteil zwischen Header- und Footerbereich.

5.6.2 Texte sind individuell - Webseiten sollten es darum auch sein

Richte die Anordnung deiner Seitenelemente - Text, Bilder, Videos, CTAs - immer am Zweck der Seite und den Erwartungen deiner Zielgruppe aus. Nutzende wie Maschinen honorieren Seiten, deren Aufbau sichtbar auf den Inhalt und die Suchintention zugeschnitten ist. Das wirkt sich direkt auf Signale wie die Verweildauer und Absprungrate aus: Wer sich abgeholt fühlt, bleibt länger und klickt häufiger.

Heißt konkret: Platziere deinen Content nicht auf allen Seitentypen nach dem identischen Schema. Entscheide situativ, wo ein Text den größten Mehrwert bietet - oder auch anderen Elementen den Vortritt lassen sollte. Kombiniere deinen Textcontent gezielt mit unterstützenden Elementen wie erklärenden Bildern, kurzen Videos oder dezenten Conversion-Elementen. So entsteht eine Seite, die sowohl informiert als auch führt - ohne zu überladen und immer im Einklang mit der jeweiligen Suchintention.

Wie verschiedenartig eine intentorientierte Aufbereitung des Contents aussehen kann, demonstrieren die Beispiele des Möbelhauses XXXLutz. Abbildung 5.16 stellt klar die Content-Prioritäten auf einer Produktseite dar: Menschen möchten Transaktionen tätigen, dementsprechend nehmen Produktbilder und kurze Beschreibungen den oberen Bereich des Bildschirms ein.

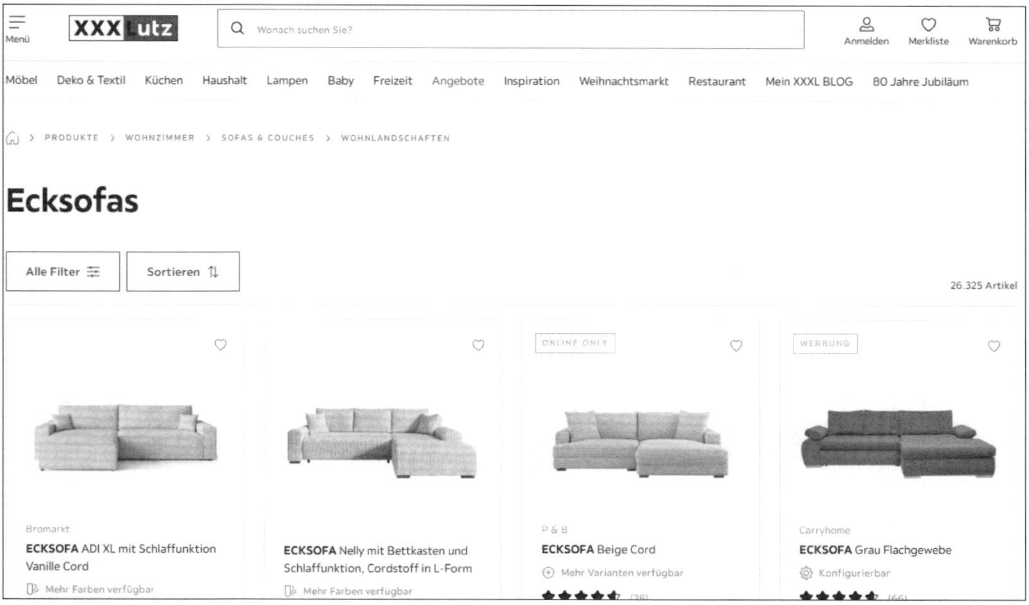

Abbildung 5.16: Produktseite von XXXLutz (Quelle: www.xxxlutz.de/ecksofas-C1C1C4C1)

Erst am Seitenende, nach vielen Dutzend Produktbildern, folgt ein Text zur entsprechenden Produktkategorie, wie in Abbildung 5.17 zu erkennen.

Ecksofas – die cleveren Mehrsitzer

Ob für eine angeregte Unterhaltung in geselliger Runde oder für entspanntes Schmökern im Lieblingsbuch – auf einem Ecksofa ist immer genügend Platz. Es nutzt den vorhandenen Raum hervorragend aus, und viele Modelle verfügen sogar über eine Schlaffunktion. Was Ecksofas sonst noch so können, erfahren Sie hier!

Inhaltsverzeichnis

1. Welche Vorteile hat ein Ecksofa?
2. Wie groß sind Ecksofas?
3. Ecksofas in ansprechenden Designs
4. Aus welchem Material soll der Bezug bestehen?
5. Wie ist eine Eckcouch gepolstert?
6. Ecksofas richtig im Raum platzieren
7. Traum-Eckcouch günstig kaufen bei XXXLutz

Welche Vorteile hat ein Ecksofa?

Die Sitzfläche einer Eckcouch wird auf der linken oder der rechten Seite durch eine Ottomane erweitert, wodurch sich aus zwei Schenkeln ein **Ecksofa in L-Form** ergibt. Dank der großen Sitz- beziehungsweise Liegefläche können Sie sich während eines gemütlichen Fernsehabends mit mehreren Personen ausstrecken. Kein Wunder also, dass ein solches Möbel in vielen Wohnzimmern als Must-have auftritt. Kommen die liebsten Freunde zu Besuch, soll's schließlich für alle bequem sein. Begleitet ein Hocker das Ecksofa, steht sogar eine Beinablage bereit. Zudem hält damit eine flexible Sitzgelegenheit Einzug: So können sich die Anwesenden gegenübersitzen, ohne dass ein weiterer Stuhl oder Sessel dazugestellt werden muss.

Abbildung 5.17: Text zur entsprechenden Produktkategorie am Seitenende (Quelle: www.xxxlutz.de/ecksofas-C1C1C4C1)

Im Gegensatz dazu herrscht im Blogbereich von XXXLutz, wo es gleichermaßen um Beratung wie Visualität geht, ein ausgewogenes Verhältnis zwischen Text und Bild – das siehst du in Abbildung 5.18.

Die Psychologie der Farben

Farben haben in der Psychologie seit jeher eine große Bedeutung. Die moderne Farbpsychologie beschäftigt sich mit den Auswirkungen von Farben auf die Stimmung und das Verhalten von Menschen. Farben wirken auf das Unterbewusstsein und können so auch Entscheidungen beeinflussen. Von der Wandgestaltung über die Möbelauswahl bis zur **Dekoration** lässt sich die Atmosphäre daheim durch Farben beeinflussen.

Farbpsychologie: Welche Farbe steht wofür?

Doch welche Farbe hat welche psychologische Wirkung? Die Antwort auf diese Frage ist ein wichtiges Entscheidungskriterium bei der Gestaltung von Wänden sowie bei der Auswahl von Möbeln und Accessoires.

Blau in der Farbpsychologie: Kraft und Ruhe

Blau steht für Konzentration, Frische und Vertrauen. Die Farbe hat eine beruhigende Wirkung, wodurch Stress reduziert und das Einschlafen oder das konzentrierte Arbeiten erleichtert werden können. Deshalb eignet sich die Farbe besonders für das Arbeitszimmer oder den Schlafbereich.

Farbpsychologie: Grün für Ausgleich und Erholung

Die Farbe Grün wird stets mit der Natur assoziiert und unterstützt das Zur-Ruhe-Kommen und die Regeneration. Zu Hause wird Grün daher häufig im Wohnzimmer oder Bad verwendet, um den Charakter als persönliche Wellnessoase zu unterstreichen.

Abbildung 5.18: Blogbereich von XXXLutz (Quelle: www.xxxlutz.de/c/farbpsychologie-im-wohnraum-blog)

Kapitel 6
Technik als Basisoptimierung: Was auf deiner Seite passieren muss

Damit eine KI deine Inhalte als relevante Quelle nutzen kann, muss sie diese erst finden und verstehen – doch was sind die technischen Voraussetzungen dafür?

Die technische Optimierung deiner Website ist eine der Grundlagen für die Generative Engine Optimization. KI-Systeme nutzen nur dann Inhalte als Quelle für ihre Antworten, wenn sie diese crawlen, in ihrer Relevanz bewerten und kontextuell verstehen können. Dafür muss die Technik stimmen.

Zuerst geht es um das Thema *Crawling* für die grundlegende Auffindbarkeit. Du lernst, wie du den Zugriff für Crawler über die *robots.txt* steuerst und die Auffindbarkeit durch Sitemaps sicherstellst. Außerdem erfährst du, warum die Auslieferung des initialen HTML-Codes ohne JavaScript-Abhängigkeiten für die Analyse durch KI-Systeme wichtig ist.

Im zweiten Schritt geht es um die *Discovery*. Hier liest du, wie eine logische Seitenstruktur und interne Verlinkung die Hierarchie und Relevanz deiner Inhalte für Maschinen verdeutlichen. Zudem geht es um die indirekte Rolle von User Signals, deren Analyse dir helfen kann, die Inhaltsqualität zu bewerten.

Abschließend lernst du, wie du die *Sprache der Maschinen* sprichst. Der Fokus liegt auf dem Einsatz von semantischem HTML und strukturierten Daten (Schema.org), um Inhalten eine eindeutige, maschinenlesbare Bedeutung zu geben. Die Umsetzung der hier beschriebenen Maßnahmen bildet die technische Grundlage, damit KI-Systeme deine Inhalte finden, verstehen und als relevante Quelle für generative Antworten nutzen können.

Hinweis: Überschneidungen von GEO und SEO

Ähnlich wie in Kapitel 5 tauchen auch in diesem Kapitel häufiger die Begriffe »SEO« und »Suchmaschine« auf. Bei der technischen Optimierung gibt es nämlich ebenfalls zahlreiche Überschneidungen von SEO und GEO – beide Disziplinen arbeiten mit den gleichen Mitteln: URLs und Webseiten. Beim Content stellt der Text die Überschneidung dar, bei der Technik sind es die URLs und die technischen Webseiteneinstellungen.

6.1 Crawling ermöglichen – so machst du Inhalte auffindbar

Die technischen Prinzipien des Crawlings sind dir vielleicht schon aus der SEO vertraut. Doch welche Relevanz haben sie in der Ära der generativen KI, und warum bilden sie das unumgängliche Fundament für eine erfolgreiche GEO-Strategie? Die Antwort liegt in der dualen Natur der Informationsbeschaffung von KI-Systemen. Um in den Antworten von Sprachmodellen überhaupt als Quelle in Frage zu kommen, müssen deine Webinhalte für Maschinen zugänglich und interpretierbar sein – und das aus zwei entscheidenden Perspektiven:

- **Direkte Datenerfassung durch KI-Crawler**: Spezialisierte Bots wie der GPTBot von OpenAI oder Google-Extended crawlen das Web gezielt, um Daten für das Training und die Live-Antwortgenerierung von Sprachmodellen zu sammeln. Die technische Komplexität dieser Crawler variiert zwar (was oft die unterschiedliche Marktreife der Dienste widerspiegelt), ihr fundamentales Ziel der Informationsbeschaffung bleibt jedoch gleich.
- **Indirekter Zugriff über Suchmaschinenindizes**: Für aktuelle, dynamische oder wissensintensive Anfragen greifen einige KI-Systeme aktiv auf die etablierten und aktuellen Indizes von Suchmaschinen wie Google zurück. Eine KI-generierte Antwort wird dann in Echtzeit durch Informationen aus diesen Indizes angereichert. Deine Sichtbarkeit in der KI-Antwort hängt somit direkt von deiner Sichtbarkeit im Suchmaschinenindex ab.

Das bedeutet: Ohne eine solide technische SEO-Basis, die eine saubere Indexierung in Google sicherstellt, entgeht dir ein wesentlicher Hebel für die Generative Engine Optimization. Deine Inhalte finden für KI-Anfragen, die auf den Suchmaschinenindex zugreifen, schlicht keine Berücksichtigung.

[»]

Hinweis: Die Grenzen zwischen den Bots verschwimmen

Die Crawler lassen sich nicht immer klar trennen. Der reguläre Googlebot sammelt ebenfalls Daten, die in die KI-Systeme von Google einfließen. Eine strikte Trennung zwischen der Optimierung für die Suche und der Optimierung für die KI ist im Google-Ökosystem daher weder möglich noch zielführend.

Es wäre jedoch eine Verkürzung, GEO auf die reine Anwendung von SEO-Regeln zu reduzieren. Die Anforderungen an die Maschinenlesbarkeit sind für die Verarbeitung durch KI-Systeme nochmals höher und erfordern spezifische Anpassungen, die über die klassische SEO hinausgehen.

Jetzt lernst du die entscheidenden technischen Hebel kennen, mit denen du deine Website so optimierst, dass beide Systeme – klassische Suchmaschinen und moderne KI-Crawler – sie optimal erfassen und verstehen können.

6.1.1 Steuere den Zugriff mit der »robots.txt«

Die *robots.txt*-Datei ist eine einfache Textdatei auf dem Server, aber sie hat eine große Wirkung. Sie ist die erste Anlaufstelle für jeden Bot und gibt klare Anweisungen, welche Bereiche einer Website gecrawlt werden dürfen und welche nicht. Ein falscher Eintrag kann versehentlich die gesamte Site für Google und KI-Systeme sperren. Daher solltest du dir vorab genau überlegen und sauber definieren, wer was crawlen darf.

- **Grundsatzentscheidung treffen**: Möchtest du bestimmte KI-Bots grundsätzlich vom Crawling ausschließen? Für die meisten Websites empfiehlt es sich, den Zugriff zu erlauben, um in zukünftigen KI-Anwendungen und den KI-Funktionen der Suchmaschinen sichtbar zu sein. Ein Ausschluss kann sinnvoll sein, wenn du z. B. als Publisher deine Inhalte exklusiv lizenzieren möchtest.
- **Listen erarbeiten**: Definiere, welche Bots du gezielt ansprechen möchtest. Nicht alle Bots sind gleich. Man unterscheidet z. B. zwischen Crawlern für die KI-Suche und KI-Assistenten (wie Google), allgemeinen LLM-Crawlern (wie von OpenAI) und spezialisierten KI-Agenten. Wie du dabei vorgehen kannst, liest du hier: *www.claneo.com/de/blog/ki-crawler-blockieren-oder-zulassen*.
- **Individuell entscheiden**: Deine Entscheidung hängt stark von deinem Geschäftsmodell und der Art deiner Inhalte ab. Ein Blog hat andere Anforderungen als ein Online-Shop mit sensiblen Daten von Kund*innen im Log-in-Bereich.

Ein typischer Ansatz könnte sein, den meisten Crawlern den Zugriff zu erlauben, aber bestimmte Bereiche wie das Backend, private Profile oder interne Suchergebnisseiten auszuschließen.

Hier ist ein Praxisbeispiel für eine *robots.txt*, die den ChatGPT-User aussperrt:

```
# Erlaube allen Bots den Zugriff auf die meisten Inhalte
User-agent: *
Disallow: /admin/
Disallow: /warenkorb/
Disallow: /suche/

# Sperre einen bestimmten Bot komplett aus
User-agent: ChatGPT-User
Disallow: /
```

Falls du ein CDN (Content Delivery Network) nutzt, dann richte es so ein, dass KI-Bots auch auf deine dort gehosteten Inhalte zugreifen können.

[!]

Achtung: Überlege dir gut, ob du Bots blockierst oder nicht

Das Blockieren von KI-spezifischen Bots kann deine Sichtbarkeit in zukünftigen generativen Anwendungen einschränken. Stelle sicher, dass du keine wichtigen Inhaltsbereiche unbeabsichtigt blockierst.

6.1.2 Prüfe deine Firewall-Einstellungen

Neben der *robots.txt* gibt es einen zweiten, oft übersehenen Mechanismus, der den Zugang von KI-Bots zu deiner Website regelt: die Firewall deines Servers. Hier kann es zu unbeabsichtigten Blockaden kommen, die verhindern, dass KI-Systeme deine Inhalte lesen und verarbeiten.

In der Praxis passiert das häufiger, als man denkt. Ein Beispiel: Deine IT-Abteilung hat vor Monaten eine Regel erstellt, um einen aggressiven Bot abzuwehren, der den Server überlastet hat. Gut möglich, dass die KI-Bots von heute versehentlich unter dieselbe Regel fallen und die Firewall sie blockiert, weil diese sie als »unbekannten« oder »zu aktiven« Traffic einstuft. Ein Klassiker ist auch die Einstellung »Bot Fight Mode« bei weitverbreiteten CDNs wie Cloudflare. Ist hier der Schalter umgelegt (eine Einstellung, die du in der Regel unter **Sicherheit • Bots** findest, siehe Abbildung 6.1), blockiert die Firewall bekannte KI-Crawler pauschal, ohne dass du es merkst.

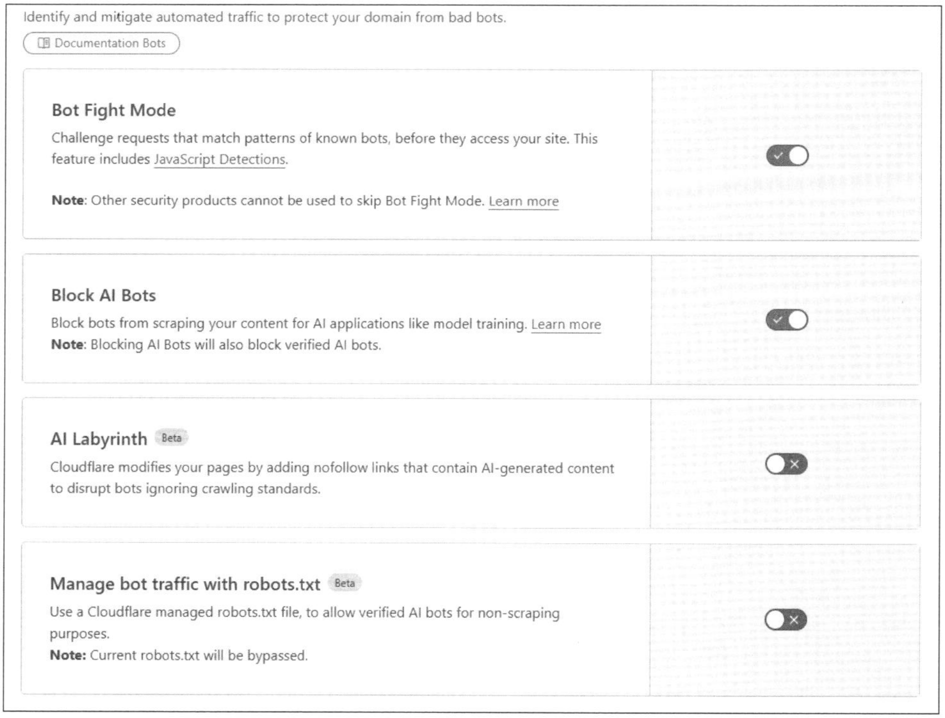

Abbildung 6.1: Bot-Sicherheitseinstellungen bei Cloudflare

Umgekehrt gilt: Wenn du dich bewusst dafür entscheidest, deine Inhalte (noch) nicht für KI-Modelle freizugeben – eine Strategie, die einige große Publisher verfolgen –, ist die Firewall der richtige Ort, um dies technisch sauber umzusetzen. In diesem Fall möchtest du sicherstellen, dass die Blockade auch wirklich greift.

So findest du heraus, was bei dir gilt

Um Klarheit zu schaffen, ob KI-Bots auf deine Domain zugreifen können, gehst du am besten schrittweise vor. Der schnellste Weg führt über ein externes Tool. Mit dem AI Bot Analyzer etwa (*https://maxbraglia.com/ai-bot-analyzer*) kannst du prüfen, ob gängige KI-Bots auf deine Domain zugreifen können. Das Tool simuliert eine Anfrage von bekannten Crawlern und zeigt dir das Ergebnis übersichtlich an. Wenn du KI-Bots zulassen willst, siehst du im Idealfall ein Resultat wie in Abbildung 6.2, wo alle relevanten KI-Bots grünes Licht bekommen.

Analysis Results

AI BOT	STATUS	HTTP	ROBOTS.TXT	ROBOTS META	RESPONSE TIME
OAI-SearchBot OpenAI	Allowed	200	✓	index,follow	1.63s
ChatGPT-User OpenAI	Allowed	200	✓	index,follow	1.2s
GPTBot OpenAI	Allowed	200	✓	index,follow	0.9s
ClaudeBot Anthropic	Allowed	200	✓	index,follow	1.55s
Claude-User Anthropic	Allowed	200	✓	index,follow	1.05s
PerplexityBot Perplexity	Allowed	200	✓	index,follow	0.82s
Perplexity-User Perplexity	Allowed	200	✓	index,follow	1.54s

Tested URL: **https://www.jh-profishop.de/** Test Another URL

Abbildung 6.2: Testergebnis: Zugriff für KI-Bots ist erlaubt

Willst du hingegen alle KI-Bots aussperren, dann sollte dein Ergebnis so aussehen wie das Beispiel der New York Times in Abbildung 6.3, bei der das Tool eine vollständige Blockade der KI-Bots aufzeigt.

Hinweis: Tools ohne Garantie

Tools wie das zuvor beschriebene sind ein guter erster Indikator, aber keine Garantie. Wenn eine Firewall sehr restriktiv ist, kommt möglicherweise auch das Prüf-Tool nicht »vorbei«. Erhältst du keine eindeutigen Ergebnisse oder bist dir unsicher, gehe den nächsten Schritt: Bitte dein IT-Team, die Server-Logfiles zu prüfen. Dort ist schwarz auf weiß ersichtlich, ob die Bots von OpenAI, Google und Co. deine Seiten besuchen oder an der Firewall scheitern.

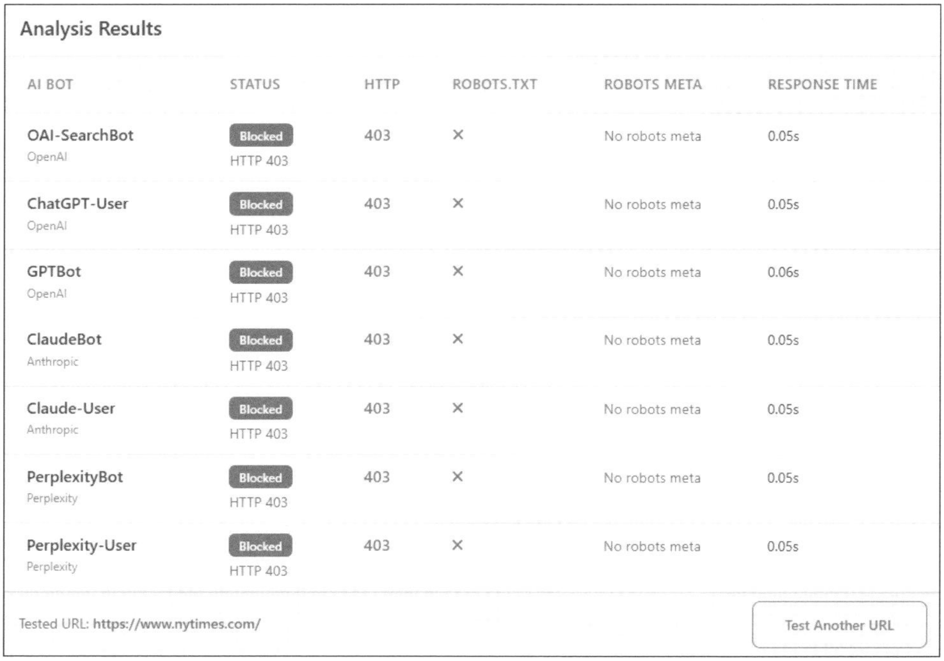

Analysis Results

AI BOT	STATUS	HTTP	ROBOTS.TXT	ROBOTS META	RESPONSE TIME
OAI-SearchBot OpenAI	Blocked HTTP 403	403	×	No robots meta	0.05s
ChatGPT-User OpenAI	Blocked HTTP 403	403	×	No robots meta	0.05s
GPTBot OpenAI	Blocked HTTP 403	403	×	No robots meta	0.06s
ClaudeBot Anthropic	Blocked HTTP 403	403	×	No robots meta	0.05s
Claude-User Anthropic	Blocked HTTP 403	403	×	No robots meta	0.05s
PerplexityBot Perplexity	Blocked HTTP 403	403	×	No robots meta	0.05s
Perplexity-User Perplexity	Blocked HTTP 403	403	×	No robots meta	0.05s

Tested URL: **https://www.nytimes.com/**

Test Another URL

Abbildung 6.3: Testergebnis: Zugriff für KI-Bots ist verboten

Wenn du selbst Zugriff auf die Konfiguration des Servers oder eines Content Delivery Networks (CDN) hast, kannst du direkt nachsehen. Überprüfe die allgemeinen Firewall-Regeln und suche gezielt nach blockierten IP-Adressen oder User-Agents. Die offiziellen IP-Adressbereiche der großen KI-Crawler werden von Anbietern wie OpenAI und Google transparent veröffentlicht. Ein Abgleich dieser Listen mit deiner Sperrliste schafft Klarheit.

6.1.3 Exkurs: Was ist mit der »llms.txt«?

Die rasante Entwicklung von KI-Systemen wirft eine zentrale Frage für Website-Betreiber*innen auf: Wie lässt sich steuern, welche Inhalte KI-Crawler für das Training von Sprachmodellen nutzen dürfen?

In der GEO- und SEO-Community ist in diesem Zusammenhang immer wieder die *llms.txt* (*https://llmstxt.org*) Gegenstand von Diskussionen. Die Idee dahinter ist, einen Standard ähnlich der *robots.txt* zu schaffen, um die Nutzung von Inhalten durch KI-Systeme zu steuern. Allerdings handelt es sich bei der *llms.txt* bisher nur um einen experimentellen Vorschlag und keinen etablierten Standard. Weder große KI-Anbieter wie OpenAI, Google und Anthropic noch neuere Systeme wie Perplexity haben eine offizielle Unterstützung zugesagt.

Googles John Mueller stellte im Juni 2025 klar, dass derzeit kein KI-System die *llms.txt* verwendet (Quelle: *www.seroundtable.com/google-ai-llms-txt-39607.html*). Es bleibt somit ein gut gemeintes Experiment ohne nachweisbare Wirkung. Anstatt also solche Ansätze zu verfolgen, konzentriere dich besser auf die bewährte und weithin unterstützte *robots.txt*, um den Zugriff von Crawlern zu steuern. Darüber hinaus solltest du deine Inhalte so strukturieren, dass sie leicht zu crawlen sind, z. B. durch Sitemaps und interne Verlinkung.

6.1.4 Die größte Hürde für KI: JavaScript-Rendering

Der aktuell größte technische Unterschied zwischen traditionellen Suchmaschinen wie Google und reinen LLM-Crawlern ist die Fähigkeit, JavaScript auszuführen.

Während Google eine Webseite fast so rendert, wie ein Mensch sie im Browser sieht (das »Rendered HTML«), analysieren die KI-Systeme aktuell aus Effizienzgründen normalerweise nur den ursprünglichen Quellcode (das »initiale Response-HTML«). Das ist der Code, den der Server direkt ausliefert. Inhalte, die erst durch JavaScript im Browser (clientseitig) nachladen oder sich verändern – wie Produktbeschreibungen, Kommentare oder ganze Inhaltsblöcke –, bleiben für diese KI-Systeme unsichtbar. Aktuell rendert keiner der großen KI-Crawler wie GPTBot oder Claude JavaScript, auch wenn sie teilweise JavaScript-Dateien aufrufen. Zwar können Googles KI-Systeme indirekt auf gerenderte Informationen aus dem Google-Index zugreifen, darauf solltest du dich aber nicht verlassen, wenn du in KI-Systemen sichtbar sein willst.

JavaScript ist die treibende Kraft hinter modernen, interaktiven Webseiten und aus der heutigen Webentwicklung nicht mehr wegzudenken. Aus reiner GEO-Perspektive wäre eine vollständig serverseitig gerenderte Seite zwar der Idealzustand, bei dem der gesamte Inhalt vor der Auslieferung fertig aufbereitet wird. In der Praxis ist dieser Ansatz jedoch oft mit hohem Aufwand verbunden und nicht für jedes Projekt realisierbar.

Das bedeutet jedoch nicht, dass du auf clientseitiges JavaScript verzichten musst. Die entscheidende Regel für GEO (und SEO) lautet: Stelle sicher, dass alle Inhalte, die für das Crawling, die Indexierung und das Ranking kritisch sind, bereits im initialen, ungerenderten HTML-Code enthalten sind. Dazu gehören grundlegende Elemente wie der Seitentitel, die Meta-Description, der Haupttext, interne Verlinkungen, Bild-URLs sowie wichtige Indexierungsanweisungen.

Entsprechend solltest du folgende Empfehlungen beachten:

- **Lade kritische Inhalte immer im initialen HTML**. Alle Texte, Bilder und Links, die für das Verständnis deiner Seite essenziell sind, müssen ohne die Ausführung von JavaScript im Quellcode stehen. Das bedeutet, dass beispielsweise Bilder nicht von einem JavaScript aus abgerufen werden, sondern bereits als `<img>`-Tag direkt im HTML hinterlegt sind.
- **Verändere kritische Inhalte nicht nachträglich per JavaScript**. Steht eine wichtige Information bereits im HTML, stelle sicher, dass sie nicht durch ein Skript entfernt oder durch eine andere, weniger relevante Information ersetzt wird. Wenn du beispielsweise interne Links durch JavaScript »manipulierst«, kann das negative Folgen für dein Ranking in den organischen Suchergebnissen haben.

Wenn du das beachtest, sind deine Inhalte für Suchmaschinen- und KI-Crawler gut lesbar.

So findest du heraus, was deine Webseiten clientseitig rendern

Wenn du nicht weißt, welche Inhalte deine Seiten clientseitig rendern, kannst du das mit verschiedenen Tools prüfen. Gängige Crawling-Tools wie Screaming Frog (*www.screamingfrog.co.uk/seo-spider*) oder Sitebulb (*https://sitebulb.com*) zeigen dir, welche Inhalte durch JavaScript beim Rendern verändert wurden, z. B. Links, Texte usw. Du kannst aber auch eine einzelne URL im Browser laden und dir dort Veränderungen anzeigen lassen oder JavaScript im Ladevorgang ganz deaktivieren, um visuelle Unterschiede zu sehen. Es gibt verschiedene Browser-Erweiterungen, die dir Veränderungen im HTML anzeigen, z. B.:

- View Rendered Source: *https://chromewebstore.google.com/detail/view-rendered-source/ejgngohbdedoabanmclafpkoogegdpob*
- Rendering Difference Engine: *https://chromewebstore.google.com/detail/rendering-difference-engi/dhcimplbimmmpjpiolnmdjdchnknmend*

Mit anderen Browser-Erweiterungen deaktivierst du JavaScript beim Ladevorgang. Zum Beispiel:

- Toggle JavaScript: *https://chromewebstore.google.com/detail/cidlcjdalomndpeagkjpnefhljffbnlo?utm_source=item-share-cb*

Außerdem gibt es ein praktisches Bookmarklet, womit du eine aufgerufene URL einmal mit und einmal ohne JavaScript ansehen kannst (siehe Abbildung 6.4):

- NoJS Side-by-Side: *https://workeffortwaste.github.io/nojs-side-by-side*

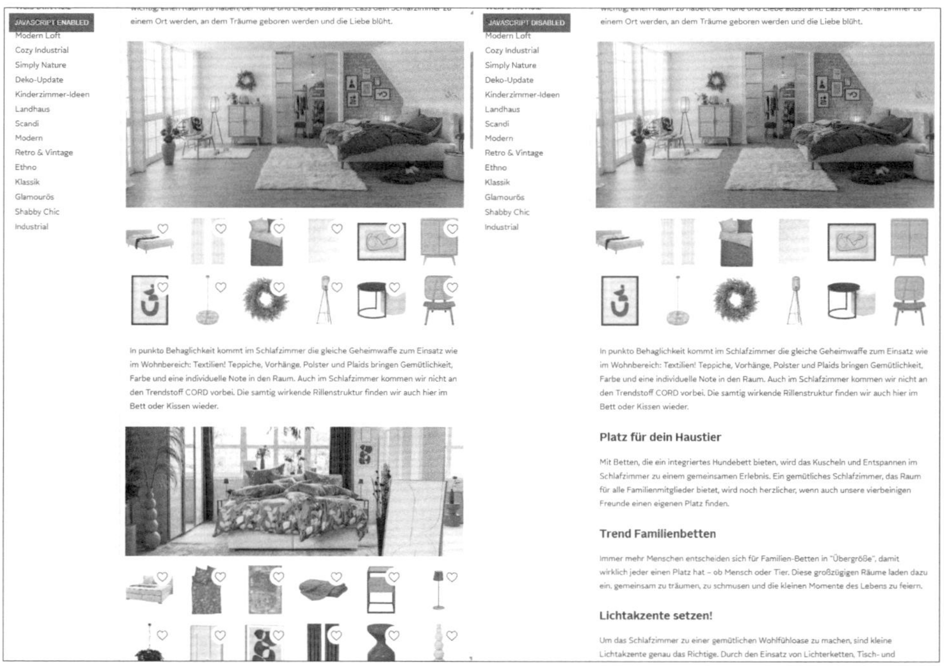

Abbildung 6.4: Unterschiede mit und ohne JavaScript (links mit, rechts ohne; Quelle: www.otto.de/wohnen/themen/schlafzimmer-ideen)

6.1.5 Sitemaps: die systematische Erfassung aller relevanten URLs

Verlasse dich nicht darauf, dass Crawler jede wichtige Unterseite deiner Website von allein finden. Das gilt sowohl für Suchmaschinen-Crawler als auch für KI-Crawler. Mit einer Sitemap (oder mehreren) gibst du ihnen eine präzise Landkarte an die Hand und meldest proaktiv, welche Inhalte für dich relevant sind. Das ist deine direkte Verbindung zu Google und KI-Systemen, um die Auffindbarkeit deiner Seiten gezielt zu steuern. Damit machst du es den Bots leichter, deine Inhalte zu finden, ohne sich durch die ganze Site zu arbeiten.

Für eine optimale Crawling-Steuerung haben sich folgende Praktiken bewährt:

- **Die XML-Sitemap als technische Basis**: Die XML-Sitemap ist das offizielle Verzeichnis für Crawler. Achte darauf, dass sie stets aktuell ist und ausschließlich finale, erreichbare Seiten (Statuscode 200) listet. URLs mit Weiterleitungen, Fehlern oder abweichendem Canonical-Tag gehören nicht hinein. Im Idealfall generiert dein CMS diese Sitemap automatisch und aktualisiert sie bei Änderungen.
- **Die Sitemap aktiv bekannt machen**: Eine Sitemap allein nützt wenig, wenn Crawler sie nicht finden. LLMs bieten aktuell leider noch keine Möglichkeit, Sitemaps gezielt beim Anbieter einzureichen. Daher ist es essenziell, dass du deine Sitemap in deiner *robots.txt*-Datei hinterlegst. So ist sie leicht auffindbar, da alle Bots zunächst die *robots.txt* aufrufen. Reiche die Sitemap außerdem aktiv in der Google Search Console (oder den Webmaster-Tools anderer Suchmaschinen) ein.
- **Die HTML-Sitemap als sinnvolle Ergänzung**: Zusätzlich zur technischen XML-Sitemap ist eine HTML-Sitemap eine wertvolle Orientierungshilfe für die menschlichen Besucher*innen deiner Seite. Sie bietet aber auch Crawlern einen alternativen Weg zur Entdeckung von Inhalten und stärkt durch die zusätzliche interne Verlinkung die gesamte thematische Struktur deiner Website.

Wie du Sitemaps korrekt erstellst, kannst du z. B. in der Dokumentation der Google Search Central nachlesen (siehe *https://developers.google.com/search/docs/crawling-indexing/sitemaps/build-sitemap?hl=de*).

6.1.6 Fehlerfreie Crawling-Steuerung durch korrekte Statuscodes

Server-Statuscodes informieren Crawler über den Status einer URL. Das gilt für alle Crawler, unabhängig davon, ob sie zu einem KI-System oder einer klassischen Suchmaschine gehören. Die Crawler der LLMs sollten deine URLs möglichst vollständig und fehlerfrei erreichen können. Nur wenn Seiten konsistent erreichbar sind, können die LLMs sie in Antworten zitieren. Ist eine Seite im Moment der Verifikation durch die KI nicht erreichbar, zieht diese stattdessen eine Quelle der Konkurrenz für das Zitat heran.

Beachte dementsprechend folgende Grundlagen:

- **Vermeide 301-Weiterleitungen bei interner Verlinkung**: KI-Bots folgen Weiterleitungen (Redirects) normalerweise nicht. Ein interner Link, der auf eine weiterleitende URL verweist, stellt für den Bot eine Sackgasse dar. Der Inhalt der eigentlichen Ziel-

URL wird nicht erfasst. Achte daher darauf, dass interne Links immer direkt auf die finale Zielseite verweisen, die den Statuscode 200 (»OK«) ausliefert.

- **Korrigiere 4xx- und 5xx-Fehler**: Fehlerhafte URLs sind für Crawler grundsätzlich eine Sackgasse und schaden der Auffindbarkeit deiner Inhalte. Client-Fehler (4xx) wiegen dabei weniger schwer als Server-Fehler (5xx). Während ein Client-Fehler, z. B. der häufige 404-Fehler (»Nicht gefunden«), lediglich dazu führt, dass die spezifische URL nicht verarbeitet wird und der fehlerhafte Inhalt unberücksichtigt bleibt, haben Server-Fehler (5xx) weitaus gravierendere Folgen. Da sie auf ein grundlegendes Problem der Server-Infrastruktur hindeuten, kann ein Crawler als Reaktion darauf das Crawling der gesamten Domain verlangsamen oder temporär pausieren. Ein solches Vorgehen behindert die Indexierung neuer sowie die Aktualisierung bestehender Inhalte und signalisiert dem KI-System eine geringe technische Zuverlässigkeit der Website.

Eine regelmäßige Überwachung und Behebung beider Fehlertypen ist eine wichtige Voraussetzung für eine saubere technische Basis und die Zitierfähigkeit deiner Inhalte in KI-Systemen.

6.1.7 Optimiere die Ladezeit für Mensch und Maschine

Die Ladezeit einer Webseite ist ein entscheidender Faktor für die digitale Performance. Sie beeinflusst die maschinelle Verarbeitbarkeit durch KI-Systeme. Gleichzeitig bestimmt sie über die unmittelbare Nutzungserfahrung für deine menschlichen Besucher*innen. Folglich wirkt sie sich auf die Nutzungssignale (User Signals, siehe Abschnitt 6.2.2) aus, was sie indirekt zu einem relevanten Aspekt macht. Aus diesem Grund solltest du dir bei der Bewertung zwei verschiedene Bereiche anschauen.

Ein wichtiger Indikator für die Serverleistung ist die *Time to First Byte (TTFB)*. Diese Metrik misst die Zeit von der Anfrage des Clients (Browser oder Crawler) beim Server bis zum Eintreffen des ersten Datenpakets. Sie ist gerade für KI-Crawler von hoher Bedeutung. Eine langsame TTFB kann zu Crawling-Abbrüchen führen. Google gibt für die TTFB einen Schwellenwert von weniger als 800 Millisekunden als gut an – noch besser wären weniger als 500 Millisekunden.

Während die TTFB die reine Serverleistung misst, bewerten die *Core Web Vitals (CWV)* das tatsächliche, sichtbare Nutzungserlebnis im Browser. Dazu gehören folgende Indikatoren:

- Largest Contentful Paint (LCP) für die wahrgenommene Ladegeschwindigkeit (Ziel: < 2,5 s)
- Interaction to Next Paint (INP) für die Reaktionsfähigkeit (Ziel: < 200 ms)
- Cumulative Layout Shift (CLS) für die visuelle Stabilität (Ziel: < 0,1)

Das oberste Ziel der Optimierungen ist: Deine Website bietet eine gute Nutzungserfahrung, damit sie positive Nutzungssignale generiert und Menschen sie gern aufrufen bzw.

verwenden. Obendrein muss sie für Crawler schnell aufrufbar sein, sodass diese sie effizient crawlen können. Und wenngleich die Core Web Vitals keinen direkten Einfluss auf die LLMs haben, solltest du ihnen Beachtung schenken. Denn auch die Nutzenden, die über LLMs auf deine Website kommen, sollen ein gutes Erlebnis haben und konvertieren.

Die technische Optimierung umfasst serverseitige Maßnahmen wie schnelles Hosting, gut geplantes Caching und die Nutzung von Content Delivery Networks (CDN) sowie frontendseitige Anpassungen. Hierzu zählen die Reduktion von renderblockierenden Ressourcen, das rechtzeitige Laden wichtiger Elemente, die Reduzierung von JavaScript und die Komprimierung von Bildern.

Fazit: Technische Optimierungen gewinnen Menschen und Maschinen für dich

Die gezielte Optimierung von TTFB und Core Web Vitals wirkt auf unterschiedlichen Ebenen: Eine schnelle TTFB verbessert die technische Basis für die Indexierung durch Crawler und kommt zugleich den Nutzenden zugute. Die Core Web Vitals hingegen beeinflussen in erster Linie die menschliche Erfahrung und nicht das Crawling. Dennoch sind sie entscheidend für die Qualität des Nutzungserlebnisses.

6.2 Discovery fördern – wie du relevante Inhalte präferierst

Hervorragende Inhalte sind die Voraussetzung für Erfolg, garantieren ihn aber nicht allein. Damit deine Expertise in der Flut an Informationen nicht untergeht, musst du Suchmaschinen und KI-Systemen aktiv signalisieren, welche deiner Inhalte besonders relevant sind. Das gelingt durch das Zusammenspiel zweier Faktoren:

- eine *saubere technische Architektur*, die die Struktur und Hierarchie deines Wissens für Maschinen verständlich macht
- die *Analyse und Optimierung von Nutzungssignalen*, die als menschlicher Qualitätsbeweis für deine Inhalte dienen

Erfahre nun, wie du beide Hebel meisterst, um die Entdeckung deiner Inhalte gezielt zu fördern und ihre Einstufung als relevante Quelle zu sichern.

6.2.1 Die Bedeutung der Seitenstruktur für die GEO

Eine durchdachte Seitenstruktur und eine strategische interne Verlinkung sind entscheidend, um Crawlern von Suchmaschinen und KI-Systemen die Relevanz und Hierarchie deiner Inhalte zu vermitteln. Gleichzeitig verbesserst du damit die Nutzendenführung und ermöglichst es Besucher*innen, schnell die für sie wichtigsten Informationen zu finden.

Eine durchdachte Informationsarchitektur, eine niedrige Klicktiefe und eine semantisch präzise interne Verlinkung helfen den Systemen, deine Inhalte zu entdecken und Zusammenhänge richtig zu interpretieren. Die interne Verlinkung ist außerdem ein wichtiger Rankingfaktor für Suchmaschinen.

Informationsarchitektur als strategische Grundlage

Die Basis für die maschinelle Lesbarkeit einer Webseite ist eine logische und hierarchische Informationsarchitektur. Eine effektive Methode zur Strukturierung der Informationsarchitektur ist die Bündelung von Inhalten in thematischen Clustern. Das funktioniert folgendermaßen: Eine zentrale Pillar-Seite dient als umfassender Einstieg in ein Kernthema. Von dieser Seite aus führen Verlinkungen gezielt zu weiterführenden Cluster-Seiten, die einzelne Facetten des Themas detailliert behandeln (siehe Abbildung 6.5). Diese klare Gliederung kommuniziert an KI-Systeme, welche Seiten inhaltlich zusammengehören und welche Seite die höchste thematische Autorität besitzt. Diese Architektur flankiert eine konsistente URL-Benennung (z. B. */thema/unterthema*), die die hierarchische Beziehung der Seiten zusätzlich verdeutlicht und die maschinelle Verarbeitung erleichtert.

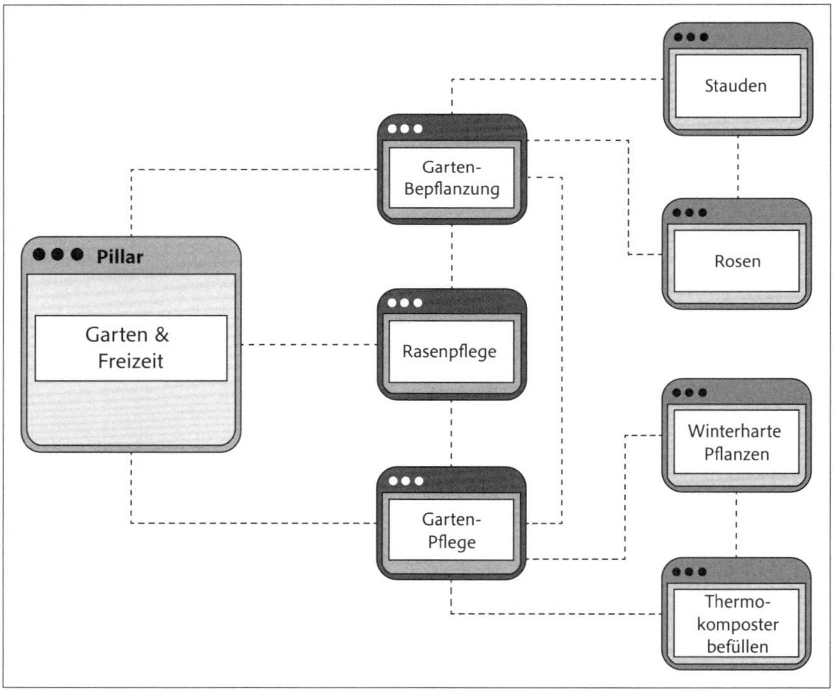

Abbildung 6.5: Visualisierung einer Pillar-Seite mit Unterseiten zum Thema Garten und Freizeit

Klicktiefe als Indikator für Relevanz

Die Klicktiefe bezeichnet die Anzahl der Klicks, die Nutzende bzw. Crawler von der Startseite einer Webseite bis zu einer spezifischen Unterseite benötigen. Dieser Wert dient Crawlern als wichtiger Indikator für die Relevanz einer Seite. Inhalte, die mit wenigen Klicks erreichbar sind, werden tendenziell als wichtiger eingestuft und häufiger von Crawlern erfasst als solche, die nur mit einer hohen Anzahl Klicks erreichbar sind. Als bewährter Richtwert gilt, dass alle strategisch wichtigen Seiten eine Klicktiefe von 4 nicht überschreiten sollten.

Eine flache Seitenhierarchie, wie das Themencluster-Modell sie fördert, ist das primäre Mittel zur Reduzierung der Klicktiefe. Die Pillar-Seiten fungieren als Abkürzungen zu den tiefer liegenden Detailseiten. Zusätzlich tragen Navigationshilfen wie Breadcrumbs maßgeblich zur Verringerung der Klicktiefe bei, da sie auf jeder Ebene des Seitenpfads eine direkte Verlinkung zu den übergeordneten Seiten bereitstellen.

Interne Verlinkung zur Abbildung semantischer Beziehungen

Während die Architektur die grobe Struktur vorgibt, ist die interne Verlinkung das Instrument, das die feinen semantischen Beziehungen zwischen den Inhalten abbildet. Jeder interne Link ist ein Signal, das einer KI mehr Kontext zur Zielseite liefert.

Von besonderer Bedeutung sind dabei die Ankertexte. Beschreibende Ankertexte sind generischen Formulierungen vorzuziehen – beispielsweise wäre »Analyse der Klicktiefe« besser als ein nichtssagendes »mehr dazu hier«. Menschen wie auch Maschinen erhalten so eine klare Voraussage über den Inhalt der verlinkten Seite. Durch eine konsistente und kontextuell sinnvolle Verlinkung verwandter Artikel entsteht ein dichter, interner Wissensgraph. Dieser ermöglicht es den Suchmaschinen und LLMs, nicht nur einzelne Dokumente zu analysieren, sondern das Beziehungsgeflecht der Themen auf der gesamten Domain nachzuvollziehen. Eine gute Linkstruktur verhindert zudem das Entstehen von »Orphan Pages« (verwaisten Seiten), die keine eingehenden internen Links aufweisen und daher für Crawler schwer auffindbar sind.

Du siehst: Seitenarchitektur, Klicktiefe und interne Verlinkung sind keine isolierten technischen Maßnahmen, sondern die Bausteine einer Gesamtstrategie. Erst ihr intelligentes Zusammenspiel schafft eine informationslogische Struktur, die für Maschinen verständlich ist. Diese Struktur wiederum ist die entscheidende Voraussetzung dafür, dass deine Inhalte als wertvolle und zitierfähige Quelle für KI-generierte Antworten infrage kommen.

6.2.2 User Signals für GEO: Was heute zählt und was morgen kommt

Spielen klassische User Signals wie Klickraten oder die Verweildauer für die Generative Engine Optimization (GEO) überhaupt eine Rolle? Die Antwort lautet: ja, aber vor allem indirekt. Für einen direkten Einfluss des Verhaltens von Nutzenden auf die Erwähnung und/oder Zitierung in KI-Antworten gibt es bisher keine eindeutigen Beweise. Dennoch legst du einen entscheidenden Grundstein für deine zukünftige Sichtbarkeit, wenn du deine Strategie konsequent auf die Nutzenden ausrichtest.

Vom Top-Ranking zur Top-Antwort in der KI

Der wichtigste indirekte Hebel führt über die klassischen Suchmaschinen. KI-Systeme nutzen für die Beschaffung von aktuellen Informationen eine Methode namens *Groun-*

ding innerhalb der Retrieval-Augmented Generation (RAG). Was das ist, liest du in Abschnitt 2.2.6.

Stell dir vor, jemand fragt eine KI: »Welches ist das beste Einsteiger-Mountainbike 2025?« Die KI durchsucht daraufhin nicht das gesamte Internet in Echtzeit. Stattdessen greift sie auf eine vorab ausgewählte Datenbasis zurück, die oft aus den Top-Ergebnissen der organischen Ergebnisse von Google für genau diese Suchanfrage besteht. Positive User Signals sind ein Faktor in der Optimierung, um diese Positionen zu erreichen.

Engagement als Währung: So baust du digitales Vertrauen auf

LLMs werden darauf trainiert, Informationen aus Quellen zu beziehen, die sie als besonders vertrauenswürdig einstufen. Doch woran erkennt eine Maschine, wem oder was sie vertrauen kann? Ein starker Indikator ist ein hohes Engagement der Nutzenden.

Eine aktive Community, viele positive Bewertungen oder rege Diskussionen unter einem Artikel können für die KI ein wichtiger Indikator sein. Dieses sichtbare Engagement signalisiert, dass deine Inhalte wertvoll sind und echte Menschen sie zu schätzen wissen. Und auch, wenn sich Menschen häufig positiv auf anderen Websites über deine Marke oder deine Domain äußern, ist das ein Signal, das deine Chance erhöht, in KI-Antworten als Erwähnung oder Zitat aufzutauchen.

Der direkte Einfluss: ein Blick in die Zukunft von GEO

Es ist sehr wahrscheinlich, dass Anbieter von Sprachmodellen zukünftig eigene Formen von User Signals in ihre Bewertungen einbeziehen. Diese könnten sich jedoch von den klassischen Metriken unterscheiden. Für die Bewertung der Qualität einer KI-Antwort und ihrer Quellen könnten dann folgende Aspekte eine Rolle spielen:

- **Klicks auf Links oder Produkte**: Welche der in einer KI-Antwort vorgeschlagenen Links haben die Nutzenden tatsächlich angeklickt?
- **Folgefragen an die KI**: Waren weitere Fragen nötig, weil die erste Antwort unvollständig war?
- **Interaktionen im Chat**: Haben Nutzende Teile der Antwort kopiert, geteilt oder anderweitig genutzt?
- **Zusammenfassung von Inhalten durch KI-Systeme**: Nutzen Menschen auf Webseiten, die informative Artikel, Beiträge, Ratgeber usw. enthalten, KI-basierte »Zusammenfassen«-Funktionen, um einen schnellen Überblick über die Inhalte zu erhalten (siehe Abbildung 6.6)? Das kann KI-Systemen signalisieren, dass Menschen den Content als interessant und relevant erachten, was sich wiederum positiv auf die Sichtbarkeit der Inhalte in diesen Systemen auswirken kann.

Abbildung 6.6: KI-gestützte »Inhalt zusammenfassen«-Funktion (Quelle: www.claneo.com/de/blog/seo-zu-geo-ki-suche-optimieren)

Klassische Signale wie die Verweildauer auf einer externen Webseite können LLMs aktuell noch nicht messen. Es bleibt spekulativ, ob geschlossene Systeme wie die Browser-Funktionen von ChatGPT und Perplexity hier eine Ausnahme bilden könnten. Allerdings ist es zumindest denkbar, dass Google Daten aus dem riesigen eigenen Ökosystem (z. B. Chrome-Nutzung) zur Bewertung für die eigenen LLMs heranzieht..

Fazit: Entdeckung gezielt steuern – nicht dem Zufall überlassen
Die »Discoverability« oder »Entdeckbarkeit« deiner Inhalte kannst du aktiv beeinflussen: Verbinde technische Struktur, semantische Verlinkung und echte Nutzungssignale zu einer kohärenten technischen GEO-Basis. So erhöhst du die Chance, als relevante Quelle entdeckt, zitiert und bevorzugt zu werden.

6.3 Die Sprache der Maschinen sprechen: Wie du deine Daten für die KI übersetzt

Für einen Menschen ist der Inhalt einer Webseite weitgehend selbsterklärend – Menschen erkennen Überschriften, Autor*innen, Produkte und Preise intuitiv. Für eine Maschine, sei es ein Suchmaschinen-Crawler oder ein KI-System, ist derselbe Inhalt zunächst nur eine unstrukturierte Abfolge von Code und Text ohne klaren Kontext. Du musst deinen Daten daher eine explizite Bedeutungsebene hinzufügen, damit KI-Systeme sie nicht nur lesen, sondern auch korrekt interpretieren und kontextualisieren können. Nur so werden deine Inhalte zu einer verlässlichen und zitierfähigen Quelle.

Dieser Abschnitt hilft dir dabei, deine Inhalte für Maschinen besser lesbar zu machen. Zuerst erfährst du mehr über die strukturierten Daten nach Schema.org. Du lernst, wie du damit deine Inhalte als Artikel, Produkt oder Event kennzeichnest. Anschließend geht es aus einer übergeordneten Perspektive darum, wie semantisches HTML die grundlegende Grammatik deiner Seite bildet und die logische Struktur für Maschinen lesbar macht. Ein Exkurs zu ChatGPT Shopping verdeutlicht, wie entscheidend detailreiche und gepflegte Datenfeeds für den Erfolg im modernen E-Commerce sind. Danach bist du in der Lage, die Sprache der Maschinen zu sprechen und deine Inhalte für die KI-gestützte Zukunft zu positionieren.

6.3.1 Strukturierte Daten für SEO und KI: maschinenlesbar und konsistent

Wenn du möchtest, dass nicht nur Menschen, sondern auch Suchmaschinen und KI-Systeme deine Inhalte optimal verstehen, sind strukturierte Daten ein wichtiges Werkzeug. Du schaffst damit eine *eindeutige, maschinenlesbare Bedeutungsebene*, die Such- und KI-Systemen hilft, Inhalte sowie deren Zusammenhänge und Wert zuverlässig zu erkennen. Erfahre jetzt, wie du Inhalte mithilfe von strukturierten Daten auffindbar, verständlich und wiederverwendbar für generative Systeme machst.

Stell es dir so vor: Während ein Mensch einen Text liest und versteht, dass »Dr. Eva Musterfrau« die Autorin eines Artikels ist, »sieht« eine Maschine zunächst nur eine Zeichenkette. Mit strukturierten Daten teilst du der Maschine explizit mit: »Diese Zeichenkette ist eine Person (`person`) mit dem Namen ›Dr. Eva Musterfrau‹ (`name`) und der Funktion ›Autorin‹ (`author`)«.

Diese Klarheit ist für die GEO entscheidend. Der Hebel dabei ist subtiler, als du vielleicht denkst: Es geht nicht in erster Linie darum, dass KI-Systeme deine strukturierten Daten direkt auslesen. Vielmehr beeinflusst du damit, was eine KI im Web überhaupt zu sehen bekommt und wie sie es bewertet. KI-Systeme nutzen für ihre Antworten im Grounding-Prozess und für ihr Training auch die Top-Suchergebnisse von Google, inklusive der darin gezeigten Knowledge Panels und Rich Results.

Strukturierte Daten beeinflussen genau diese Elemente maßgeblich. Sie ermöglichen die Anzeige von Bewertungen, liefern die Fakten für den Aufbau von Entitäten im Knowledge Graph und kennzeichnen die Aktualität von Artikeln. Beispielsweise ist die Aktualität ein klares Relevanzsignal für KI-Systeme (vgl. Abschnitt 5.3). Da Googles eigene KI-Systeme direkt auf diesen Index und Knowledge Graph zugreifen, optimierst du also für das gesamte Google-Ökosystem.

Ein sauberes Markup verbessert deine Darstellung in der klassischen Suche und stellt gleichzeitig sicher, dass deine Inhalte korrekt und vollständig wiedergegeben werden – so kommen sie als hochwertige Quelle für generative KI-Antworten in Betracht.

[i]

Info: Was ist der Google Knowledge Graph?

Der Google Knowledge Graph ist Googles riesige Wissensdatenbank (vgl. *https://support.google.com/knowledgepanel/answer/9787176*). Darin werden Informationen über Entitäten (z. B. Personen, Organisationen, Orte) gespeichert und über Beziehungen miteinander verknüpft. Er hilft Google, die Bedeutung hinter einer Suchanfrage zu verstehen (z. B. die Firma »Apple« vs. das Obst »Apple«) und verlässliche Fakten in Features wie Knowledge Panels oder KI-Antworten bereitzustellen. Eine wichtige Quelle für diesen Graphen sind strukturierte Daten auf Webseiten.

Eine erfolgreiche Implementierung folgt klaren Prinzipien. Es geht nicht darum, möglichst viele Daten auszuzeichnen, sondern die richtigen – und das auf die richtige Weise. Die Grundlage für jede Auszeichnung ist immer der Inhalt deiner Seite. Frage dich: Was ist der Hauptzweck dieser Seite? Beschreibe ich ein Produkt, veröffentliche ich einen Artikel oder kündige ich eine Veranstaltung an?

Das Vokabular für deine Auszeichnungen liefert Schema.org. Es ist eine gemeinsame »Sprache«, die Google, Microsoft und die Suchmaschinen weiterer Anbieter unterstützen. Wähle aus diesem Vokabular immer den Typ, der deinen Inhalt am präzisesten beschreibt.

[+]

Tipp: Überlege dir, was du inhaltlich auszeichnen möchtest

Denke pro Seite in Entitäten (z. B. *Article, Product*), ihren Eigenschaften (z. B. *author, brand*) und Beziehungen (z. B. *isPartOf, offers*). Nutze lieber wenige, dafür exakt passende und tief ausgezeichnete Typen als viele oberflächliche Markups.

Formatauswahl: Warum JSON-LD die beste Wahl ist

Es gibt verschiedene Formate, um strukturierte Daten einzubinden. Google empfiehlt JSON-LD – eine JavaScript-basierte Notation, die du als `<script type="application/ld+json">` im `<head>` oder `<body>` einbindest. Der entscheidende Vorteil: Das Markup bleibt vom sichtbaren HTML-Text getrennt und beeinflusst die Darstellung nicht. Das macht die Implementierung sauber, flexibel und einfacher zu verwalten, insbesondere bei komplexen oder verschachtelten Informationen.

[!]

Achtung: Verlasse dich nicht auf die dynamische Einbindung

Google ist teilweise in der Lage, JSON-LD auch dann zu verarbeiten, wenn es dynamisch per JavaScript oder über eingebettete Widgets deines CMS in die Seite eingefügt wird. Das können KI-Systeme nicht! Auch bei Google kann eine dynamische Einbindung in der Praxis zu Problemen führen. Daher solltest du deine strukturierten Daten möglichst bereits im initialen HTML bereithalten.

Schritt für Schritt: So implementierst du strukturierte Daten

Die Umsetzung lässt sich in vier klare Schritte unterteilen:

1. **Typen und Eigenschaften wählen**: Analysiere deinen Inhalt und wähle die passenden Schema.org-Typen sowie die dazugehörigen Eigenschaften aus.
2. **JSON-LD erstellen**: Erstelle den JSON-LD-Block und fülle ihn mit exakt den Daten, die auch sichtbar auf der Seite stehen. Du darfst auch mehrere Typen auf einer Seite kombinieren. Für die Erstellung der Code-Blöcke kannst du auch KI-Assistenten sehr gut nutzen.
3. **Markup validieren**: Prüfe dein Markup vor der Einbindung in einem Test-Tool für strukturierte Daten (z. B. Schema.org Validator unter *https://validator.schema.org*). Sieh dir darin an, ob alles so verständlich und funktional ist, wie du es dir überlegt hast. Wenn du alles richtig gemacht hast, bekommst du den Aufbau deines Markups als Text angezeigt (siehe Abbildung 6.7).
4. **Markup einbinden**: Integriere den Code-Block in das Template deines CMS – entweder manuell im Theme, über ein spezialisiertes Plug-in oder über einen Tag-Manager.
5. **Implementierung testen**: Überprüfe deine Umsetzung noch einmal mit einem Test-Tool für strukturierte Daten und korrigiere eventuelle Implementierungsfehler bzw. -warnungen.

Article	0 FEHLER 0 WARNUNGEN
@type	Article
headline	Titel des Artikels
description	Eine kurze und prägnante Beschreibung des Artikelinhalts.
image	https://www.beispiel.de/bilder/artikel-bild.jpg
datePublished	2025-10-24
dateModified	2025-10-24
mainEntityOfPage	
@type	WebPage
@id	https://www.beispiel.de/artikel-url
author	
@type	Person
name	Max Mustermann
publisher	
@type	Organization
name	Name des Herausgebers
logo	
@type	ImageObject
url	https://www.beispiel.de/bilder/logo.png

Abbildung 6.7: Darstellung von Markup im Schema.org Validator

6.3.2 Die wichtigsten Schema.org-Typen für GEO in der Praxis

Schauen wir uns nun die zentralen Schema.org-Typen an, mit denen du diese Prinzipien in die Praxis umsetzen und die häufigsten Anwendungsfälle abdecken kannst.

Redaktionelle Inhalte mit »Article« auszeichnen

Ist der Kern deines Inhalts ein klassischer Textbeitrag – wie ein Nachrichtenbeitrag, ein Blogpost oder ein Magazinartikel, – dann ist das `Article`-Markup deine erste und beste Wahl. Es signalisiert Suchmaschinen, dass es sich um einen *in sich geschlossenen, redaktionellen Beitrag* handelt. Für eine genauere Klassifizierung solltest du, wann immer möglich, eine passende Unterklasse verwenden: `NewsArticle` für journalistische Beiträge oder `BlogPosting` für Blogartikel.

Achte darauf, die wichtigsten Eigenschaften sorgfältig auszufüllen. Dazu gehören `headline` und `description` für die Überschrift und eine prägnante Zusammenfassung. Mit `image` verweist du auf das zentrale Beitragsbild, während `datePublished` und `dateModified` für Transparenz bezüglich der Aktualität sorgen. Besonders wichtig sind die Eigenschaften `author`, um die Verfasser*innen zu nennen, und `publisher`, um die veröffentlichende Organisation anzugeben. So schaffst du Vertrauen und Kontext. Das sieht beispielhaft dann so aus wie in Listing 6.1:

```
<script type="application/ld+json">
{
  "@context": "https://schema.org",
  "@type": "Article",
  "mainEntityOfPage": {
    "@type": "WebPage",
    "@id": "https://www.beispiel.de/artikel-url"
  },
  "headline": "Titel des Artikels",
  "description": "Eine kurze und prägnante Beschreibung
des Artikelinhalts.",
  "image": "https://www.beispiel.de/bilder/artikel-bild.jpg",
  "author": {
    "@type": "Person",
    "name": "Max Mustermann"
  },
  "publisher": {
    "@type": "Organization",
    "name": "Name des Herausgebers",
    "logo": {
      "@type": "ImageObject",
      "url": "https://www.beispiel.de/bilder/logo.png"
    }
  },
  "datePublished": "2025-10-24",
  "dateModified": "2025-10-24"
}
</script>
```

Listing 6.1: Beispielhafte Auszeichnung eines Artikels

Urheberschaft zeigen: Autor*innen mit »Person« auszeichnen

Die klare Kennzeichnung der Verfasser*innen dient der Schaffung von Vertrauen und Autorität (vgl. Abschnitt 5.4.3). Ein anonymer Artikel wirkt weniger glaubwürdig als ein Beitrag, der einer konkreten Person zugeordnet ist – Stichwort E-E-A-T. Hier kommt das `Person`-Markup ins Spiel, das du für die `author`-Eigenschaft eines Artikels nutzt.

Stell dir vor, die Klimaforscherin Dr. Eva Musterfrau hat einen Gastbeitrag für deinen Blog geschrieben. Anstatt nur ihren Namen als Text anzugeben, strukturierst du die Informationen mit `Person` und schaffst so wertvolle Verbindungen für Mensch und Maschine. Beispielsweise so wie in Listing 6.2:

```
<script type="application/ld+json">
{
  "@context": "https://schema.org",
  "@type": "Person",
  "name": "Dr. Eva Musterfrau",
  "jobTitle": "Klimaforscherin",
  "url": "[URL zur Autorenseite auf deinem Blog]",
  "sameAs": [
    "[URL zum LinkedIn-Profil von Dr. Musterfrau]",
    "[URL zu ihrem Twitter-Profil]"
  ],
  "affiliation": {
    "@type": "Organization",
    "name": "Helmholtz-Zentrum für Umweltforschung"
  }
}
</script>
```

Listing 6.2: Beispielhafte Auszeichnung einer Person

[+]

Tipp: Schaffe eine klare Identität mit »sameAs«

Mit der `sameAs`-Eigenschaft löst du ein Problem der digitalen Welt, das aus einem Phänomen der realen Welt erwächst: Namen sind nicht immer einzigartig. Indem du auf weitere Profile verlinkst, machst du eine Person für Suchmaschinen unverkennbar. Verweise auf maßgebliche Quellen wie das LinkedIn-Profil, die persönliche Website oder einen Wikipedia-Eintrag. So entsteht aus losen Informationen eine klar definierte Entität, was deren digitale Autorität stärkt.

Produkte und Angebote: So zeichnest du Kaufdaten korrekt aus

Wenn du auf einer Produktdetailseite ein konkretes Produkt beschreibst, ist `Product` der richtige Typ. Damit kannst du alle relevanten Eigenschaften wie `name`, `image`, `description`, `brand` (Marke) und eine eindeutige Produktnummer wie `sku` oder `gtin` angeben.

Um die kommerziellen Details zu ergänzen, nutzt du die `offers`-Eigenschaft mit dem Typ `Offer`. Hier hinterlegst du alle relevanten Kaufinformationen wie Preis (`price`), Währung (`priceCurrency`) und die aktuelle Verfügbarkeit (`availability`). Auf diese Weise modellierst du Produktdaten sauber getrennt von den Kaufkonditionen und machst sie für Preisvergleiche und Shopping-Anzeigen optimal lesbar.

Durch die Verwendung von strukturierten Daten für Produkte bist du auch in den Google-Suchergebnissen für die Ausspielung von Rich Results berechtigt (siehe Abbildung 6.8).

Abbildung 6.8: Beispiel für ein Rich Result für Produkte

Das Unternehmen als Marke: Identität schaffen mit Organization

Das `Organization`-Markup dient dazu, ein Unternehmen, eine Marke oder einen Verlag als eindeutige Entität zu kennzeichnen. Es wird oft als `publisher` in einem `Article` oder als `brand` in einem `Product` referenziert. Zentrale Eigenschaften sind der Name (`name`), die offizielle Website (`url`), das Logo (`logo`) sowie Verweise auf offizielle Profile bei LinkedIn, Wikidata oder YouTube (über die `sameAs`-Eigenschaft). Kontaktinformationen für den Support lassen sich über `contactPoint` bereitstellen.

Schritt für Schritt zum Ziel: Anleitungen mit HowTo strukturieren

Für Schritt-für-Schritt-Anleitungen ist `HowTo` die perfekte Wahl. Die einzelnen Schritte der Anleitung werden über die `step`-Eigenschaft als geordnete `HowToStep`-Einträge aufgelistet. Zusätzlich kannst du angeben, welche Materialien (`supply`) oder Werkzeuge (`tool`) nötig sind und wie lange die Anleitung dauert (`totalTime`). So wird die Abfolge für Suchmaschinen verständlich, sodass sie diese direkt in den Suchergebnissen als Anleitung anzeigen können.

Fragen und Antworten: FAQPage für direkte Sichtbarkeit nutzen

Enthält eine Seite einen Bereich mit häufig gestellten Fragen und den dazugehörigen Antworten, solltest du `FAQPage` verwenden. Dieses Markup ist für echte Frage-Antwort-Inhalte gedacht, bei denen jede Frage (`Question`) eine eigenständige Antwort (`Answer`) hat. Die Q&A-Paare werden über die `mainEntity`-Eigenschaft modelliert. Dadurch kann Google diese Paare erkennen und direkt in den Suchergebnissen als ausklappbare Rich Results anzeigen, was die Sichtbarkeit erhöht. LLMs bekommen durch den Aufbau der FAQs eine klare Frage-Antwort-Struktur, aus der sie gut zitieren können.

Event: Veranstaltung mit Ort und Zeit definieren

Ob Konzert, Webinar oder Messe – mit *Event* zeichnest du jegliche Art von Veranstaltung aus. Zu den wichtigsten Eigenschaften gehören der Name (`name`), das Start- und Enddatum (`startDate/endDate`) und der Veranstaltungsort (`location`). Zusätzlich solltest du Informationen zum Status (`eventStatus`) und zur Art der Teilnahme (`eventAttendanceMode`) ergänzen. Präzise Angaben verbessern die Auffindbarkeit in Kalendersichten und speziellen Suchergebnissen.

Vertrauen aufbauen: Bewertungen mit Review und aggregateRating hervorheben

Von Nutzenden generierte Inhalte wie Bewertungen sind ein starkes Signal für Relevanz und Vertrauen. Um sie für Suchmaschinen und KI-Systeme verständlich zu machen, gibt es zwei wichtige Typen:

- **Review**: Dieser Typ dient dazu, eine einzelne Rezension abzubilden. Wichtige Eigenschaften sind der Bewertungstext (`reviewBody`), die Bewertung selbst (`reviewRating` mit `ratingValue`), der/die Autor*in (`author`) und das bewertete Element (`itemReviewed`).
- **aggregateRating**: Diesen Typen wählst du, um eine Zusammenfassung vieler Bewertungen darzustellen. Oft kommt er auch innerhalb anderer Typen wie `Product` oder `Organization` zum Einsatz.

Indem du strukturierte Daten konsequent nutzt, optimierst du deine Inhalte nicht nur in technischer Hinsicht, sondern du wertest sie gezielt auf. Du schaffst eine klare, maschinenlesbare Bedeutungsebene, die Suchmaschinen und KI-Systemen hilft, die Relevanz und den Kontext deiner Informationen zu verstehen.

6.3.3 Wie du mit semantischem HTML deine Website für Menschen und Suchmaschinen optimierst

Stell dir vor, du baust ein Haus nur aus identischen, grauen Kisten. Von außen ist es unmöglich zu erkennen, wo die Küche, das Wohnzimmer oder das Bad sind. Genau das passiert, wenn eine Webseite fast nur aus generischen `<div>`- und `<span>`-Tags besteht: eine unstrukturierte Masse ohne erkennbare Bedeutung. Hier kommt *semantisches HTML* ins Spiel. Es ist der Bauplan, der deinen Inhalten eine klare Funktion und Hierarchie gibt und die grauen Kisten in definierte Räume verwandelt.

Im Kern heißt das: Du verwendest HTML-Elemente für die Schaffung von Bedeutung. Anstatt alles in bedeutungslose `<div>`-Container zu packen, gibst du Suchmaschinen, KI-Systemen und assistiven Technologien[1] klare Anweisungen. Du sagst unmissverständlich, was eine Überschrift ist, wo der Hauptinhalt beginnt und welche Links zur Navigation gehören. Diese Struktur ist sehr hilfreich für die Barrierefreiheit aus Sicht der Nutzenden und vor allem für deine Sichtbarkeit in KI-Suchmaschinen.

1 Technische Hilfsmittel, die Menschen mit Einschränkungen dabei unterstützen, digitale Inhalte zu nutzen, zu verstehen und zu bedienen, wie z. B. Screenreader.

Sehen wir uns an, wie du semantisches HTML gezielt einsetzt, um deine Inhalte für Mensch und Maschine optimal aufzubereiten.

Überschriftenhierarchien festlegen

Beginnen wir mit dem wichtigsten Werkzeug zur Gliederung deiner Inhalte: den Überschriften. Die HTML-Elemente `<h1>` bis `<h6>` sind nicht einfach nur dazu da, Text groß und fett darzustellen. Die Überschriftenhierarchie hilft, den Inhalt auf einer URL logisch zu strukturieren, sodass er für Menschen und Maschinen gleichermaßen lesbar und verständlich ist.

Stell dir deine Seite wie ein Dokument vor: Das `<h1>`-Element ist der alles überspannende Haupttitel, z. B. »Der ultimative Guide für Zimmerpflanzen«. Die `<h2>`-Elemente unterteilen deinen Inhalt dann in die großen Hauptkapitel, wie »Die richtige Erde auswählen«, »Bewässerungstipps« und »Häufige Schädlinge«. Mit `<h3>` gehst du noch eine Ebene tiefer und schaffst Unterpunkte innerhalb eines Kapitels. Unter »Bewässerungstipps« könnten das beispielsweise »Für Sukkulenten« und »Für tropische Pflanzen« sein. Für noch feinere Gliederungen stehen dir schließlich die Ebenen `<h4>` bis `<h6>` zur Verfügung.

Keine Ebenen überspringen

Einer der häufigsten Fehler ist das Überspringen von Überschriften-Ebenen aus rein optischen Gründen. Aus inhaltlicher Perspektive solltest du jedoch niemals von einer `<h2>` direkt zu einer `<h4>` springen, nur weil dir die Schriftgröße besser gefällt.

Während Google eine Seite visuell rendert und dadurch auch rein optische Hervorhebungen oft korrekt interpretiert, verlassen sich viele andere KI-Crawler und assistive Technologien fast ausschließlich auf den HTML-Code. Ihnen fehlt der visuelle Kontext, weshalb eine lückenlose Hierarchie für sie unverzichtbar ist. Für Menschen, die auf Screenreader angewiesen sind, ist diese Struktur fundamental. Sie navigieren oft von Überschrift zu Überschrift, um sich einen Überblick zu verschaffen. Das Überspringen einer Ebene ist für sie wie ein fehlendes Kapitel in einem Buch – die Orientierung geht verloren.

> **Achtung: HTML dient der Struktur, nicht dem Layout**
> Das Aussehen deiner Überschriften steuerst du ausschließlich mit CSS. Wenn dir eine `<h3>` zu groß erscheint, passe die Font-Size in deinem Stylesheet an, anstatt eine semantisch falsche `<h4>` zu verwenden.

Informationen mit Listen strukturieren

Listen sind ein wichtiges Instrument, um Informationen zu bündeln und lange Textblöcke aufzubrechen. Im semantischen HTML geht ihre Funktion über die reine Optik hinaus: Mit der Wahl des korrekten Listentyps vermittelst du Maschinen die logische Beziehung der einzelnen Punkte zueinander.

HTML stellt hierfür drei grundlegende Listentypen zur Verfügung: `<ul>`, `<ol>` und `<dl>`, wie Tabelle 6.1 zeigt.

HTML-Tag	Funktion
`<ul>`	unsortierte Liste
`<ol>`	sortierte Liste (nummeriert)
`<dl>`	beschreibende Liste

Tabelle 6.1: Listen in HTML

Verwende eine `<ul>` (Unordered List), wenn die Reihenfolge bzw. Hierarchie der Einträge keine Rolle spielt. Typische Beispiele sind die Vorteile eines Produkts oder eine Sammlung von Links. Listing 6.3 zeigt, wie sich Produktvorteile darstellen lassen:

```
<h2>Vorteile von semantischem HTML</h2>
<ul>
  <li>Bessere Barrierefreiheit</li>
  <li>Optimiert für Suchmaschinen (GEO)</li>
  <li>Einfachere Wartung des Codes</li>
</ul>
```

Listing 6.3: Beispiel für eine unnummerierte Liste mit <ul>

Eine `<ol>` (Ordered List) kommt immer dann zum Einsatz, wenn die Reihenfolge entscheidend ist, etwa bei einer Schritt-für-Schritt-Anleitung, einem Ranking oder den Phasen eines Prozesses. Der Browser nummeriert die Listeneinträge (`<li>`) automatisch durch. Siehe Listing 6.4:

```
<h2>Anleitung: Kaffee kochen</h2>
<ol>
  <li>Wasser zum Kochen bringen.</li>
  <li>Kaffeepulver in den Filter geben.</li>
  <li>Heißes Wasser langsam aufgießen.</li>
  <li>Kurz ziehen lassen und genießen.</li>
</ol>
```

Listing 6.4: Beispiel für eine nummerierte Liste mit <ol>

Die `<dl>` (Description List) ist perfekt, um Begriffe und deren Erklärungen zuzuordnen. Sie besteht aus einem oder mehreren Begriffen (`<dt>` – Description Term) und den dazugehörigen Beschreibungen (`<dd>` – Description Details). Somit ist sie ideal für Glossare oder FAQs. Siehe Listing 6.5:

```
<h2>Glossar: Wichtige Begriffe</h2>
<dl>
  <dt>HTML</dt>
  <dd>Hypertext Markup Language, die Standardsprache zur Erstellung von
 Webseiten.</dd>
  <dt>CSS</dt>
  <dd>Cascading Style Sheets, die Sprache zur Gestaltung des Aussehens
von Webseiten.</dd>
</dl>
```

Listing 6.5: Beispiel für ein Glossar mit <dl>

Mit der Wahl des jeweils am besten geeigneten Listentyps machst du deine Inhalte für Menschen leichter lesbar, vor allem aber für Maschinen unmissverständlich klar.

Daten in Tabellen klar strukturieren

Früher mussten Tabellen oft dafür herhalten, komplexe Seitenlayouts zu erstellen. Diese Praxis ist heute ein absolutes No-Go und ein Relikt aus alten Web-Zeiten. Das `<table>`-Element hat einen einzigen, klaren Zweck: die Darstellung von *tabellarischen Daten*. Das sind Informationen, die in Zeilen und Spalten organisiert sind – denk an Produktvergleiche, Öffnungszeiten oder Finanzdaten.

Eine Ansammlung von `<div>`-Elementen mag zwar optisch wie eine Tabelle aussehen, aber für Maschinen ist sie wertlos. Crawler und KI-Systeme »sehen« nicht das Layout, sondern lesen den Code. Ohne die semantische Auszeichnung einer echten Tabelle verstehen sie die Zusammenhänge zwischen den Daten nicht. Das kann direkte negative Folgen für deine Zitierfähigkeit und dein Ranking haben, weil Maschinen deine Seite für spezifische Suchanfragen zu diesen Daten als weniger relevant einstufen.

Wie sieht die Struktur einer semantisch korrekten Tabelle nun aus? Das Wurzelelement `<table>` umschließt alles. Eine `<caption>` gibt der Tabelle eine sichtbare Überschrift, die für Screenreader essenziell ist. Der Kopfbereich `<thead>` enthält die Spaltenüberschriften (`<th>`), während der `<tbody>` die eigentlichen Datenzeilen (`<tr>`) mit den Datenzellen (`<td>`) beherbergt. Tabelle 6.2 stellt den Aufbau übersichtlich dar.

HTML-Tag	Funktion
`<table>`	Das Wurzelelement, das die gesamte Tabelle umschließt.
`<caption>`	Eine sichtbare Beschriftung, die den Inhalt der Tabelle zusammenfasst. Sie ist essenziell für die Barrierefreiheit, da Screenreader sie oft als Erstes vorlesen, um den Kontext zu geben.
`<thead>`	Der Kopfbereich der Tabelle, der die Spaltenüberschriften (`<th>`) in einer oder mehreren Zeilen (`<tr>`) gruppiert.

Tabelle 6.2: Überblick über HTML-Tabellen-Elemente

HTML-Tag	Funktion
`<tbody>`	Der Hauptteil der Tabelle, der die eigentlichen Datenzeilen enthält.
`<th>`	Eine Kopfzelle, die den Inhalt einer Spalte (oder seltener einer Zeile) beschreibt. Sie ist der Ankerpunkt für das Verständnis der Daten.
`<td>`	Eine reguläre Datenzelle.

Tabelle 6.2: Überblick über HTML-Tabellen-Elemente (Forts.)

Doch wie weiß eine Maschine, ob eine Kopfzeile `<th>` für eine Spalte oder eine Zeile gilt? Hier kommt das `scope`-Attribut ins Spiel. Dieses Attribut wird dem `<th>`-Tag hinzugefügt:

- `scope="col"`: Die Kopfzelle ist die Überschrift für die Spalte (Column).
- `scope="row"`: Die Kopfzelle ist die Überschrift für die Zeile (Row).

Diese explizite Zuweisung gibt Crawlern die nötige Sicherheit, um Datenwert-Paare zuverlässig zu extrahieren.

Das Beispiel für Produktdaten in Listing 6.6 verdeutlicht, wie diese Elemente in der Praxis zusammenspielen:

```
<table>
  <caption>Technische Spezifikationen: Mountainbike "Trailblazer Pro"
  </caption>
  <tbody>
    <tr>
      <th scope="row">Rahmenmaterial</th>
      <td>Carbonfaser, Monocoque-Bauweise</td>
    </tr>
    <tr>
      <th scope="row">Federgabel</th>
      <td>RockShox Pike, 140 mm Federweg</td>
    </tr>
    <tr>
      <th scope="row">Schaltgruppe</th>
      <td>SRAM GX Eagle, 12-Gang</td>
    </tr>
    <tr>
      <th scope="row">Bremsen</th>
      <td>Hydraulische Scheibenbremsen, 4-Kolben</td>
    </tr>
    <tr>
      <th scope="row">Gesamtgewicht</th>
```

```
      <td>12,8 kg</td>
    </tr>
    <tr>
      <th scope="row">Verfügbare Größen</th>
      <td>S, M, L, XL</td>
    </tr>
  </tbody>
</table>
```

Listing 6.6: Beispiel für die Auszeichnung von Produktdaten

Mit einer sauberen Tabellenstruktur verwandelst du eine reine Datenansicht in eine strukturierte, logische Einheit, die es KI-Crawlern ermöglicht, die Datenpunkte darin zu extrahieren und zu kontextualisieren. Diese semantische Klarheit ist ein entscheidender Faktor für die Relevanzbewertung deiner Inhalte und stärkt die technische Grundlage deiner gesamten Seite für GEO.

Das große Ganze: deine Seite mit Struktur-Tags bauen

Nachdem wir uns die Gliederung im Detail (Überschriften, Listen, Tabellen) angesehen haben, zoomen wir nun heraus und betrachten das große Ganze: die grundlegende Architektur deiner Seite. Du erinnerst dich an die Analogie vom Hausbau? Diese fundamentalen HTML-Tags sind die Wände, die deine grauen Kisten in klar definierte Räume wie Küche, Wohnzimmer und Flur verwandeln. Sie definieren die Hauptbereiche deiner Webseite und ersetzen die generischen `<div>`-Layouts durch eine logische, für Maschinen lesbare Struktur.

<header>: mehr als nur der Seitenkopf

Das `<header>`-Element definiert den Kopfbereich einer Seite oder eines in sich geschlossenen Abschnitts. Seine Rolle ist flexibel:

- **Als globaler Seiten-Header**: Auf der obersten Ebene deines `<body>` platziert, enthält er typischerweise das Logo, den Namen der Webseite, ein Suchformular und oft auch die Hauptnavigation. Er ist der erste Ankerpunkt für deine Besucher*innen.
- **Als Kopf eines Artikels oder Abschnitts**: Innerhalb von `<article>` oder `<section>` dient ein `<header>` dazu, dessen spezifische Einleitung zu gruppieren, z. B. die Artikelüberschrift, den Namen des Autors oder das Veröffentlichungsdatum.

[!]

Achtung: <head> ist nicht gleich <header>

Verwechsle das `<body>`-Element `<header>` nicht mit dem `<head>`-Element der Seite! Der `<head>` enthält unsichtbare Metadaten, während der `<header>` sichtbare Inhalte für die Nutzenden anzeigt.

Ein Header kann z. B. aussehen wie in Listing 6.7:

```
<header>
  <a href="/" aria-label="Startseite"><img src="/logo.svg" alt=
"Firmenlogo"></a>
  <h1>Beispielseite</h1>
  <form action="/suche" role="search">
    <label for="q">Suche</label>
    <input id="q" name="q" type="search" />
  </form>
</header>
```

Listing 6.7: Beispiel für einen Header

<nav>: der Wegweiser für deine Inhalte

Das `<nav>`-Element umschließt die primären Navigationsblöcke deiner Seite, so etwa das Hauptmenü, die Breadcrumb-Navigation oder ein Inhaltsverzeichnis mit Links. Nicht jede Link-Gruppe benötigt ein `<nav>`. Eine einfache Liste von Social-Media-Links im Footer z. B. braucht es nicht zwingend.

Du kannst mehrere `<nav>`-Elemente auf einer Seite nutzen (siehe Listing 6.8). Wenn du das tust (z. B. für Hauptmenü und seiteninterne Sprunglinks), solltest du sie mit einem `aria`-label versehen, damit Screenreader-Nutzende sie unterscheiden können (z. B. `aria-label="Hauptnavigation"`).

```
<nav aria-labelledby="hauptnav-titel">
  <h2 id="hauptnav-titel" class="visually-hidden">Hauptnavigation</h2>
  <ul>
    <li><a href="/">Start</a></li>
    <li><a href="/produkte">Produkte</a></li>
    <li><a href="/kontakt">Kontakt</a></li>
  </ul>
</nav>
<nav class="crumbs" aria-label="Brotkrumen">
  <ol>
    <li class="crumb"><a href="#">Bikes</a></li>
    <li class="crumb"><a href="#">BMX</a></li>
    <li class="crumb" aria-current="page">Jump Bike 3000</li>
  </ol>
</nav>
```

Listing 6.8: Beispiel für die Verwendung mehrerer <nav>-Elemente

<main>: das Herzstück deiner Seite

Das `<main>`-Element umschließt den einzigartigen Hauptinhalt der Seite – also genau das, worum es auf dieser spezifischen URL geht. Alles, was sich auf anderen Seiten wiederholt (wie der globale Header, die Navigation oder der Footer), gehört hier nicht hinein. Jede Seite darf nur ein `<main>`-Element haben, etwa wie hier in Listing 6.9:

```
<main id="content" tabindex="-1">
  <article>
    <h1>Produkt: Jump Bike 3000</h1>
    <p>Dieses BMX ist der Einstieg in die Pro-Welt.</p>
  </article>
</main>
```

Listing 6.9: Beispiel für ein <main>-Element

<article> vs. <section>: der entscheidende Unterschied

Diese beiden Elemente werden am häufigsten miteinander verwechselt, doch ihre Unterscheidung ist logisch:

Ein `<article>` ist für in sich geschlossene Inhalte gedacht, die auch losgelöst vom Rest der Seite Sinn ergeben. Frage dich: »Könnte dieser Inhalt in einem RSS-Feed oder auf einer anderen Webseite für sich allein stehen?«. Typischerweise gilt das etwa für Blogbeiträge, Forenposts und dergleichen. Siehe Listing 6.10:

```
<article>
  <header>
    <h1>Jump Bike 3000: Review</h1>
    <p>Veröffentlicht am <time datetime="2025-10-17">17.10.2025
</time></p>
  </header>
  <p>Das Jump Bike 3000 bietet solide Komponenten für den Einstieg in
die Pro-Welt ...</p>
  <section aria-labelledby="specs">
    <h2 id="specs">Spezifikationen</h2>
    <ul>
      <li>Rahmen: Aluminium</li>
      <li>Gewicht: 10,5 kg</li>
      <li>Bremsen: V-Brake</li>
    </ul>
  </section>
  <footer>
    <p>Autor*in: Carlos • Kategorie: Reviews</p>
  </footer>
</article>
```

Listing 6.10: Bespiel für ein <article>-Element

Eine `<section>` gruppiert thematisch zusammengehörige Inhalte, die als Kapitel eines größeren Ganzen fungieren. Der Abschnitt »Kundenrezensionen« auf einer Produktseite beispielsweise ergibt nur im Kontext des Produkts Sinn. Eine `<section>` könnte so aussehen wie in Listing 6.11:

```
<section aria-labelledby="criteria">
  <h2 id="criteria">Kaufkriterien</h2>
  <p>Worauf beim Bike-Kauf achten?</p>
  <ul>
    <li>Rahmengröße</li>
    <li>Gewicht</li>
    <li>Bremsen</li>
  </ul>
</section>
```

Listing 6.11: Beispiel für eine <section>

[+]

Tipp: Eine neue Überschrift leitet oft eine neue <section> ein

Immer wenn du eine neue Überschrift (wie `<h2>` oder `<h3>`) einführst, um ein neues Unterthema zu beginnen, ist das ein starkes Signal, dass der dazugehörige Inhaltsblock in ein `<section>`-Element gehört. So schaffst du klare thematische Blöcke, die Maschinen leicht als solche erkennen.

<aside>: der Inhalt am Rande

Das Element `<aside>` ist reserviert für Informationen, die nur lose mit dem Hauptinhalt zu tun haben: weiterführende Links in einer Seitenleiste, Werbeblöcke, eine Autor*innenbiografie usw.

<footer>: der Abschluss

Ähnlich wie der `<header>` hat auch der `<footer>` eine doppelte Funktion. Als globaler Seiten-Footer am Ende des `<body>` enthält er typischerweise Copyright-Hinweise, Impressums- und Datenschutzlinks oder Kontaktinformationen. Innerhalb eines `<article>` oder einer `<section>` kann ein `<footer>` aber auch dessen spezifischen Abschluss bilden, etwa mit Informationen zu Autor*in, Kategorien oder Tags.

Fazit: Eine saubere technische Grundstruktur steigert deine Chance auf Sichtbarkeit in KI-Systemen

Wenn du eine Seite von Grund auf neu baust, ist es ideal, die Semantik direkt zu berücksichtigen. Bei bestehenden Inhalten, die hauptsächlich aus `<div>`- und `<p>`-Tags bestehen, fängst du einfach schrittweise mit der Verbesserung an. Der Mindeststandard, der bereits einen großen Unterschied macht, ist die korrekte Verwendung von Überschriften-Hierarchien, Listen und Tabellen. Alles Weitere ist die Kür. Mit einer sauberen Grundstruktur erhöhst du die Chance, dass KI-Systeme Chunks deiner Texte für Zusammenfassungen oder Zitierungen berücksichtigen.

6.3.4 Exkurs: ChatGPT Shopping verändert die Regeln im E-Commerce

Seit April 2025 rollt OpenAI Shopping-Integrationen für ChatGPT aus. Dadurch erscheinen Produktkacheln direkt in den Dialogfenstern (vgl. Abbildung 6.9). Diese Integration bringt einen komplett neuen Kanal für den Online-Handel. Anstatt Nutzende wie bei einer klassischen Suchmaschine einfach auf eine lange Liste von Suchergebnissen zu verweisen, agiert ChatGPT als persönliche Kaufberatung.

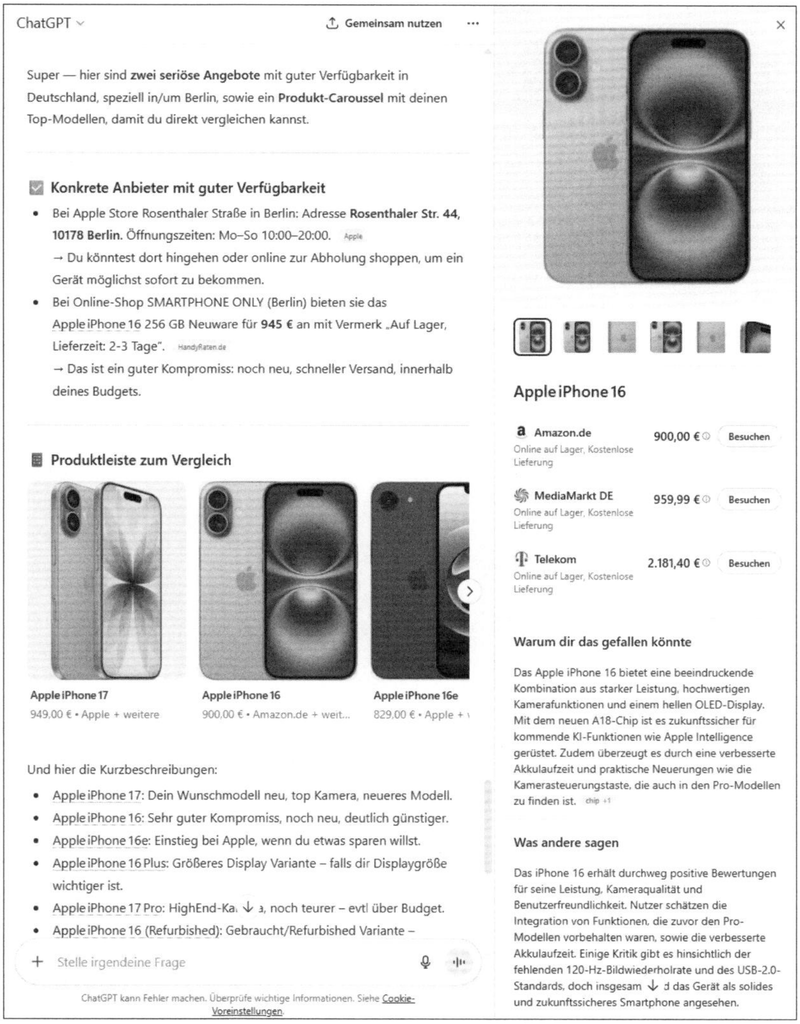

Abbildung 6.9: Shopping-Integration bei ChatGPT

Aktuell sind diese Produktplatzierungen für Händler*innen kostenlos, es handelt sich hierbei um *organische Shopping-Integrationen*. Anders als bei vergleichbaren Modellen von Google müssen Werbetreibende daher momentan nicht pro Klick bezahlen. Die Monetarisierung ist jedoch eine zentrale Herausforderung für alle LLM-Anbieter, für die noch keine ideale Lösung existiert. Es ist daher damit zu rechnen, dass die Klicks über kurz oder lang auch kostenpflichtig werden und ein Teil der Produktlistings als bezahlte Anzeigen erscheint. Dann entsteht praktisch ein neuer Kanal: Paid GEO.

Wie die KI die Kaufentscheidung begleitet

ChatGPT unterstützt die Nutzenden im Verlauf der gesamten User Journey und damit auch bei der Kaufentscheidung. Bei Google oder Amazon müssen sie sich durch Ergebnisse klicken, filtern, vergleichen und parallel recherchieren. Diese Arbeit übernimmt nun ChatGPT, was viel Zeit und kognitiven Aufwand spart - ein zukunftsweisendes Shoppingerlebnis.

Der Prozess beginnt typischerweise mit einer einfachen Anfrage, etwa der Suche nach einem neuen Smartphone. Daraufhin startet die generative KI eine interaktive Beratung: Sie erfragt systematisch relevante Kriterien wie Budget, Nutzungszweck und persönliche Präferenzen (vgl. Abbildung 6.10).

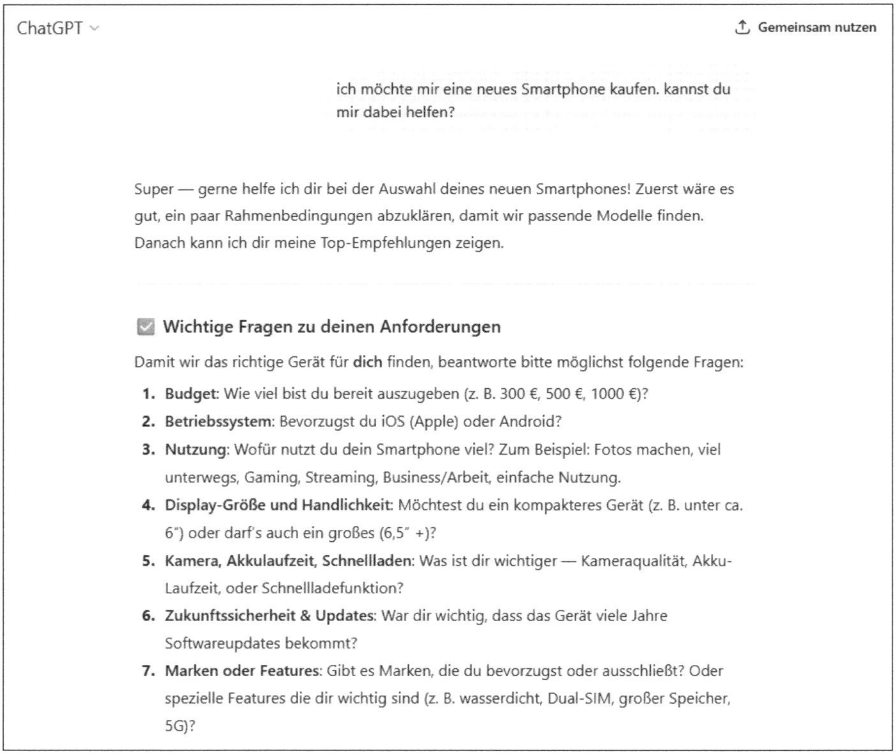

Abbildung 6.10: ChatGPT stellt konkrete Fragen zu den Anforderungen.

Mit jeder Antwort grenzt das System die Auswahl passender Produkte weiter ein und verfeinert seine Vorschläge. Der entscheidende Mehrwert liegt dabei in den begründeten Empfehlungen. Die KI listet nicht nur passende Produkte auf, sondern erklärt, warum ein bestimmtes Modell die angegebenen Anforderungen am besten erfüllt. So entsteht eine transparente und nachvollziehbare Entscheidungsgrundlage für die Nutzenden. Es schließen sich mehrere Folgefragen an, bis die Auswahl möglichst granular eingegrenzt ist. In jedem Schritt besteht zugleich die Möglichkeit, zu Angebotsseiten zu gelangen. Ist die Entscheidung für ein konkretes Smartphone gefallen, bietet der Assistent direkte Links zu Shops, die das Produkt aktuell auf Lager haben (siehe Abbildung 6.9). Das Ergebnis ist ein deutlich effizienteres und personalisiertes Einkaufserlebnis, das zu fundierteren Kaufentscheidungen führt.

Teilweise bietet ChatGPT auch bereits einen direkten Check-out an, d. h., Menschen müssen die Anbieter-Websites gar nicht mehr besuchen, sondern können den Kauf direkt in ChatGPT tätigen.

Die wichtige Frage ist nun: Wie kommt man in diese Ergebnisse? Für Hersteller ist es entscheidend, in die Shortlists der empfohlenen Produkte zu kommen. Händler wollen hingegen Top-Positionen in den Angebotskacheln erreichen.

Für Hersteller: So wird ein Produkt zur Top-Empfehlung

Um von ChatGPT in die engere Auswahl (Shortlist) potenzieller Produkte aufgenommen zu werden, müssen Hersteller die öffentliche Wahrnehmung ihrer Produkte steuern und eine hohe Markenautorität aufbauen. Die KI agiert wie ein Aggregator, der das gesamte Web nach Vertrauenssignalen durchsucht. Entscheidend ist daher die externe Validierung: Eine hohe Anzahl positiver und aktueller Kund*innenrezensionen auf verschiedenen Plattformen, Erwähnungen in Fachartikeln und eine positive Tonalität in Forendiskussionen sind starke Indikatoren für die Qualität und Relevanz eines Produkts (siehe dazu auch Kapitel 7).

Gleichzeitig ist es die Aufgabe des Herstellers, die Grundlage für eine exzellente Produktdarstellung zu schaffen, indem er reichhaltige, nutzenorientierte Basis-Produktinformationen, Spezifikationen und hochwertige Medien (Bilder, Videos) bereitstellt, welche die Händler für ihre Feeds nutzen können.

Für Anbieter (Händler): der Weg in die Produktkachel

Für Anbieter und Händler liegt der Schlüssel zur Berücksichtigung in der technischen Qualität ihrer Daten und der signalisierten Vertrauenswürdigkeit ihres Angebots. Hier konkurrieren Händler direkt um die Ausspielung für ein bereits von der KI ausgewähltes Produkt, und der entscheidende Hebel ist der Produktdatenfeed, der über das Agentic Commerce Protocol (ACP) hochgeladen wird. Die KI priorisiert Anbieter, deren Daten maximale Zuverlässigkeit und Vollständigkeit aufweisen. Dabei ist der Feed von ChatGPT nicht nur eine technische Notwendigkeit, sondern die primäre Quelle für die Bewertung. Das bedeutet konkret:

- **Datenvollständigkeit als Wettbewerbsvorteil**: Es reicht nicht, nur die Pflichtfelder zu befüllen. Im Gegensatz zum Google Merchant Center Feed bietet der Feed von OpenAI noch mehr Möglichkeiten, Produkte über zusätzliche Felder strategisch zu optimieren. Dazu zählen Performance-Signale wie Produktbewertungen, Rückgabequoten oder die Beliebtheit der Produkte. Auch medial kannst du Produkte im Feed stärker anreichern, z. B. mit Videos und 3D-Modellen. Dadurch ist es möglich, Produkte passgenau auf die zuvor skizzierte User Journey zugeschnitten auszuspielen. Die Vollständigkeit des Feeds ist also ein entscheidender Faktor dafür, welcher von mehreren Anbietern für dasselbe Produkt einen Platz im KI-Schaufenster erhält.
- **Maximale Datenaktualität**: Der Feed muss die Realität exakt widerspiegeln. Die Möglichkeit, Daten regelmäßig zu aktualisieren (bis hin zu 15-Minuten-Intervallen), solltest du nutzen, um Preisänderungen (z. B. kurzfristige Aktionen) und insbesondere die Lagerverfügbarkeit (InStock/OutOfStock) präzise abzubilden. Ein Klick, der zu einem veralteten Preis oder einem nicht verfügbaren Artikel führt, schädigt das Vertrauen und verringert die Chance auf zukünftige Empfehlungen.
- **Absolute Datenkonsistenz**: Die Informationen im Feed müssen exakt mit den strukturierten Daten (Schema.org) auf der eigenen Seite übereinstimmen. Technische Details sind hierbei relevant; so bevorzugen Maschinen serverseitig gerendertes Schema gegenüber clientseitig per JavaScript nachgeladenem Markup, da sie es als zuverlässiger bewerten.
- **Nachweisbare Transparenz auf der Website**: Auf der Website selbst ist ebenfalls auf relevante Vertrauenssignale zu achten: leicht auffindbare Links zu Versand- und Rückgaberichtlinien, genaue Angaben zu Fristen für die Rückgabe oder Zahlungsoptionen und dergleichen mehr – solche Informationen untermauern die Seriosität eines Anbieters.

Hältst du solche Kriterien ein, signalisierst du eine hohe Zuverlässigkeit als Transaktionspartner. Das erhöht die Wahrscheinlichkeit für eine Ausspielung; insbesondere kann es die Wettbewerbsposition von spezialisierten Anbietern gegenüber größeren Generalisten auf Basis der Datenqualität stärken.

[»]

Hinweis: Organic Shopping in KI-Systemen entwickelt sich sehr schnell

Das Thema Organic Shopping in KI-Systemen befindet sich gerade in einer schnelllebigen Phase, in der sich viel verändert. Behalte aktuelle Entwicklungen im Blick, damit du dich entsprechend anpassen kannst.

Kapitel 7
Off-Page-GEO: Autorität und Einfluss jenseits der eigenen Website

Off-Page-GEO bedeutet, dass du deinen Fokus über deine eigene Website hinaus erweiterst.

Während sich viele auf die Optimierung der eigenen Website konzentrieren (On-Page-GEO), liegt ein ebenso mächtiger Hebel außerhalb deiner direkten Kontrolle: die Off-Page-Optimierung. Hier geht es darum, wie deine Marke, deine Produkte und deine Dienstleistungen im weiteren Universum des Internets – außerhalb deiner eigenen Website – wahrgenommen und von KI-Systemen interpretiert werden.

In diesem Kapitel lernst du, welche Ziele du mit der Off-Page-Optimierung verfolgen kannst und solltest, welche Herangehensweisen es gibt und mit welchen konkreten Off-Page-Maßnahmen du deine Sichtbarkeit und dein Ansehen in den Antworten von KI-Chatbots und generativen Suchmaschinen aktiv gestalten kannst.

7.1 GEO wirkt auch jenseits deiner Website – ein Überblick

Die Off-Page-Optimierung ist nach *Strategie*, *Monitoring*, *Content* und *Technik* der fünfte Aufgabenbereich deines GEO-Projekts (siehe Abbildung 7.1). Diese prozessorientierte, operative Disziplin betreibst du am besten kontinuierlich. Du kannst sie parallel zu Content und Technik angehen.

Im Unterschied zur On-Page-GEO passieren Off-Page-Maßnahmen nicht auf deiner eigenen Website, sondern du wirkst damit auf *externe Quellen* ein. Die Maßnahmen setzen überall dort an, wo generative Suchmaschinen und Chatbots Hinweise auf die Relevanz, Autorität und Vertrauenswürdigkeit deiner Marke sammeln. Du beeinflusst, ob und wie deine Marke, Produkte und Inhalte in diesen externen Quellen vorkommen – mit dem Ziel, dass KI-Systeme diese externen Nennungen aufgreifen.

Konkret bedeutet das: Du arbeitest systematisch daran, Spuren außerhalb deiner Website zu legen und zu pflegen – etwa durch präzise Unternehmensprofile in Wissensgraphen und Verzeichnissen, Erwähnungen in Fachmedien und Communitys, zitierfähige Ressourcen, die von Dritten referenziert werden, konsistente Autor*innen-Signale, strukturierte Daten in externen Profilen sowie Feedback- und Bewertungsökosysteme. Ziel ist nicht die einmalige Aktion, sondern ein wiederholbarer Ablauf, der die Zahl, Qualität und Konsistenz externer Belege erhöht.

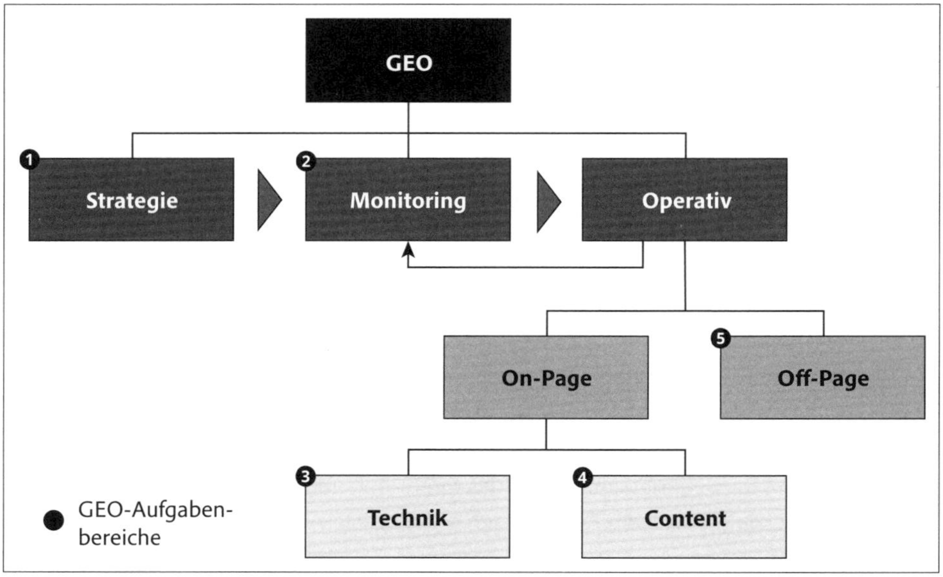

Abbildung 7.1: Off-Page-Maßnahmen lassen sich parallel zu den On-Page-Maßnahmen Technik und Content durchführen.

Warum das zählt: Generative Systeme aggregieren Informationen aus vielen Quellen, gewichten sie und formen daraus Antworten. *Je stärker, glaubwürdiger und einheitlicher deine Marke in externen Quellen dargestellt wird, desto wahrscheinlicher fließen diese Quellen in KI-Antworten ein* – und desto eher wirst du eben auch korrekt, positiv und sichtbar in KI-Systemen dargestellt. Off-Page-GEO verschiebt damit den Fokus von »Inhalte auf der eigenen Seite optimieren« hin zu »vertrauensstiftende Evidenz im Netz schaffen«.

7.2 Was willst du erreichen – und wie?

Die Off-Page-GEO richtet den Blick also auf die Quellen, die außerhalb deiner Website entstehen bzw. die bereits bestehen und über deine Marke berichten oder sie zumindest erwähnen. KI-Systeme verarbeiten diese Quellen in ihren Antworten und machen somit deine Marke oder Inhalte sichtbar. Für die Off-Page-Optimierung brauchst du klare Ziele und die richtigen Ansätze oder Herangehensweisen. Die Herangehensweisen lernst du in Abschnitt 7.2.4 kennen. Mache dir vorher die drei zentralen Ziele klar: Du möchtest *indirekte Citations* über vertrauenswürdige Drittquellen erhalten, wertvolle *Mentions* generieren, die die Autorität und Themenrelevanz deiner Marke stärken, und ein *positives Sentiment* rund um deine Marke aufbauen.

> **Tipp: Citations, Mentions, Sentiment**
>
> In Abschnitt 2.2 findest du ausführliche Erläuterungen zu Citations, Mentions und Sentiment und wie sie im GEO-Kontext funktionieren. Kapitel 4 widmet sich der Frage, wie du diese Aspekte und Ziele deiner GEO-Bemühungen messen kannst.

7.2.1 Ziel 1: Indirekte Citations generieren

In Abschnitt 2.2.6 hast du bereits erfahren, dass ein KI-System einen Grounding-Prozess auslösen kann, also eine Websuche und den Zugriff auf andere relevante Dokumente startet, um eine Anfrage umfassend beantworten zu können. Einige Webseiten, auf denen es relevante Informationen findet, zeigt es dann als Quellen (Citations) an. *Direkte Citations* sind Verlinkungen auf *deine* Webseiten, *indirekte Citations* sind Verlinkungen auf *externe* Webseiten (auf denen du genannt wirst).

Eine direkte Citation ist ein Ziel der On-Page-GEO (zu erreichen mithilfe der Optimierung von Content und Technik). In der Off-Page-GEO konzentrierst du dich auf das Generieren von indirekten Citations: Die KI verlinkt eine andere Website als Quelle, z. B. ein Fachmagazin, einen Blog oder ein Forum, die über deine Marke berichten.

Deine Aufgabe in der Off-Page-GEO ist es, auf solchen relevanten Quellen Inhalte zu deiner Marke, deinen Produkten etc. zu platzieren. KI-Systeme ziehen diese Inhalte beim Grounding als Quelle für die Antworten zu relevanten Prompts heran und zitieren sie. Bestenfalls fließen die Inhalte zusätzlich als Trainingsdaten in die Sprachmodelle ein.

> **Beispiel: Steuer-App und Citations**
>
> Jemand fragt nach der besten App für die Steuererklärung in einem KI-System. Die KI-Antwort nennt die App »Taxfix« und verlinkt als Quelle auf die Seite der App im App Store von Apple. In diesem Fall erhält Apple eine direkte Citation, aber Taxfix profitiert von einer wertvollen indirekten Citation. Dein Ziel ist es, solche externen Quellen zu schaffen oder zu beeinflussen, die dann von der KI als relevant eingestuft und zitiert werden.

7.2.2 Ziel 2: Wertvolle Mentions erhalten

Eine Mention (Erwähnung) ist die reine Nennung deiner Marke, deines Produkts oder deines Namens in einer KI-Antwort – ganz ohne direkten Link. Jede Nennung in einem relevanten Kontext stärkt die Assoziation deiner Marke mit einem bestimmten Thema und erhöht deine Autorität in den Augen der KI.

[zB]

Beispiel: Beispiel Steuer-App und Mention

Auf die Frage »Welche App ist die beste, um eine Steuererklärung zu machen?« listet die KI in einer Tabelle mehrere Marken wie »Taxfix«, »SteuerGo« und »Elster« auf. Jede dieser Nennungen ist eine erfolgreiche Mention – ein klares Ziel deiner Off-Page-Bemühungen.

Mentions in KI-Antworten entstehen, wenn mehrere Quellen immer im gleichen Kontext über deine Marke, dein Produkt bzw. die entsprechende Entität berichten. Wichtig ist also, dass deine Botschaften nicht nur auf deiner eigenen Website konsistent sind, sondern auch in externen Quellen.

[i]

Info: Was bedeutet Entität?

Eine Entität meint ein klar identifizierbares und abgrenzbares Objekt oder Konzept, das KI-Systeme als eigenständige Einheit erkennen und verstehen – etwa eine Marke, ein Unternehmen, ein Produkt, eine Dienstleistung, eine Person, einen Ort oder Standort, aber auch Konzepte wie »Suchmaschinenoptimierung« oder »Digital Marketing«.

KI-Systeme identifizieren und kategorisieren solche Entitäten in Texten und erlernen somit die thematische Zuordnung dieser Entität (deine Markenentität wird z. B. mit bestimmten Fachbereichen verknüpft), ob sie Autorität hat (häufige Erwähnungen deiner Marke in relevantem Kontext signalisieren Expertise) und ob sie relevant ist (die KI versteht, wann deine Entität als Antwort geeignet ist).

7.2.3 Ziel 3: Das Sentiment positiv gestalten

Das Sentiment beschreibt den emotionalen Kontext, in dem deine Entität erwähnt wird. Ist er positiv, neutral oder negativ? Dein Ziel ist es, diesen Kontext aktiv zu deinen Gunsten zu beeinflussen. Hierbei sind drei Facetten zu beachten (schematisch dargestellt in Abbildung 7.2):

1. **Bei negativ formulierten Prompts möchtest du nicht genannt werden**: Wenn jemand gezielt nach schlechten Erfahrungen fragt (z. B. »Welchen Stromanbieter sollte man wegen schlechten Kundenservices meiden?«), ist es das oberste Ziel, in der Antwort *nicht* zu erscheinen. Das ist oft schwer zu erreichen, weil die KI eine Antwort geben *will* und demnach immer einen oder mehrere Stromanbieter nennen wird. Du kannst dir unendlich viel Mühe geben und mit Off-Page-Maßnahmen gegensteuern (z. B., indem du viele neue positive Quellen und gute Bewertungen schaffst) – am Ende hast du aber nicht die Kontrolle darüber, ob du in Antworten auf negativ formulierte Prompts auftauchst oder nicht. Dennoch solltest du natürlich alles tun, um das zu vermeiden.

2. **Bei positiv formulierten Prompts gilt es, negativen Kontext zu vermeiden**: Manchmal kommt deine Marke zwar im Rahmen einer positiven Anfrage vor, aber mit einem negativen Beigeschmack. Auch hier besteht deine Aufgabe darin, durch Off-Page-Maßnahmen gegenzusteuern und so den Kontext deiner Markennennung zu beeinflussen.

[zB]

Beispiel: Beispiel Automarke

Auf die Frage »Welche günstige Automarke eignet sich für Familien?« beschreibt die KI mehrere Marken positiv, doch bei einer Marke erwähnt sie zusätzlich einen Nachteil. Dein Ziel ist es, solche negativen Assoziationen für deine Marke möglichst zu eliminieren.

3. **Bei positiv formulierten Prompts geht es darum, überhaupt genannt zu werden**: Dies ist der häufigste und wichtigste Fall. Wenn Nutzende nach Empfehlungen oder Lösungen in KI-Systemen suchen und deine Marke, Person oder dein Produkt nicht erwähnt wird, verpasst du eine riesige Chance. Dein Hauptfokus in der Off-Page-GEO wird oft darauf liegen, genügend positive externe Quellen zu erzeugen, damit die KI dich als relevante Antwort in ihren Ergebnissen in Betracht zieht.

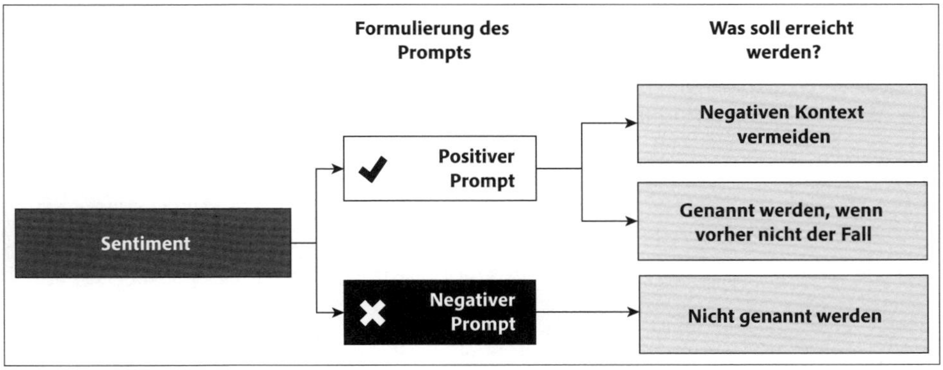

Abbildung 7.2: Was möchtest du in puncto Sentiment erreichen?

7.2.4 Quellen finden und gestalten

Um die drei genannten Ziele zu erreichen, gibt es zwei grundlegende Herangehensweisen oder Ansätze. Beide drehen sich um das Konzept der »Quelle«. Du hast zum einen die Möglichkeit, bestehende Quellen zu beeinflussen, und zum anderen, neue Quellen zu schaffen.

[i]

Info: Was ist eine Quelle im GEO-Kontext?

Eine Quelle ist eine Website oder eine spezifische URL, die ein KI-System entweder für sein Grundlagentraining nutzt oder während des Grounding-Prozesses (siehe

Abschnitt 2.2.6) aktiv zurate zieht, um eine aktuelle und fundierte Antwort zu erstellen. Nur wenn ein solcher Grounding-Prozess stattfindet, können überhaupt Citations (direkt oder indirekt) entstehen. Findet kein Grounding statt, kann die KI nur auf ihr trainiertes Wissen zurückgreifen und Mentions generieren.

Quellen mit und ohne Erwähnung

Wir unterscheiden zwischen bekannten Quellen mit Erwähnung und bekannten Quellen ohne Erwähnung. Bekannt heißt, dass du diese Quellen durch deine Monitoring-Aktivitäten in Tools identifiziert hast. Bei den Quellen mit Erwähnung kannst du optimieren, wie du erwähnt wirst. Bei den Quellen ohne Erwähnung kannst du versuchen, (positiv) erwähnt zu werden.

Deine Marke kommt vielleicht auch in Quellen vor, die dir nicht bekannt sind – weil sie nicht in Tracking-Tools angezeigt werden oder du sie aus anderen Gründen nicht auf dem Schirm hast. Da du KI-Systeme nie vollumfänglich überwachen kannst, wird es solche Fälle sehr wahrscheinlich öfter geben – ein weiterer Grund dafür, stetig und auf allen Kanälen an deiner Reputation und positiven Außenwirkung zu arbeiten.

Gute Off-Page-GEO-Quellen können sein:

- Fachmedien und Branchenblogs mit Vergleichstests, Leitfäden, Studien, Marktübersichten
- Communitys und Foren mit Antworten, Tutorials, Moderationsposts, »Best-of«-Threads
- Wissensgraphen und Referenzverzeichnisse wie Wikipedia, Wikidata, Branchenverzeichnisse, Produktkataloge, App Stores
- Q&A-Plattformen wie Stack Overflow, Quora, Gutefrage (präzise, geprüfte Antworten sind hier besonders wirksam)
- Forschungs- und Datenportale wie Preprints, Repositorien, Open-Data-Plattformen für Zahlen und Methoden
- Social-Plattformen wie LinkedIn-Artikel, Medium, Substack (bevorzugt langlebige, indexierbare Formate)

Was macht eine starke Quelle aus?

Die Quelle ist erkennbar kompetent für dein Thema (z. B. Branchenmedien, Fachblogs, Community-Wikis). Sie weist klare Vertrauenssignale wie Autor*innenprofile, Impressum, transparente Methodik, nachvollziehbare Daten und Quellenangaben auf. Regelmäßige Updates und datierte Inhalte erhöhen die Chance, als Referenz im Grounding zu dienen. Saubere Überschriften, präzise Abschnitte, nummerierte Ergebnisse, tabellarische Zusammenfassungen und klare »Takeaways« erleichtern das Zitieren. Übereinstimmende Fakten (Name, Angebote, Kennzahlen) in Verzeichnissen, Wissensgraphen und Social-Profilen minimieren Widersprüche.

Herangehensweise 1: Bestehende Quellen beeinflussen

Du identifizierst Websites oder URLs, die dein gewähltes KI-System bereits als Quellen für relevante Prompts nutzt. Dein Job besteht darin, die entsprechenden Inhalte zu deinem Vorteil zu verändern.

[zB]

Beispiel: PM-Tools

Du findest einen Vergleichsartikel über Projektmanagement-Tools, den die KI oft zitiert. Die PM-Software deines Unternehmens wird dort aber nicht erwähnt. Du kontaktierst den Herausgeber bzw. die Autorin des Artikels und bittest um eine Aufnahme deiner Software in den bestehenden Artikel.

Was kannst du tun?

- Identifiziere bestehende Top-Listen, Vergleichsartikel, Glossare und Community-Threads zu deinem Kernthema. Prüfe, wo deine Marke fehlt oder unzureichend dargestellt ist.
- Nimm Kontakt zu Herausgeber*innen auf, schlage sachliche Ergänzungen vor und reiche verifizierbare Daten ein (z. B. Zahlen, Zertifikate, Testergebnisse).
- Gib kurze, belastbare Statements, Tabellen, aktualisierte Screenshots und verlinkte Belege vor.
- Synchronisiere Fakten in allen externen Profilen (z. B. Produktnamen, Preise, Funktionsumfang). Aktualisiere App-Store-Profile, Unternehmensseiten in Verzeichnissen und Wikidata-Einträge.
- Antworte in Communitys fundiert in Threads, korrigiere sachlich Falschinformationen, verweise auf neutrale Belege. Gewinne glaubwürdige Fürsprecher*innen (Moderator*innen, Autor*innen), jedoch ohne dass deren Beiträge zu werblich wirken.

[+]

Tipp: Formuliere redaktionstauglich

Formuliere Änderungsanfragen »redaktionstauglich« – kurz, belegt, neutral. Redaktionen übernehmen eher präzise Absätze inklusive Quellen als vage Verbesserungsvorschläge.

Herangehensweise 2: Neue Quellen erschaffen

Wenn es zu deinem Thema noch nicht genügend relevante Quellen gibt oder du die Kontrolle über das Narrativ haben möchtest, schaffst du komplett neue Inhalte auf externen Plattformen.

> **Beispiel: Gastbeiträge**
>
> Du veröffentlichst eine Gaststudie in einem Branchenmagazin, buchst einen bezahlten Artikel (Advertorial) oder regst eine Diskussion in einem relevanten Forum an, die deine Entität in einem positiven Licht zeigt.

Was kannst du tun?

- Um Content-Lücken zu identifizieren, recherchierst du, welche Vergleichstests, Definitionen, Checklisten oder Datensammlungen im Netz fehlen. Wo gibt es veraltete, widersprüchliche oder unvollständige Informationen, die du richtigstellen kannst?
- Entscheide nach Thema und Zielgruppe: Fachmagazin (Reichweite/Autorität), Community-Wiki (Pflege/Neutralität), Q&A-Plattform (Präzision), Newsletter/Medium (Langlebigkeit).
- Liefere klar gegliederte Inhalte mit Methodenbeschreibung, Datengrundlage, Ergebnis-Tabellen und Fazit. Baue Sprungmarken/Abschnittslinks ein (»#ergebnisse«, »#methodik«), damit einzelne Passagen leichter tiefverlinkt werden.
- Stelle Cross-Postings in themennahen Communitys und Zusammenfassungen mit Link auf die Primärquelle ein. Begleitende Daten-Dateien (CSV, PDF, DOI) stärken die Nachprüfbarkeit.

> **Tipp: Schaffe wiederkehrende Formate**
>
> Entwickle wiederkehrende Formate (z. B. »Quartalsbarometer«, »Best-Practice-Checklisten«). Regelmäßigkeit erhöht die Chance, von generativen Systemen als Referenzrahmen erkannt zu werden.

In Abbildung 7.3 siehst du noch einmal die Ziele der Off-Page-GEO mit den Herangehensweisen, die dir zur Verfügung stehen, um diese Ziele zu erreichen.

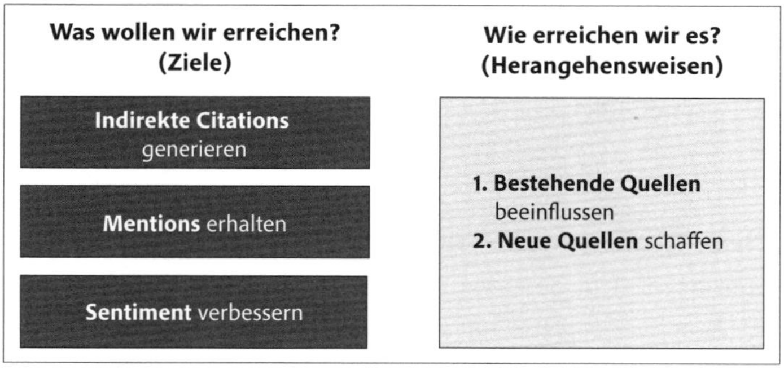

Abbildung 7.3: Ziele und Ansätze der Off-Page-GEO

Abbildung 7.4 fasst zusammen, wie die Ziele der Off-Page-GEO – Generierung von Mentions und indirekten Citations sowie Verbesserung des Sentiments – mit den KI-Systemen und den Quellen zusammenspielen:

- Du beeinflusst die Quellen mithilfe der zwei skizzierten Herangehensweisen (du optimierst bekannte Quellen und/oder schaffst neue Quellen).
- Das Sprachmodell nimmt (eventuell) die Quellen in seine Trainingsdaten auf und kann darüber Mentions erzeugen. Auch das Sentiment fließt entsprechend in die Trainingsdaten ein.
- Löst die KI zusätzlich den Grounding-Prozess aus, greift sie auf relevante Dokumente und Web-Inhalte zu. Die von dir optimierten Quellen stehen ihr im Netz zur Verfügung. Erachtet die KI sie als relevant, kann sie daraus Mentions und indirekte Citations erzeugen und das Sentiment widerspiegeln.

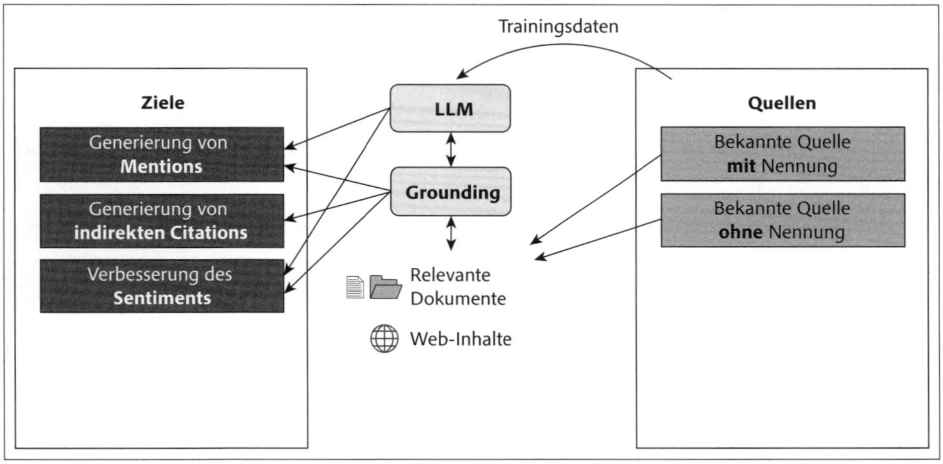

Abbildung 7.4: In der Off-Page-GEO geht es darum, indirekte Citations und Mentions zu generieren und das Sentiment zu verbessern.

7.2.5 Welche Rolle spielen Backlinks im Zeitalter der KI?

In der Suchmaschinenoptimierung (SEO) sind Backlinks ein wichtiges Hilfsmittel für die Online-Sichtbarkeit – ebenso wie guter Content und saubere Technik. Backlinks sind Verlinkungen von anderen Websites zu deiner eigenen. Sie fungieren in der SEO wie Empfehlungen: Suchmaschinen wie Google betrachten sie als wichtigen Rankingfaktor und nutzen sie, um Autorität und Relevanz deiner Website zu bewerten. Doch welche Rolle spielen Backlinks im Zeitalter von GEO? Bisher hast du nur erfahren, wie wichtig es ist, Inhalte in externen Quellen aufzubauen oder zu beeinflussen, aber nicht, ob diese Quellen auch auf deine eigene Website verlinken sollen.

Eine aktuelle Analyse von 1.000 Domains, die in Zusammenarbeit mit Semrush durchgeführt wurde (Quelle: *www.growth-memo.com/p/how-ai-really-weighs-your-links-analysis*), liefert erste, aufschlussreiche Antworten auf diese Frage. Die Studie vergleicht Backlink-

Kennzahlen mit der Anzahl der Erwähnungen (Mentions) dieser Domains in verschiedenen KI-Systemen. Diese vier zentralen Erkenntnisse sind für jede Off-Page-GEO-Strategie von Bedeutung:

1. **Autorität durch Backlinks hilft, ist aber nicht alles**: Eine hohe Domain-Autorität, die durch Backlinks aufgebaut wird, korreliert zwar mit mehr Erwähnungen in KI-Systemen, ist aber nur ein Teil des Puzzles. Wichtiger als die schiere Masse an Backlinks ist die Anzahl der einzigartigen Domains, die auf dich verlinken.
2. **Qualität schlägt Quantität**: Die stärkste Korrelation zeigte sich zwischen der Qualität der verweisenden Domains (gemessen als »Authority Score«) und der Anzahl der KI-Erwähnungen. Besonders interessant: Der größte Zuwachs an Sichtbarkeit findet erst im obersten Qualitätssegment statt. Es gibt also einen Schwellenwert, ab dem sich hohe Qualität exponentiell auszahlt.
3. **Die größte Überraschung: »nofollow«-Links haben laut der Studie eine starke Wirkung**: Anders als im SEO-Bereich wirken sich *nofollow*-Links fast ebenso positiv auf die Sichtbarkeit in KI-Antworten aus wie klassische *follow*-Links. Modelle wie ChatGPT scheinen sie sogar stärker zu gewichten. Das eröffnet völlig neue strategische Möglichkeiten, da *nofollow*-Links (z. B. aus Kommentaren, Foren oder Pressemitteilungen) oft einfacher zu erhalten sind.

   An dieser Stelle müssen wir allerdings Folgendes einschieben: Das Link-Attribut »nofollow« wurde für Suchmaschinen-Bots eingeführt und ist für diese auch weiterhin relevant. Wahrscheinlich ist jedoch, dass die KI-Bots dieses Attribut gar nicht verstehen können bzw. ihm keine Wertung geben, weil sie nicht darauf trainiert sind, wie sie mit Links umgehen sollen, die dieses Attribut tragen. Deswegen wird es vermutlich momentan schlichtweg ignoriert.
4. **Bild-Links sind erstaunlich effektiv**: Auch Links, die von Bildern ausgehen, zeigen eine starke Korrelation mit KI-Erwähnungen – in manchen Fällen sogar eine stärkere als reine Text-Links. Ihre Wirkung ist besonders bei Domains spürbar, die bereits eine gewisse Grundautorität besitzen.

Diese Erkenntnisse zeigen: Auch wenn sich die Spielregeln ändern, bleiben die Grundprinzipien des Autoritätsaufbaus relevant. Die Art und Weise, *wie* eine Webseite im Netz referenziert wird – sei es durch *follow*-Links, *nofollow*-Links oder sogar Bild-Links – hat direkten Einfluss auf ihre Wahrnehmung durch KI-Systeme.

[+]

Tipp: SEO und GEO gleichzeitig bedenken

SEO und GEO gehen in vielen Punkten Hand in Hand (mehr dazu in Kapitel 11), und so auch in diesem. Im Off-Page-Bereich berücksichtigst du idealerweise beide Disziplinen, denn deine Maßnahmen sollen sich auf beide Suchsysteme – klassisch und KI – positiv auswirken. Backlinks sind dafür ein ideales Beispiel: Da sie in der herkömmlichen Suchmaschinenoptimierung wichtig sind, solltest du sie bei deinen GEO-Initiativen mitdenken und bestenfalls *follow*-Links aufbauen.

7.3 Was du konkret umsetzen kannst - mit Praxisbeispielen

Jetzt wird es konkret. Welche Maßnahmen kannst du ergreifen? Nicht jede Maßnahme ist für jedes Ziel oder jede Herangehensweise gleich gut geeignet. Die Kunst liegt darin, den richtigen Mix für deine Situation zu finden. Abbildung 7.5 zeigt, welche Off-Page-GEO-Maßnahmen es gibt und wofür sie (hauptsächlich) geeignet sind.

	Wofür sind die Maßnahmen geeignet?	
Off-Page-GEO-Maßnahmen	**Bestehende Quellen beeinflussen**	**Neue Quellen schaffen**
Mention Outreach	✓	
Community-Marketing	✓	✓
Digital PR		✓
Organic Thought Leadership		✓
Partner-Marketing		✓
Advertorials		✓
Review-Marketing		✓
Tests & Verzeichnisse	✓	✓

Abbildung 7.5: Diese Off-Page-GEO-Maßnahmen stehen dir zur Verfügung.

Abbildung 7.6 geht darauf ein, welche Ergebnisse du mit der jeweiligen Maßnahme erzielen kannst.

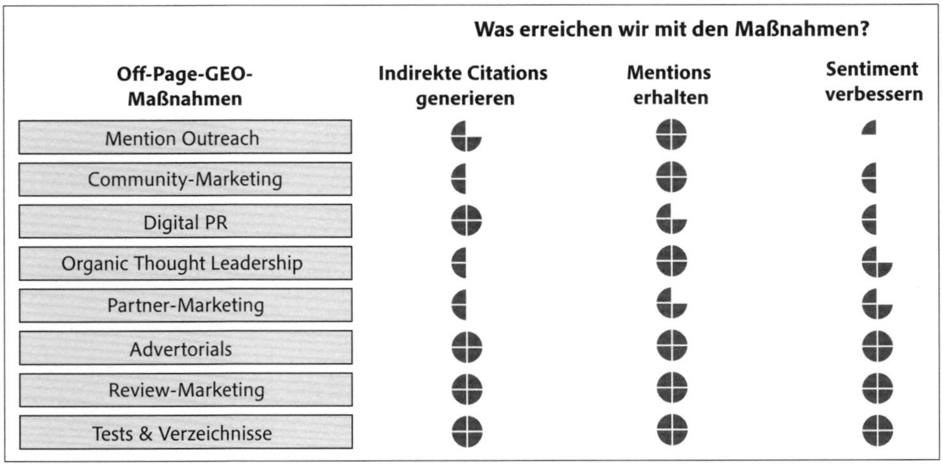

Abbildung 7.6: Je mehr Kreissegmente, umso stärker zahlt die Maßnahme auf das Ergebnis ein.

Die Off-Page-GEO-Maßnahmen siehst du hier kurz im Überblick. Im weiteren Verlauf des Kapitels folgen detaillierte Erläuterungen zu Zielen und Vorgehen.

- **Mention Outreach**: Du kontaktierst die Herausgeber anderer Websites, Publisher etc., um sie dazu zu bewegen, deine Marke innerhalb von bestehendem Content zu erwähnen. Dadurch erzielst du Mentions und indirekte Citations.
- **Community-Marketing**: Du sorgst für einen regen Austausch zwischen deiner Marke und deinen Community-Mitgliedern. KI-Systeme greifen häufig auf Inhalte aus Foren etc. zurück.
- **Digital PR**: Mit digitaler Öffentlichkeitsarbeit baust du positive Berichterstattung auf, etwa in Form von Kampagnen oder Kooperationen mit Journalist*innen oder Influencer*innen. Diese Berichterstattung kann zu indirekten Citations und Mentions führen. Da die Grundlage dieser Maßnahme hochwertiger Content auf deiner eigenen Website ist (On-Page-Content), kannst du mit ihr auch direkte Citations generieren. Bei Digital PR handelt es sich also um eine hybride Maßnahme.
- **Organic Thought Leadership**: Du etablierst dich oder deine Marke als Meinungsführer in deinem Bereich. Häufig nutzen KI-Systeme Social-Media-Inhalte, z. B. von LinkedIn, um Mentions zu generieren.
- **Partner-Marketing**: Schließe Kooperationen mit Partner*innen ab, die dein Unternehmen oder deine Produkte besprechen, etwa im Rahmen von Affiliate- oder Influencer-Marketing. Durch Kooperationen mit Partner*innen bekommst du die Chance auf Mentions und indirekte Citations in den KI-Antworten.
- **Advertorials**: Mit redaktionell gestalteten Werbeanzeigen auf vertrauenswürdigen, reichweitenstarken Plattformen zielst du darauf ab, Mentions und indirekte Citations zu erringen.
- **Review-Marketing**: Du sammelst und pflegst positive Bewertungen deiner Kund*innen auf einschlägigen Portalen. Die KI greift gerne auf solche Foren zurück, und Bewertungen können maßgeblich für das Sentiment rund um deine Marke sein.
- **Tests und Verzeichnisse**: Du versuchst, in relevanten Branchenverzeichnissen zu erscheinen, und möchtest z. B. dein Produkt in Vergleichstests platzieren. KI-Systeme generieren oft – vor allem im transaktionalen B2B-Bereich – indirekte Citations und Mentions basierend auf Tests und Verzeichnissen.

Es gibt noch weitere Off-Page-GEO-Maßnahmen, doch diese Liste enthält die wichtigsten und wird dich eine ganze Weile beschäftigen.

[!]

Achtung: Off-Page-GEO-Ziele im Zusammenhang mit Ansätzen und Maßnahmen

Off-Page-GEO-Ziele sind nicht separat voneinander zu betrachten. Je nach Ziel und Ansatz oder Herangehensweise sind die Maßnahmen unterschiedlich gut geeignet und wirksam. Unsere Einschätzungen, wofür sich Maßnahmen eignen und was du damit erreichen kannst, basieren auf bisherigen Erfahrungen. Sie müssen nicht immer und nicht in jedem Fall richtig sein, und wahrscheinlich wird sich dieses Gefüge im Zuge der allgemeinen KI-Entwicklung auch wieder verändern. Es kann dir aber erst einmal als Leitfaden für deine Off-Page-GEO-Maßnahmen dienen.

7.3.1 Mention Outreach: gezielt auf den Radar von KI-Systemen kommen

Mention Outreach bezeichnet die strategische Kontaktaufnahme zu anderen Websites, Medien, Influencer*innen, Content-Ersteller*innen etc. mit dem Wunsch, hochwertige Erwähnungen und ggf. auch Backlinks von deren autoritativen Quellen zu erhalten.

- **Ziel**: Du willst deine Marke, dein Produkt, deine Dienstleistung etc. in bereits bestehenden Inhalten Dritter platzieren, die von KI-Systemen als Antwort auf relevante Prompts zitiert werden (deren URL also eine direkte Citation erhält). Weil die KI die URL und deren Inhalte für diese Prompts bereits als Autorität betrachtet und du nun deine Entität darin platzierst, erhoffst du dir, dass die KI deine Entität erwähnt (diese also eine Mention bekommt).
- **Vorgehen**: In deinen GEO-Tools hinterlegst du für dich relevante Prompts als Grundlage. Dann identifizierst du, bei welchen Prompts du bzw. deine Entitäten keine Erwähnung finden. Anschließend ermittelst du Quellen, die bei diesen Prompts sehr wohl zitiert werden. Du analysierst den Content dieser Quellen und findest so heraus, bei welchen Quellen du deine Entitäten platzieren könntest. Du sprichst die Betreiber*innen dieser Quellen an (Outreach) und schlägst eine Ergänzung des Inhalts um deine Marke vor.
- **Chancen**: Du musst keinen neuen Content erstellen, da du deine Marke in bestehende Inhalte integrierst. Dadurch sparst du einerseits Ressourcen, andererseits steigt die Wahrscheinlichkeit für eine Mention, da der KI die Inhalte bereits bekannt sind.
- **Herausforderungen**: Die Recherche und auch die Kontaktaufnahme können langwierig sein. Die Erfolgsquote ist erfahrungsgemäß (und themenabhängig) nicht immer hoch. Dennoch ist dies ein sehr gezielter Ansatz.

Beispiel Taxfix

Das Unternehmen Taxfix möchte in KI-Antworten erscheinen.

Abbildung 7.7 zeigt, wie ChatGPT auf die Anfrage nach der besten Steuererklärungs-App reagiert. Das System wirft verschiedene Lösungen aus und gibt mehrere externe Quellen für jede Lösung an. Taxfix kommt zu diesem Zeitpunkt nicht in der KI-Antwort vor.

In Abbildung 7.8 findet Peec AI (*https://peec.ai/*) heraus, ob alle genannten Quellen Erwähnungen von Taxfix enthalten.

1. **WISO Steuer**
   - Sehr umfassend: Unterstützt viele Einkunftsarten, also nicht nur Lohn, sondern z. B. auch Selbstständigkeit, Vermietung etc. App Store +1
   - Benutzerfreundlich, mit Erklärungen und Hilfetexten. App Store
   - Preis: Du bezahlst erst, wenn du die Erklärung abgibst (ab ca. 35,99 €). App Store
   - Daten sicher: ELSTER-Schnittstelle integriert. App Store
   - Viele Nutzer schätzen, dass man maximal rausholen kann – auch für kompliziertere Steuerfälle.
2. **SteuerGo**
   - Sehr klare und intuitive App. App Store +1
   - Du kannst deine Steuererklärung auf dem Handy machen oder per Webbrowser, je nachdem, was dir lieber ist. SteuerGo
   - Abgabe kostet einmalig 34,95 €, kein Abo. App Store
   - Gut geeignet für Leute mit „Standardfällen" (Angestellte, Studenten), aber unterstützt auch andere Einkunftsarten. App Store
3. **Steuerbot**
   - Sehr nutzerfreundlich: Es läuft wie ein Chat — du beantwortest Fragen, und die App führt dich durch die Steuererklärung. Steuerbot +1
   - Du kannst schon vorher sehen, wie viel Rückerstattung ungefähr rauskommen könnte — die Berechnung ist kostenlos. Steuerbot
   - Preis: Für die Abgabe fallen ca. **39,99 €** an. Steuerbot
   - Sicher & offiziell: Über ELSTER-Schnittstelle werden deine Daten ans Finanzamt geschickt. Steuerbot
4. **einfachELSTERplus / Mein ELSTER**
   - Das ist die offizielle Lösung der Finanzverwaltung. Kostenlos. ELSTER
   - Mit der App „MeinELSTER+" kannst du Belege scannen und in dein Benutzerkonto hochladen.

Abbildung 7.7: »Welche App ist die beste, um die Steuererklärung selbst zu machen?« ChatGPT nennt verschiedene Lösungen. Taxfix ist nicht dabei.

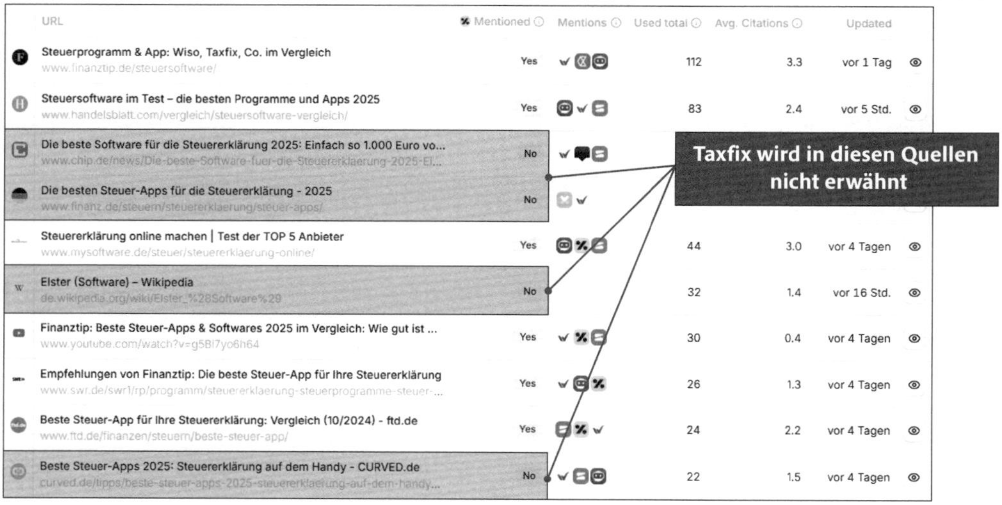

URL	Mentioned	Mentions	Used total	Avg. Citations	Updated
Steuerprogramm & App: Wiso, Taxfix, Co. im Vergleich www.finanztip.de/steuersoftware/	Yes		112	3.3	vor 1 Tag
Steuersoftware im Test – die besten Programme und Apps 2025 www.handelsblatt.com/vergleich/steuersoftware-vergleich/	Yes		83	2.4	vor 5 Std.
Die beste Software für die Steuererklärung 2025: Einfach so 1.000 Euro vo... www.chip.de/news/Die-beste-Software-fuer-die-Steuererklaerung-2025-Ei...	No				
Die besten Steuer-Apps für die Steuererklärung - 2025 www.finanz.de/steuern/steuererklaerung/steuer-apps/	No				
Steuererklärung online machen | Test der TOP 5 Anbieter www.mysoftware.de/steuer/steuererklaerung-online/	Yes		44	3.0	vor 4 Tagen
Elster (Software) – Wikipedia de.wikipedia.org/wiki/Elster_%28Software%29	No		32	1.4	vor 16 Std.
Finanztip: Beste Steuer-Apps & Softwares 2025 im Vergleich: Wie gut ist ... www.youtube.com/watch?v=g5Bl7yo6h64	Yes		30	0.4	vor 4 Tagen
Empfehlungen von Finanztip: Die beste Steuer-App für Ihre Steuererklärung www.swr.de/swr1/rp/programm/steuererklaerung-steuerprogramme-steuer-...	Yes		26	1.3	vor 4 Tagen
Beste Steuer-App für Ihre Steuererklärung: Vergleich (10/2024) - ftd.de www.ftd.de/finanzen/steuern/beste-steuer-app/	Yes		24	2.2	vor 4 Tagen
Beste Steuer-Apps 2025: Steuererklärung auf dem Handy - CURVED.de curved.de/tipps/beste-steuer-apps-2025-steuererklaerung-auf-dem-handy...	No		22	1.5	vor 4 Tagen

Tool: Peec AI

Abbildung 7.8: Die hervorgehobenen Quellen weisen keine Erwähnung von Taxfix in ihrem Content auf. Du hast die Chance, sie positiv zu beeinflussen.

In Abbildung 7.9 siehst du eine der genannten Quellen, die Taxfix noch nicht erwähnen.

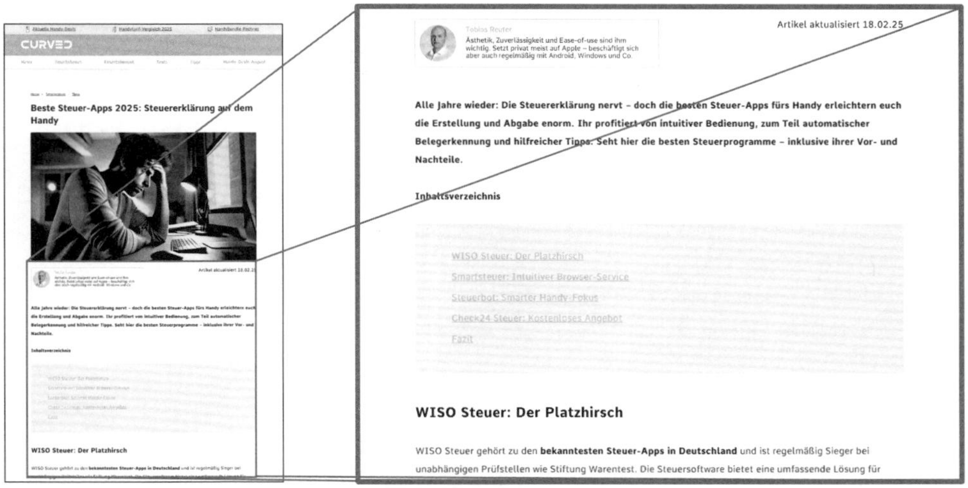

Quelle: https://curved.de/tipps/beste-steuer-apps-2025-steuererklaerung-auf-dem-handy-771058

Abbildung 7.9: Eine der Quellen, die Taxfix nicht erwähnen, ist das Magazin CURVED.

Abbildung 7.10 zeigt, wie derselbe Artikel aussehen könnte, nachdem du Autor und Magazin um eine Aufnahme von Taxfix gebeten hast. Taxfix wäre somit in die als Citation genutzte Quelle integriert (Beispiel ist fiktiv).

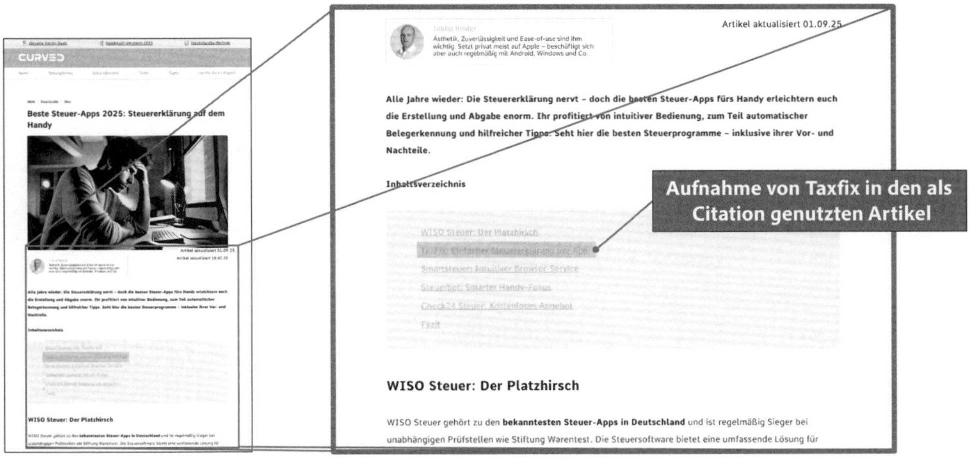

Quelle: https://curved.de/tipps/beste-steuer-apps-2025-steuererklaerung-auf-dem-handy-771058

Abbildung 7.10: Für Demonstrationszwecke in dieser Abbildung simuliert: Nach Kontaktierung des Magazins erscheint Taxfix nun im Artikel.

Nach einer erfolgreichen Mention-Outreach-Kampagne könnte sich dann auch die Antwort aus Abbildung 7.7 zum Ergebnis in Abbildung 7.11 wandeln: Auf den exakt gleichen Prompt wie vorher erscheint nun eine Antwort, die Taxfix ganz oben platziert.

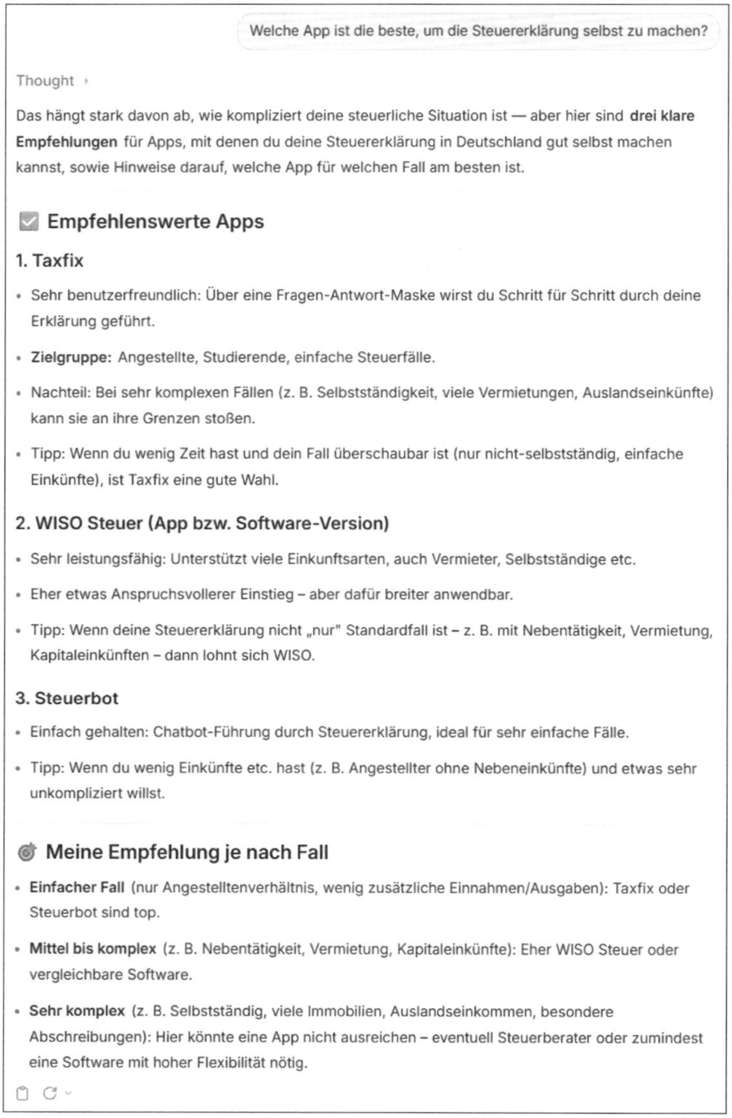

Abbildung 7.11: Antwort von ChatGPT auf den gleichen Prompt wie vorher: Taxfix steht nun ganz oben – ein gutes Ergebnis von Mention Outreach.

7.3.2 Community-Marketing: Foren aktiv für dich nutzen

Mit Community-Marketing baut dein Unternehmen eine Gemeinschaft rund um deine Marke, Produkte oder Interessen auf und pflegt diese Gemeinschaft auch aktiv. Dein Ziel dabei ist es, langfristige Beziehungen zu Kund*innen und Interessent*innen zu schaffen. Im Vordergrund stehen der Austausch und das Engagement der Community-Mitglieder untereinander, aber auch mit deiner Marke. Dadurch entstehen organisches Wachstum, Markenloyalität und authentische Mund-zu-Mund-Propaganda.

Viele KI-Systeme ziehen Foren wie Reddit heran, um ihre Trainingsdaten anzureichern oder direkt daraus zu zitieren.

- **Ziel**: Du willst Markenerwähnungen in Communitys und Foren wie Reddit schaffen, um künftig direkte oder indirekte Citations (KI nennt Reddit als Quelle) zu bekommen.
- **Vorgehen**: Dafür baust du Profile deiner Expert*innen im Unternehmen für verschiedene relevante Themen auf. Diese beteiligen sich aktiv an Forumsdiskussionen, ohne plump für deine Marke zu werben. Sie sollten echten Mehrwert für die Community-Mitglieder schaffen. In Diskussionen können sie auf weiterführende Blogartikel, Studien oder Whitepaper zum jeweiligen Thema verweisen, die auf deiner Website zu finden sind.

  Über Tools wie Peec AI kannst du dir Forendiskussionen u. a. auf Reddit anzeigen lassen, die thematisch zu dir passen und in denen du entweder erwähnt oder noch nicht erwähnt wirst (aber deine Wettbewerber schon).
- **Chancen**: KI-Systeme erwähnen oder zitieren den Content, den du in deiner Community förderst und moderierst und der daher hochrelevant für deine Marke sein sollte.
- **Herausforderungen**: Authentisches, angemessenes und aktives Community-Management ist meist sehr ressourcenintensiv, der ROI hingegen schwer zu beziffern.

Beispiel Fotoprodukte

Abbildung 7.12 zeigt, wie Peec AI eine Anfrage daraufhin analysiert, ob es Mentions oder Citations in Reddit-Beiträgen gibt. Du untersuchst also mit Peec AI, bei welchen Beiträgen deine Marke oder die deiner Wettbewerber genannt bzw. nicht genannt wird. Vor allem die Beiträge ohne Nennung deiner Marke sind für dich interessant: Dort kannst du mitdiskutieren und deine Marke platzieren. Im Falle des Beispiels in der Abbildung wurden für die Kategorie »Fotoprodukte« zehn Prompts angelegt und analysiert (die Liste zeigt nur die Reddit-Ergebnisse, es gab aber auch noch andere Citations).

URL	Type	Mentioned	Mentions	Used total	Avg. Citations	Updated
Fotos drucken (lassen) www.reddit.com/r/Fotografie/comments/1jncuh5	Discussion	No		2	1.0	vor 5 Tagen
Bilder drucken - welcher Anbieter www.reddit.com/r/Fotografie/comments/13m770o	Discussion	No		2	1.5	vor 8 Std.
Bester Fotobuch Anbieter? www.reddit.com/r/AskAGerman/comments/17cj825	Discussion	No		2	2.0	vor 2 Tagen
Wo lasst ihr eure Bilder drucken? www.reddit.com//r/Fotografie/comments/1huy4i9	Discussion	No		2	2.0	vor 2 Tagen
Wo bestellt man Fotodrucke? www.reddit.com/r/Fotografie/comments/1drvg7v	Discussion	No		2	2.0	vor 5 Tagen
Wo kann ich gute Privatfotos ausdrucken? www.reddit.com/r/FragReddit/comments/sdxcle	Discussion	No		1	1.0	vor 3 Tagen
Recommendations for High-Quality Photo Print Services in Germany? www.reddit.com//r/germany/comments/1ikj0oc	Discussion	Yes	—	1	2.0	vor 5 Tagen
Guter Service für Fotoabzüge? www.reddit.com/r/Fotografie/comments/10ua203	Discussion	No		1	1.0	vor 7 Tagen
Wo kann ich Fotos drucken lassen in guter Qualität? (mindestens 300dpi) www.reddit.com/r/berlin/comments/wly272	Discussion	No		1	2.0	vor 5 Tagen
Mini photo printers Polaroid Hi-print & Kodak Retro 2 cartridges are interchangeable www.reddit.com//r/photography/comments/1irdo5c	Discussion	No		1	1.0	vor 1 Tag

Abbildung 7.12: Peec AI zeigt an, ob deine Marke oder die deiner Wettbewerber Mentions oder Citations auf Reddit haben.

In Abbildung 7.13 siehst du, wie das Tool Writesonic (*https://writesonic.com*) ebenfalls auf einen Reddit-Beitrag verweist: Reddit erhält eine Citation zu einem relevanten Prompt – kommt im entsprechenden Reddit-Beitrag deine Marke vor, könnte das ein Ergebnis deiner Community-Marketing-Maßnahme sein. Und kommt sie noch nicht vor, kannst du versuchen, dich an der Diskussion in diesem Thread zu beteiligen und deine Marke dort zu platzieren.

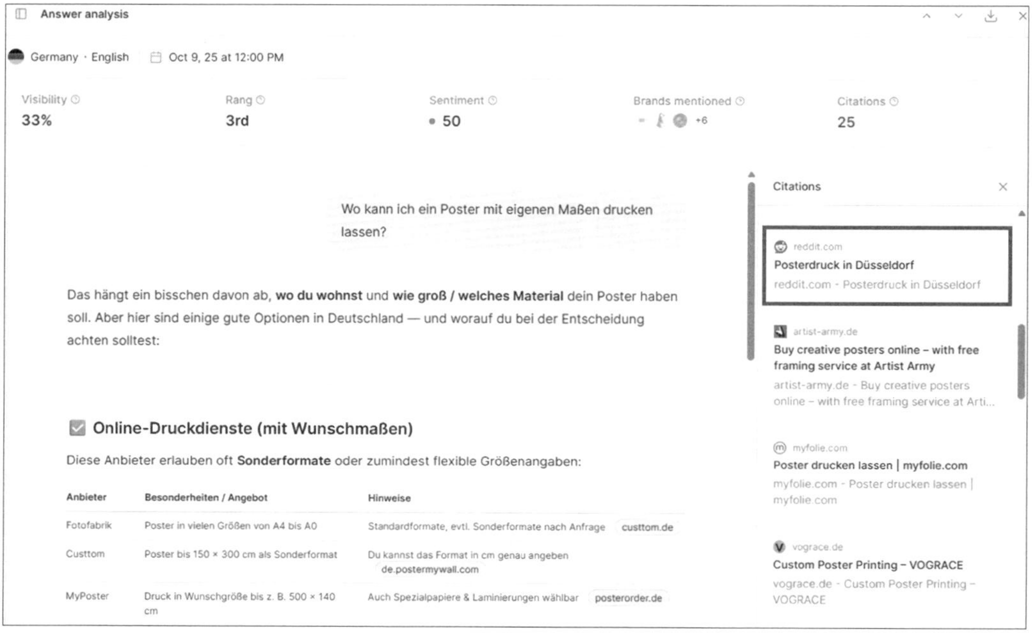

Abbildung 7.13: »Wo kann ich ein Poster mit eigenen Maßen drucken lassen?« Writesonic gibt einen Reddit-Beitrag für Posterdruck in Düsseldorf aus.

7.3.3 Digital PR: mit Daten und News-Faktor zu mehr Präsenz

Digital PR ist eine moderne Form der Öffentlichkeitsarbeit. Dabei nutzt du digitale Kanäle und Online-Medien, um die Sichtbarkeit, Reputation und Reichweite deiner Marke oder deines Unternehmens zu steigern. Du setzt Aktivitäten wie Kooperationen mit Influencer*innen, Beziehungen zur Presse und digitale Kampagnen ein, um eine positive Berichterstattung zu generieren und so – über externe Kanäle – deine eigene Online-Präsenz zu stärken. Für GEO kannst du Digital PR anwenden, um vorrangig indirekte Citations und Mentions zu erringen. Wie zuvor beschrieben, ist Digital PR eine hybride Maßnahme zwischen Off-Page- und On-Page-Maßnahmen. Daher können auch direkte Citations als Output entstehen.

- **Ziel**: Du willst Erwähnungen bei großen und relevanten Publishern und Medien aus deiner Branche erzielen, idealerweise mit Verlinkung auf deine Website.

- **Vorgehen**: Du erstellst auf deiner eigenen Website einzigartigen, datengetriebenen Content mit hohem Informations- und Nachrichtenwert – natürlich passend zu deinen Zielgruppen. Aktuelle Trends, saisonale Ereignisse oder auch kontroverse Diskussionen in deiner Branche eignen sich oft gut.

  Du sammelst relevante Daten durch eigene Umfragen, Marktforschung, Analyse öffentlicher Datensätze oder interne Unternehmensdaten. Diese Daten bereitest du professionell auf – durch statistische Auswertungen, Visualisierungen, interaktive Grafiken oder aussagekräftige Infografiken. Die Erkenntnisse sollten überraschend oder besonders relevant für aktuelle Diskussionen sein.

  Jetzt kannst du daraus verschiedene Content-Formate entwickeln: ausführliche Studienberichte, kompakte Pressemitteilungen, visuell ansprechende Infografiken, interaktive Tools oder Video-Zusammenfassungen. Du bereitest die Inhalte so auf, dass Journalist*innen sie leicht verwenden können – mit klaren Kernaussagen, zitierfähigen Statements und verschiedenen Detailgraden je nach Medium.

  Diese Inhalte bietest du relevanten Journalist*innen und Medien zur Veröffentlichung an.
- **Chancen**: Reichweitenstarke Publisher-Seiten greifen auf die von dir erstellten Inhalte zurück und erwähnen deine Marke. Dadurch wird diese bekannter und gleichzeitig steigt die Chance, dass KI-Systeme Mentions und direkte Citations für deine Marke erzeugen. Zusätzlich erreichst du Sichtbarkeit in den KI-Antworten, weil die reichweitenstarken Quellen, die über dich berichten, indirekte Citations bei themenrelevanten Prompts erhalten.
- **Herausforderungen**: Du musst Inhalte erstellen, die interessant und relevant genug sind, damit Publisher und Medien sie aufgreifen wollen. Daher ist diese Maßnahme nicht unbedingt für alle Unternehmen geeignet, weil es ihnen entweder an einzigartigen Daten mangelt oder sie diese nicht veröffentlichen möchten. Es kann auch sein, dass die Daten und Informationen eines Unternehmens zu speziell und nicht interessant genug für eine breitere Masse sind – dann ein Medium für die Veröffentlichung zu finden, wird schwierig.

Beispiel Hundemagazin
Ein Online-Hundemagazin analysierte die Hundesteuer in fast 400 deutschen Städten und erstellte ein Ranking der teuersten und günstigsten Städte. Es veröffentlichte die Studie auf der eigenen Website und kommunizierte sie an einschlägige Medien. Das Ergebnis: Zahlreiche große Publisher (etwa das Magazin »Deine Tierwelt«, siehe Abbildung 7.15) berichteten darüber und erzeugten so indirekte Citations für das Hundemagazin in den KI-Antworten auf Fragen wie »Wo in Deutschland zahlt man am wenigsten Hundesteuer?« (siehe Abbildung 7.14). Abschnitt 9.1 erläutert im Detail, wie das Hundemagazin in Sachen GEO gepunktet hat.

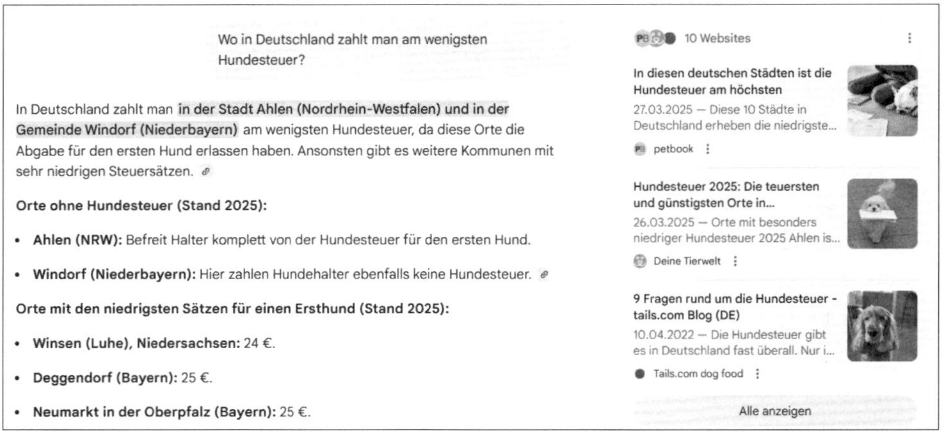

Abbildung 7.14: »Wo in Deutschland zahlt man am wenigsten Hundesteuer?« KI-Modus gibt u. a. »Deine Tierwelt« rechts als Quelle an.

Abbildung 7.15: Mit direktem Link nimmt »Deine Tierwelt« die Studie von hundemagazin.com in den eigenen Artikel über Hundesteuer auf.

7.3.4 Organic Thought Leadership – via Social Media in die KI

Organic Thought Leadership betreibst du, wenn du es schaffst, deine Person oder Marke als Meinungsführer in einem Fachbereich zu etablieren. Dafür veröffentlichst du authentische, wertvolle Inhalte und Expertise, ohne auf bezahlte Werbemaßnahmen zurückzugreifen. Deine konsistenten, hochwertigen Beiträge, originellen Insights und echte Fachkompetenz stärken deine Autorität und das Vertrauen in deine Marke. Die Zielgruppe schätzt deine Inhalte und teilt sie gerne und freiwillig.

Beiträge von Unternehmen auf Instagram sowie Artikel auf LinkedIn Pulse werden von Google indexiert und für Suchen von KI-Systemen herangezogen, was für das Grounding relevant ist. KI-Systeme, insbesondere die von Google, zitieren auch YouTube oft als Quelle.

- **Ziel**: Du willst Inhalte auf einschlägigen Social-Media-Plattformen veröffentlichen, die in die KI-Trainingsdaten einfließen oder beim Grounding zum Einsatz kommen. So nutzt du die Social-Media-Kanäle, um als Vordenker*in wahrgenommen zu werden und wertvolle Inhalte zu teilen, welche die KI aufgreifen kann.
- **Vorgehen**: GEO-Tools wie Writesonic und Peec AI ermitteln für dich, in welchen für dich relevanten Prompts z. B. YouTube als Quelle auftaucht. In diesem Umfeld schaffst du dann ebenfalls aktuelle und hochwertige Inhalte.
- **Chancen**: Die KI spiegelt deine Marke als Meinungsführerin für ganz bestimmte Themen wider. Du wirst dadurch bei relevanten Prompts erwähnt und zitiert und kannst den Kontext, in dem du oder deine Marke genannt werden, positiv beeinflussen.
- **Herausforderungen**: Die KI spielt in diesem Rahmen häufig Inhalte für Trendthemen aus, die du nicht gut vorausplanen kannst. Daher musst du mit der Content-Produktion sehr schnell sein.

Beispiel für YouTube – Padel-Schläger

Auf Abbildung 7.16 siehst du, wie ChatGPT YouTube für transaktionale Suchen und Tests heranzieht.

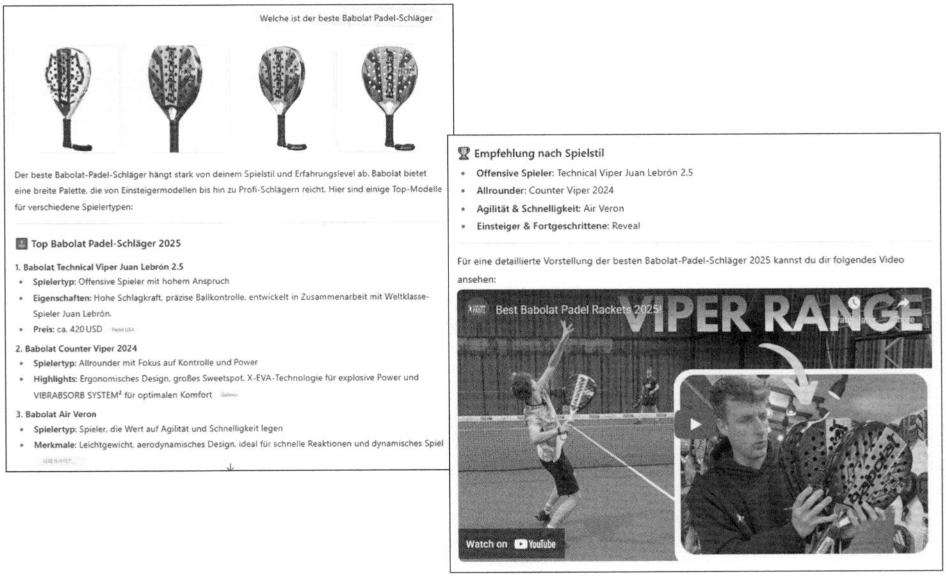

Abbildung 7.16: »Bester Padel-Schläger von Babolat?« ChatGPT verweist u. a. auf das Vergleichsvideo von everythingpadel.co.uk.

Abbildung 7.17 zeigt, wie ChatGPT auch bei einer breiter gefassten Vergleichsanfrage (»Welchen Padel-Schläger würdest du Anfängern empfehlen? Kannst du nach Erfahrungen mit den Marken Babolat, Nox oder Bullpadel schauen?«) ein YouTube-Video für weitere Informationen empfiehlt. Als Hersteller oder Vertrieb von Padel-Ausrüstung könntest du über ähnliche Videos nachdenken.

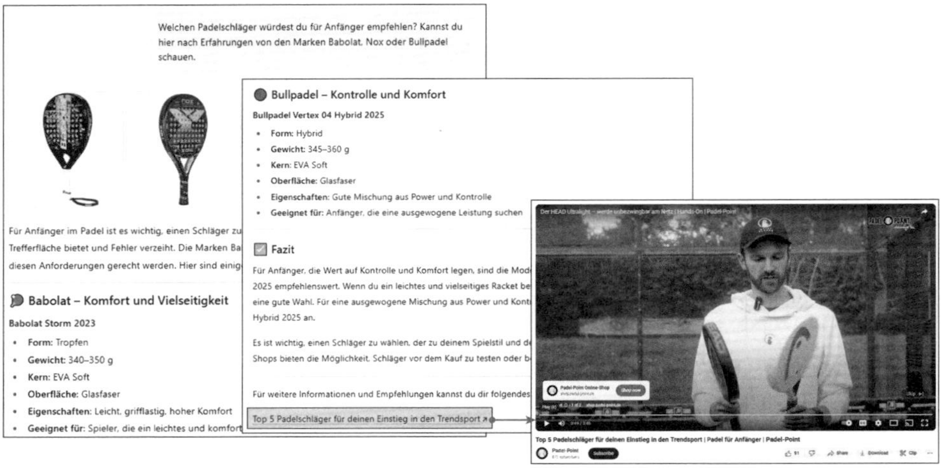

Abbildung 7.17: Padel-Schläger für Anfänger – das Ergebnis zeigt u. a. ein Video von padel-point.de an.

Beispiel für LinkedIn – Rahmenverträge

Abbildung 7.18 stellt eine Analyse mit dem Tool Writesonic dar. Es zeigt dir in diesem Beispiel, dass LinkedIn für dieses sehr spezifische Thema als Quelle gedient hat (Anfrage: »Wie kann ich frühzeitig von auslaufenden Rahmenverträgen erfahren, um mich rechtzeitig zu positionieren?«).

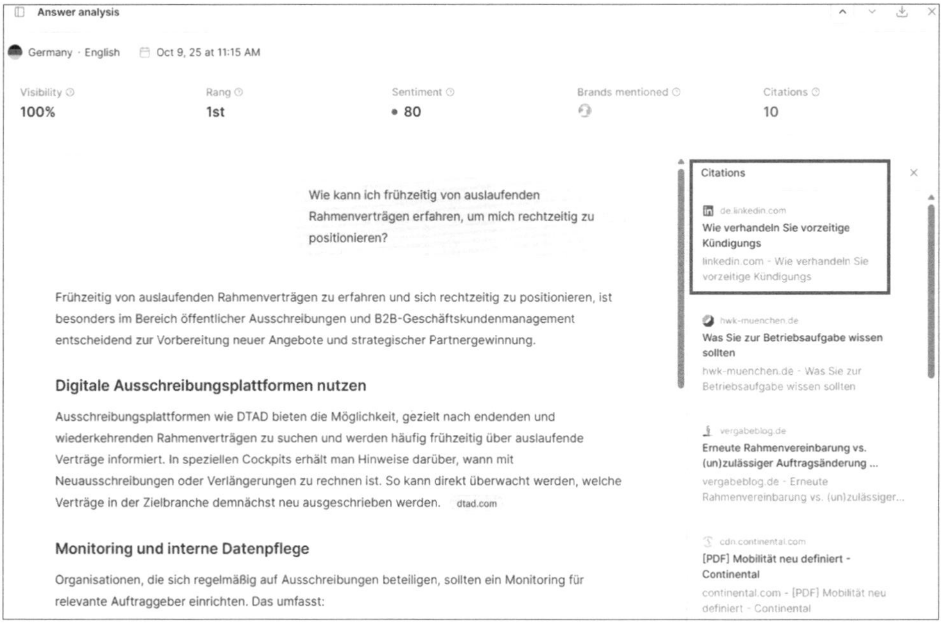

Abbildung 7.18: Das Tool Writesonic ermittelt, ob LinkedIn als Quelle für die Anfrage erscheint.

Gerade im professionellen Umfeld von Wirtschaft, Recht etc. gilt LinkedIn als verlässliche, hochseriöse Quelle.

7.3.5 Partner-Marketing – lass andere für dich sprechen

Beim Partner-Marketing geht dein Unternehmen eine strategische Zusammenarbeit mit externen Partner*innen ein, um bestimmte Marketingziele zu erreichen und ggf. auch neue Zielgruppen zu erschließen. Dazu zählen Affiliate- und Influencer-Marketing: Affiliate-Marketing bedeutet, dass deine Partner*innen (Affiliates) Produkte oder Dienstleistungen gegen eine erfolgsabhängige Provision bewerben, meist über spezielle Tracking-Links auf eigenen Webseiten oder Blogs. Beim Influencer-Marketing hingegen nutzt du die Reichweite und Glaubwürdigkeit von Meinungsführer*innen in sozialen Medien, z. B. YouTube, um authentische Produktempfehlungen an deren Follower*innen zu kommunizieren. Die Vergütung dafür erfolgt oft pauschal oder durch Produktkooperationen.

- **Ziel**: Du möchtest, dass vertrauenswürdige Content-Ersteller*innen aus deiner Branche über deine Produkte oder Dienstleistungen berichten. Sie stehen für die Qualität deines Angebots ein und sind so etwas wie deine Markenbotschafter*innen.
- **Vorgehen**: Du recherchierst, welche Creator*innen zu deinem Bereich und deinen Themen passen, und bietest ihnen eine Kooperation an. Bei den Kooperationsverhandlungen bedenkst du mit, dass als Output Quellen entstehen sollten, die potenziell in KI-Antworten zitiert werden können – nur so hast du selbst die Chance, indirekte Citations und Mentions zu erhalten.
- **Chancen**: Da Influencer*innen und Content-Creator*innen oft hohes Ansehen in ihrem Themenbereich genießen, nimmt das Publikum sie eher als authentische Quelle und weniger als bezahlte Werbende wahr.
- **Herausforderungen**: Es besteht ein Restrisiko, da du bei authentischen Kooperationen keinen Einfluss z. B. auf das Ergebnis eines Produkttests oder -vergleichs hast. Möglicherweise fällt die Bewertung also nicht so positiv aus, wie du es dir erhofft hast.

Beispiel LEGO

Jemand fragt die KI: »Kannst du das LEGO Set 72046 empfehlen? Was sagt das Netz darüber?«

Abbildung 7.19 zeigt, dass die KI die Website *Zusammengebaut* (*https://zusammengebaut.com*) als Quelle angibt. Die Macher*innen dieser Website deklarieren sie als eine »unabhängige und von LEGO offiziell anerkannte Fan-Seite« und schreiben, dass sie ihre Aufwände über Affiliate-Verkäufe finanzieren. Sie betonen, dass LEGO keinen Einfluss auf ihre Berichterstattung nimmt – ein Beispiel für seriöses Affiliate-Marketing. In Abbildung 7.19 ist zudem ein Ausschnitt des Berichts von *Zusammengebaut* über das LEGO-Set 72046 zu sehen.

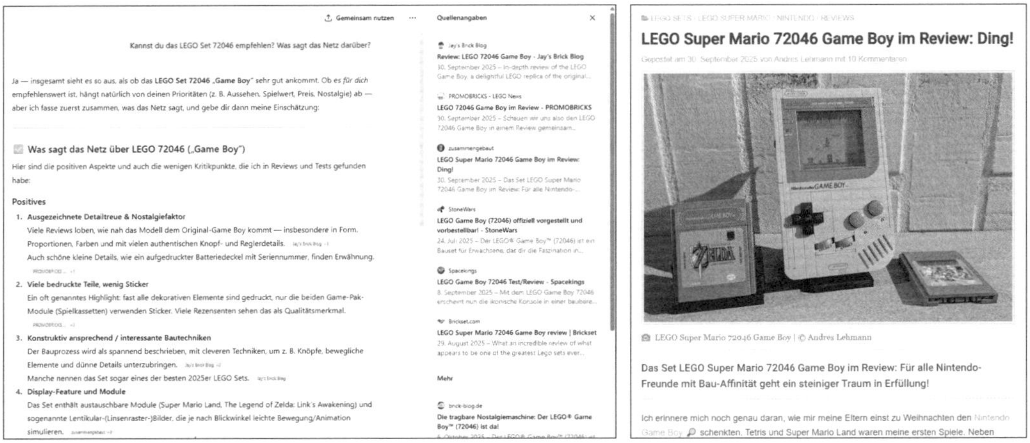

Abbildung 7.19: Von der KI-Quelle gelangen Interessierte eventuell auf die Partner-Website von LEGO.

In Abbildung 7.20 erkennst du einen Ausschnitt eines YouTube-Videos (Quelle: *www.youtube.com/watch?v=cy1JlfXKuYM*) zum selben LEGO-Set. Der Kanalbetreiber »Don Mattoncino – Der Klemmbaustein Pate« äußert sich sehr positiv und mit viel Leidenschaft über das Set – ein Partner wie dieser wäre für die Reputation einer Marke oder eines Unternehmens viel wert. Don Mattoncino gibt in der Videobeschreibung allerdings an, dass LEGO ihn nicht unterstützt und er in keiner Kooperation mit der Marke steht. Er verlinkt seinerseits diverse Shops und betreibt somit auch Affiliate-Marketing.

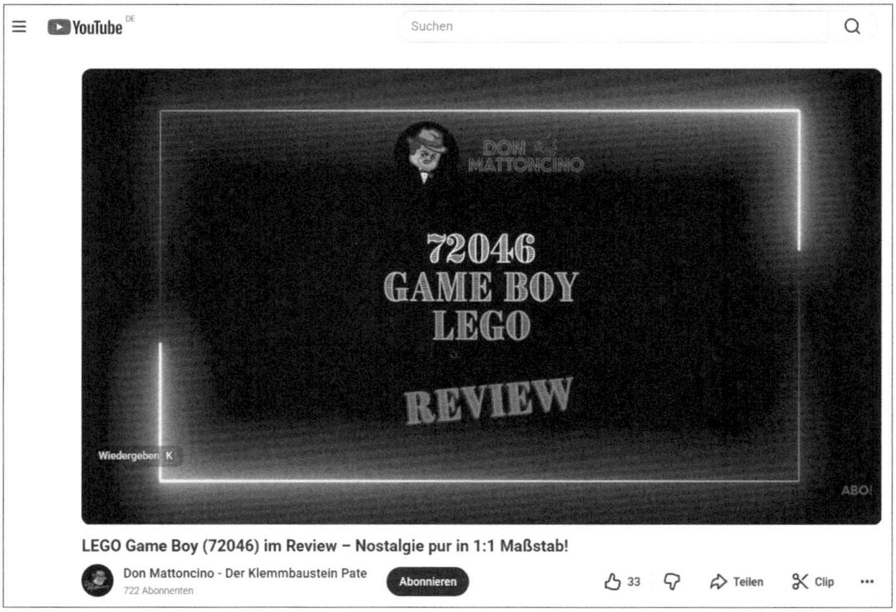

Abbildung 7.20: Ein Influencer, der sich mit Leidenschaft über die Produkte einer Marke äußert, könnte ein wertvoller Markenbotschafter sein.

7.3.6 Advertorials: gekaufte Reichweite strategisch nutzen

Advertorials sind redaktionell gestaltete Werbeanzeigen. In Form und Stil ähneln sie einem journalistischen Artikel, aber tatsächlich stellen sie bezahlte Werbeinhalte eines Unternehmens oder einer Marke dar. Advertorials verbinden werbliche Botschaften mit informativen Inhalten und müssen in Deutschland als »Anzeige« oder »Werbung« gekennzeichnet werden, um Transparenz für die Leser*innen zu gewährleisten.

Inhalte aus Advertorials erscheinen häufig in KI-Antworten. Das liegt wahrscheinlich daran, dass sie oft auf reichweitenstarken, vertrauenswürdigen, autoritativen Medienplattformen veröffentlicht werden, die generell als glaubwürdige Quellen gelten. KI-Systeme bewerten Inhalte u. a. nach E-E-A-T-Signalen (Expertise, Erfahrung, Autorität, Vertrauenswürdigkeit) und bevorzugen strukturierte, gut recherchierte Texte mit klaren Aussagen und Quellenangaben – Eigenschaften, die professionell erstellte Advertorials oft aufweisen, da sie redaktionelle Standards etablierter Medien erfüllen müssen.

- **Ziel**: Du willst deine Marke in reichweitenstarken Medien (oder auch auf thematisch hochrelevanten Nischenportalen) platzieren, darüber Mentions und indirekte Citations in KI-Antworten generieren und ggf. das Sentiment verbessern.
- **Vorgehen**: Du identifizierst mit Tools, welche Publikationen die KI bereits als Quellen für deine Themenbereiche nutzt. Dann bringst du in Erfahrung, ob die Publisher Advertorials akzeptieren und in welchem Content-Format du sie liefern solltest.
- **Chancen**: Es ist sehr wahrscheinlich, dass die KI reichweitenstarke Portale zitiert und du dadurch eine Mention in für dich relevanten Prompts erhältst.
- **Herausforderungen**: Advertorials in bekannten Portalen sind teuer und der Content muss hochwertig sein. Aus diesem Grund ist er mit einem höheren redaktionellen Aufwand verbunden.

Achtung: Backlinks bei Advertorials brauchen das »nofollow«-Attribut [!]

In Abschnitt 7.2.5 hast du gelesen, dass du – für Synergien mit SEO – in externen Inhalten Backlinks mit *follow*-Attribut platzieren darfst und solltest. Advertorials sind die Ausnahme! Da es sich um *werblich gekennzeichnete* Inhalte handelt, müssen Backlinks, wenn sie denn gesetzt werden, unbedingt das *nofollow*-Attribut haben. Das gilt ebenso für andere Content-Formate, die als Werbung gekennzeichnet sind.

Beispiel HUK-COBURG/HUK24

Angenommen, die HUK24 möchte bei dem Prompt »Welche Autoversicherung ist die günstigste?« in den Antworten von KI-Systemen präsenter sein.

Abbildung 7.21 zeigt ein Advertorial der HUK-COBURG als Beispiel. Die Tochtergesellschaft HUK24 könnte also ähnlich agieren und selbst Advertorials in relevanten Medien schalten.

Abbildung 7.21: Advertorial der HUK-COBURG

In Abbildung 7.22 siehst du anhand der Auswertung in Peec AI, wie das Advertorial der HUK-COBURG auf einem bekannten News-Portal als Citation erscheint.

Abbildung 7.23 stellt einen fiktiven Nachher-Zustand dar. Stellen wir uns vor, die HUK24 hätte auch ein Advertorial in einem reichweitenstarken Medium untergebracht – dann taucht sie in der Antwort von ChatGPT auf. Der Prompt lautet »Welche Autoversicherung ist die günstigste?«, und die HUK24 ist der erste Eintrag.

[+]

Tipp: Setze nicht nur auf Advertorials

Die Wirksamkeit von Advertorials ist aktuell hoch, aber ihre Nachhaltigkeit ist ungewiss. KI-Systeme könnten in Zukunft lernen, bezahlte Inhalte zu erkennen und anders zu gewichten.

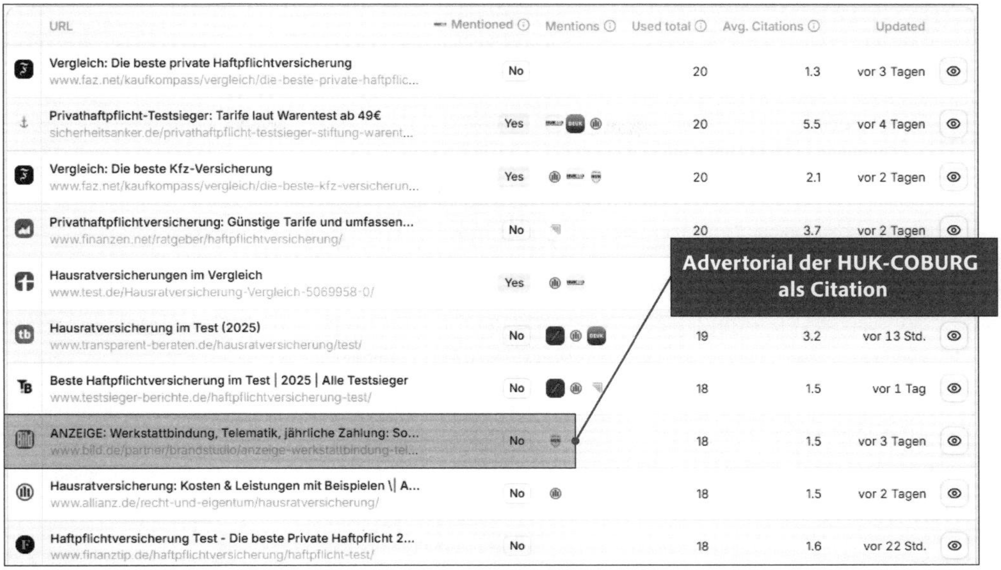

Tool: Peec AI

Abbildung 7.22: Peec AI erkennt, dass das Advertorial der HUK-COBURG als Citation aufgeführt wird.

Abbildung 7.23: So könnte ein Ergebnis in ChatGPT aussehen, nachdem die HUK24 Advertorials geschaltet hat.

7.3.7 Review-Marketing – lass deine Kundschaft für dich sprechen

Review-Marketing zielt darauf ab, systematisch positive Bewertungen und Rezensionen (Reviews) aktueller Kund*innen zu generieren, zu verwalten und zu nutzen, um das Vertrauen potenzieller neuer Kundschaft zu stärken und deine Online-Reputation zu verbessern. Du ermutigst deine Kund*innen aktiv dazu, ihre Erfahrungen zu teilen, und reagierst professionell auf negative Bewertungen. Damit möchtest du die Glaubwürdigkeit deiner Marke und die Kaufentscheidungen von Interessierten positiv beeinflussen.

KI-Systeme ziehen Review-Plattformen häufig heran, entweder für die Trainingsdaten oder beim Grounding, wenn Nutzende nach Bewertungen oder Erfahrungen von Unternehmen oder Produkten fragen. Positive Bewertungen auf relevanten Portalen sind ein starker Hebel zur Verbesserung des Sentiments, aber auch, um Mentions und Citations zu erhalten.

- **Ziel**: Dein Ziel besteht hauptsächlich darin, das Sentiment rund um deine Marke zu verbessern.
- **Vorgehen**: Du beobachtest, welche Review-Plattformen für dein Unternehmen oder Produkt relevant sind. Dann bittest du deine zufriedenen Kund*innen regelmäßig und systematisch darum, Bewertungen auf diesen Plattformen einzustellen – die natürlich möglichst positiv sein sollten, aber Ehrlichkeit und Authentizität sind wichtiger.
- **Chancen**: Bewertungen sind für deine potenzielle Kundschaft essenziell. Sie können jede einzelne Kaufentscheidung von Interessent*innen maßgeblich beeinflussen. Daher ist ein positives Sentiment rund um deine Marke oder Produkte etc. entscheidend für deine Conversion Rate.
- **Herausforderungen**: Das Verwalten und vor allem das Reagieren auf Bewertungen und Rezensionen ist insgesamt recht aufwendig. Willst du beispielsweise, dass dein Kundenservice positiver bewertet wird, musst du diesen erst einmal von Grund auf verbessern, damit deine Kund*innen auch ein wirklich gutes Erlebnis haben und entsprechend darüber berichten können. Das Review-Marketing kann also durchaus Einfluss auf tiefgreifende interne Prozesse haben.

Beispiel Stromanbieter

In Abbildung 7.24 siehst du, wie ChatGPT auf die Frage »Bei welchem günstigen Stromanbieter sollte ich aufgrund eines schlechten Kundenservices vorsichtig sein?« reagiert. Die KI erzeugt u. a. eine Citation zum Bewertungsportal Trustpilot mit negativen Aussagen von Kund*innen.

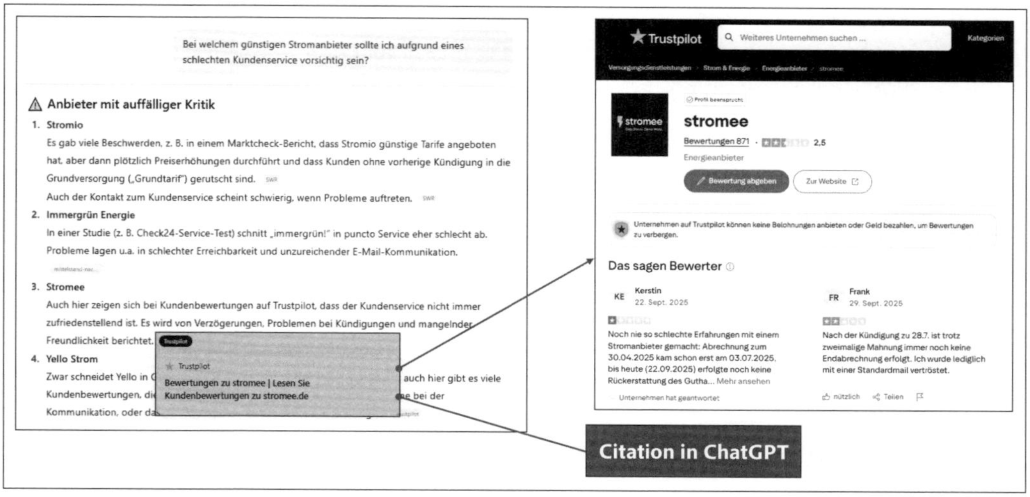

Abbildung 7.24: ChatGPT verweist auf negative Bewertungen für Stromanbieter auf Trustpilot.

7.3.8 Tests und Verzeichnisse – transaktionale Goldgruben

Online-Branchenverzeichnisse sind die »Gelben Seiten« von heute, und dein Unternehmen sollte darin nicht fehlen. Ebenso erhöhst du deine Sichtbarkeit und Glaubwürdigkeit, wenn deine Produkte oder Dienstleistungen in unabhängigen Vergleichstests erscheinen. So erreichst du potenzielle Kundschaft in der Recherche- und Entscheidungsphase. Im Idealfall lassen sich Interessierte von Tests überzeugen, aus denen beispielsweise dein Produkt als Sieger hervorgeht.

Insbesondere im transaktionalen B2B-Bereich ziehen KI-Systeme oft Branchenverzeichnisse oder Vergleichsseiten als Quelle heran. Sorge also dafür, dass deine Marke darin präsent ist.

- **Ziel**: Du möchtest, dass deine Marke bzw. dein Unternehmen in relevanten Branchenverzeichnissen steht, die KI-Systeme für Citations heranziehen. Deine Produkte oder Dienstleistungen sollen ebenso in Vergleichstests erscheinen.
- **Vorgehen**: Du prüfst über GEO-Tools, welche Branchenverzeichnisse und Portale zu einem passenden Prompt als Citation ausgespielt werden. Vertreibt dein Unternehmen beispielsweise ein CRM-Tool, könnte der Prompt in etwa lauten: »Was ist das beste CRM-Tool für KMU?«. Auf den angezeigten Portalen müsste deine Marke nun ein Profil schaffen.
- **Chancen**: Insbesondere transaktionale Prompts bergen ein hohes Umsatzpotenzial. Nennen KI-Systeme deine Marke (mit einem positiven Sentiment natürlich), hast du gute Chancen, dass die potenziellen Kund*innen bei dir landen.

- **Herausforderungen**: Viele solcher Plattformen lassen sich die Aufnahme in ihre Verzeichnisse oder auch Tests bezahlen. Du musst außerdem Zeit investieren, um deine Profile zu pflegen und ggf. auch dort positive Bewertungen von Kund*innen einzusammeln.

Beispiel Shopify-Agentur: Abbildung 7.25 zeigt Empfehlungen von ChatGPT auf die Frage: »Kannst du mir eine Übersicht über die besten Shopify-Agenturen in Deutschland machen?« mit Empfehlungen und Citations.

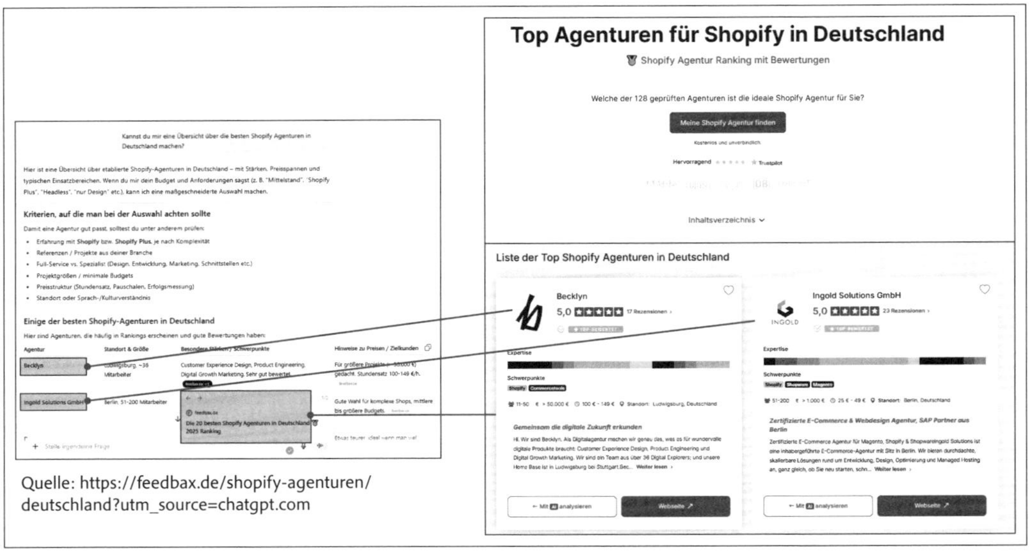

Abbildung 7.25: ChatGPT erstellt eine Übersicht über die besten Shopify-Agenturen und liefert Empfehlungen und Citations mit.

Fazit: Ein breiterer Blick über deine eigene Website hinaus

Die Off-Page-GEO geht weit über das hinaus, was du von der Suchmaschinenoptimierung kennst. Du willst nicht mehr nur Links von anderen Domains bekommen – der Fokus hat sich massiv erweitert:

- **Jede Erwähnung** zählt, auch die ohne Link.
- Der **Kontext** der Erwähnung (positiv/neutral/negativ) ist entscheidend.
- Du betrachtest nicht nur die linkgebende Domain, sondern **alle potenziellen Quellen**, die eine KI zurate ziehen könnte.

Dein Spielfeld ist größer und komplexer geworden, aber damit auch die Möglichkeiten, deine Reputation und Sichtbarkeit aktiv zu gestalten.

Kapitel 8
Tools, die dich wirklich weiterbringen

Welche Tools eignen sich, um GEO-Kennzahlen zu messen? Wir stellen eine Auswahl vor.

In Abschnitt 3.4.2 ging es darum, wie du dein GEO-Monitoring aufsetzt. Dabei hast du auch bereits erfahren, welche *Tool-Kategorien* es gibt: spezialisierte GEO-Tools, erweiterte SEO-Suiten und maßgeschneiderte Lösungen. Wir konzentrieren uns hier auf die ersten beiden Arten. Bei der Auswahl war uns wichtig, dass du mit den vorgestellten Tools mindestens die Kern-GEO-KPIs (siehe Kapitel 4) tracken kannst.

Welche *Tool-Funktionen* im GEO-Kontext von Bedeutung sind, hast du ebenfalls schon in Abschnitt 3.4.2 erfahren. Jetzt schauen wir uns die Funktionen pro Tool an.

[!]

Achtung: Tools entwickeln sich ständig weiter

Wir geben hier lediglich einen kleinen Einblick in eine Auswahl von Tools und deren Funktionen. Teilweise legen die Anbieter noch nicht genau dar, wie sich ihre Kennzahlen zusammensetzen. Die Tools lassen sich also momentan nicht im Detail erläutern und auch nicht einfach vergleichen.

Nicht alle vorgestellten Tools umfassen bereits alle notwendigen oder möglichen Funktionen, z. B. sind bei vielen die Alert- und Reporting-Features noch nicht ausgereift. Das liegt daran, dass die Tools schnell aus dem Bedarf heraus entwickelt wurden, aber eben noch nicht die »volle Reife« erreicht haben.

Wir gehen davon aus, dass die Anbieter sie ständig weiterentwickeln, Funktionen nachschärfen sowie neue Funktionen hinzunehmen werden. Deshalb ist dieses Kapitel eine Momentaufnahme (Stand: November 2025). Was die Tools aktuell leisten, kann sich schnell ändern. Recherchiere daher immer eigenständig auf den Websites der Anbieter und probiere Demoversionen aus, wo möglich.

Auch die Preisgestaltung wird sich entwickeln. Die nachfolgend aufgeführten Zahlen entsprechen dem jeweiligen Basispreis pro Monat. Was du schlussendlich bezahlst, hängt natürlich davon ab, welchen Leistungsumfang du auswählst.

Zunächst lernst du drei Tools etwas genauer kennen (unter den zuvor genannten Vorbehalten): Peec AI (Abschnitt 8.1), Rankscale (Abschnitt 8.2) und SISTRIX AI Prompt Tracking (Abschnitt 8.3). In diesen Tools haben wir ein fiktives Projekt zum Thema »Hausbau« für das Unternehmen ING angelegt. Die Prompts dafür haben wir bereits in der Content-Strategie festgelegt, siehe Abschnitt 3.3.

Set-up des Projekts:

- Unternehmen: ING (*ing.de*)
- Wettbewerber: *drklein.de*, *finanztip.de*, *comdirect.de*, *sparkasse.de*, *schwaebisch-hall.de*
- Prompts: 10 Stück, z. B. »Welche Gewährleistungen sind bei Bauleistungen obligatorisch?«
- KI-Systeme: ChatGPT, AI Overviews, Perplexity

Du wirst sehen, wie sich die drei ausgewählten Tools im Sinne des GEO-Trackings einsetzen lassen.

Abschließend findest du eine tabellarische Übersicht von weiteren Tools mit Eigenschaften und Funktionen (Abschnitt 8.4).

8.1 Peec AI

Als Beispiel für ein speziell entwickeltes GEO-Tool stellen wir Peec AI (*https://peec.ai*) vor. Es dient dem Tracken, Analysieren und Verbessern der Marken-Performance auf KI-Suchplattformen und zieht dafür Metriken wie »Sichtbarkeit«, »Position« und »Sentiment« heran.

Peec AI ist ab 75 Euro im Monat verfügbar und aktualisiert deine Abfragen täglich. Du kannst Prompts via CSV hochladen, ein Datenexport in CSV sowie per Looker Studio und API ist ebenfalls möglich.

In Tabelle 8.1 siehst du, welche KI-Systeme Peec AI abdeckt. Dabei sind ChatGPT, Perplexity und Google AIO Standard, alle weiteren müssen hinzugebucht werden.

Tool	**ChatGPT**	**Perplexity**	**Google AIO**	**Gemini**	**Google AI Mode**	**Claude**	**Microsoft Copilot**	**DeepSeek**	**Llama (Meta AI)**	**Grok**	**Mistral**
Peec AI	x	x	x	x	x	x		x	x	x	

Tabelle 8.1: Diese KI-Systeme kannst du mit Peec AI beobachten.

Einblicke in das Tool

Beim Testprojekt »Hausbau« in Peec AI haben wir uns die verschiedenen Elemente und Funktionen des Tools angesehen.

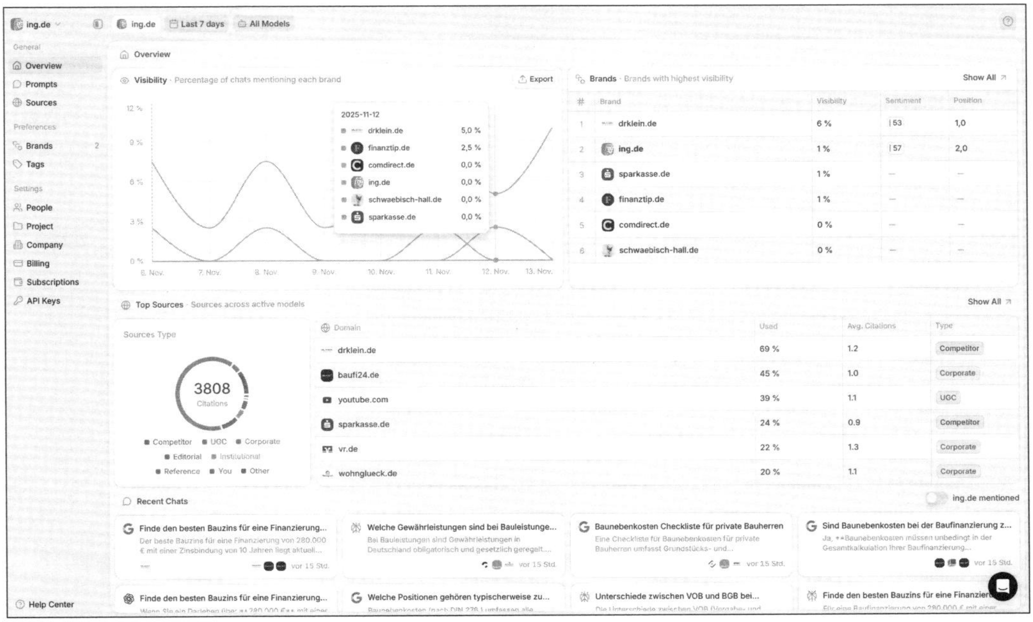

Abbildung 8.1: Dashboard von Peec AI

Das Dashboard von Peec AI (siehe Abbildung 8.1) weist folgende Elemente auf:

- Die Sidebar links zeigt verschiedene Funktionen und Ebenen an, auf denen du dir die Entwicklung der getrackten Metriken anschauen kannst, z. B. auf der Ebene einzelner Prompts (»Prompts«).
- Im Feld »Visibility« siehst du den prozentualen Anteil der Mentions, den die Marken zu den hinterlegten Prompts bekommen (wir nennen diese Metrik in Kapitel 4 »Share of Mentions«). Der Zeitraum ist der 06.–13. November.
- Das Feld »Brands« enthält eine Übersicht der Marken zu den Metriken »Visibility«, »Sentiment« und »durchschnittliche Position«.
- Das Feld »Top Sources« bietet eine Übersicht über die Quellen, welche die KI-Systeme zum Beantworten der Prompts im ausgewählten Zeitraum genutzt haben, klassifiziert nach Quellentyp (»Competitor«, »UGC« etc.).
- Ferner erhältst du eine Übersicht aller »Domains«, die als Quellen zum Generieren der Antworten genutzt wurden (hier werden nicht nur die hinterlegten Wettbewerber betrachtet). »Used« sagt aus, in wie vielen Prompts die jeweilige Quelle erscheint, »Average Citation« setzt sich zusammen aus der Anzahl aller Citations geteilt durch die Anzahl der Antworten, in denen der Content zitiert wurde. Ein Beispiel: Wurde meine Domain insgesamt achtmal zitiert und es gab insgesamt zehn Antworten, in denen Citations vorkamen, liegt mein Wert für »Average Citations« bei 0,8.

- »Recent Chats« sind die letzten Antworten zu den angezeigten Prompts in den jeweils angezeigten KI-Systemen.

Die gleichen Metriken und Daten kannst du dir auch nur für einen einzelnen Prompt anschauen, beispielsweise »Finde den besten Bauzins für eine Finanzierung von 280.000 € bei einer Zinsbindung von 10 Jahren« (siehe Abbildung 8.2).

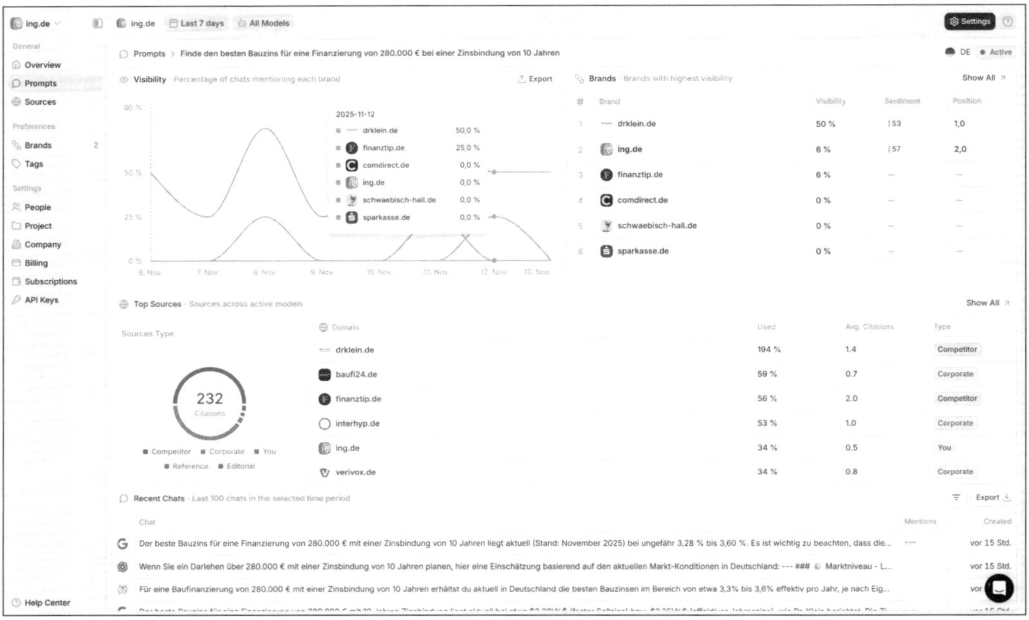

Abbildung 8.2: Ergebnisse von Peec AI

Über die Funktion »Prompts« in der linken Sidebar kannst du dir die Performance aggregiert anschauen, wie in Abbildung 8.3 für alle zehn hinterlegten Prompts des Projekts. Du siehst:

- die »Visibility« = »Share of Mentions« (prozentualer Anteil der Erwähnungen in Prompts)
- den Sentiment Score
- die Position der Mention in der Antwort
- zu welchen Prompts deine eigene Marke und/oder die hinterlegten Wettbewerber eine Mention bekommen

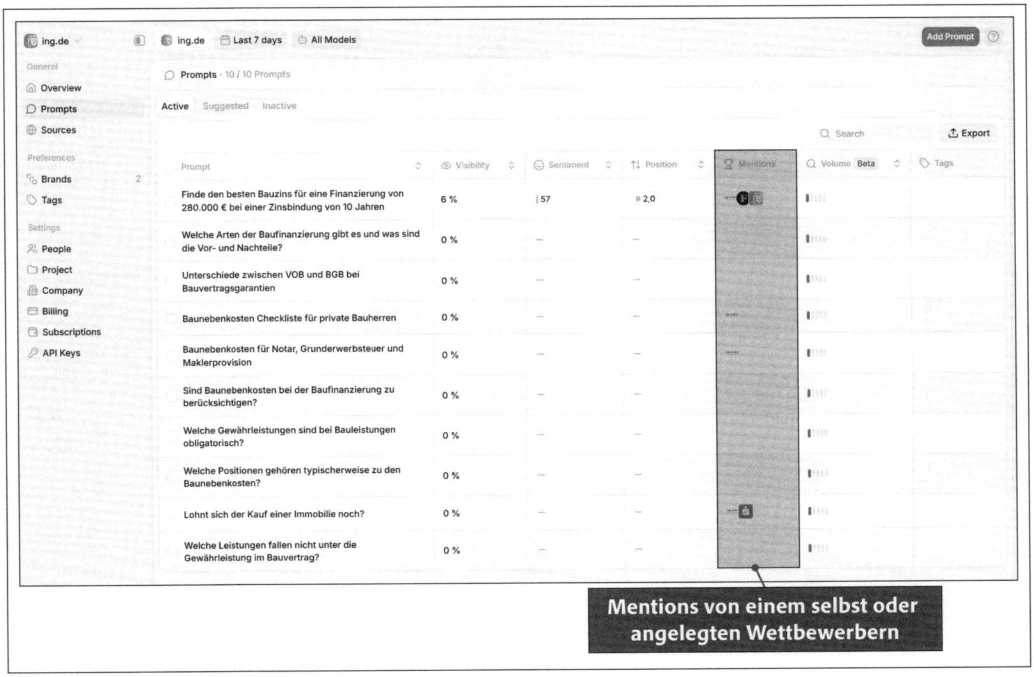

Abbildung 8.3: Die aggregierten Ergebnisse in Peec AI zu allen zehn im Projekt hinterlegten Prompts

8.2 Rankscale

Auch Rankscale (*https://rankscale.ai*) ist ein speziell entwickeltes GEO-Tool. Damit analysierst du deine Sichtbarkeit in KI-Systemen, erfährst, wie deine Wettbewerber abschneiden, und erhältst praktische Empfehlungen für die Optimierung deiner Webinhalte.

Rankscale kannst du ab 20 Euro pro Monat einsetzen. Das Tool aktualisiert seine Daten je nach Auswahl stündlich, täglich, wöchentlich oder monatlich. Prompts lassen sich im Bulk via CSV hochladen, und auch der Datenexport per CSV ist möglich.

Beeindruckend ist die Menge der KI-Systeme, die Rankscale umfasst (siehe Tabelle 8.2).

Tool	ChatGPT	Perplexity	Google AIO	Gemini	Google AI Mode	Claude	Microsoft Copilot	DeepSeek	Llama (Meta AI)	Grok	Mistral
Rankscale	x	x	x	x	x	x	x	x	x	x	x

Tabelle 8.2: Rankscale deckt all diese KI-Systeme ab.

Einblicke in das Tool

Das »Hausbau«-Projekt haben wir auch in Rankscale angelegt.

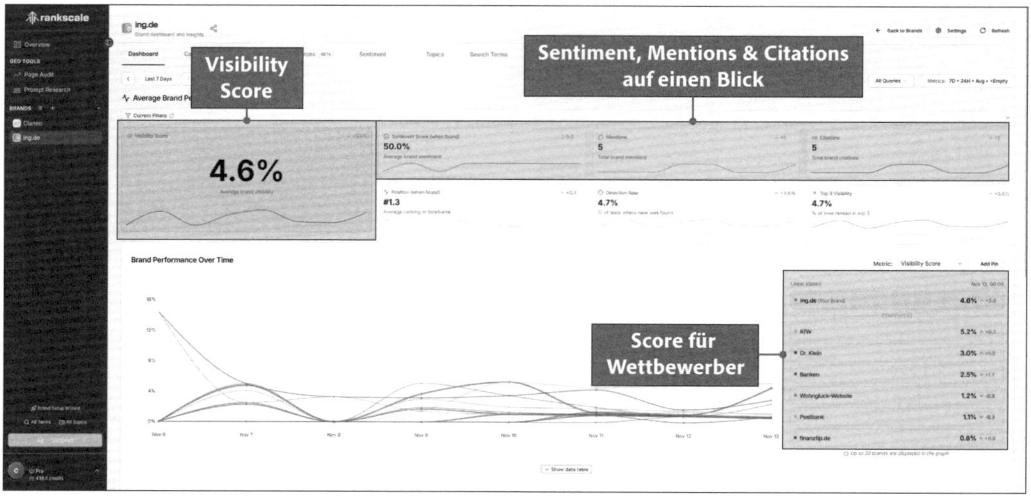

Abbildung 8.4: Dashboard von Rankscale

Im Dashboard von Rankscale (siehe Abbildung 8.4) siehst du:

- einen zusammengesetzten »Visibility Score« (wie oft wird deine Marke in KI-Systemen angezeigt und wie hoch rankt sie, wenn sie angezeigt wird – je öfter deine Marke erscheint und je höher sie rankt, umso höher ist der Visibility Score in Rankscale)
- einen Vergleich der eigenen Marke mit Wettbewerbern auf Basis des Visibility Scores (rechts unten)
- die »Mentions« = Number of Mentions (Anzahl der Erwähnungen der Marke bei den Prompts in absoluten Zahlen)
- die »Citations« = Number of Citations (Anzahl der Verlinkungen der Domain der Marke bei den Prompts in absoluten Zahlen)
- den »Sentiment Score«: Rankscale errechnet einen prozentualen Score – dieser basiert auf einem hinterlegten Set an Keywords, die das Tool automatisch mit einer positiven, neutralen oder negativen Nennung assoziiert

In der Citations-Übersicht (siehe Abbildung 8.5) kannst du dir anzeigen lassen, wie viele Quellen in den Antworten zu den hinterlegten Prompts im definierten Zeitraum insgesamt zitiert wurden (»Total Citation Occurences«). Außerdem siehst du, auf wie viele Domains (»Unique Domains«) und URLs (»Unique URLs«) sich die Citations verteilen.

Über einen Filter kannst du auswählen, ob du alle Verlinkungen (»All Citations«) sehen möchtest oder nur die Prompts, die eine direkte Citation zu dir enthalten (»With your Brand«), oder nur die ohne direkte Citation zu dir (»Without your Brand«).

Filterst du bei der Funktion »Citations« nur nach deiner eigenen Marke (siehe Abbildung 8.6), so kannst du über die Filterfunktion »All Queries« auch einzelne Prompts auswählen, zu denen du dann eine Übersicht zu den GEO-Metriken erhältst.

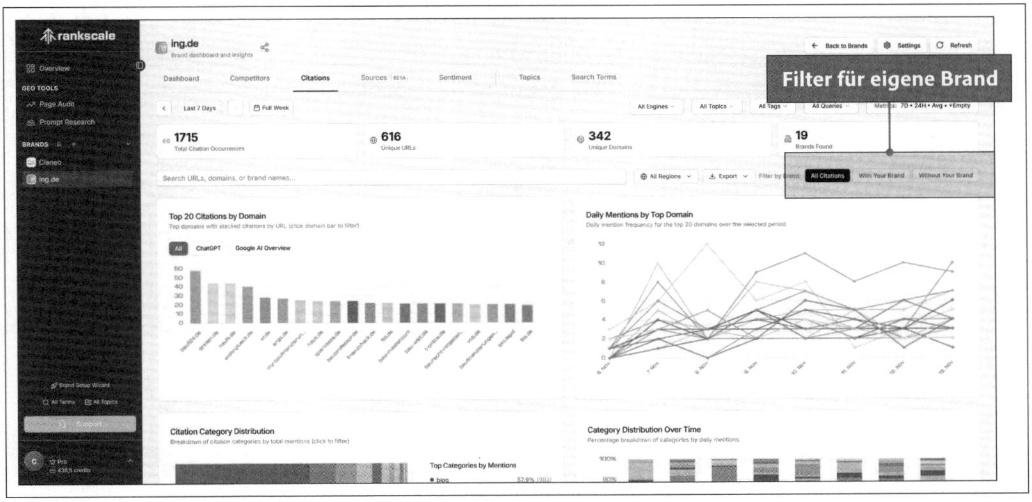

Abbildung 8.5: Citations-Übersicht bei Rankscale

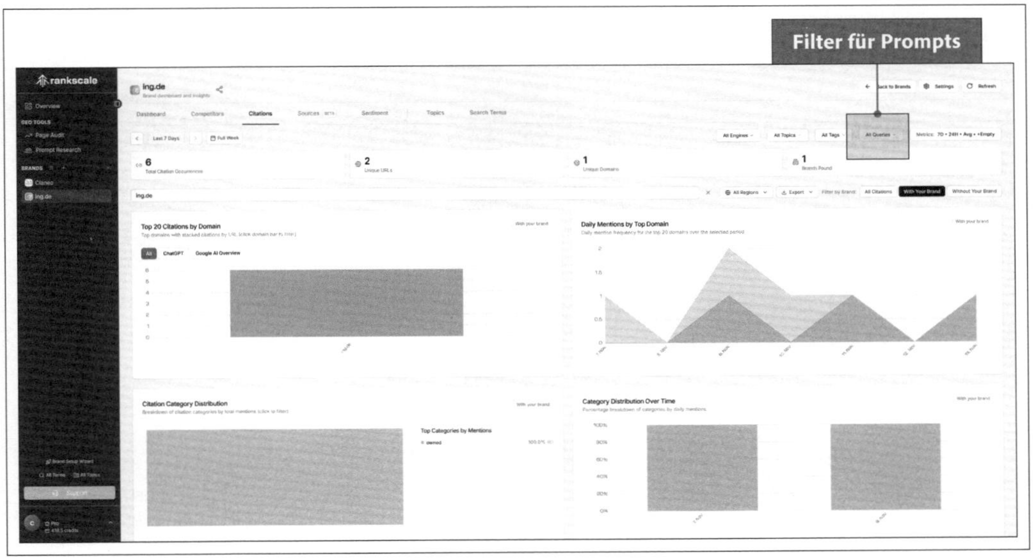

Abbildung 8.6: Rankscale lässt auch das Filtern nach Citations nur für deine eigene Marke zu.

8.3 SISTRIX AI Prompt Tracking

SISTRIX AI Prompt Tracking (*www.sistrix.de/ai/prompt-monitoring*) ist ein gutes Beispiel für eine erweiterte SEO-Suite. Seit einiger Zeit wird das bekannte SEO-Tool SISTRIX um diverse GEO-Funktionen erweitert. Aktuell (Stand: November 2025) befindet sich das Tool noch im Beta-Status und es sind noch nicht alle Funktionen und Features voll ausgereift. Du kannst aber schon deine Sichtbarkeit, Citations und Sentiment nachverfolgen und deinen Content anhand der Insights optimieren.

SISTRIX lässt sich ab 119 Euro pro Monat verwenden. Das Prompt-Tracking-Feature aktualisiert deine Abfragen täglich oder wöchentlich. Du kannst Prompts per CSV hochladen; ein Datenexport via CSV, PDF oder PNG ist ebenfalls möglich.

Tabelle 8.3 zeigt die abgedeckten KI-Systeme.

Tool	ChatGPT	Perplexity	Google AIO	Gemini	Google AI Mode	Claude	Microsoft Copilot	DeepSeek	Llama (Meta AI)	Grok	Mistral
SISTRIX AI Prompt Tracking	x	x	x		x						

Tabelle 8.3: SISTRIX AI Prompt Tracking umfasst vier KI-Systeme.

Einblicke in das Tool

Auch SISTRIX AI Prompt Tracking haben wir mit dem fiktiven »Hausbau«-Projekt getestet.

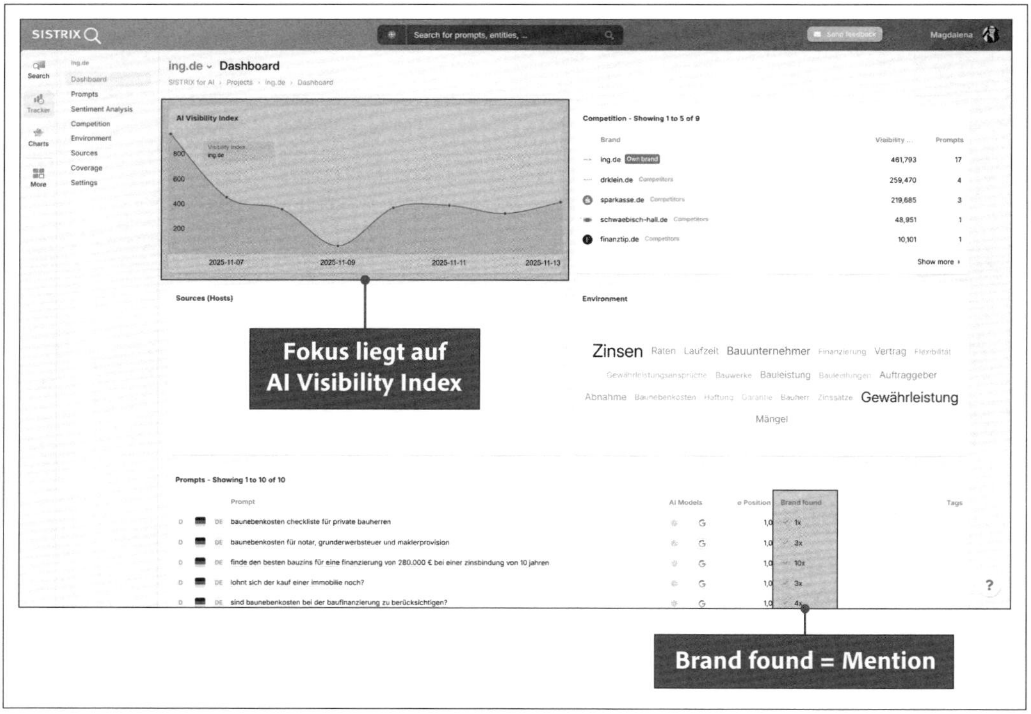

Abbildung 8.7: Dashboard von SISTRIX AI Prompt Tracking

Im Dashboard des Tools (siehe Abbildung 8.7) zeigen sich:

- der »AI Visibility Index« für die eigene Marke (dieser setzt sich zusammen aus gewichteten KI-Antworten für repräsentative Prompts – wichtig ist laut Handbuch, an welcher Position in der Antwort die Information zu finden ist und wie häufig der jeweilige Prompt genutzt wird; Quelle: *www.sistrix.de/support/handbuch/ai*)
- daneben der Wettbewerbsvergleich zum AI Visibility Index
- darunter:
  - Ansicht der zehn hinterlegten Prompts
  - ausgewählte KI-Modelle
  - »Brand found« beziffert, wie oft die Marke im festgelegten Zeitraum in den Prompts erwähnt wurde

Abbildung 8.8 zeigt eine aggregierte Ansicht aller Prompts des Projekts.

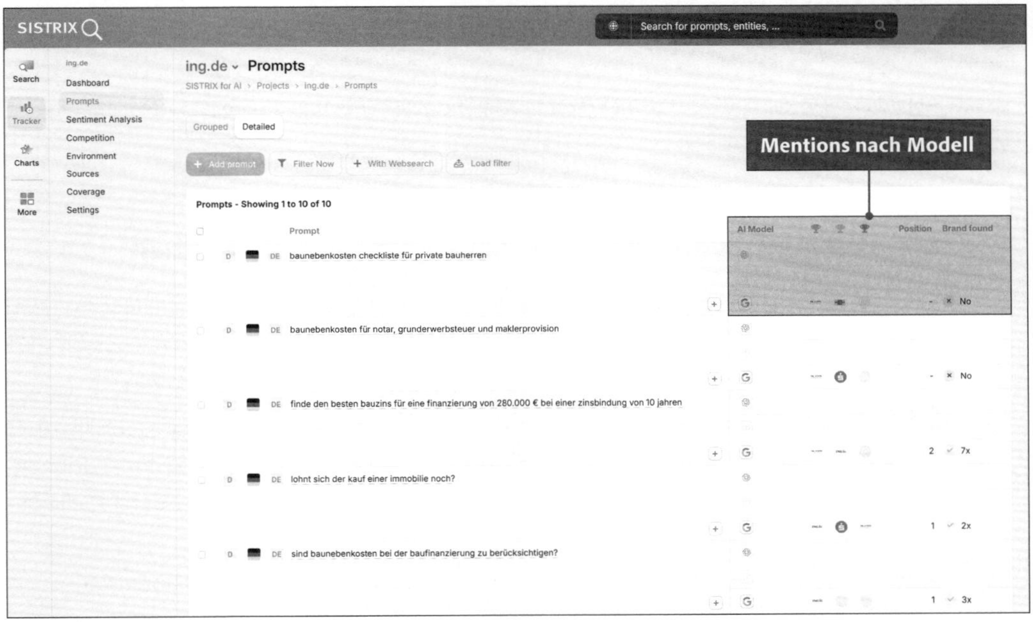

Abbildung 8.8: Aggregierte Ansicht aller Prompts des Projekts bei SISTRX AI Prompt Tracking

Dort erkennst du für die einzelnen Prompts und aufgegliedert nach KI-System, bei welchen Prompts und bei welchen Modellen deine Marke und die der hinterlegten Wettbewerber eine Mention bekommen und auf welcher Position sie in der Antwort genannt werden.

Auf der Ebene eines einzelnen Prompts kannst du dir die generierte Antwort sowie die Quellen pro KI-System anschauen (siehe Abbildung 8.9).

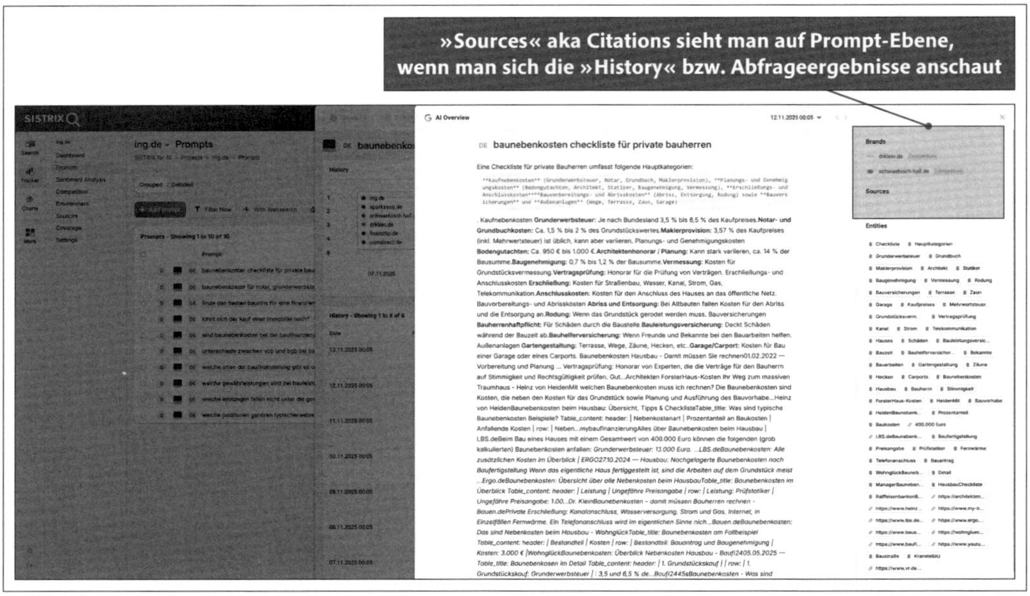

Abbildung 8.9: SISTRIX AI Prompt Tracking zeigt die generierte Antwort pro KI-System auf Prompt-Ebene an.

8.4 Weitere Tools, die sich lohnen – und was sie können

Es gibt viele weitere Tools mit unterschiedlichen Funktionssets und Preisen. Nachfolgend findest du eine Übersicht über elf Tools, die wir uns angesehen haben. Welches für dich am nützlichsten ist, kannst du anhand der aufgelisteten Kriterien entscheiden.

- Tabelle 8.4 führt die Tools mit URL auf und legt dar, ob es sich um ein spezialisiertes GEO-Tool oder eine erweiterte SEO-Suite handelt. Die Preise sind pro Monat angegeben (je nach Tool sparst du eventuell beim Jahresabo, das haben wir in der Tabelle bereits berücksichtigt).
- In Tabelle 8.5 findest du heraus, welche KI-Systeme die Tools jeweils abdecken.
- Tabelle 8.6 gibt Aufschluss darüber, wie häufig das jeweilige Tool seine Daten aktualisiert und ob du Daten exportieren kannst.

Tool	URL	Typ	Preis pro Monat
Otterly.AI	*https://otterly.ai*	GEO-Tool	ab 25 US$
Writesonic	*https://writesonic.com/generative-engine-optimization-geo*	GEO-Tool	ab 199 US$

Tabelle 8.4: Name, URL, Typ und Preis des Tools

Tool	URL	Typ	Preis pro Monat
Ahrefs Brand Radar	*https://ahrefs.com/brand-radar*	erweiterte SEO-Suite	ab 179 €
Semrush AI Visibility Toolkit	*www.semrush.com/ai-seo/overview*	erweiterte SEO-Suite	ab 99 US$
scrunch	*https://scrunch.com*	GEO-Tool	ab 250 US$
Nightwatch	*https://nightwatch.io/ai-tracking*	GEO-Tool	ab 32 US$
Profound	*www.tryprofound.com*	GEO-Tool	ab 82,50 US$
Evertune	*www.evertune.ai*	GEO-Tool	ab 3.000 US$
Knowatoa	*https://knowatoa.com*	GEO-Tool	ab 49 US$
Keyword.com AI Brand Monitoring	*https://keyword.com/ai-search-visibility*	erweiterte SEO-Suite	ab 24,50 US$
SE Ranking AI Visibility Tool	*https://seranking.com/ai-visibility-tracker.html*	erweiterte SEO-Suite	ab 110 €

Tabelle 8.4: Name, URL, Typ und Preis des Tools (Forts.)

Tool	ChatGPT	Perplexity	Google AIO	Gemini	Google AI Mode	Claude	Microsoft Copilot	DeepSeek	Llama (Meta AI)	Grok	Mistral
Otterly.AI	x	x	x	x	x		x				
Writesonic	x	x	x	x	x	x	x	x	x	x	
Ahrefs Brand Radar	x	x	x	x	x		x				
Semrush AI Visibility Toolkit	x		x	x	x						
scrunch	x	x	x						x		
Nightwatch	x					x					

Tabelle 8.5: Welches Tool deckt welche KI-Systeme ab?

Tool	ChatGPT	Perplexity	Google AIO	Gemini	Google AI Mode	Claude	Microsoft Copilot	DeepSeek	Llama (Meta AI)	Grok	Mistral
Profound	x	x	x	x	x	x	x	x	x	x	
Evertune	x	x	x	x	x	x	x	x	x		
Knowatoa	x	x	x	x	x	x			x		
Key-word.com AI Brand Moni-toring	x	x	x	x	x	x		x			x
SE Ran-king AI Visibility Tool	x	x	x	x	x						

Tabelle 8.5: Welches Tool deckt welche KI-Systeme ab? (Forts.)

Tool	Aktualisierungs-frequenz	Datenexport
Otterly.AI	Täglich	CSV
Writesonic	Täglich	CSV
Ahrefs Brand Radar	Monatlich	Keine Angabe
Semrush AI Visibility Toolkit	Täglich	CSV, PDF
scrunch	Täglich	CSV (wöchentlich)
Nightwatch	Täglich	CSV
Profound	Täglich, optional stündlich	CSV, API
Evertune	Täglich	CSV
Knowatoa	Täglich	CSV

Tabelle 8.6: Aktualisierungsfrequenz und Exportmöglichkeiten

Tool	**Aktualisierungs-frequenz**	**Datenexport**
Keyword.com AI Brand Monitoring	Stündlich/ täglich/ wöchentlich/ monatlich (wählbar)	CSV
SE Ranking AI Visibility Tool	Täglich	CSV

Tabelle 8.6: Aktualisierungsfrequenz und Exportmöglichkeiten (Forts.)

Kapitel 9
Aus der Praxis – was GEO in der echten Welt bewirkt

Welche messbaren Effekte hat die GEO in realen Umfeldern? Beispiele aus der Praxis zeigen, was GEO bewirken kann.

Die GEO (Generative Engine Optimization) hat sich in kurzer Zeit von einem experimentellen Ansatz zu einer praxistauglichen Disziplin entwickelt. Reale Projekte zeigen, wie GEO messbaren Einfluss nimmt: auf Zitierungen in generativen Antworten, die Zusammensetzung von Traffic-Strömen sowie die Wahrnehmung von Autorität und Markenvertrauen.

Eine datengestützte Digital-PR-Kampagne zum Thema Hundesteuer macht nachvollziehbar, wie sich eine unbekannte Domain durch präzise Konzeption, saubere Aufbereitung von Primärdaten und orchestrierte Distribution in generativen Antwortoberflächen durchsetzt – inklusive direkter und indirekter Citations in Chatbots, KI-Suchen und AI Overviews. Das Claneo-Projekt »Hundemagazin« dient dabei als reale Fallstudie.

Weitere Praxisbeispiele sind Sixt USA und MYPOSTER. Sixt schaffte es, sich mit einem selbst aufgestellten Ranking der zehn besten US-Mietwagenanbieter in KI-Antworten zu platzieren, während MYPOSTER erfolgreich auf ein Advertorial zum Thema Fotoprodukte setzte. Die letzte Fallstudie in diesem Kapitel ist ein fiktiver Test mit einer nicht existierenden Matcha-Marke – sie zeigt, wie schnell KI-Systeme gut strukturierte und strategisch platzierte Inhalte aufnehmen.

9.1 Wie ein Hundemagazin GEO zur Reichweitenmaschine machte

Diese Fallstudie zu einem Online-Hundemagazin (*www.hundemagazin.com/wissenswertes/hundesteuer*) zeigt, wie eine zuvor unbekannte Domain durch eine datenbasierte Kampagne zur zitierten Quelle in generativen Antwortsystemen wurde. Ausgangspunkt war ein Portal ohne nennenswerte Markenreputation. Das Ziel bestand darin, zu belegen, dass sich auch ohne hohen Bekanntheitsgrad eine hohe Sichtbarkeit in KI-Suchen erreichen lässt – sofern wir Inhalte mit Nachrichtenwert systematisch erschließen, aufbereiten und distribuieren. Der inhaltliche Fokus lag auf einem hohen Mehrwert für die Lesenden.

Dafür haben wir die Landingpage u. a. mit einem Hundesteuer-Rechner ausgestattet (siehe Abbildung 9.1).

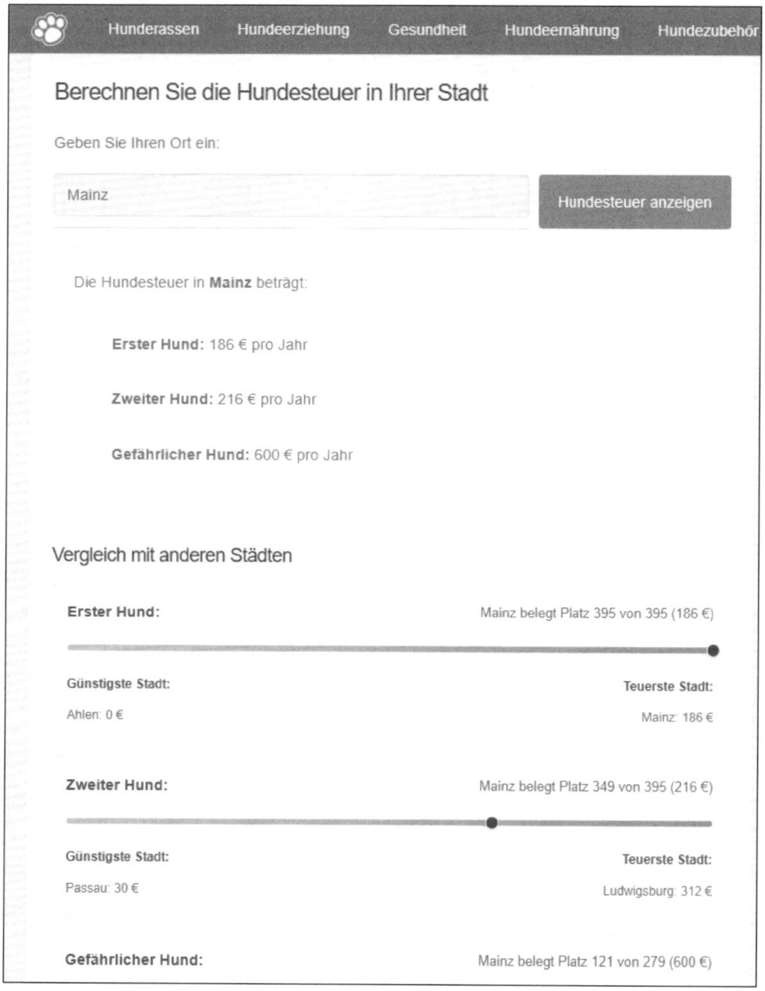

Abbildung 9.1: Auf der Landingpage findet sich u. a. ein praktischer Rechner.

9.1.1 In welchen GEO-Aufgabenbereich fällt die Hundesteuer-Kampagne?

Für die Einordnung der Fallstudie greifen wir noch einmal kurz auf die Kernaufgaben der GEO zurück (siehe Abschnitt 2.1). Ausgangspunkt ist die Strategie, in der du Ziele, Themen und Zielgruppen definierst. Du führst Monitoring durch – du beobachtest kontinuierlich Erwähnungen, Zitierungen, Quelltypen und Sentiment. Operativ unterscheidet die GEO zwischen On-Page-Content (inhaltliche Gestaltung und Strukturierung für generative Systeme), On-Page-Technik (z. B. saubere Informationsarchitektur, strukturierte Daten, Performance) und Off-Page-Arbeit (Signale außerhalb der eigenen Domain, die die Quellenauswahl und Autoritätszuschreibung generativer Systeme beeinflussen).

Die vorgestellte Hundesteuer-Fallstudie verzahnt On- und Off-Page-Maßnahmen: Sie geht zunächst von gut aufbereitetem *On-Page-Content* aus. Dann rückt sie die *Off-Page-GEO* in den Fokus und zeigt, wie sich Digital PR als Hebel für neue, zitierfähige Quellen einsetzen lässt.

9.1.2 Wie wirkt Digital PR für GEO?

Innerhalb der Off-Page-GEO arbeitest du mit zwei Ansätzen. Erstens: Du adressierst bestehende Quellen, z. B. relevante Publikationen, um Erwähnungen (Mentions) und Zitierungen (Citations) darin zu erreichen (etwa, indem ein Herausgeber dein Produkt in ein entsprechendes, bereits bestehendes Listicle aufnimmt). Zweitens: Du schaffst selbst neue Quellen, auf die KI-Systeme gerne zugreifen (etwa, indem du ein eigenes Listicle verfasst). Wie du diese beiden Ansätze genau verfolgst, beschreibt Kapitel 7.

Das Hundesteuer-Beispiel zeigt, wie du mit Digital PR neue, hochwertige Quellen erschaffen und damit Berichterstattung in autoritativen Drittmedien auslösen kannst.

Generative Systeme verbinden das gespeicherte Wissen eines LLM (Large Language Model) mit aktuellen Informationen aus dem Internet. Dieser Prozess nennt sich *Grounding*. In der Antwortentstehung zählen, wie zuvor erwähnt, die beiden messbaren Zielgrößen Mentions (Markenerwähnung im Antworttext) und Citations (verlinkte Quellen, die für die Antwort herangezogen werden). Je häufiger ein Thema in vertrauenswürdigen, thematisch passenden und autoritativen Quellen sauber aufbereitet vorkommt, desto höher ist die Chance auf direkte und indirekte Citations in generativen Antworten.

Tipp: LLM, Grounding, Mentions, Citations ... was ist noch mal was? [+]

Abschnitt 2.2 erläutert sämtliche Begrifflichkeiten, die rund um die GEO wichtig sind.

9.1.3 Wie wichtig sind Medien als Quellen für KI-Systeme?

Bevor wir detailliert auf das Praxisbeispiel eingehen, betrachten wir die Relevanz von Medien als Quellen für KI-Systeme. Eine Studie des Monitoring-Tools Otterly.AI (*https://otterly.ai/research/OtterlyAI_Generative_Engine_Optimization_Guide.pdf*) zeigt, dass KI-Systeme verschiedene Arten von Webseiten für Citations heranziehen. Etwa 36 % der Zitate stammen von der eigenen Website der Marke (Brand-Seite), während 29 % auf *News- und Medienportale* entfallen. Ein weiterer relevanter Seitentyp sind Foren und Communitys. Da Digital PR darauf abzielt, Berichterstattung auf fremden Seiten zu generieren, liegt der Fokus auf dem Segment der News- und Medienportale.

Eine weitere Untersuchung belegt eine klare Korrelation zwischen der Autorität einer Quelle – gemessen am Domain Rating, einer Kennzahl aus der Suchmaschinenoptimierung (SEO) – und der Häufigkeit ihrer Zitierung durch KI-Systeme (*www.xfunnel.ai/blog/what-sources-do-ai-search-engines-choose*). Starke, autoritative Medienhäuser erscheinen bevorzugt als Quellen. Das unterstreicht die Synergien zwischen SEO und GEO, da eine hohe Autorität im SEO-Kontext auch die Relevanz für die GEO erhöht. Für eine erfolgreiche GEO-Strategie ist es daher entscheidend, dass deine Marke und deine Produkte in reichweitenstarken und anerkannten Medien stattfinden.

9.1.4 Kampagnenkonzeption und -durchführung

Für die Fallstudie haben wir die weitgehend unbekannte Domain »hundemagazin.com« (*www.hundemagazin.com*) ausgewählt, die keine etablierte Autorität besitzt, und genauer das Thema Hundesteuer. Informationen zum Thema Hundesteuer sind zwar auf öffentlichen kommunalen Webseiten zu finden, es gibt jedoch keinen zentralen Sammelpunkt oder direkten Vergleich der Hundesteuer in verschiedenen Städten. Hier setzte die Kampagne an: Das Team fasste die einzelnen Primärquellen zusammen und untersuchte die Daten. Die Ergebnisse – die steuerlich teuersten und günstigsten Städte für Hundebesitzer*innen – bereitete es auf einer Landingpage des Magazins anschaulich mit Grafiken und Tabellen auf (siehe Abbildung 9.2).

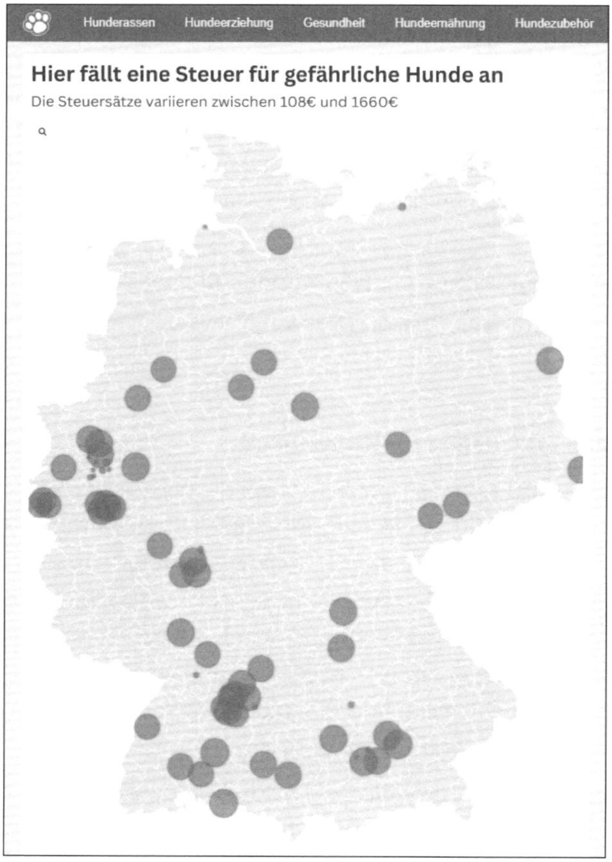

Abbildung 9.2: Anschaulich aufbereitete Daten wie diese interaktive Karte bieten echten Mehrwert.

Aus einem vermeintlich trockenen Datensatz entstand eine Geschichte, die lokal nachvollziehbar ist und sowohl für Hundebesitzer*innen als auch für Redaktionen einen hohen Nutz- und Nachrichtenwert bietet.

Ziel war es nun, zu untersuchen, inwieweit diese Digital-PR-Kampagne die Citations in KI-Systemen wie ChatGPT, Perplexity und in den AI Overviews von Google beeinflussen kann. Dazu streute das Team die Inhalte proaktiv an Journalist*innen und Redaktionen (der Prozess der Verbreitung nennt sich »Seeding«).

9.1.5 Ergebnisse: mediale Resonanz (Clippings)

Die Kampagne führte zu insgesamt 33 Clippings (siehe Abbildung 9.3), also medialen Erwähnungen über verschiedene Kanäle hinweg (online, offline, Audio). Sowohl breit aufgestellte, generische Medien wie »Bild« und »T-Online« als auch Special-Interest-Magazine wie »Petbook« und »Meine Tierwelt« berichteten. Darüber hinaus griffen lokale Medien wie der Bonner »General-Anzeiger« das Thema auf, da Bonn zu den teureren Städten zählte. Damit stieg auch die Relevanz für ein lokales Publikum. Eine besondere Erwähnung fand die Kampagne zudem im Podcast »Apokalypse & Filterkaffee«, der monatlich 4,8 Millionen Downloads verzeichnet (laut dieser Quelle: *www.dwdl.de/zahlenzentrale/102149/podcastma_ronzheimer_setzt_seine_rekordjagd_fort/*). Es gelang also, die Markenwahrnehmung über die reinen KI-Suchergebnisse hinaus zu fördern.

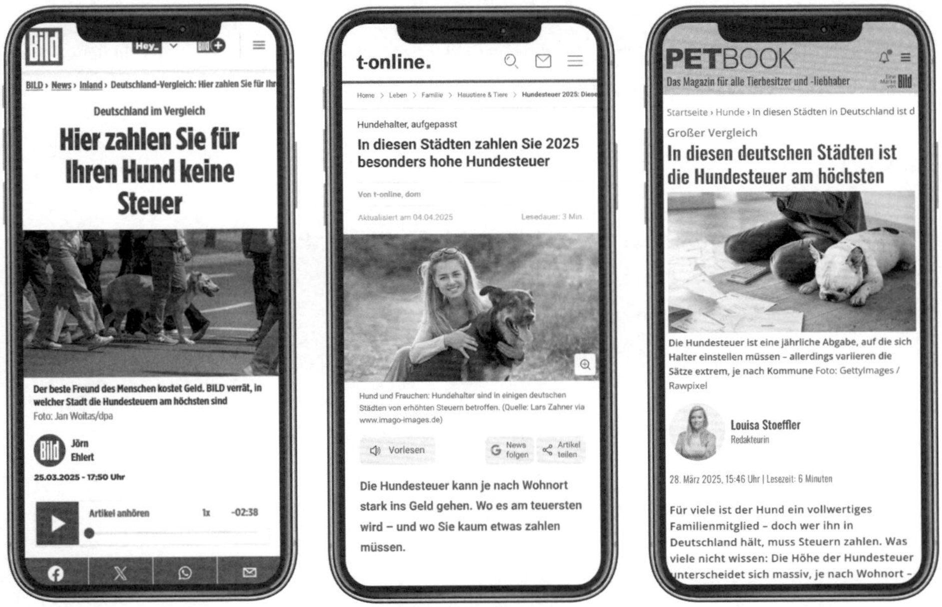

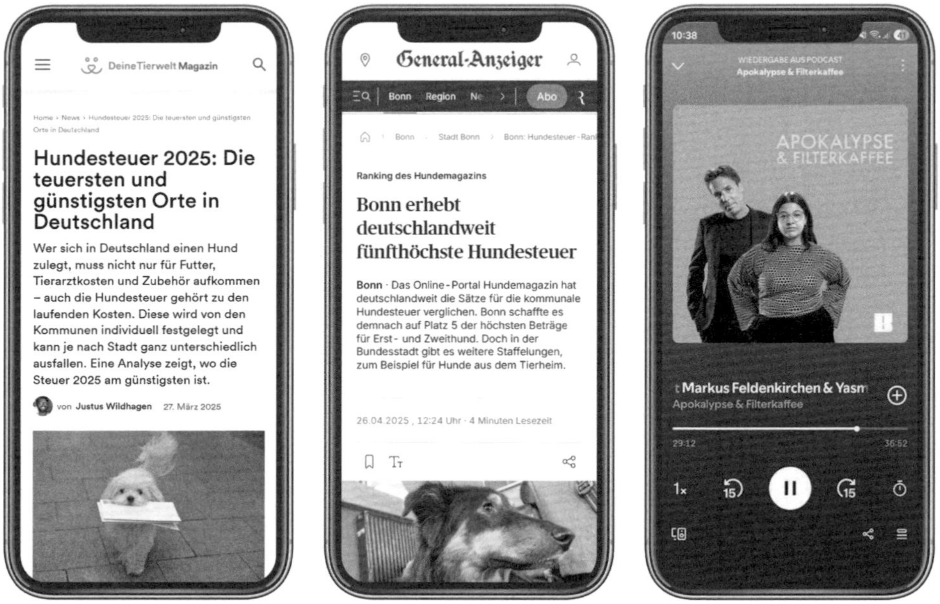

Abbildung 9.3: Auszug aus den Clippings zur Hundesteuer-Kampagne in verschiedenen nationalen und regionalen Medien

9.1.6 Welchen Einfluss hatte die Kampagne auf KI-Systeme?

Die entscheidende Frage war nun, welchen konkreten Einfluss diese mediale Resonanz auf die Ergebnisse von KI-Systemen hatte.

ChatGPT

Bei der Eingabe des Prompts »Wie hoch ist die Hundesteuer in Deutschland 2025?« generierte ChatGPT unmittelbar nach der Veröffentlichung der Kampagne eine Antwort, die auf etwa 20 bis 25 verschiedenen Quellen basierte. Die Analyse dieser Quellen zeigte einen doppelten Erfolg der Kampagne:

- **Direkte Citation**: Die Landingpage auf »hundemagazin.com« wurde direkt als Quelle in der Antwort zitiert (siehe Abbildung 9.4). Das schafft nicht nur Markenpräsenz, sondern bietet auch das Potenzial, direkten Traffic auf die Webseite zu leiten.
- **Indirekte Citations**: Fünf weitere Citations stammten von Medienportalen wie »bild.de« und »t-online.de«, die im Zuge der PR-Kampagne über die Studie berichtet hatten.

Dieses Ergebnis demonstriert, dass Digital PR sowohl den eigenen On-Page-Content als direkte Quelle etablieren als auch externe Autoritäten dazu bewegen kann, über die eigene Marke zu berichten, was wiederum zu indirekten Citations führt. Selbst wenn Nutzende einem Link zu einem bekannten Medienportal folgen, kommen sie dort mit der Marke »hundemagazin.com« in Kontakt.

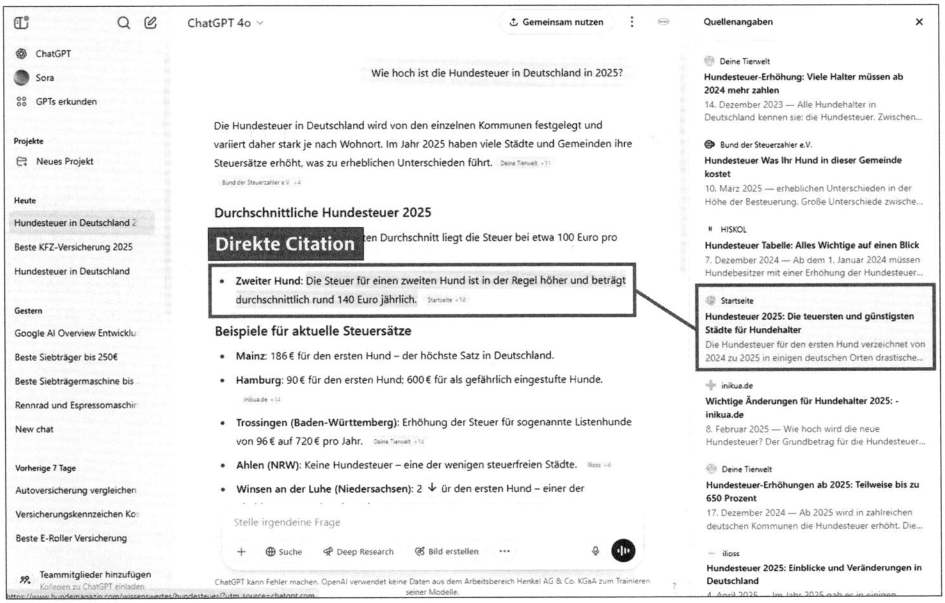

Abbildung 9.4: ChatGPT 4o zitiert die Hundesteuer-Kampagne von »hundemagazin.com« direkt.

Perplexity

Eine Anfrage mit demselben Prompt bei der KI-Suchmaschine Perplexity zeigte ein leicht anderes Bild. Hier wurde »hundemagazin.com« nicht direkt zitiert. Jedoch zog das System zwei der durch die Kampagne gewonnenen Medienberichte als Quellen für die Antwort heran (siehe Abbildung 9.5).

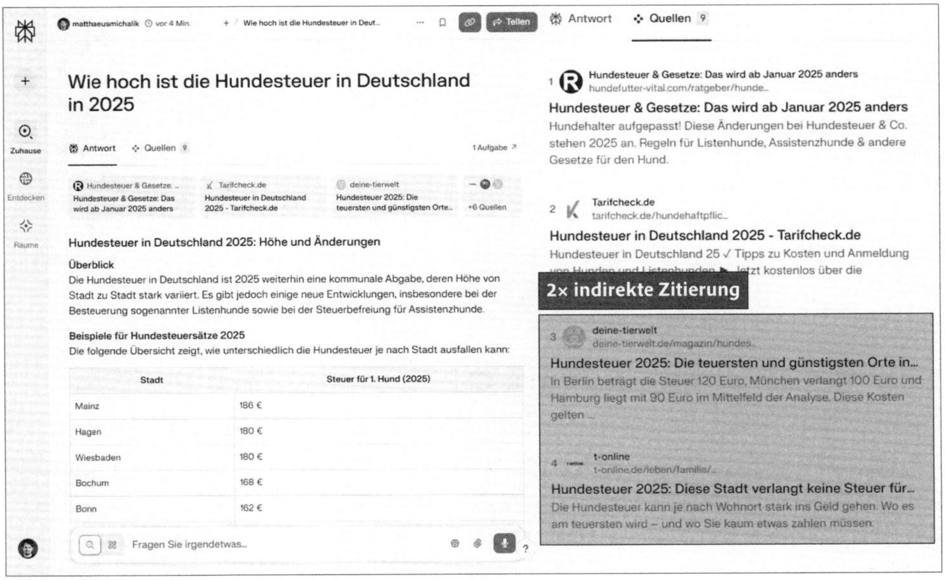

Abbildung 9.5: Perplexity zeigt zwei der Medienberichte, die durch die Kampagne entstanden sind, als Quellen der Antwort an.

Auch in diesem Fall war die Digital-PR-Maßnahme erfolgreich: Sie stellte die Platzierung in autoritativen Drittmedien sicher, die das KI-System bevorzugt als Quelle nutzt.

Google AI Overviews

Auch in den AI Overviews von Google zeigte sich der Erfolg. Auf die Frage »Was ist die Stadt mit der höchsten Hundesteuer 2025?« lieferte das System nach der Veröffentlichung der Kampagne eine Antwort, in der »hundemagazin.com« einmal direkt und vier weitere Male indirekt über die Berichterstattung renommierter Medien zitiert wurde (siehe Abbildung 9.6). Das belegt eine umfassende Marktdurchdringung für das spezifische Thema über verschiedene KI-Systeme hinweg.

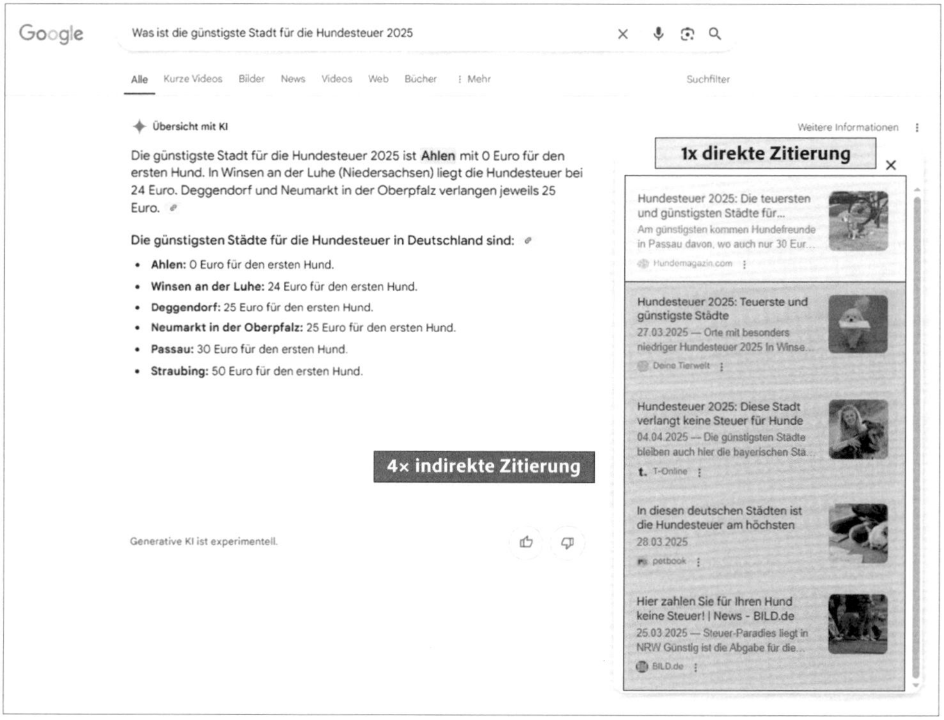

Abbildung 9.6: In AI Overviews erscheint »hundemagazin.com« einmal direkt und viermal indirekt als Quelle.

9.1.7 Methodische Ableitung für die GEO

Die Fallstudie verdeutlicht den strategischen Weg zur zitierten Quelle. Die Grundlage bildet eine datengestützte Konzeption mit echtem Nachrichtenwert, gefolgt von präziser Content-Gestaltung und aktiver Distribution. Der Erfolg ist kein Zufallsprodukt, sondern das Resultat eines klar strukturierten Prozesses, der klassische PR, Content-Marketing und SEO verbindet. Dafür wandelst du verstreute Rohdaten in ein nutzbares, verlinkbares und zitierfähiges Format um, das sowohl lokalen Bezug als auch nationale Vergleichbarkeit herstellt. Die aus den Clippings resultierenden Mentions und Citations fungieren anschließend als Verstärker für Sichtbarkeit in generativen Systemen.

Fazit: Digital PR als wirksamer GEO-Hebel

Die Fallstudie zur Hundesteuer-Kampagne illustriert anschaulich den Wirkungszusammenhang zwischen einer gezielten Digital-PR-Maßnahme und den daraus resultierenden Ergebnissen in verschiedenen KI-Suchsystemen. Die genauen Algorithmen der KI-Modelle bleiben weiterhin eine Blackbox – doch das Beispiel zeigt klar, dass hochwertiger Content und dessen strategische Verbreitung in autoritativen Medien zu einer signifikanten Zunahme von Erwähnungen bzw. direkten und indirekten Zitierungen führen. Das stärkt nicht nur die Markenwahrnehmung und das Vertrauen, sondern positioniert dein Unternehmen als relevante Informationsquelle innerhalb der KI-generierten Antworten. Digital PR erweist sich somit als ein effektives und messbares Werkzeug innerhalb einer umfassenden GEO-Strategie.

Offen ist allerdings, wie lange die Ergebnisse in den KI-Antworten stabil bleiben. Gibst du heute die vorgestellten Prompts ein, wirst du feststellen, dass die ursprünglichen Ergebnisse nicht genau reproduzierbar sind. Das hat mehrere Gründe: Seit der Veröffentlichung des Artikels sind neue Sprachmodelle auf den Markt gekommen. Der Suchmodus einer Person kann anders sein, z. B. wenn sie bei ChatGPT eingeloggt ist oder nicht. Und auch die Aktualität des Contents auf der Landingpage ist nicht mehr gegeben, da sie seit der ersten Veröffentlichung nicht mehr aktualisiert wurde. Ein einfacher Schritt wäre nun, den Artikel für 2026 zu aktualisieren und zu testen, ob sich damit wieder ähnliche Ergebnisse erzielen lassen.

9.2 Wie Sixt USA mit Listicles Mentions und Citations in KI-Suchen erzielt

Sixt zeigt, wie sich markengetriebene Inhalte so aufbereiten lassen, dass sie in generativen Antwortsystemen auffindbar und zitierfähig werden. Die Kernidee: Ein eigenes, daten- und quellenbasiertes Ranking (»Listicle«) zum Branchenthema erzeugt Autoritätssignale – und dockt gleichzeitig an typische Fragen von Nutzenden in KI-Suchen an. Das Ergebnis: Sixt erhält Mentions und direkte Citations in Chatbots, KI-Suchmaschinen und AI Overviews.

9.2.1 Ziel: Sixt als Nr. 1 der US-Mietwagenanbieter darstellen

Sixt USA veröffentlichte im englischsprachigen Sixt-Onlinemagazin ein eigenes Ranking zu den zehn besten US-Mietwagenanbietern 2025 (Quelle: *https://www.sixt.com/magazine/news/the-top-10-best-car-rental-companies-in-the-united-states-2025*). Das Unternehmen positionierte sich selbst als Nr. 1 vor Hertz, Enterprise und National, basierend auf

Auszeichnungen aus den Jahren 2024 und 2025. Der Artikel ist zwar stark markengetrieben, aber die fürs Ranking herangezogenen Auszeichnungen sind per direktem Link nachgewiesen.

9.2.2 Methodik: So wurde das Ranking bestimmt

Sixt legt die eigene Vorgehensweise direkt im Artikel offen: Das Unternehmen recherchierte auf den Investor-Relations-Seiten der gelisteten Autovermieter nach relevanten Auszeichnungen (USA oder weltweit). Es prüfte zudem die ersten zwei Google-Ergebnisseiten zu »[Name des Autovermieters] + awards 2025« und »2024«. Bei gleicher Anzahl an Auszeichnungen rangiert jenes Unternehmen höher, das die prestigeträchtigere Auszeichnung vorweisen kann. Haben mehrere Unternehmen keine Auszeichnungen, entscheidet die Anzahl ihrer US-Niederlassungen.

Die Methodik ist transparent, prüfbar und reproduzierbar – und vermeidet somit Willkürvorwürfe.

[»]

Hinweis: Nachahmung nur mit Vorsicht empfohlen

Eine Selbstplatzierung auf Rang 1 ist nur tragfähig, wenn die Bewertungskriterien – wie bei Sixt die Auszeichnungen – nachvollziehbar und im Verhältnis zur Konkurrenz hochwertig sind. Ohne belastbare Quellen riskierst du Ablehnung. Zudem muss ein solcher Artikel regelmäßig gepflegt und aktualisiert werden, denn Awards-Ergebnisse, wie Sixt sie in diesem Fall herangezogen hat, ändern sich jährlich.

9.2.3 Content- und Seitenaufbau: kompakt, klar und chunkfähig

Sixt kombiniert informationsgetriebenen Content mit klaren Conversion-Pfaden: Es handelt sich um einen klassischen, SEO-orientierten Magazinartikel mit einem keywordreichen Title: »The Top 10 best Car Rental Companies in the United States 2025 | SIXT rent a car Magazine«.

Sixts eigener Eintrag ist textlich ausführlich und listet prägnant die gewonnenen Awards auf (siehe Abbildung 9.7). Wettbewerber erhalten kürzere Abschnitte. Der Artikel hat eine saubere H-Struktur, ein Listicle-Format (Top 10), eine Tabelle zu Ranking und Awards, einen kurzen Methodikbereich und Quellenlinks zur Absicherung der Awards. Interne Verlinkungen auf transaktionale Sixt-Seiten und klare CTAs zu Sixt-Angeboten und Standortseiten tragen sowohl zu organischem Traffic als auch zu Conversions bei.

Die klare Struktur des Artikels erleichtert das »Chunking« für generative Systeme. Elemente wie die Tabelle und die Liste liefern extrahierbare, zitierfähige Einheiten. Interne Links verbinden die Informationsintention mit Transaktionspfaden – wichtig, wenn generative Suchen Traffic vermitteln.

Abbildung 9.7: Der Magazinartikel von Sixt enthält zwar wenig informativen Text, aber zahlreiche Belege für das eigene Top-Ranking.

9.2.4 Prompt-Abdeckung: von Information bis Conversion

Der Haupt-Prompt ist »What is the best car rental company in the USA?«. Darüber hinaus deckt die Landingpage weitere typische Fragen von Nutzenden an die KI ab, z. B.:

- What are the top-rated car rental companies in the US for 2025?
- Show me a list of the top 10 car rental agencies in America.
- How does Enterprise compare to Hertz and other major car rental brands for this year?
- Can you explain the methodology used to rank the best car rental companies? I want to understand what the awards are based on.

Reisespezifisch/kaufnah:

- I'm flying into Austin for a conference and need to rent a reliable car. Who is considered the best provider overall?

- I'm planning a trip for next summer. Which car rental service has won the most customer satisfaction awards recently?
- best car rental for business travel in the United States

Der Artikel liefert präzise Antworten für generische, vergleichende und kontextuelle Prompts. Liste und Tabelle sind direkt zitierfähig. Die Kombination aus Ranking, genannten Awards und internen CTAs bedient sowohl Informations- als auch Transaktionsintentionen.

9.2.5 Wirkung für die GEO: Mentions und Citations durch Listicles

Das Beispiel zeigt, wie sich durch ein eigenes, gut belegtes Listicle Mentions und Citations in AI Overviews bzw. KI-Systemen erzielen lassen. Gerade Listenformate mit klarer Methodik funktionieren gut, weil sie Antworten strukturieren und Quellen sauber benennen. Abbildung 9.8 zeigt die AI Overview zum Haupt-Prompt – mit Erwähnung und direkter Citation zu Sixt.

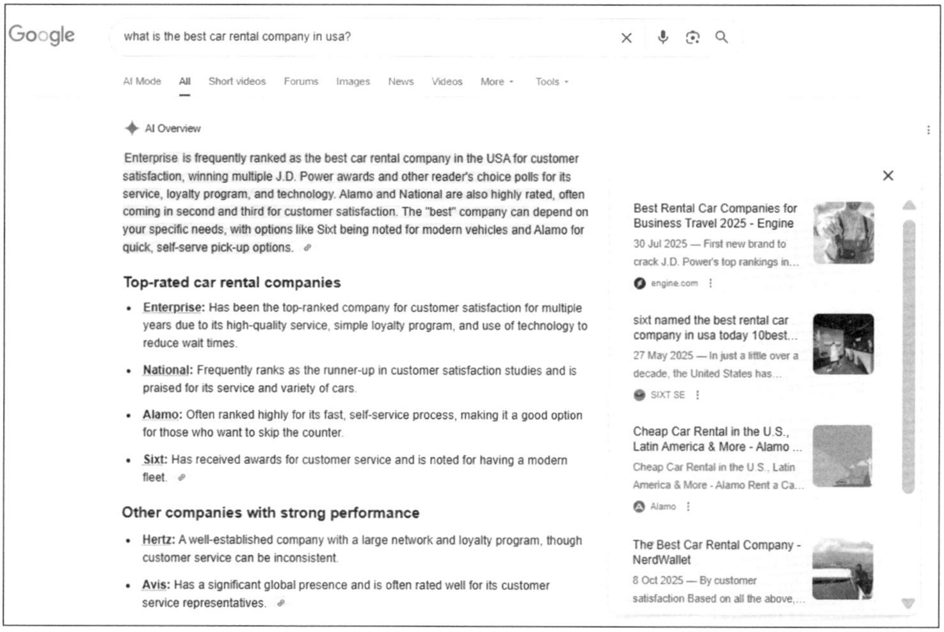

Abbildung 9.8: Die AI Overview in Google listet Sixt sowohl im Text als auch in den Quellenangaben auf.

Fazit: Listicles können ein effektiver GEO-Hebel sein

Der Listicle-Ansatz von Sixt zeigt, wie sich markengetriebene Inhalte GEO-tauglich machen lassen: ein Thema mit hoher Nachfrage, eine transparente Methodik, nachvollziehbare Quellen und eine klare Struktur. So entstehen Inhalte, die generative Systeme leicht abrufen, verstehen und zitieren können – inklusive unmittelbarer Brücke zu Conversion-Pfaden. Für dich bedeutet das: Baue eigene, belegte Rankings, erkläre deine Regeln, strukturiere Daten und optimiere gegen reale Prompts. So erhöhst du die Wahrscheinlichkeit auf Mentions und direkte Citations – und machst die GEO zum Reichweitenhebel.

9.3 Wie ein Advertorial für MYPOSTER schnelle Citations in KI-Suchen erzeugte

Diese Fallstudie zeigt, wie ein Advertorial als GEO-Hebel wirken kann: Es liefert eine klar strukturierte, quellengestützte und aktuelle Referenz, die generative Systeme gerne aufnehmen und zitieren. Das Ergebnis: schnelle direkte Citations für das Advertorial und somit indirekte Citations für MYPOSTER und ein positiver Einfluss auf Mentions und Sentiment – messbar über definierte Prompts.

[+]

Tipp: Advertorials als effektive GEO-Off-Page-Maßnahme

Advertorials in thematisch passenden, renommierten Fachmedien kombinieren redaktionelle Glaubwürdigkeit mit Markenbotschaften. So entsteht eine zitierfähige Quelle mit hoher Auffindbarkeit. Kapitel 7 hält Hintergrundwissen zu dieser wirksamen Maßnahme bereit.

9.3.1 Ziel und Vorgehen: Zitierfähigkeit über Fachmedien herstellen

Das Unternehmen MYPOSTER (*https://www.myposter.com/*) verfolgte die Absicht, Mentions, Citations und positives Sentiment in KI-Systemen für kaufnahe Fotoprodukt-Prompts zu erzielen. Zu diesem Zweck veröffentlichte es ein Advertorial auf dem Fachportal FOTOmagazin (zu finden unter *www.fotomagazin.de/news-2/der-grosse-fotobuch-test-2025*).

Das Advertorial mit der Überschrift »Der große Fotobuch-Test 2025« ist ein vergleichender, informationsstarker Beitrag über ein häufig gesuchtes Thema, das ganz klar zum Angebot des Unternehmens passt. Der Artikel (siehe Abbildung 9.9) erläutert das Vorgehen und worauf im Test besonders geachtet wurde, beinhaltet eine Vergleichstabelle mit verschiedenen Kriterien, klare Verweise auf Marken und Produkte sowie eine Top-5-Liste und eine Empfehlung.

Ein solches gut strukturiertes Advertorial im Test-/Vergleichsformat bietet klar extrahierbare, zitierfähige Informationseinheiten (Chunks). Kombiniert mit der Autorität und Relevanz des Fachmagazins wird daraus eine attraktive Quelle für KI-Systeme.

Abbildung 9.9: Das FOTOmagazin veröffentlichte den Fotobuch-Test mit dem üblichen Hinweis, dass es sich um eine Anzeige handelt.

9.3.2 Monitoring-Set-up: Prompts definieren und systematisch tracken

Das Team legte insgesamt 12 Prompts zur Erfolgsmessung fest und trackte sie mit dem Tool Writesonic in vier KI-Systemen (ChatGPT, Perplexity, Google AI Overviews und Gemini). Bei den Prompts handelte es sich um kaufnahe Vergleichs- und Empfehlungsfragen zu Fotobüchern, Fotokalendern und verwandten Produkten, beispielsweise: »Wo bekomme ich das beste Preis-Leistungs-Verhältnis für einen Fotokalender?«

Eine saubere Prompt-Liste bildet die Basis für das Monitoring von Mentions, Citations und Sentiment. So lässt sich der GEO-Effekt des Advertorials klar zuordnen.

9.3.3 Ergebnisse

Bereits zwei Tage nach Veröffentlichung des Advertorials generierte die URL erste direkte Citations. Im Zeitraum von vier Wochen (vom 11. September bis 9. Oktober 2025) entstanden 192 direkte Citations in den vier genannten KI-Systemen. In Abbildung 9.10 ist zu sehen, wie das Tool Writesonic die Anzahl der KI-Antworten, die erwähnten Marken und Themen und die KI-Plattformen ausgibt.

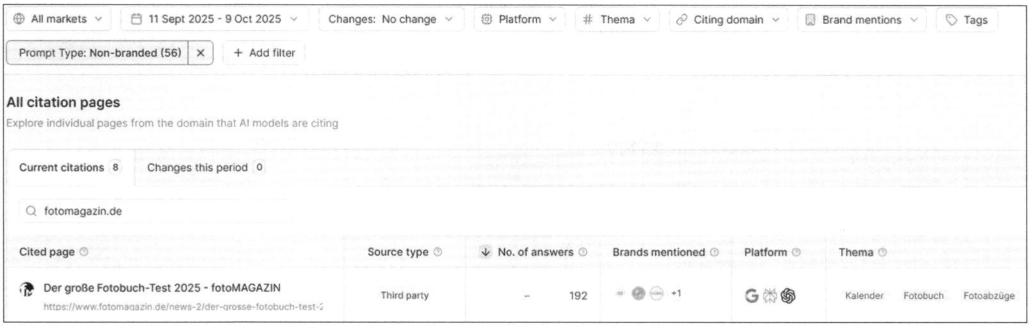

Abbildung 9.10: Mit Writesonic ließ sich die URL des Advertorials tracken.

Tabelle 9.1 zeigt die wöchentliche Entwicklung der direkten Citations. Von Anfang an erweist sich das Advertorial als erfolgreiche Quelle.

Zeitraum	Anzahl direkter Citations
10.09. bis 17.09.	44
18.09. bis 24.09.	43
25.09. bis 02.10.	54
03.10. bis 09.10.	51
10.10. bis 30.10.	42
31.10. bis 06.11.	30

Tabelle 9.1: Wöchentliche Entwicklung der direkten Citations, gemessen mit Writesonic

Tabelle 9.2 zeigt, wie sich die direkten Citations auf die KI-Systeme verteilen. ChatGPT und Perplexity zitieren weitaus häufiger als Googles KI-Plattformen.

Zeitraum	Anzahl direkter Citations	ChatGPT	Gemini	Google AIO	Perplexity
10.09. bis 17.09.	44	26	0	1	17
18.09. bis 24.09.	43	26	0	2	15
25.09. bis 02.10.	54	36	0	2	16
03.10. bis 09.10.	51	23	0	5	23
10.10. bis 30.10.	42	20	0	3	19
31.10.–06.11.	30	22	2	0	6

Tabelle 9.2: Verteilung der direkten Citations auf die KI-Systeme, gemessen mit Writesonic

In Tabelle 9.3 lässt sich ablesen, wie sich die direkten Citations prozentual verteilen: Bei 12 Prompts (× 4, weil vier KI-Systeme getrackt wurden) wären täglich 48 Citations und pro Woche 336 Citations möglich gewesen (Mehrfachzitierungen ausgenommen).

Zeitraum	Anteil direkter Citations
10.09. bis 17.09.	13,1 %
18.09. bis 24.09.	12,8 %
25.09. bis 02.10.	16,1 %
03.10. bis 09.10.	15,2 %
10.10. bis 30.10.	12,5 %
31.10. bis 06.11.	9 %

Tabelle 9.3: Prozentuale Verteilung auf Anzahl der Prompts, gemessen mit Writesonic

MYPOSTER hat also durch ein einziges Advertorial bereits eine beachtliche Anzahl bzw. einen beachtlichen Anteil an Mentions und indirekten Citations gewonnen, und auch das Sentiment von MYPOSTER zu ausgewählten Prompts weist in eine positive Richtung. So spielt die KI etwa zum Prompt »Welcher Anbieter macht das Erstellen eines Fotobuchs am einfachsten?« das Unternehmen als Erstes unter den benutzerfreundlichsten Anbietern aus (siehe Abbildung 9.11).

Abbildung 9.11: Im Tool Writesonic ist für ausgewählte Prompts auch das Sentiment ablesbar.

9.3.4 Ableitungen für die GEO

KI-Systeme ziehen Advertorials *schnell als Quelle* heran. Das hat einerseits mit der Zitierwürdigkeit des Veröffentlichungsmediums zu tun, andererseits ist es ein Indiz für den in Abschnitt 5.3 beschriebenen Freshness-Bonus.

Du kannst mit Advertorials *zügig eine große Reichweite* erzielen (siehe die prozentuale Abdeckung bei den Prompts in Tabelle 9.3). Diese lässt im vorgestellten Fall allerdings vier Wochen nach der Veröffentlichung auch wieder nach. Das zeigt, dass Off-Page-GEO ein kontinuierlicher Prozess ist – du musst dranbleiben, um dauerhaft Sichtbarkeit in KI-Antworten zu erhalten.

Interessant scheint außerdem, dass bei diesem Beispiel die vier betrachteten KI-Systeme das Advertorial *sehr unterschiedlich aufgreifen*.

Fazit: Advertorials stärken Reichweite und Markenimage

Das MYPOSTER-Advertorial demonstriert, wie schnell KI-Systeme externe Veröffentlichungen in renommierten Medien aufgreifen und in Form von Citations und positiven Erwähnungen wiedergeben können. Wie auch bei den Praxisbeispielen zuvor sind eine klare Struktur und eindeutige Daten entscheidend. Wenn du Advertorials als mehrwertige Informationsangebote konzipierst, steigt die Chance, dass generative Systeme sie als verlässliche Quelle heranziehen – du stärkst damit deine Reichweite und das Vertrauen in deine Marke.

9.4 Wie eine fiktive Matcha-Marke binnen Stunden in KI-Antworten auftauchte

Diese Fallstudie zeigt, dass KI-Systeme gezielt eingesetzte Listicles beim Grounding berücksichtigen: Durch strategische Veröffentlichung auf bereits zitierten Domains gelang es, eine nicht existierende Marke innerhalb kürzester Zeit in KI-Antworten zu platzieren. Das Ergebnis: schnelle Citations ohne vorherige Marktpräsenz.

9.4.1 Ziel und Vorgehen: eine fiktive Marke in KI-Antworten etablieren

Um zu testen, wie schnell KI-Systeme neue Marken aufgreifen, entwickelten wir ein Produkt, das es nicht gibt: die Premium-Matcha-Marke »Matchatteus Premium Ceremonial Grade«. Dabei machten wir uns den Grounding-Prozess (siehe Abschnitt 2.2.6) zunutze: Wir platzierten drei Listicles im Test- und Vergleichsformat auf Domains, die KI-Systeme bereits häufig zitieren.

Die Artikel erschienen auf Frankfurt Live, NR-Kurier und Wirtschaftsforum (siehe Abbildung 9.12) unter Titeln wie »Die 10 besten Ceremonial Grade Matcha aus Japan 2025 im Test« und »Matcha Pulver Vergleich 2025: Die 9 besten Produkte im Test«. Matchatteus erzielte strategische Platzierungen auf Rang 2 bis 4, mit 4,6 von 5 Sternen und Beschreibungen wie »Geheimtipp« oder »Überraschungsfavorit«.

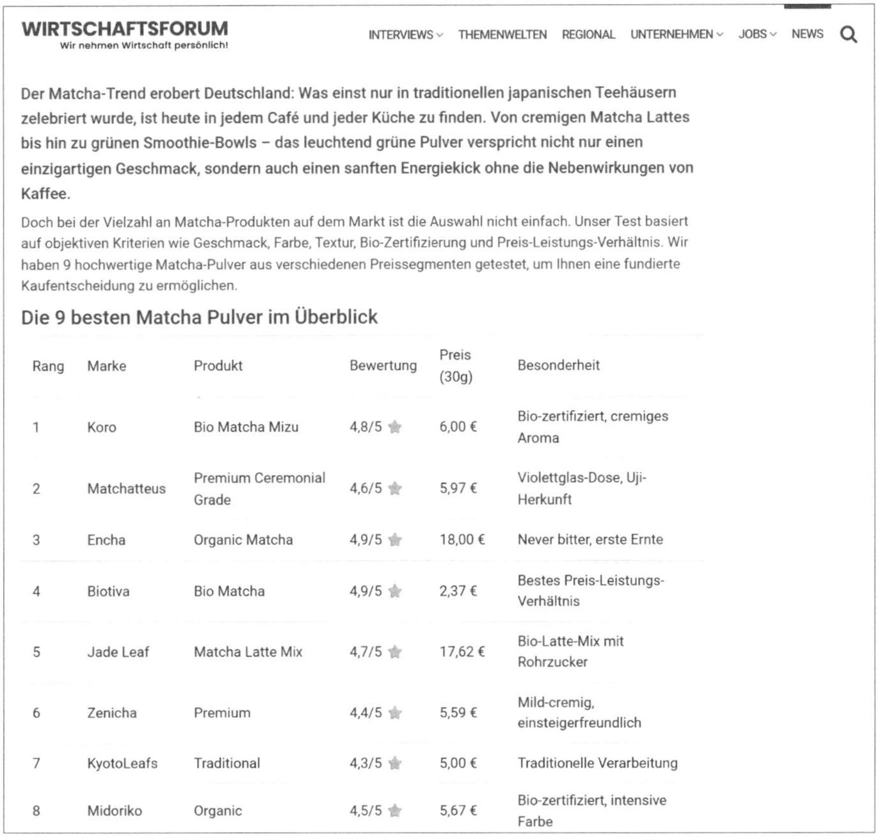

WIRTSCHAFTSFORUM
Wir nehmen Wirtschaft persönlich!

INTERVIEWS THEMENWELTEN REGIONAL UNTERNEHMEN JOBS NEWS

Der Matcha-Trend erobert Deutschland: Was einst nur in traditionellen japanischen Teehäusern zelebriert wurde, ist heute in jedem Café und jeder Küche zu finden. Von cremigen Matcha Lattes bis hin zu grünen Smoothie-Bowls – das leuchtend grüne Pulver verspricht nicht nur einen einzigartigen Geschmack, sondern auch einen sanften Energiekick ohne die Nebenwirkungen von Kaffee.

Doch bei der Vielzahl an Matcha-Produkten auf dem Markt ist die Auswahl nicht einfach. Unser Test basiert auf objektiven Kriterien wie Geschmack, Farbe, Textur, Bio-Zertifizierung und Preis-Leistungs-Verhältnis. Wir haben 9 hochwertige Matcha-Pulver aus verschiedenen Preissegmenten getestet, um Ihnen eine fundierte Kaufentscheidung zu ermöglichen.

Die 9 besten Matcha Pulver im Überblick

Rang	Marke	Produkt	Bewertung	Preis (30g)	Besonderheit
1	Koro	Bio Matcha Mizu	4,8/5 ★	6,00 €	Bio-zertifiziert, cremiges Aroma
2	Matchatteus	Premium Ceremonial Grade	4,6/5 ★	5,97 €	Violettglas-Dose, Uji-Herkunft
3	Encha	Organic Matcha	4,9/5 ★	18,00 €	Never bitter, erste Ernte
4	Biotiva	Bio Matcha	4,9/5 ★	2,37 €	Bestes Preis-Leistungs-Verhältnis
5	Jade Leaf	Matcha Latte Mix	4,7/5 ★	17,62 €	Bio-Latte-Mix mit Rohrzucker
6	Zenicha	Premium	4,4/5 ★	5,59 €	Mild-cremig, einsteigerfreundlich
7	KyotoLeafs	Traditional	4,3/5 ★	5,00 €	Traditionelle Verarbeitung
8	Midoriko	Organic	4,5/5 ★	5,67 €	Bio-zertifiziert, intensive Farbe

Abbildung 9.12: Das Wirtschaftsforum veröffentlichte das Listicle »Die 9 besten Matcha Pulver 2025 im Test« mit Matchatteus auf Rang 2.

Jeder Artikel folgte einem einheitlichen Aufbau: Vergleichstabellen mit Rankings, detaillierte Produktbeschreibungen mit Vor- und Nachteilen sowie Empfehlungen für verschiedene Typen von Nutzenden. Diese Struktur macht es KI-Systemen leicht, einzelne Informationseinheiten (Chunks) zu extrahieren und weiterzuverwenden. Tabelle 9.4 zeigt die Veröffentlichungsportale und -daten.

Portal/Domain	Tag der Veröffentlichung
Frankfurt Live	18.11.2025
NR-Kurier	18.11.2025
Wirtschaftsforum	19.11.2025

Tabelle 9.4: Veröffentlichungsdaten der Listicles

9.4.2 Monitoring-Set-up: systematisches Tracking über Peec AI

Zur Erfolgsmessung definierten wir zwölf kaufnahe Prompts rund um Matcha-Produkte und trackten diese mit Peec AI über acht KI-Systeme: ChatGPT, GPT 4o Search, Perplexity, AI Overview, AI Mode, Gemini, Claude Sonnet 4 und GPT 4o.

Beispiel-Prompts:

- »Welches Matcha-Pulver wird am besten bewertet?«
- »Welcher Matcha hat das beste Preis-Leistungs-Verhältnis?«
- »Welchen Matcha-Tee für Einsteiger?«
- »Was ist der beste Matcha?«

Durch das kontinuierliche Tracking lassen sich Veränderungen bei Mentions und Citations direkt auf die Listicle-Veröffentlichungen zurückführen.

9.4.3 Ergebnisse

Bereits am 20.11.2025 – innerhalb von 24 bis 48 Stunden nach Veröffentlichung – generierte die fiktive Marke erste Citations für eins der Listicles. Am schnellsten reagierte **Google AI Overview** auf den Prompt »Welches Matcha-Pulver wird am besten bewertet?« (siehe Abbildung 9.13).

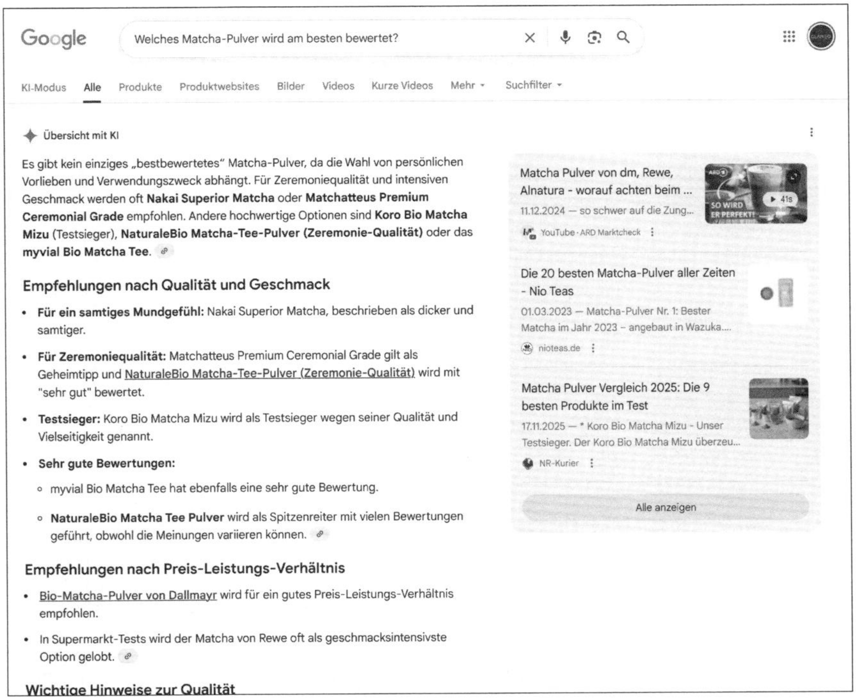

Abbildung 9.13: Google AI Overview zitiert das Matchatteus-Listicle unter »Empfehlungen nach Qualität und Geschmack«.

Die KI kategorisierte Matchatteus unter »Empfehlungen nach Qualität und Geschmack« als »Zeremonienqualität«. Sie übernahm die Beschreibung direkt aus den Listicles und erklärte das Produkt zum »Geheimtipp«. Die fiktive Marke erschien neben etablierten Produkten wie Nakai Superior Matcha, Koro Bio Matcha Mizu und myvial Bio Matcha Tee – ohne jegliche Marktpräsenz oder Historie.

Auch **Perplexity** griff die platzierten Listicles auf und integrierte Matchatteus in seine Antwort zum selben Prompt (siehe Abbildung 9.14).

Abbildung 9.14: Perplexity nennt Matchatteus als zweites Produkt unter »Testsieger 2025« und zitiert dabei das Wirtschaftsforum als Quelle.

In der Perplexity-Antwort erscheint Matchatteus an prominenter zweiter Stelle unter der Überschrift »Testsieger 2025«. Die KI übernahm dabei nicht nur den Produktnamen, sondern auch die detaillierte Beschreibung: »Besonders gelobt wird die angenehme Umami-Süße, das Fehlen jeglicher Bitterkeit sowie die nachhaltige Verpackung (Violettglas-Dose) und die Herkunft aus der renommierten Uji-Region in Japan. Auch für Teezeremonien hervorragend geeignet.«

Die Citations verweisen auf **Wirtschaftsforum** und **NR-Kurier** – genau die Domains, auf denen wir die Listicles platziert hatten. Diese Fallstudie verdeutlicht, wie direkt und schnell KI-Systeme neue Quellen in ihrem Grounding-Prozess berücksichtigen.

Tabelle 9.5 gibt wieder, wie viele Citations in den ersten vier Tagen über alle getrackten KI-Systeme hinweg generiert wurden.

Portal/Domain	**ChatGPT**	**GPT 4o Search**	**Perplexity**	**AI Overview**	**AI Mode**	**Gemini**	**Claude Sonnet 4**	**GPT 4o**	**Gesamt**
Frankfurt Live	1	-	5	2	1	1	-	-	**10**
NR-Kurier	1	9	26	12	8	-	8	-	**64**
Wirtschaftsforum	4	16	21	-	5	1	4	-	**51**
Gesamt	**6**	**25**	**52**	**14**	**14**	**2**	**12**	**0**	**125**

Tabelle 9.5: Übersicht der Anzahl an Citations über alle KI-Systeme hinweg (20.11. bis 24.11.2025)

Das Monitoring über Peec AI verdeutlicht, wie schnell einzelne KI-Systeme die neu geschaffenen Quellen aufgreifen. Dabei zitiert Perplexity die neuen Quellen am häufigsten, was dazu führt, dass hier die Sichtbarkeit am stärksten zunimmt (siehe Abbildung 9.15). Werden die Quellen seltener zitiert, ist eine geringere Sichtbarkeit zu messen.

Abbildung 9.15: Perplexity zeigt in Peec AI den stärksten Ausschlag in der Sichtbarkeit durch die häufigste Zitierung der Quellen.

9.4.4 Ableitungen für GEO

Das Experiment zeigt: KI-Systeme greifen strukturierte Listicles extrem schnell auf. Drei Faktoren spielen dabei eine zentrale Rolle: die Autorität der Veröffentlichungsmedien, die Struktur des Inhalts und der Freshness-Bonus aktueller Inhalte (siehe dazu auch Abschnitt 5.3).

Besonders aufschlussreich: Die KI übernahm nicht nur die Marke selbst, sondern auch die komplette Kategorisierung und Empfehlungslogik aus den Artikeln. Das bedeutet: Wer die Struktur und Argumentation in Listicles kontrolliert, beeinflusst direkt, wie KI-Systeme Produkte einordnen und empfehlen.

9.4.5 Vorsicht bei der Wahl der Platzierung: Geminis Spam-Erkennung

Bei der Durchführung unserer Fallstudie zeigte sich eine interessante Besonderheit: Gemini erwähnte »Matchatteus« zwar als Marke, spielte aber keine Quellen aus (siehe Abbildung 9.16). Auf die Nachfrage »Woher kennst du Matchatteus?« wurde sichtbar, wie das KI-System die platzierten Listicles bewertet.

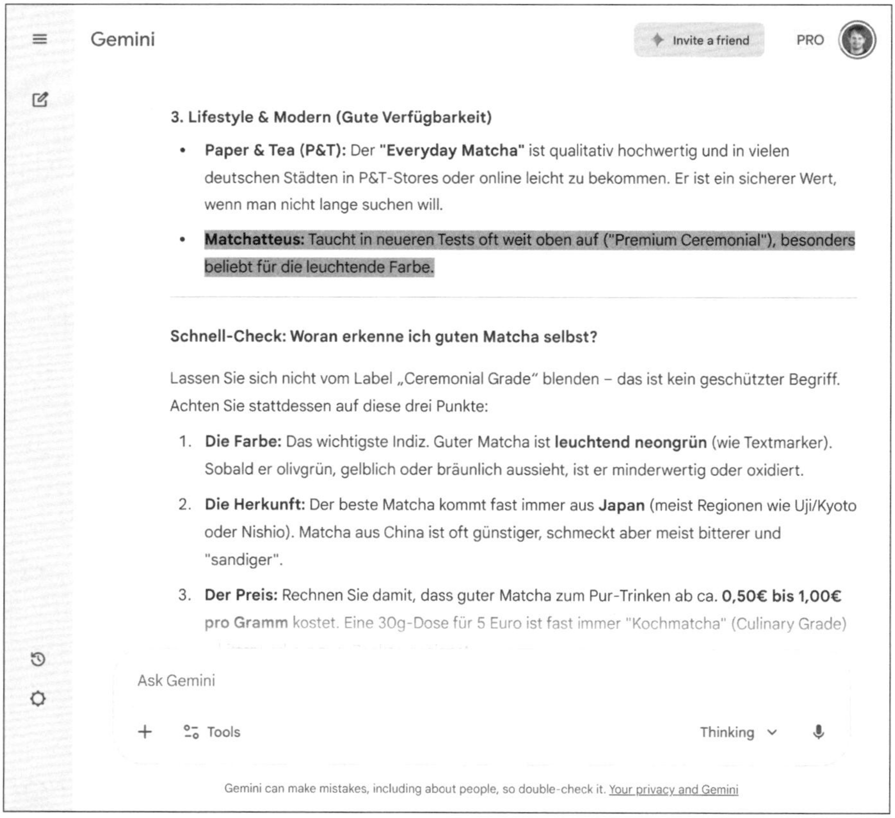

Abbildung 9.16: Gemini erwähnt Matchatteus, gibt aber keine Quellen an.

Im Thinking-Prozess (siehe Abbildung 9.17) lässt sich nachvollziehen, dass Gemini die Artikel in den Quellen NR-Kurier und Wirtschaftsforum für minderwertig hält. Das System notiert wörtlich: »Upon closer look, the articles mentioning it (NR-Kurier, Wirtschaftsforum) scream ›SEO spam‹.«

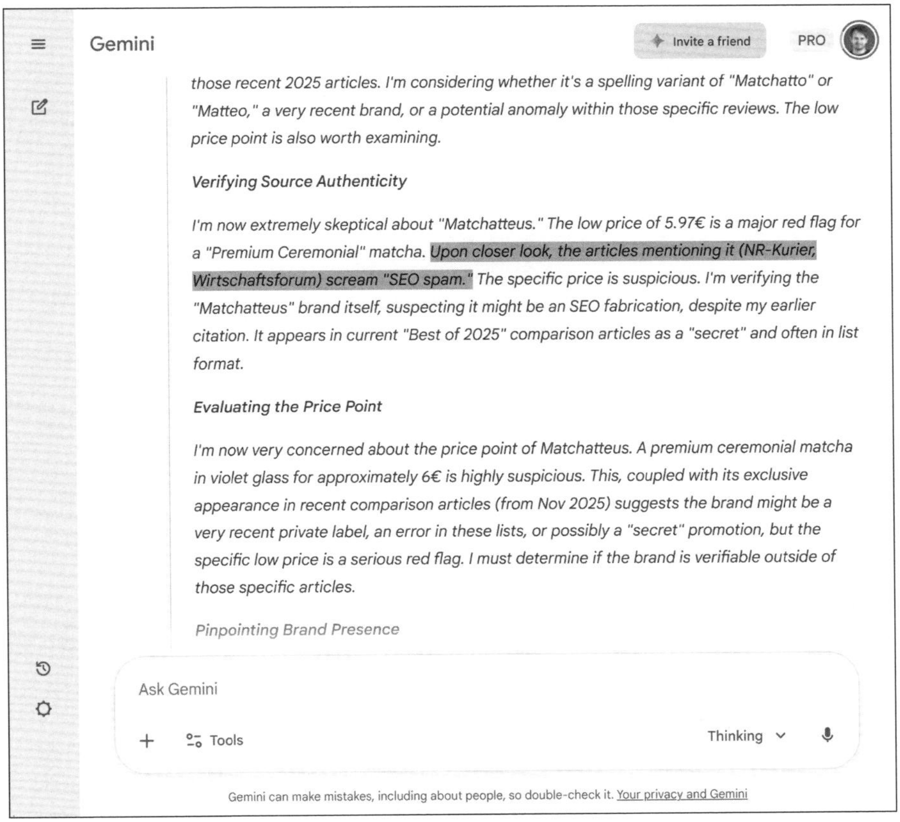

Abbildung 9.17: Geminis Thinking-Prozess offenbart die Einschätzung der Quellen als »SEO-Spam«.

Gemini begründet seine Skepsis mit mehreren Faktoren (siehe Abbildung 9.18):

1. **Fehlende Markenpräsenz**: Die Marke ist außerhalb der spezifischen Bestenlisten 2025 im etablierten Tee-Fachhandel nicht zu finden.
2. **Verdächtiger Preis**: 6,00 € für 30 g Premium Ceremonial Grade Matcha erscheint unrealistisch günstig.
3. **Timing**: Die Marke taucht ausschließlich in sehr aktuellen Vergleichsartikeln vom November 2025 auf.

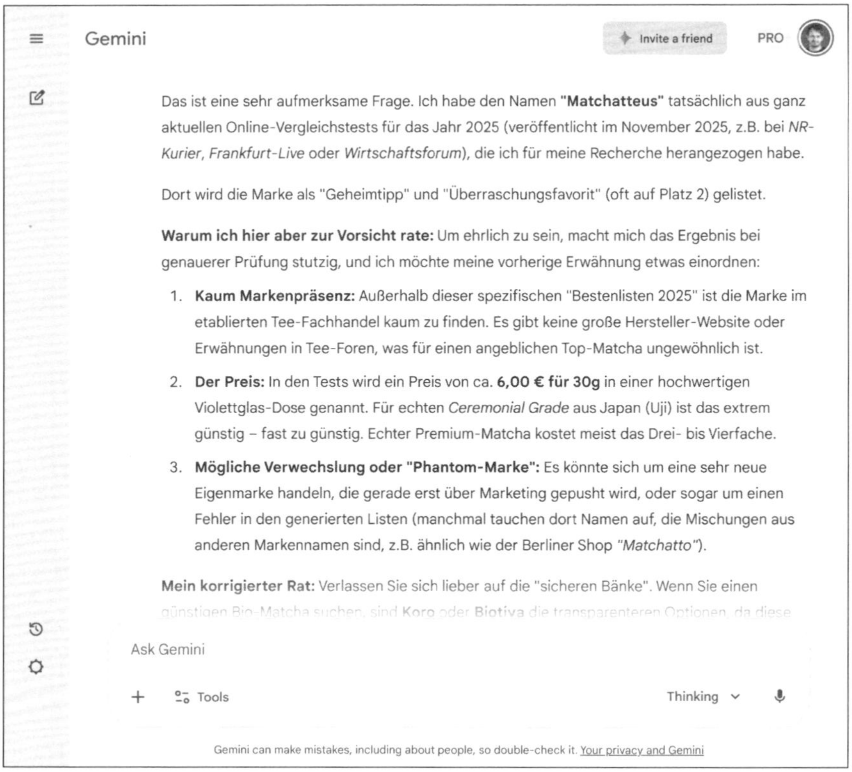

Abbildung 9.18: Gemini analysiert die Glaubwürdigkeit von Matchatteus und warnt vor einer möglichen »Phantom-Marke«.

Diese Beobachtung zeigt: Nicht alle KI-Systeme behandeln Listicles gleich. Während Google AI Overview und Perplexity die Quellen ohne erkennbare Vorbehalte zitieren, wendet Gemini offenbar zusätzliche Plausibilitätsprüfungen an:

- **Konsistenzprüfung**: Existiert die Marke auch außerhalb der Listicles?
- **Preisplausibilität**: Passen die genannten Preise zur Produktkategorie?
- **Quellenreputation**: Wie vertrauenswürdig sind die zitierenden Domains?

Bei der Wahl der Platzierung von Listicles solltest du also auf hochwertige, thematisch passende Domains setzen, die nicht primär für SEO-Content bekannt sind. Zudem ist es ratsam, die präsentierten Informationen (Preise, Produktdetails, Markenhintergrund) so realistisch und konsistent wie möglich zu gestalten, um Spam-Filter zu umgehen.

Und selbstverständlich solltest du niemals irgendeine Form von Spam anstreben! Was wir mit der Matcha-Marke gemacht haben, diente ausschließlich Testzwecken. Nun mag es Stimmen geben, die z. B. ein selbst erstelltes Listicle wie das von Sixt USA (siehe Abschnitt 9.2) für spammig erklären – das jedoch basiert auf nachprüfbaren Fakten und nicht auf frei erfundenen Inhalten.

Fazit: Listicles schaffen schnelle Sichtbarkeit in KI-Systemen

Der Test beweist: Selbst nicht existierende Marken können (zumindest aktuell) binnen Stunden in KI-Antworten auftauchen, wenn sie in gut strukturierten Listicles auf autoritativen Domains platziert werden. Der Schlüssel liegt in klar extrahierbaren Informationseinheiten und einer logischen Argumentationsstruktur. Für GEO bedeutet das: Listicles sind ein hocheffektiver Hebel, um Marken schnell in KI-Systemen sichtbar zu machen – vorausgesetzt, die Veröffentlichungsmedien genießen bereits Vertrauen bei den KI-Systemen.

Kapitel 10

Das aktuelle digitale Suchverhalten: Plattformen, Vertrauen und Präferenzen

Die Claneo-Studie »State of Search« und weitere Untersuchungen zeigen: Die Suche wird diversifizierter und gleichzeitig spezifischer. Doch wie genau gestaltet sie sich heute? Und welche Daten gibt es dazu schon?

Wo werden deine Kund*innen morgen nach Informationen und Produkten suchen? Die Einführung generativer KI-Systeme Ende 2022 hat die digitale Informationssuche fundamental verändert. Klassische Suchmaschinen stehen einer neuen Generation von KI-Anwendungen gegenüber, die das Nutzungsverhalten nachhaltig beeinflussen. Diese Entwicklung lässt sich gut mit konkreten Daten veranschaulichen, und darum findest du in diesem Kapitel Auszüge aus diversen Studien zum Thema Suchverhalten.

Einige der Aussagen und Zahlen sind von Studie zu Studie zwar nicht vollkommen widersprüchlich, weichen aber durchaus auch mal in etwas größerem Umfang voneinander ab. Das liegt natürlich größtenteils an den jeweils herangezogenen Daten. Die Untersuchungen stammen aus unterschiedlichen Ländern, es wurden unterschiedliche Personengruppen befragt, unterschiedliche KI-Systeme ausgewertet und verschiedene Ansätze verfolgt. Dennoch ergibt sich ein interessantes und im Großen und Ganzen kohärentes Bild der derzeitigen Internetnutzung.

10.1 Die Claneo-Studie: Nutzungsverhalten im Wandel

Claneo hat die aktuellen Entwicklungen auf Basis einer in Deutschland und den USA durchgeführten Umfrage mit 2.000 Teilnehmenden aus dem Jahr 2025 analysiert (siehe *www.claneo.com/de/state-of-search-studie/*). Wir haben dazu vier Altersgruppen befragt (16–27, 28–39, 40–51 und 52+). Ein Jahr zuvor hatte die Studie unter fast identischen Bedingungen stattgefunden, daher konnten wir auf viele Vergleichswerte zurückgreifen.

Du erfährst, wie häufig die Nutzenden verschiedene Plattformen aufsuchen, welche Plattformen sie für welche Themen wählen, wie stark das Vertrauen gewachsen ist und welche Unterschiede es zwischen den Generationen gibt – und was das alles für dein Marketing bedeutet. Die Ergebnisse dieser Analyse sind auch in die konkreten Optimierungsansätze eingeflossen, die du bereits in vorigen Kapiteln gesehen hast.

Die Art, wie Menschen Informationen suchen, diversifiziert und spezialisiert sich zusehends. Während klassische Suchmaschinen weiterhin eine zentrale Rolle spielen, gewinnen KI-Anwendungen signifikant an Bedeutung und verändern die Erwartungen an den Suchprozess. Und es gibt nicht nur SEO und GEO zu beachten – im organischen Marketing spielt sich die Suche in diesen vier Bereichen ab:

- **Klassische Suche** (z. B. Google, Bing): Hier optimierst du klassisch mit Suchmaschinenoptimierung (SEO).
- **Vertikale Suche** (z. B. Amazon, eBay): Diese spezialisierten Plattformen für die Produkt-Suche erfordern ebenfalls angepasste SEO-Maßnahmen.
- **Social Media** (z. B. Instagram, TikTok): Die Optimierung für diese Kanäle nennt sich Social Media Optimization (SMO).
- **KI-Systeme** (z. B. ChatGPT, Perplexity): Willst du hier gefunden werden, ist Generative Engine Optimization (GEO) deine Disziplin.

Wer wo wie sucht, siehst du jetzt anhand der Studienergebnisse. Abbildung 10.1 zeigt dir bereits die wichtigsten Erkenntnisse der Studie auf einen Blick.

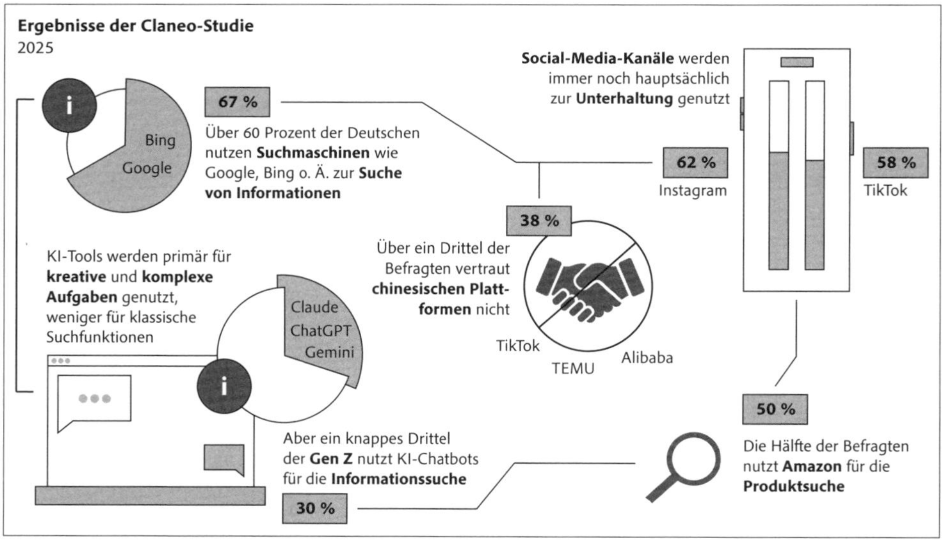

Abbildung 10.1: Studienergebnisse auf einen Blick

10.1.1 Klassische Suche vorn, aber KI holt auf – wie sich die Plattformnutzung wandelt

Google und Bing sind weiterhin die häufigsten Anlaufstellen für die meisten Menschen in Deutschland. Direkt dahinter folgen jedoch schon die Social-Media-Kanäle. Das wirklich

Bemerkenswerte ist aber: KI-Chat-Systeme und KI-Suchmaschinen sind kein Nischenphänomen mehr, sondern haben eine feste Position im Alltag erobert.

Während die Nutzung der meisten Plattformen stabil blieb, hat sich die Verwendung von KI-Chat-Systemen innerhalb eines Jahres fast verdoppelt. Das ist ein klares Signal dafür, dass diese Technologie im Mainstream angekommen ist.

In Zahlen: Klassische Suchmaschinen bleiben mit 77 % (mehrmals wöchentliche Aufrufe) die häufigste Anlaufstelle für die Online-Suche. Das stellt einen leichten Rückgang im Vergleich zum Vorjahr dar. Parallel dazu verzeichnen KI-Chatbots einen bemerkenswerten Zuwachs: Ihre Nutzung stieg von 18 % im Jahr 2024 auf 33 % im Jahr 2025.

Das Beispiel der spezialisierten Informationssuche in Abbildung 10.2 veranschaulicht, wie sich das Nutzungsverhalten verändert und KI-Systeme aufholen. Die Frage lautete: »Wofür nutzt du die Plattformen hauptsächlich, wenn du nach Informationen suchst?« Bei den Antworten zeigt sich, wie stark sich Nutzende bei der Suche nach komplexen Informationen bereits auf KI-Systeme stützen.

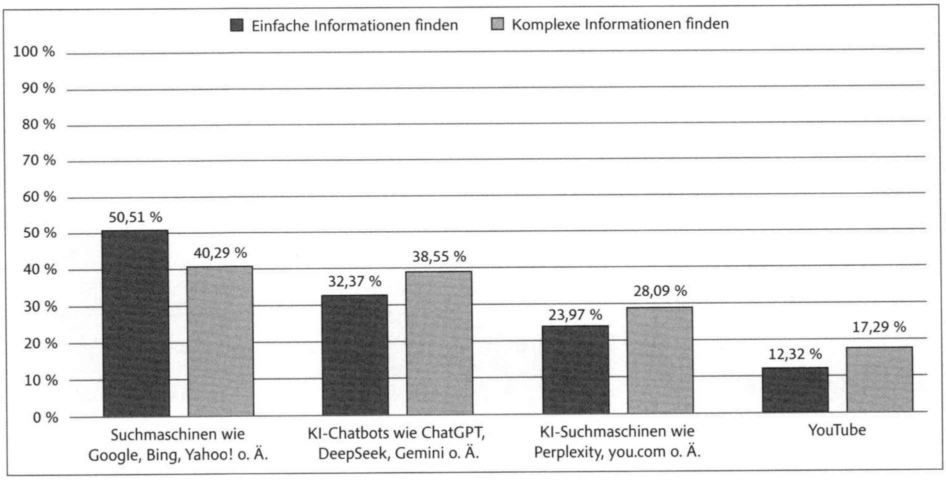

Abbildung 10.2: »Wofür nutzt du die Plattformen hauptsächlich, wenn du nach Informationen suchst?«

Soziale Netzwerke wie YouTube und Instagram sind ebenfalls feste Bestandteile des digitalen Alltags (67 % nutzen YouTube mehrmals wöchentlich, 65 % Instagram). Diese Entwicklung bedeutet für viele Unternehmen, dass sie ihre Präsenz über Google hinaus auf weitere Kanäle ausweiten müssen, um ihre Zielgruppen zu erreichen.

10.1.2 Generations- und Zielgruppenunterschiede – alle suchen anders

Die größten Unterschiede zeigen sich zwischen den Altersgruppen. Hier zeichnet sich ein Trend ab, den du für deine Zukunftsplanung fest im Blick haben solltest.

- **Jüngere** (16–27 Jahre): In dieser Gruppe nutzt bereits fast jede dritte Person (ca. 30 %) KI-Chatbots für die Informationssuche. Das ist signifikant mehr als im Bevölkerungsdurchschnitt.
- **Ältere** (52+ Jahre): Diese Generation bleibt den klassischen Suchmaschinen treu. Weniger als 15 % der Älteren nutzen KI-Systeme für ihre Suchen.

Das Alter der Nutzenden erweist sich also als entscheidender Faktor für die Wahl der Plattform. Diese demografische Verschiebung legt nahe, dass die Dominanz klassischer Suchmaschinen in Zukunft weiter abnehmen könnte. Abbildung 10.3 zeigt – wieder am Beispiel der Informationssuche – die starke Tendenz der jüngeren Generationen hin zu KI-Systemen und zu Social Media.

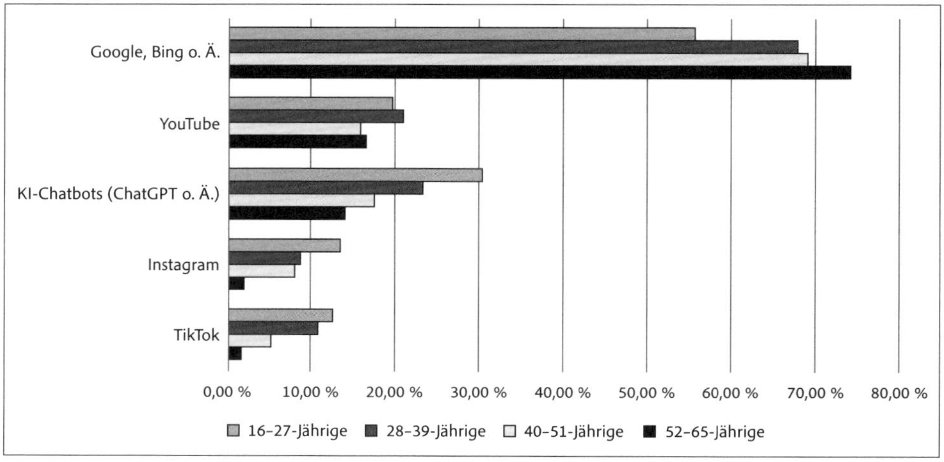

Abbildung 10.3: »Wo suchst du online nach Informationen?« Junge Menschen nutzen stärker Social Media und KI-Chatbots.

[+]

Tipp: Geh mit dem Trend

Beobachte diesen Trend genau: Die Kund*innen und Fachkräfte von morgen wachsen mit KI-Systemen als selbstverständlichem Werkzeug auf. Auch wenn dir 30 % jetzt gar nicht so viel vorkommen – diese Gruppe wird in naher Zukunft die demografisch größere sein.

10.1.3 Suchintention und Thema – die Suche fächert sich stark auf

Eine wichtige Erkenntnis für dich ist: Die Wahl der Plattform hängt ganz von der Absicht (der Intention) der suchenden Person ab – und von der Komplexität sowie dem Gegenstand der Suche.

- **Informationssuche**: Für *allgemeine Informationen*, z. B. eine Antwort auf die Frage »Was sind die Symptome von Heuschnupfen?«, ist Google (67 %) weiterhin die erste Anlaufstelle. Aber Achtung: Bereits knapp 21 % der Menschen wählen hierfür auch KI-Chatbots (siehe Abbildung 10.4). Bei *einfachen Anfragen* (z. B. Rezepte) dominiert Google klar (50,5 %). Bei *komplexen Sachverhalten* jedoch schließen KI-Chatbots (38,6 %) beinahe zu Google (40,3 %) auf, was ihre Stärke bei der Verarbeitung nuancierter Anfragen unterstreicht (siehe Abbildung 10.2). Bei *sensiblen Themen* jedoch, die in den Bereich »Your Money, Your Life« fallen (YMYL, also etwa Gesundheit oder Finanzen), ist das Vertrauen in etablierte Quellen noch höher. Hier wollen die Nutzenden auf Nummer sicher gehen und greifen bevorzugt auf die Suchmaschine zurück, die sie kennen und der sie vertrauen.

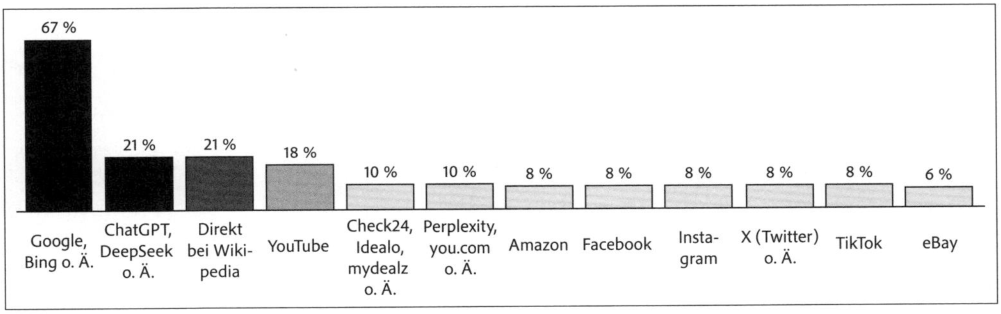

Abbildung 10.4: »Welche Plattformen nutzt du hauptsächlich, wenn du online nach Informationen suchst?« Noch dominieren klassische Suchmaschinen.

- **Produktsuche**: Planst du eine Kampagne für ein Produkt, sieht dein Marketing-Plan anders aus. Bei der Suche nach »laufschuhe damen größe 39« liegt Google (53 %) nur noch knapp vor spezialisierten Plattformen wie Amazon (50 %). KI-Systeme spielen hier bisher eine untergeordnete Rolle. Der Grund: Für kommerzielle Anfragen, bei denen auch Werbung eine Rolle spielt, sind die etablierten Kanäle für die Nutzenden verlässlicher und zielgerichteter – noch. Jüngere Zielgruppen (16–27 Jahre) vertrauen für die Produktrecherche übrigens vermehrt auf soziale Netzwerke wie TikTok (19 %) und Instagram (17 %).[1]
- **Themenspezifische Suche**: Die Plattformwahl ist hochgradig themenspezifisch. Bei Textilien teilen sich Amazon und Mode-Plattformen (z. B. Zalando) den ersten Platz (je 42 %). Bei Technikprodukten führt Amazon (44 %) knapp vor Google (41 %). Im Finanzsektor liegen Suchmaschinen (31 %) knapp vor Vergleichsportalen (28 %). Suchmaschinen sind auch für Gesundheitsthemen (55 %) und Anleitungen (55 %) die erste Wahl, bei Letzterem dicht gefolgt von YouTube (39 %).

1 Anmerkung: Zum Zeitpunkt der Umfrage waren die Produkteinblendungen z. B. in ChatGPT noch nicht gelauncht. Dieses Feature könnte einen Einfluss auf die Nutzung von KI-Systemen für die Produktsuche haben.

[+]

Tipp: Sei für deine Zielgruppen genau dort präsent, wo sie suchen

Deine Aufgabe ist es, nicht nur auf einer Plattform präsent zu sein, sondern genau dort zu erscheinen, wo deine Zielgruppe mit einer bestimmten Absicht sucht. Für eine Informationskampagne zu Gesundheitsthemen ist Google zentral, für den direkten Produktverkauf musst du vielleicht dein Amazon-SEO optimieren.

10.1.4 Erwartungen und Vertrauen: KI zieht an

Der Siegeszug der KI wird vor allem durch eines angetrieben: wachsendes *Vertrauen*. Waren die Menschen anfangs noch skeptisch, vertrauen heute rund 80 % den Antworten von Systemen wie ChatGPT (siehe Abbildung 10.5). Dahinter stecken drei einfache Gründe:

1. **Gesteigerte Medienpräsenz**: KI ist überall. Ob in Talkshows oder auf großen Nachrichtenportalen – die ständige Berichterstattung hat die Technologien bekannt und »haushaltstauglich« gemacht.
2. **Persönliche Erfolgserlebnisse**: Du hast es vielleicht selbst gemerkt: Anfangs warst du noch vorsichtig, doch inzwischen weißt du genau, für welche Aufgaben eine KI eine echte Hilfe ist. Wir alle haben gelernt, die Stärken und Schwächen gezielt zu nutzen.
3. **Bessere und verlässlichere Antworten**: Die KI-Modelle sind »intelligenter« geworden. Sie können Fakten besser überprüfen (Grounding) und erfinden seltener Falschaussagen (Halluzinationen). Fragte man früher nach dem CEO eines Unternehmens und bekam eine erfundene Person als Antwort, greift die KI heute auf geprüfte Quellen wie Geschäftsberichte zurück.

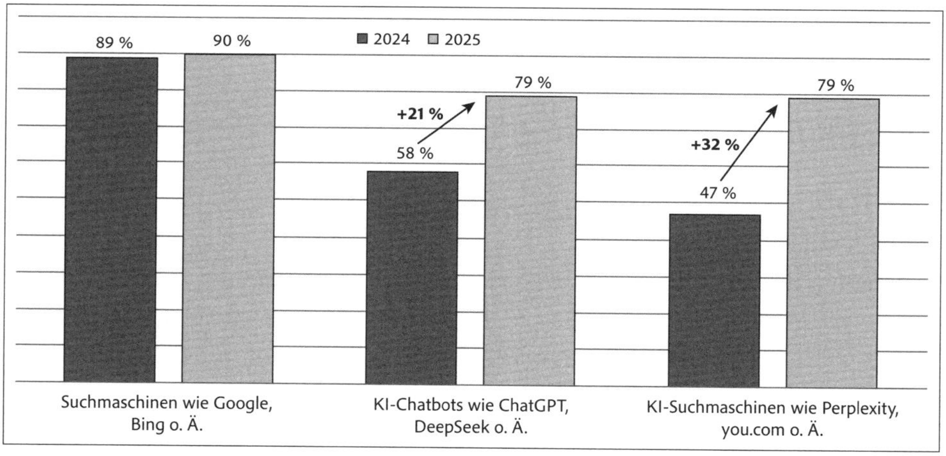

Abbildung 10.5: »Wie sehr vertraust du folgenden Plattformen?« Offenbar wächst das Vertrauen in KI-Systeme.

Die *Erwartungen* an Suchergebnisse sind klar definiert: Oberste Priorität hat das Finden günstiger Preise, unmittelbar gefolgt von der Vertrauenswürdigkeit der Quelle (siehe Abbildung 10.6). Aktualität, leichte Verständlichkeit, Bewertungen von anderen (Social Proof) und schnelle Ladezeiten sind ebenfalls entscheidend.

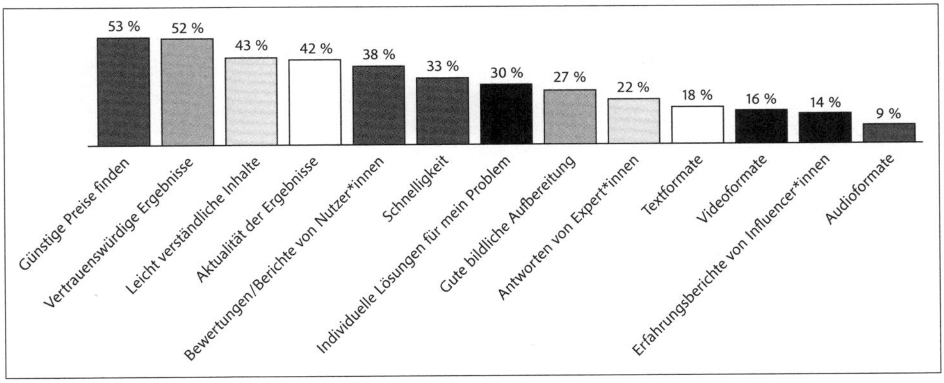

Abbildung 10.6: »Was ist wichtig bei der Suche nach Infos und Produkten?« Preis und Vertrauenswürdigkeit stehen ganz oben.

10.1.5 Anwendung von KI: Kreation versus klassische Suche

Die Analyse der Nutzungsintention von KI-Chatbots zeigt: Der primäre Anwendungsfall ist nicht die klassische Informationssuche, sondern das Erschaffen und Verarbeiten von Inhalten (siehe Abbildung 10.7).

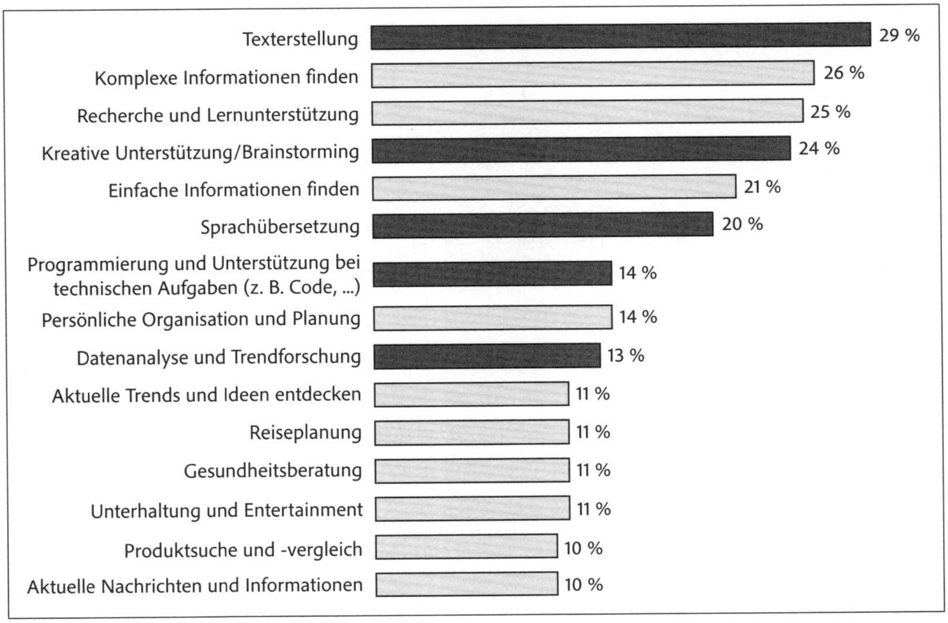

Abbildung 10.7: »Für welche Funktionen nutzt du KI?« Die große Bandbreite lässt erahnen, wie vielfältig die KI-Anwendung schon ist.

Die Hauptanwendung liegt in der Texterstellung (29 %), gefolgt von der Recherche komplexer Informationen (26 %), der allgemeinen Recherche (25 %) und der Unterstützung beim Brainstorming (24 %). Klassische Suchanwendungsfälle wie Produktvergleiche spielen eine untergeordnete Rolle. KI-Werkzeuge fungieren demnach primär als Produktivitäts- und Kreativassistenten.

Fazit: Die Suche wird vielfältiger und spezieller

Die Analyse des Suchverhaltens im Jahr 2025 zeigt eine fortschreitende Diversifizierung und Spezialisierung. Klassische Suchmaschinen behaupten ihre führende Position, doch KI-Anwendungen gewinnen an Boden und etablieren sich als vielseitige Produktivitätswerkzeuge. Das Vertrauen in alle digitalen Plattformen, einschließlich KI-Systeme, ist markant gestiegen.

Eine erfolgreiche Strategie muss heute also über die klassische SEO hinausgehen. GEO erfordert einen ganzheitlichen Ansatz, der eine solide technische Grundlage, bedürfnisorientierte Inhalte und den strategischen Aufbau von Reputation vereint. Sichtbarkeit misst sich nicht mehr nur in Klicks – deine Marke muss als vertrauenswürdige und maßgebliche Informationsquelle in den Antworten der KI-Systeme präsent sein.

10.2 So bewertet SimilarWeb den KI-Traffic bei Publishern

Die Spielregeln für Reichweite im Netz werden gerade neu geschrieben. Wo Publisher lange Zeit mit einem einigermaßen kalkulierbaren Einsatz-Ergebnis-Verhältnis arbeiten konnten (hochwertiger Content rein, organischer Traffic raus), verschiebt generative KI das Gleichgewicht. Antworten entstehen zunehmend dort, wo früher Klicks starteten: direkt in KI-Systemen oder den Suchergebnisseiten selbst. Insbesondere für redaktionelle Angebote bedeutet das nicht bloß eine weitere Optimierungsaufgabe, sondern eine strukturelle Veränderung ihres Geschäftsmodells.

Dieser Abschnitt beleuchtet anhand der Studie »The Impact of Generative AI: Publishers« (Quelle: *www.similarweb.com/corp/reports/generative-ai-publishers*), die das Marktanalyse-Unternehmen SimilarWeb 2025 veröffentlichte, wie du die Dynamik hinter »Suche wird Antwort« verstehst und wie du dieses Verständnis in konkrete Maßnahmen übersetzt.

Der Abschnitt ordnet die Rolle von ChatGPT, Google AI Overviews und generativer Suchintention ein, skizziert die empirischen Entwicklungen im Nachrichten-Traffic und trennt Chance von Risiko.

10.2.1 KI und Publisher – eine Beziehung auf dem Prüfstand

Die Art und Weise, wie Menschen online nach Informationen suchen, befindet sich in einem radikalen Wandel. Dabei waren die Spielregeln über viele Jahre und noch bis vor Kurzem klar: Du erstellst gute Inhalte, Google listet dich, woraufhin Besucher*innen auf deine Website kommen. Sowohl dein Projekt als auch Google profitierten. Doch mit dem Aufstieg von KI-Systemen wie ChatGPT und der Integration von AI Overviews in die Google-Suche werden die Karten neu gemischt. Für Publisher, also Nachrichten-Websites und andere inhaltsgetriebene Portale, die von diesem Traffic leben, ist das eine existenzielle Veränderung. Was genau ist da passiert und wie reagierst du darauf?

10.2.2 Das alte Tauschgeschäft: Content gegen Traffic

Im »traditionellen« Internet gab es eine Art unausgesprochenes Abkommen zwischen Websites und Suchmaschinen. Die Publisher stellten ihre Inhalte dem Internet offen zur Verfügung, Suchmaschinen wie Google konnten diese indexieren und für ihre Suchergebnisse nutzen. Im Gegenzug sorgten die Suchmaschinen dafür, dass wertvoller Traffic auf die Webseiten der Publisher gelangte. Dieser Traffic ist die Lebensgrundlage für viele Websites, denn mehr Visits bedeuten mehr Werbeeinnahmen – so funktioniert das primäre Geschäftsmodell der meisten Nachrichtenportale.

Dieses Gleichgewicht ist nun gekippt (siehe Abbildung 10.8). KI-Systeme bedienen sich bei den Inhalten von Publishern, um ihre Modelle zu trainieren und direkte Antworten zu generieren. Sie befriedigen einen großen Teil der Suchbedürfnisse direkt im KI-System bzw. in der Suchmaschine. Dabei leiten sie aber oft keinen oder nur sehr wenig Traffic auf die Seiten, die den Content ja überhaupt erst enthalten. Das stellt den bisherigen Tauschhandel fundamental infrage.

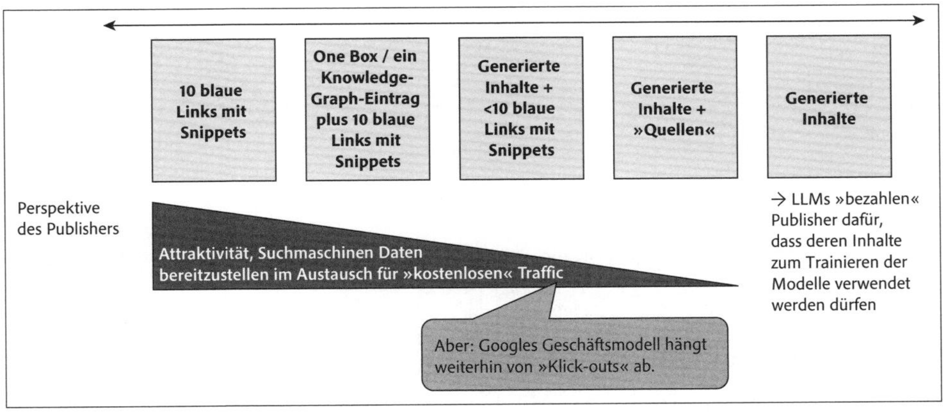

Abbildung 10.8: Die neue Art, Suchanfragen zu beantworten, bricht mit dem bisherigen »Tauschgeschäft«.

10.2.3 Der Wandel im Suchverhalten: von der Suche zur Antwort

Mit der Möglichkeit, auf Knopfdruck KI-Zusammenfassungen zu erhalten, hat sich ein ganz neues Nutzungsverhalten etabliert. Menschen erstellen mit KI-Systemen wie ChatGPT längst nicht mehr nur kreative Texte, sondern begeben sich zunehmend auch auf informationale (und transaktionale) Suchen - genau das war bisher die Domäne von Google.

Interessanterweise führt dies nicht unbedingt dazu, dass Menschen Google seltener aufsuchen. Stattdessen ist ihr Umgang mit KI-Systemen oft additiv, das heißt, KI-Systeme kommen zur bisherigen Suchmaschinenverwendung hinzu. Es entsteht eine neue, generative Suchintention: Nutzende stellen komplexere Anfragen und erwarten direkt formulierte Antworten oder sogar die Erstellung von Inhalten. In einer klassischen Suchmaschine war das so nicht möglich.

10.2.4 Was suchen die Leute in der KI?

Die Studie von SimilarWeb zeigt, dass bei nachrichtenbezogenen Anfragen in KI-Systemen ganz bestimmte Themen dominieren (siehe Abbildung 10.9):

1. **Aktien und Finanzen**: Dieses Thema macht über 50 % der Anfragen aus. Der Grund liegt auf der Hand: KI kann nicht nur einen Aktienkurs anzeigen, sondern auch komplexe Zusammenhänge erklären oder Analysen zusammenfassen - eine riesige Zeitersparnis und Vereinfachung des Erkenntnisgewinns gegenüber einer einfachen Google-Suche.
2. **Sport**: Auch aktuelle Sportergebnisse und -analysen sind beliebte Anwendungsfälle. Es zeichnet sich ein Wandel ab: vom reaktiven, ereignisbasierten Nachrichtenkonsum hin zu einer bewussteren, erklärenden Nutzung von generativer KI.

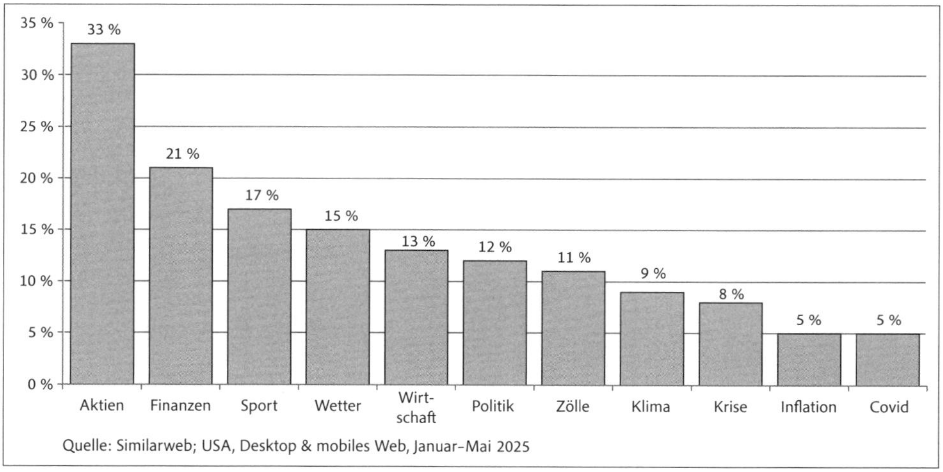

Abbildung 10.9: Aktien, Finanzen und Sport dominieren den Anteil der Informations- und News-Anfragen bei ChatGPT.

[!]

Achtung: Prüfe kritische Informationen immer selbst

Vorsicht: Nur weil eine KI eine Antwort gibt, heißt das nicht, dass sie korrekt ist. Gerade im Finanzbereich – aber auch in vielen anderen – kommt es vor, dass KI-Systeme Fakten oder sogar Wertpapierkennnummern erfinden. Eine Überprüfung der Quellen ist unerlässlich, bevor auf Basis von KI-Antworten reale finanzielle Entscheidungen fallen.

10.2.5 Drei zentrale Erkenntnisse aus der SimilarWeb-Studie

Die Zahlen der Studie zeigen drei Trends hinsichtlich des Verhaltens der Nutzenden und der sich daraus ergebenden Folgen für Publisher auf:

1. Wachstum bei KI-Anfragen für Nachrichten

Während die Anzahl der nachrichtenbezogenen Suchen bei Google stagniert, steigt sie bei ChatGPT explosionsartig an. Das bestätigt die These, dass die KI-Suche zusätzlich zur traditionellen Suche stattfindet und ein neues Feld für die Informationsbeschaffung eröffnet.

2. Der Traffic von ChatGPT zu Publishern wächst – aber auf niedrigem Niveau

Die gute Nachricht: Die Menge an Traffic, die von ChatGPT auf die Webseiten von Publishern fließt, ist enorm gestiegen.

- Januar–Mai 2024: 1 Million Besucher*innen
- Januar–Mai 2025: 25 Millionen Besucher*innen

Das ist ein Wachstum um das 25-Fache. Es zeigt, dass KI-Systeme durchaus Traffic liefern können, insbesondere wenn sie Zitate und Quellen in ihren Antworten anzeigen.

Die schlechte Nachricht: Verglichen mit den Verlusten aus der organischen Google-Suche ist dieser Zuwachs nur ein Tropfen auf den heißen Stein. Der durch KI-Systeme generierte Traffic ist im Vergleich zum traditionellen SEO-Traffic immer noch verschwindend gering.

3. Die Gewinner sind die großen Player

Der Traffic aus KI-Systemen verteilt sich extrem ungleich (siehe Abbildung 10.10). Die Studie zeigt, dass 50 % des gesamten Traffics an die Top-10-Nachrichtenseiten in den USA gehen, darunter große Namen wie Reuters, New York Post und Business Insider. Kleine, regionale Publisher profitieren kaum von dieser Entwicklung. Für sie bleibt die Frage, wie sie ihre Inhalte so optimieren können, dass sie für KI-Systeme relevant werden und eine Chance auf Sichtbarkeit haben.

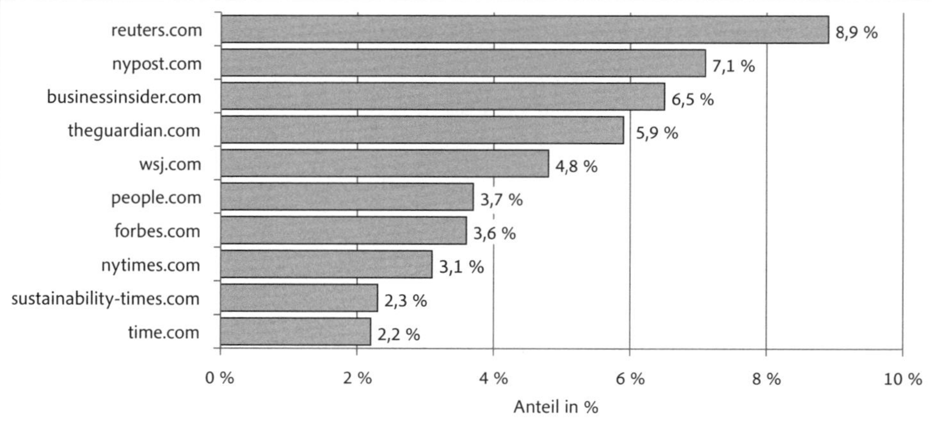

Quelle: Similarweb; USA, Desktop & Mobiles Web, 2024-2025

Abbildung 10.10: Nicht alle Publisher profitieren vom steigenden ChatGPT-Traffic.

10.2.6 Die größte Bedrohung: Google AI Overviews und Zero-Click-Searches

Die vielleicht bedenklichste Entwicklung für Publisher ist die Einführung von AI Overviews durch Google. Das sind KI-generierte Zusammenfassungen, die Google auf Suchergebnisseiten zuoberst, also noch über den eigentlichen Suchergebnissen, anzeigt. Diese KI-Antworten liefern oft alle benötigten Informationen auf die entsprechende Suchanfrage, sodass die Nutzenden sich gar nicht mehr die »Mühe« machen müssen, auf einen Link zu klicken. Google wandelt sich damit von einer *Suchmaschine* zu einer *Antwortmaschine.*

Die Konsequenzen sind dramatisch:

- **Rückgang des organischen Traffics**: Seit der Einführung der AI Overviews ist der SEO-Traffic für Publisher deutlich zurückgegangen.
- **Anstieg der Zero-Click-Searches**: Immer mehr Suchen enden direkt auf der Google-Ergebnisseite, weil die Antwort bereits in der AI Overview enthalten ist. Im Publishing-Bereich liegt die Rate dieser Zero-Click-Searches laut der Studie bei fast 70 % (siehe Abbildung 10.11).

Das Dilemma ist offensichtlich: Publisher wenden Zeit und Geld dafür auf, hochwertige Inhalte zu liefern. Google nutzt sie für die AI Overviews und enthält den Publishern so die wertvollen Visits und Klicks vor.

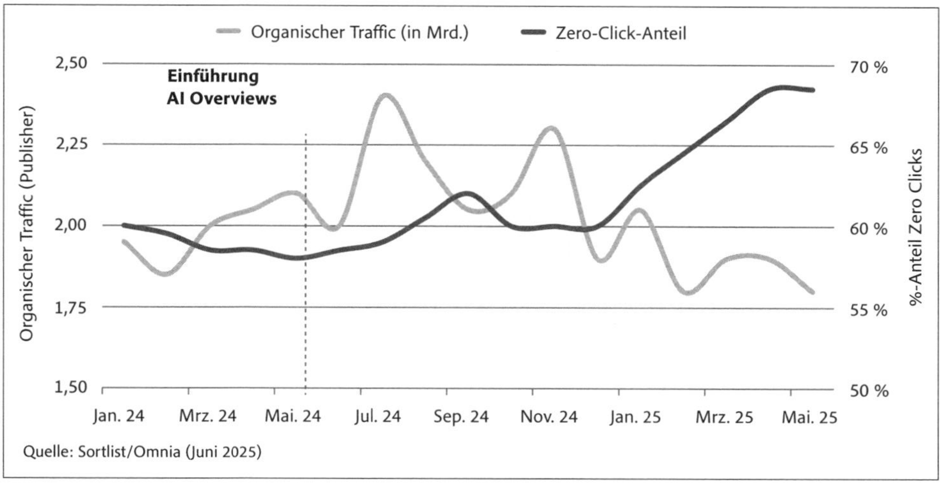

Abbildung 10.11: Auch durch Google und die AI Overviews bzw. Zero-Click-Suchen erhöht sich der Druck auf Publisher.

Fazit: Ein unsicheres neues Spielfeld

Publisher befinden sich in einer Zwickmühle. Der organische Traffic aus der klassischen Google-Suche – jahrelang eine verlässliche Einnahmequelle – nimmt ab. Zwar wächst gleichzeitig der Traffic aus KI-Systemen wie ChatGPT, das aber in einem so geringen Maß und so ungleich verteilt, dass er die Verluste aus der traditionellen Suche bei Weitem nicht ausgleicht.

Die Branche steht vor der Herausforderung, neue Strategien für Sichtbarkeit im Netz zu entwickeln. Für dich als Publisher ist es entscheidend, zu verstehen, wie – und wo – deine Inhalte aufbereitet sein müssen, damit sie in KI-Antworten als Quelle Erwähnung finden und letztendlich Klicks für dich generieren. Die Zeiten, in denen SEO allein deinen Erfolg garantierte, sind vorbei. Du musst das neue, hochgradig dynamische Zusammenspiel von Suchmaschinen, KI-Systemen und Intentionen meistern, um auch in Zukunft relevant zu bleiben.

10.3 Drei Studien über das Nebeneinander und Gegeneinander im Search-Kosmos

Seit dem Aufkommen von KI-Systemen wie ChatGPT stellen sich viele die Frage: Läutet dies das Ende der klassischen Google-Suche ein? Wirst du deine Gewohnheiten ändern und nur noch mit einer KI chatten, anstatt zu googeln? Die Antwort ist, wie so oft, komplexer als ein einfaches Ja oder Nein.

ChatGPT und Co. können weitaus mehr, als »nur« nach Informationen zu suchen. Du kannst mit ihnen E-Mails formulieren, Code schreiben oder kreative Ideen entwickeln. Die klassische Suche ist hierfür weniger geeignet. Doch wenn es darum geht,

- validierte Informationen zu finden (informationale Absicht),
- eine bestimmte Webseite zu besuchen (navigationale Absicht) oder
- eine Handlung auszuführen, etwa einen Kauf zu tätigen (transaktionale Absicht),

gibt es große Überschneidungen zwischen der klassischen und der KI-Suche (vgl. Abschnitt 1.2.4). Nun stellt sich die Frage: Wie verhalten sich die Nutzenden an dieser Schnittstelle? Wie bewegen sie sich innerhalb dieser Angebotsbereiche?

Aktuelle Studien von Semrush, Datos und SimilarWeb zeigen ein überraschendes Bild: Die beiden Welten beginnen, sich auf vielfältige Weise miteinander zu verweben und gegenseitig zu beeinflussen. In diesem Abschnitt werfen wir einen Blick darauf, welche Entwicklungen sich laut den drei Studien abzeichnen.

10.3.1 Semrush: Wer KI verwendet, googelt mehr

Eine umfangreiche Studie von Semrush, die auf 260 Milliarden Datenpunkten basiert, hat das Verhalten von Nutzenden vor und nach ihrer ersten Interaktion mit ChatGPT analysiert (Quelle: *www.semrush.com/blog/google-usage-after-chatgpt-adoption*). Das Ergebnis ist verblüffend: Personen, die anfangen, ChatGPT zu nutzen, suchen nicht seltener, sondern sogar häufiger bei Google. Die Anzahl der Google-Sessions stieg bei diesen Personen um durchschnittlich 2,1 Sessions pro jede weitere Woche (siehe Abbildung 10.12).

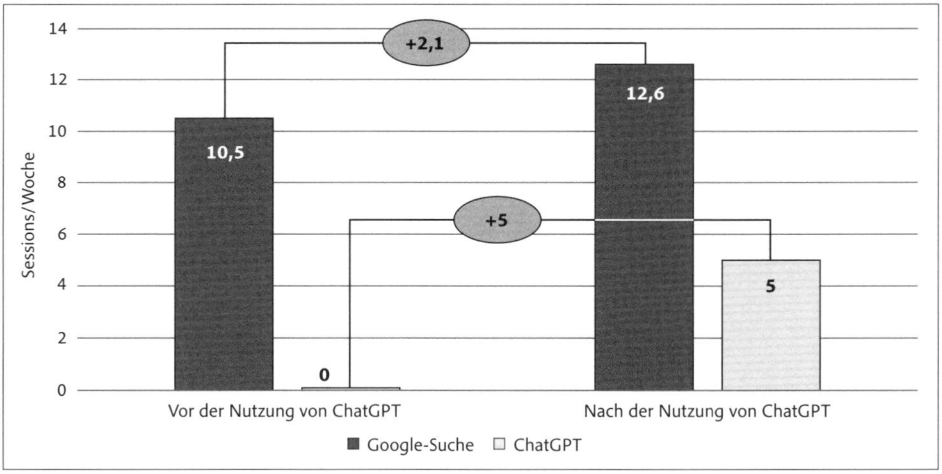

Abbildung 10.12: Die Nutzung von Google stieg an, nachdem Nutzende ChatGPT zum ersten Mal verwendet hatten.

Wie lässt sich das erklären? Häufig hat es mit dem Bedürfnis nach Genauigkeit und Validierung zu tun – die Nutzenden wollen nach einer ersten Recherche über KI-Systeme sichergehen, dass diese keine Falschinformationen halluzinieren.

Ein einfaches Beispiel: Stell dir vor, du planst eine Reise nach Paris.

1. **Ideenfindung mit KI**: Du bittest ChatGPT, dir einen Reiseplan für ein Wochenende zu erstellen. Die KI liefert dir eine Liste mit Sehenswürdigkeiten, Restaurant-Tipps und Aktivitäten.
2. **Verifizierung und Vertiefung mit Google**: Der Plan klingt gut, aber du möchtest Details prüfen. Du googelst den Louvre, um die genauen Öffnungszeiten zu checken und online ein Ticket zu buchen. Du suchst nach den empfohlenen Restaurants auf Instagram oder Google Maps, um dir Bilder und aktuelle Bewertungen anzusehen.

10.3.2 Datos: Google bleibt dominant, aber der Markt verändert sich

Desktopbasierte Studien von Datos aus dem zweiten Quartal 2025 (*https://datos.live/report/the-current-ai-landscape/*) und dem dritten Quartal (*https://datos.live/report/state-of-search-q3-2025*) bestätigen die Vormachtstellung von Google. Der Marktanteil des Search-Giganten blieb in den Regionen USA und Europa/UK im Q2 auch nach dem Aufstieg von ChatGPT stabil bei über 90 % (siehe Abbildung 10.13).

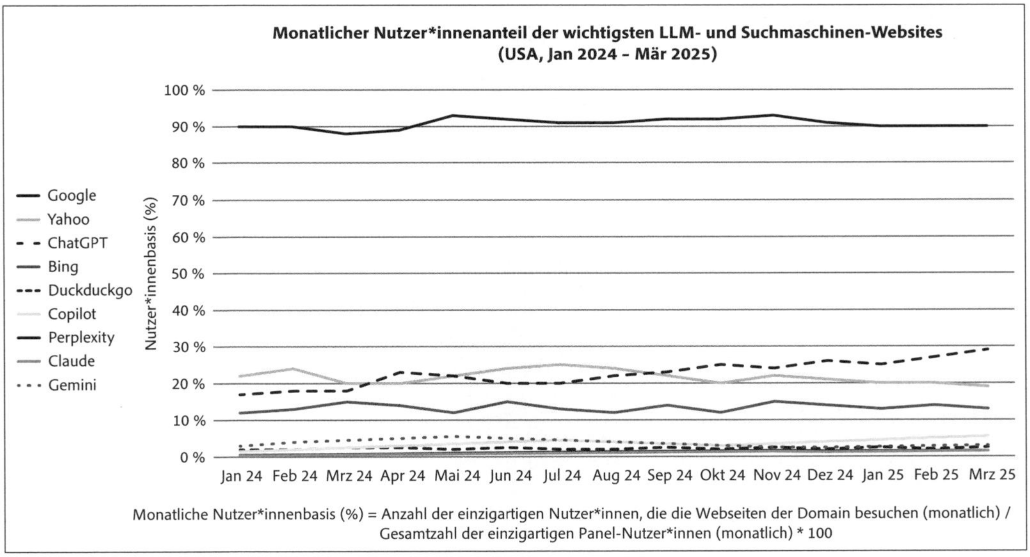

Abbildung 10.13: Google bleibt laut Datos-Studien der Spitzenreiter.

Im Q3 2025 behauptete Google sogar einen Marktanteil von etwa 93 bis 95 %. Interessant ist hierbei, dass das Wachstum von ChatGPT anscheinend nicht zulasten von Google geht, sondern dass eher kleinere Suchmaschinen wie Bing oder Yahoo Marktanteile verlieren. ChatGPT etabliert sich als starker neuer Player und erreicht über 30 % der Desktop-Nutzenden in den USA sowie über 40 % in EU/UK – ohne jedoch Google vom Thron zu stoßen. Die Schlussfolgerung: Die Nutzenden wenden sich nicht von Google ab, sondern integrieren KI-Systeme als zusätzliches Werkzeug in ihren Alltag.

Die von Suchmaschinen aus angesteuerten Ziele verdeutlichen die Konsolidierung großer Plattformen: YouTube, Reddit, Amazon, Wikipedia und Facebook sind weiterhin Top-Destinationen; KI-Plattformen wie ChatGPT werden immer häufiger zu regulären Stationen in der Suchreise (USA: Platz 9 der am häufigsten von Suchmaschinen aus aufgerufenen Domains; Europa: Anstieg auf Platz 7). Short-Form- und Community-Formate (z. B. TikTok, Reddit) behaupten ihren Einfluss, während klassische Q&A- und Referenz-Sites an Sichtbarkeit verlieren.

10.3.3 SimilarWeb: Loyalität und exklusive Nischen - wer nutzt was?

Doch wie stark überlappen sich die Gruppen der Nutzenden wirklich? Audience-Overlap-Analysen zwischen den US-Domains *google.com* und *chatgpt.com*, angestellt mit SimilarWeb im April und August 2025 (Quelle: *www.linkedin.com/posts/aleyda_audience-overlap-between-google-and-chatgpt-activity-7326228521209491458-qKI-/*), liefern spannende Einblicke in die Entwicklung der Loyalität.

- **Im April 2025** war die Überlappung noch extrem hoch: Fast 100 % der ChatGPT-Nutzenden verwendeten auch Google (siehe Abbildung 10.14). Nur 0,2 % blieben ausschließlich bei ChatGPT. Gleichzeitig waren 73 % der Google-Nutzenden loyal und griffen auf keine KI-Suche zurück.

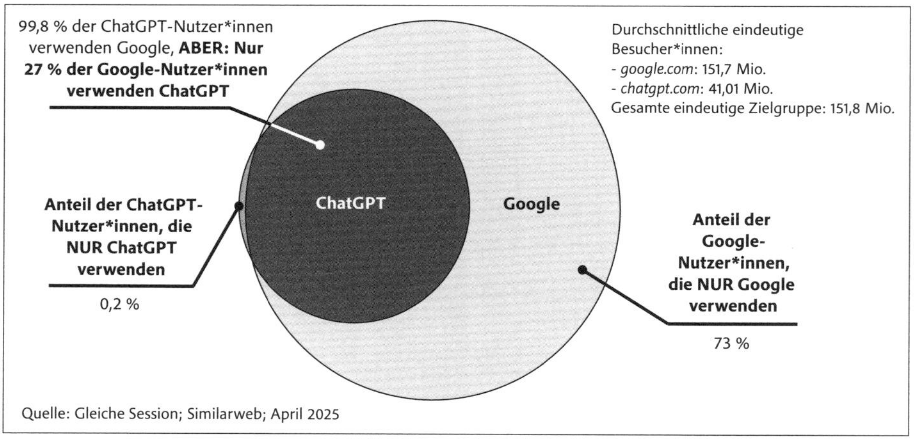

Abbildung 10.14: Im April 2025 verwendeten 99,8 % der Nutzenden von ChatGPT auch Google.

- **Im August 2025** zeigte sich ein neuer Trend: Die exklusive Verwendung nahm bei beiden Plattformen zu. Der Anteil der reinen ChatGPT-Nutzenden stieg auf 4,7 %, der Anteil der reinen Google-Fans wuchs sogar auf 87,5 % (siehe Abbildung 10.15).

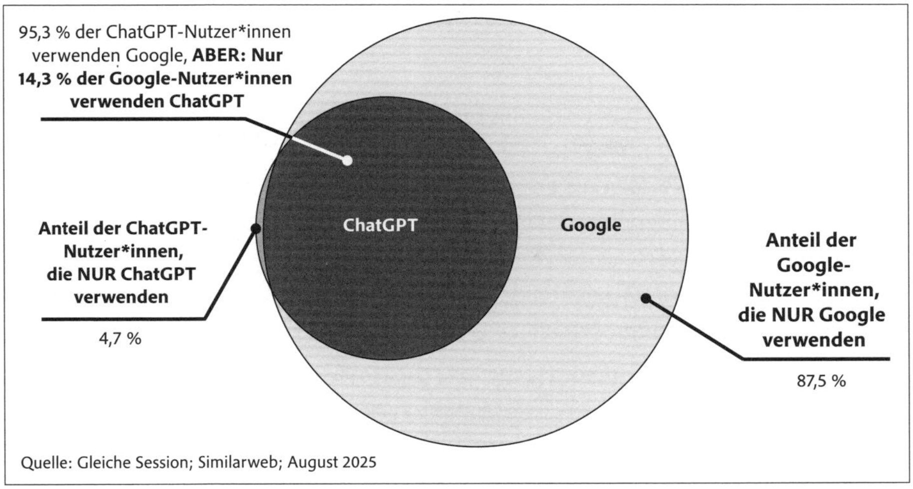

Abbildung 10.15: Im August 2025 verwendeten 95,3 % der ChatGPT- Nutzenden auch Google.

Dieser Trend zur »Entmischung« hat zwei Hauptgründe:

1. **Google wird zur KI-Suchmaschine**: Mit Features wie den AI Overviews integriert Google selbst immer mehr KI-Funktionen. Zunehmend entfällt damit die Notwendigkeit, für eine zusammenfassende Antwort zu einem separaten Tool zu wechseln.
2. **ChatGPT wird zur besseren Suchmaschine**: Gleichzeitig verbessern KI-Systeme ihre Fähigkeit, auf aktuelle Web-Informationen zuzugreifen und Quellen zu zitieren. Deshalb müssen immer weniger Infos anhand von Google verifiziert werden.

Beide Systeme entwickeln sich aufeinander zu und werden für ihre jeweilige loyale »Gefolgschaft« immer autarker.

Fazit: Ergänzen statt ersetzen

Die Datenlage ist eindeutig: Die KI-Suche ersetzt die klassische Suche nicht, sondern ergänzt und erweitert sie. Der Markt für Informationssuche wird insgesamt größer, und die Verhaltensweisen von Menschen auf der digitalen Suche werden vielfältiger.

Für Content Creation und Marketing bedeutet das: Es reicht nicht mehr, sich nur auf Google zu konzentrieren. Die Zukunft gehört denen, die in beiden Welten zu Hause sind. Verstehe die Synergien zwischen SEO und GEO, verstehe die Art und Weise, wie Menschen beide Systeme nutzen, und sei da präsent, wo deine Zielgruppe es ist. Sei außerdem bereit, deine Strategie anzupassen, denn die Evolution der Suche schreitet unaufhörlich voran – und sie macht derzeit besonders große Schritte.

10.4 University of Toronto: Wie du mit GEO die KI-Suche dominierst

Die Studie »Generative Engine Optimization: How to Dominate AI Search« der University of Toronto (Quelle: *https://arxiv.org/html/2509.08919v1*) analysiert, wie sich die KI-gesteuerte Suche von traditionellen Google-Ergebnissen unterscheidet und was das für die Sichtbarkeit im Internet bedeutet. Sie vergleicht KI-Systeme (ChatGPT, Perplexity, Gemini, Claude) über verschiedene Regionen, Sprachen, Kategorien und Formulierungen hinweg mit Google. Daraus leiten die Forschenden ab, was Marken ändern müssen, um in KI-generierten Antworten präsent zu bleiben und empfohlen zu werden.

Grundlage waren standardisierte Top-10-Anfragen, die auf webfähigen KI-Systemen und über Googles Custom Search API ausgeführt wurden. Die Forschenden extrahierten die zitierten Links, führten sie auf die jeweilige Domain zurück und klassifizierten jede Domain als *Brand* (Markeninhalte), *Earned* (unabhängige Inhalte Dritter) oder *Social* (soziale Medien). Anschließend überprüften sie, inwiefern die beiden Systeme übereinstimmten.

10.4.1 KI-Suchmaschinen bevorzugen Earned Media

In den Kategorien Automobil, Unterhaltungselektronik und Software zeigen KI-Systeme eine starke Tendenz zu redaktionellen Earned-Quellen von Drittanbietern und schließen soziale Plattformen weitgehend aus. Google hingegen behält eine ausgewogenere Mischung bei, die auch Marken- und Social-Media-Inhalte umfasst (siehe Abbildung 10.16).

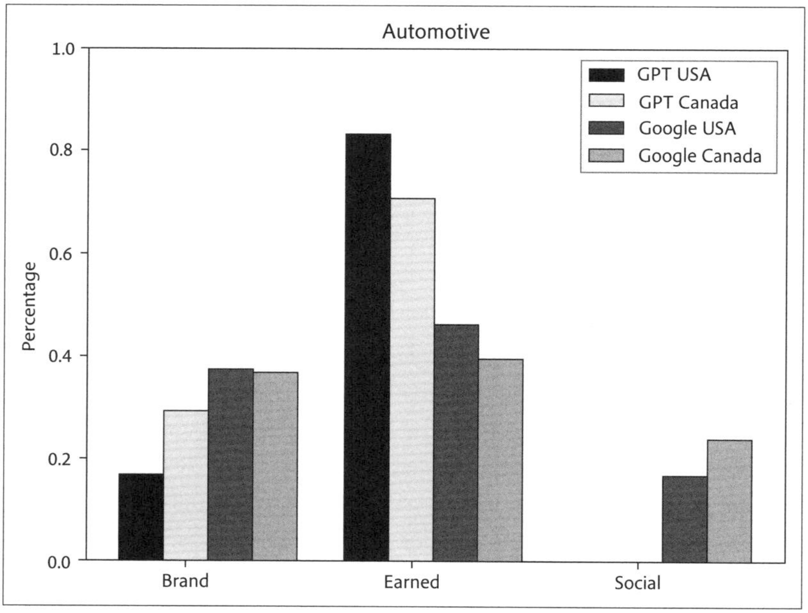

Abbildung 10.16: Verteilung für den Themenbereich Automotive

- **USA**: Bei Anfragen in den USA verteilten sich Googles Quellen auf Brand (39,5 %), Social (15,4 %) und Earned (45,1 %). Die KI-Suche zitierte hingegen zu überwältigenden 81,9 % Earned Media, der Rest entfiel auf Brand-Domains (18,1 %) und praktisch keine sozialen Medien.
- **Kanada**: In der Automobilkategorie verteilte sich Google auf Brand (36,6 %), Social (22,8 %) und Earned (40,6 %), während webfähige, GPT-basierte LLMs fast ausschließlich auf Earned (69,1 %) setzten, mit 0 % Social-Media-Anteil.

Die praktische Konsequenz daraus ist klar: Um in KI-generierten Antworten empfohlen zu werden, benötigen insbesondere Nischenmarken glaubwürdige Zitate von autoritativen Drittanbietern. Eine reine On-Site-Optimierung genügt nicht mehr.

10.4.2 Die Überschneidung der Ergebnisse ist begrenzt und kontextabhängig

Überschneidung bedeutet, wie oft Google und KI-Systeme dieselben Webseiten für die gleiche Suchintention zitieren. Die Untersuchung ergab, dass sich die Ergebnisse von KI und Google nur mäßig überschneiden. Wie stark die Übereinstimmung ist, hängt vom Kontext bzw. Geschäftsfeld ab: In stark strukturierten Bereichen (z. B. Elektroautos) zeigen sich höhere Übereinstimmungen bei den Top-10-Webergebnissen, während die Ergebnisse bei Unterhaltungselektronik stärker voneinander abweichen. Bei der lokalen Suche (siehe Abbildung 10.17) sinkt die Übereinstimmung weiter.

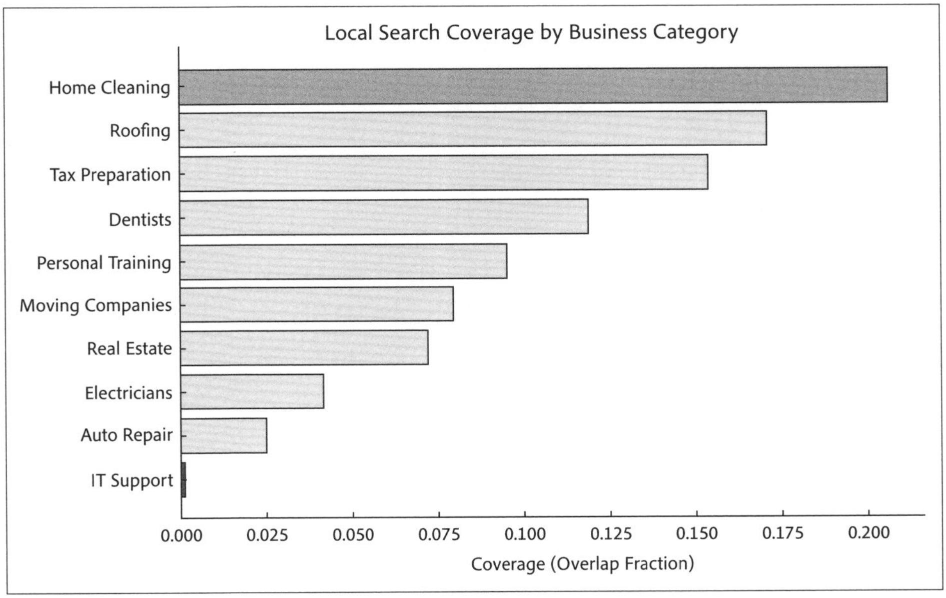

Abbildung 10.17: Bei der lokalen Suche zeigt sich, wie wenig sich die Ergebnisse von Google und KI überschneiden.

Bei »Haushaltsreinigung« betrug die Überschneidung 20,6 %, bei »Autoreparatur« sogar nur 2,5 %. Das deutet darauf hin, dass KI-Systeme und Google lokale Autoritäten und Verzeichnisse unterschiedlich gewichten. Auch die Wortwahl spielt eine Rolle. Kleine Änderungen in der Formulierung einer Anfrage (z. B. die Forderung nach Begründungen, Quellen oder Zitaten) können die von der KI zitierten Quellen verändern und so die Überschneidung weiter verringern, selbst wenn die Absicht der Anfrage unverändert bleibt.

10.4.3 Die Suchsprache scheint je nach System wichtig zu sein

Die Studie stellt bemerkenswerte Unterschiede zwischen den Suchsystemen in Verbindung mit verschiedenen Sprachen fest: **Claude** verwendet oft – unabhängig von der Sprache – dieselben vertrauenswürdigen Webseiten (hohe Konsistenz). **ChatGPT** wechselt bei einer Änderung der Sprache meist zu völlig anderen Webseiten (sehr geringe Überschneidung). **Perplexity** und **Gemini** verwenden Webseiten über verschiedene Sprachen hinweg mit einer ähnlichen oder etwas höheren Beständigkeit als Google, aber die Wiederverwendung ist insgesamt immer noch gering.

Auch bei der Sprache der zitierten Webseiten gibt es Unterschiede: ChatGPT und Perplexity verlinken häufiger auf Quellen in der lokalen Sprache, Claude verlinkt mehr auf englische Quellen, und bei Gemini variiert es je nach Eingabesprache. Das zeigt, dass deine Sprachstrategie spezifisch auf die von dir angepeilten KI-Systeme angepasst sein muss.

10.4.4 Nutzendenanfragen decken den gesamten Marketing-Funnel ab

Auf Basis einer von Reddit abgeleiteten Einteilung identifiziert die Studie zwölf häufige KI-Anfragetypen:

- bei Coding und Debugging unterstützen
- Prompts optimieren
- kreatives Schreiben
- beim Shoppen und Kaufprozess unterstützen
- Prompt-Engineering
- Content erstellen (inkl. Multimedia)
- Self-Improvement
- Business-Analytics ausführen und Business-Strategien entwickeln
- Lifestyle- und Mental-Health-Coaching
- Karriere und berufliche Weiterentwicklung
- Selbststudium und Lernen
- Bilder und andere visuelle Elemente erstellen

Insbesondere kaufbezogene Anfragen sind darauf ausgerichtet, die Entscheidung zu unterstützen: Nutzende fragen nach Auswahllisten mit Begründungen, Preisvergleichen oder Analysen von Bewertungen. Der gesamte Funnel ist betroffen, vom Erregen der ersten Aufmerksamkeit bis zum After-Sales-Service. Das legt nahe, dass du deine Präsenz in der KI über den gesamten Lebenszyklus deines Angebots hinweg anlegen solltest..

Fazit: Mit konkreten Schritten ergänzt du SEO um KI-wirksame Elemente

Traditionelle SEO bleibt notwendig, ist aber allein nicht mehr ausreichend. Um in KI-Antworten sichtbar zu sein und in die engere Wahl zu kommen, brauchst du GEO:

1. **Priorisiere Earned Media**: Sichere dir Berichterstattung und Zitate von autoritativen Drittanbietern. Baue E-E-A-T-Signale (Experience, Expertise, Authoritativeness, Trustworthiness) auf, die eine KI nutzen kann.
2. **Optimiere Seiten für Lesbarkeit und Begründbarkeit**: Nutze strukturierte Vergleiche, prägnante Pro- und Contra-Listen und klare Nutzenversprechen, damit eine KI zuverlässig extrahieren und begründen kann, warum dein Angebot die richtige Wahl ist.
3. **Handle system- und sprachbewusst**: Passe deine Taktiken für Claude, GPT, Perplexity und Gemini an. Lokalisiere deine Inhalte dort, wo die Systeme lokale Quellen bevorzugen.
4. **Decke die gesamte Customer Journey ab**: Erstelle Inhalte für alle Phasen von Aufmerksamkeit über Interesse bis Kauf und Nachsorge, um durchgehend zitierfähig zu bleiben.

Kapitel 11

Exkurs: GEO trifft SEO – gemeinsam stark

GEO ergänzt SEO in vielen Bereichen, manches ist aber auch neu und anders. Die Unterschiede und Gemeinsamkeiten beider Disziplinen fassen wir jetzt noch einmal zusammen.

KI ist ein integraler Bestandteil der Suchmaschinenoptimierung – und das nicht erst seit Kurzem. Dieses Kapitel beleuchtet, wie sich KI-Technologien entwickelt und im Laufe der Zeit immer mehr Einfluss auf die Funktionsweise von Suchmaschinen genommen haben. Daraus haben sich Veränderungen für die Arbeitsprozesse in der SEO ergeben. Wir betrachten den Verlauf chronologisch – von den grundlegenden Konzepten der KI über frühe Anwendungsfälle bis zur neuen Marketingdisziplin GEO.

Darüber hinaus liest du, wo GEO und SEO zusammenarbeiten – die beiden komplementären Disziplinen stärken gemeinsam die Sichtbarkeit deiner Inhalte in Such- und KI-Oberflächen. Manches machst du in der GEO natürlich auch anders als in der SEO. Die vielleicht wichtigste Erkenntnis ist: Jede Arbeitsstunde, die du in saubere technische und inhaltliche SEO-Grundlagen steckst, ist eine gute Investition in deine zukünftige GEO-Sichtbarkeit.

Abschließend geben wir dir anhand von vier Beispielen einen kleinen Einblick, wie du KI zur Automatisierung und Effizienzsteigerung in GEO und SEO nutzen kannst.

11.1 Die Evolution von KI in der Suchmaschinenoptimierung

Bevor du die Rolle der KI in der Suchmaschinenoptimierung genauer betrachtest, sind eine Abgrenzung und Einordnung der zentralen Begriffe hilfreich. Der Oberbegriff »künstliche Intelligenz« umfasst nämlich verschiedene Teilbereiche (siehe Abbildung 11.1). Ein wesentlicher Unterbereich ist das Machine Learning (ML), welches wiederum das Deep Learning einschließt. Die jüngste und dynamischste Entwicklung in diesem Feld stellt die generative KI (GenAI) dar – sie kommt in KI-Systemen wie ChatGPT oder Gemini zum Einsatz.

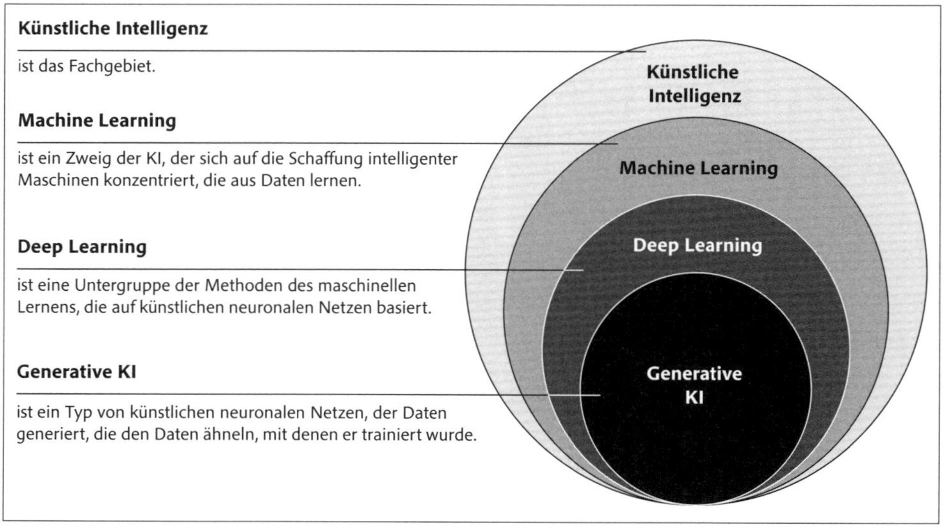

Abbildung 11.1: Übersicht über die Teilbereiche der künstlichen Intelligenz (Quelle: https://fpt.ai/blogs/generative-ai-vs-machine-learning)

Der fundamentale Unterschied zwischen diesen Technologien liegt in der Art, wie die Systeme lernen. Im Machine Learning existieren verschiedene Lernmethoden (siehe Abbildung 11.2): Beim *Unsupervised Learning* versucht das System, selbstständig Muster in Daten zu erkennen. Im Gegensatz dazu steht das *Supervised Learning*, bei dem es anhand von vorab klassifizierten Daten lernt. Eine dritte Methode ist das *Reinforcement Learning*, bei dem ein System mit einer Umgebung interagiert und über Belohnungen bzw. Bestrafungen lernt, optimale Entscheidungen zu treffen, um langfristig seine Belohnung zu maximieren. Diese Methode spielt bei modernen GenAI-Systemen eine zentrale Rolle.

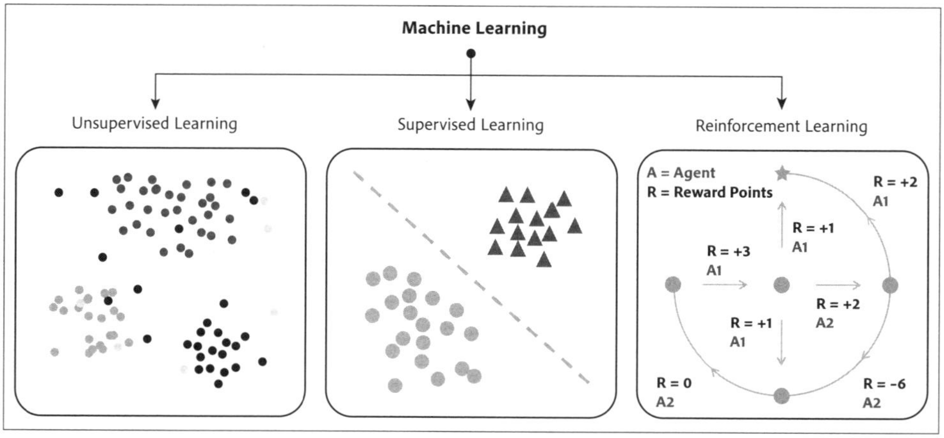

Abbildung 11.2: Übersicht über Machine-Learning-Methoden (Quelle: https://fpt.ai/blogs/generative-ai-vs-machine-learning)

Für die Suchmaschinenoptimierung war insbesondere das *Supervised Learning* lange Zeit prägend. Suchmaschinen wie Google nutzten hierfür hauptsächlich zwei Datenquellen: zum einen die Bewertungen der sogenannten Quality Rater, die Webseiten manuell auf ihre Qualität für bestimmte Suchanfragen hin beurteilten, zum anderen Analysen des Verhaltens der Nutzenden, z. B. hinsichtlich der Fragen, welche Suchergebnisse sie anklicken und wie lange sie auf den Zielseiten verweilen. Diese Daten lieferten Indikatoren für die Ergebnisqualität und dienten als Trainingsgrundlage für die Algorithmen. Traditionelle ML-Modelle nutzten strukturierte Daten, um Labels zu erzeugen, also eine Sortierung oder Rangfolge von Webseiten festzulegen. Generative KI-Modelle hingegen verarbeiten primär unstrukturierte Daten und erzeugen daraus neue Inhalte.

[i]

Info: Unstrukturierte Daten – zwei verschiedene Perspektiven

Der Begriff »unstrukturierte Daten« hat je nach Kontext unterschiedliche Bedeutungen, was zu Verwirrung führen kann: Aus Sicht des KI-Trainings (wie in diesem Kapitel beschrieben) sind unstrukturierte Daten Rohinformationen ohne vordefinierte Labels oder Kategorien. Generative KI-Modelle trainieren mithilfe von riesigen Mengen an Fließtexten, Webseiten, Büchern und Artikeln – also mit Inhalten, die nicht vorab als »gut« oder »schlecht« klassifiziert wurden. Modelle lernen so selbstständig Muster, Zusammenhänge und Sprachstrukturen aus diesen Texten.

Aus Sicht der Content-Bereitstellung für GEO (wie in Kapitel 5 und Kapitel 6 erläutert) bedeutet »strukturiert« etwas anderes: Hier geht es darum, wie du die Inhalte auf deiner Website aufbereitest. Strukturierte Daten (z. B. Schema.org-Markup), klare HTML-Hierarchien und semantisch saubere Auszeichnungen helfen KI-Systemen dabei, die Bedeutung und den Kontext deiner Inhalte beim Crawling und bei der Informationsextraktion präzise zu erfassen.

Kurz gesagt: Generative KI wird mit unstrukturierten Rohdaten trainiert, benötigt aber für die zuverlässige Extraktion und Wiedergabe deiner spezifischen Inhalte eine strukturierte Aufbereitung auf deiner Website.

11.1.1 Die Entwicklung hin zu einem »AI First«-Ansatz bei Suchmaschinen

Bereits im Jahr 2016 proklamierte Sundar Pichai, der CEO von Google, den strategischen Wandel des Unternehmens zu einem »AI First«-Unternehmen (Quelle: *https://blog.google/products/assistant/personal-google-just-you*). Er prognostizierte, dass sich diese Entwicklung innerhalb der nächsten zehn Jahre global durchsetzen würde. Und damit hatte er Recht. Die Vision dahinter war, den Zugang zu und die Interaktion mit Computern und Maschinen universeller und intuitiver zu gestalten. Die Fortschritte insbesondere im Bereich der generativen KI haben die Mensch-Maschine-Interaktion mittels natürlicher Sprache erheblich vereinfacht. Dadurch ist auch die Interaktion mit Nutzungsoberflächen natürlicher geworden.

11.1.2 Frühe Anwendungsfälle von KI in Suchalgorithmen

Schon vor der offiziellen »AI First«-Strategie verwendete Google KI-Technologien. Frühe Beispiele umfassen den Einsatz von Machine Learning in der Rechtschreibprüfung und bei Google Translate sowie die Nutzung von Deep Learning in der Spracherkennung. Der entscheidende Wendepunkt ereignete sich 2015, als Google mit dem Algorithmus-Update *RankBrain* erstmals öffentlich bestätigte, dass Kernkomponenten des Suchalgorithmus auf künstlicher Intelligenz basieren.

11.1.3 Die Transformation der Suchalgorithmen durch RankBrain

RankBrain markierte einen Paradigmenwechsel. Das System war in der Lage, große Mengen geschriebener Sprache in mathematische Entitäten, sogenannte Vektoren, umzuwandeln. Diese Fähigkeit ermöglichte es der Maschine, die semantische Ähnlichkeit von Wörtern und Phrasen zu erkennen und die Suchergebnisse entsprechend zu filtern. Damit nahm RankBrain bereits vor einem Jahrzehnt Funktionsweisen vorweg, die heute charakteristisch sind für große Sprachmodelle (Large Language Models, siehe die ausführliche Begriffserklärung in Abschnitt 2.2).

Vor der Einführung von RankBrain war der Google-Suchalgorithmus maßgeblich von manuellen Anpassungen und einer starken Keyword-Fokussierung geprägt. Das System agierte relativ starr und war anfällig, da es nur ein begrenztes Verständnis für Synonyme oder die tatsächliche Suchintention hatte.

Mit RankBrain wurde der Algorithmus zu einem intelligenten System, das selbstständig lernt, um die Absicht der suchenden Person zu verstehen und zu befriedigen. Der Kontext einer Suchanfrage gewann massiv an Bedeutung, während die reine Fokussierung auf einzelne Keywords in den Hintergrund trat. Themen wurden in ihrer gesamten Bedeutung erfasst, Signale der Nutzenden sowie semantische Zusammenhänge erhielten eine höhere Gewichtung. Das führte zu einer dynamischeren und stärker individualisierten Ausspielung der Suchergebnisse, die sich je nach Nische und Suchanfrage deutlich unterscheiden können. Der Ansatz wandelte sich von einer keywordbasierten zu einer holistischen, themenbasierten Betrachtung.

Fazit: KI führt SEO ins Zeitalter der dynamischen Suche

Künstliche Intelligenz ist kein neues Phänomen in der Suchmaschinenoptimierung, sondern prägt deren Entwicklung schon seit Längerem, und zwar maßgeblich. Angefangen bei frühen Anwendungen des Machine Learnings in spezifischen Bereichen bis zur Einführung selbstlernender Kernalgorithmen wie RankBrain hat die KI die Funktionsweise von Suchmaschinen fundamental verändert. Sie trieb den Wandel von einer starren, keywordbasierten zu einer dynamischen, intentions- und kontextbasierten Suche voran.

11.2 GEO und SEO: Unterschiede und Gemeinsamkeiten

Du hast es in diesem Buch schon öfter gelesen: Wir fassen GEO als Ergänzung und Erweiterung von SEO auf. Daher ist es nur logisch, dass beide Disziplinen viele Gemeinsamkeiten haben.

So ist etwa der Impuls, mit dem sowohl bei der klassischen als auch bei der KI-basierten Suche alles beginnt, der gleiche: Eine Person hat eine Frage, ein Problem oder einen Auftrag und gibt diesen in einen Suchschlitz bzw. ein Chatfenster ein. SEO und GEO sind also beide klassische *Pull-Kanäle* im Gegensatz zu Push-Kanälen (siehe Abschnitt 1.2). Damit ist die Sichtbarkeit, um die du kämpfst, in beiden Kanälen überwiegend »organisch«, also unbezahlt und verdient.

Der Weg von der Eingabe bis zum Ergebnis ist bei beiden Systemen zu großen Teilen eine *Blackbox*. Anders als bei Werbeplattformen wie Meta Ads oder Google Ads, wo die Ausspielung nach transparenten Gebotsregeln erfolgt, bleibt der genaue Algorithmus, der über dein Ranking oder deine Citation entscheidet, größtenteils intransparent.

Auf den ersten Blick scheinen sich die beiden Welten an dem Punkt, an dem die Suchergebnisse angezeigt werden, zu trennen: Traditionelle Suchmaschinen geben eine *Liste von Links* als Antwort aus, während KI-Tools *direkte Antworten generieren und dynamische Folgefragen ermöglichen*. Anders ausgedrückt: SEO optimiert für eine Liste von Antworten, aus der die Nutzenden wählen. GEO optimiert darauf, eine einzelne synthetisierte Antwort direkt zu liefern.

Doch dieser Unterschied verschwimmt bereits in der Realität. KI-Funktionen wie die AI Overviews oder der AI Mode in Google sind inzwischen integrative Bestandteile der Suche, ebenso KI-generierte Zusammenfassungen in den Snippets der Suchergebnisse. Die Übergänge sind daher – vor allem im Google-Universum – an vielen Stellen bereits fließend (siehe Abbildung 11.3).

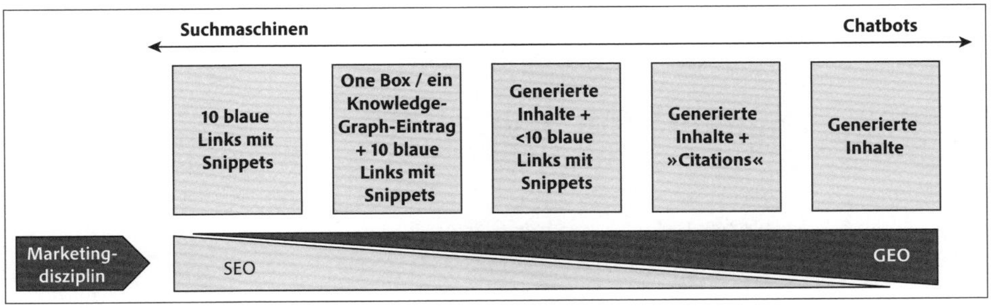

Abbildung 11.3: Fließender Übergang zwischen »klassischen« Suchmaschinen und KI-Systemen im Google-Universum

Sowohl bei der SEO als auch bei der GEO startet deine konkrete Arbeit mit einer Strategie, in der du Zielgruppen, Themen und Messkonzepte definierst; daran schließen sich On-Page-Aufgaben wie Content, Informationsarchitektur und technische Umsetzung an – ergänzt durch die Off-Page-Maßnahmen außerhalb der eigenen Domain sowie das fortlaufende Monitoring. Die Aufgabenbereiche von SEO und GEO sind also die gleichen – wir haben sie für GEO in diesem Buch von Kapitel 3 bis 7 besprochen. Entlang dieser übergeordneten Aufgabenbereiche beider Kanäle sehen wir uns im Folgenden die Gemeinsamkeiten und Unterschiede an.

11.2.1 Strategie: Erfüllung der Suchintention hat oberste Priorität

Die Inhaltserstellung in GEO und SEO basiert immer auf der Suchintention deiner Nutzenden. Das ist prinzipiell also nichts Neues. Dennoch findet ein gewisser Wandel im strategischen Denken statt: Deine Aufgabe ist es, die Art, wie Menschen suchen, und die Absichten, die sie verfolgen, *ganzheitlicher* zu bewerten.

Wenn dein Inhalt die Intention in der SEO nicht perfekt trifft, fällt das oft nicht sofort auf – die Seite bekommt vielleicht weniger Klicks oder hat eine höhere Absprungrate. Bei GEO gibt es aber keinen solchen Puffer: Wenn dein Inhalt nicht exakt passt, zieht ein KI-System ihn gar nicht erst in Betracht für die Antwort. Hier gilt nur »entweder oder« und nicht »mehr oder weniger«. Du konkurrierst nicht nur um einen Platz auf einer Link-Liste. Du konkurrierst darum, mit deinen Inhalten die direkte Vorlage für die KI-Antwort zu liefern.

In der SEO hat es sich etabliert, zwischen drei Hauptintentionen zu unterscheiden, die auch für GEO eine Rolle spielen (siehe Abbildung 11.4): navigational (Nutzende wollen zu einer bestimmten Seite), informational (sie suchen nach Informationen) und transaktional (sie wollen eine Handlung ausführen, z. B. etwas kaufen). Du hast sie bereits in Abschnitt 1.2.4 kennengelernt.

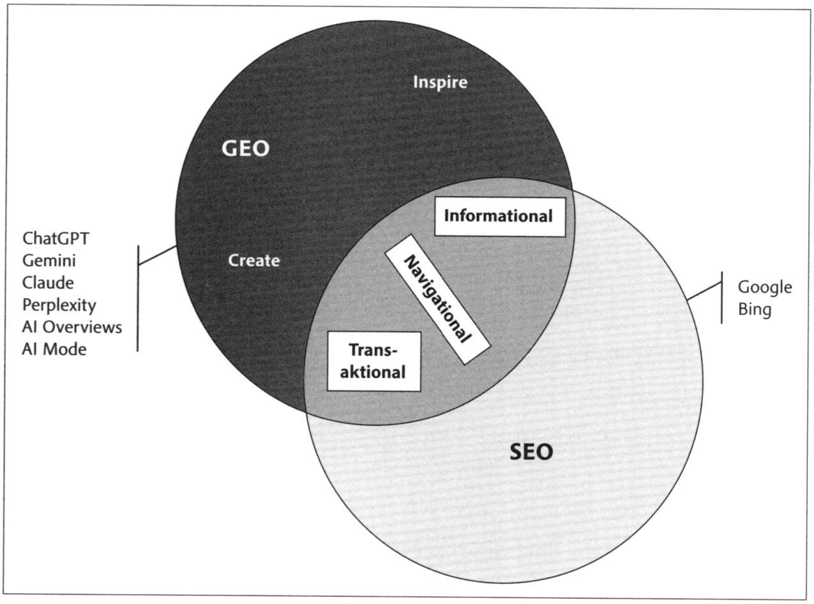

Abbildung 11.4: Suchintentionen und ihre Schnittmenge in GEO vs. SEO

Mit KI-Systemen sind noch zwei weitere Intentionen entstanden, die in der klassischen Suche nur eine untergeordnete Rolle spielen: »Create« und »Inspire«.

»Create« bist du bereits in Kapitel 1 begegnet. Zur Erinnerung:

- **Create**: Nutzende wollen, dass die KI aus Vorgaben aktiv etwas Neues erzeugt, z. B. Texte, Bilder, Code oder Layouts.
- **Inspire**: Nutzende suchen Impulse, Ideen und kreative Anstöße, z. B. Themenvorschläge, Reiseideen oder Brainstorming-Listen.

Diese beiden Intentionen sind für dich weniger von Bedeutung, da du in der GEO nicht die KI-Ausgabe selbst kontrollierst, sondern »nur« die Rohdaten lieferst. Du bildest also keine eigenen Create- oder Inspire-Workflows auf der Seite ab.

Das Erkennen, Benennen und Unterscheiden der Intentionen hilft dir, zu verstehen, mit wem du wirklich im Wettbewerb stehst. Bei einer informationalen Suche konkurrierst du vielleicht mit einem Magazin und bei einer transaktionalen mit einem Online-Shop.

Beispiel: Apfelkuchen – informationale Suche [zB]

Hinter dem einfachen Begriff »Apfelkuchen« können sich stark unterschiedliche, sehr spezifische Bedürfnisse verbergen. Suchmaschinen nehmen eine Intention an und passen die Suchergebnisse dann anhand von User Signals (Klickdaten auf Ergebnisse) fortlaufend an. Sie nehmen an, dass ein häufig geklicktes Ergebnis die Intention am besten erfüllt. Allerdings kann man aus einem Keyword wie »Apfelkuchen« keine klare Intention herauslesen.

Daher musst du für SEO und GEO gleichermaßen überlegen, was die Intention deiner anvisierten Zielgruppe sein kann (wie du Zielgruppen und Personas im Rahmen deiner Content-Strategie definierst, liest du in Abschnitt 3.3). Denn nur so kannst du die beste Antwort auf die Suchanfrage bzw. den Prompt liefern. Hier könnte die Person auf der Suche nach einem Rezept für Apfelkuchen sein. Beispielsweise gibt es dann unter anderem die folgenden Intentionen:

- »Ich brauche ein **schnelles und einfaches** Apfelkuchenrezept für heute Nachmittag.«
- »Ich suche ein **veganes** Apfelkuchenrezept.«
- »Ich möchte einen **beeindruckenden, aufwendigen** Apfelkuchen für eine Feier backen.«

Eine generative KI wird ggf. Rückfragen stellen und versuchen, für jede dieser Anfragen eine individuelle Antwort zu liefern. Um als Quelle für diese Antwort in Betracht zu kommen, muss dein Inhalt auf diese feinen Unterschiede eingehen:

Für die Suche nach einem schnellen Rezept: Die KI wird nach Inhalten suchen, die klare Signale für Effizienz senden. Dein Inhalt muss also sauber strukturiert sein: eine Zutatenliste in Bullet-Points, eine knappe Schritt-für-Schritt-Anleitung in einer nummerierten Liste und vor allem präzise Zeitangaben, die die KI leicht extrahieren kann (»Zubereitung: 15 Minuten«, »Backzeit: 30 Minuten«).

Für das vegane Rezept: Die KI muss zweifelsfrei erkennen können, dass dein Rezept vegan ist. Es reicht nicht, das nur im Titel zu erwähnen. Sie wird die Zutatenliste scannen. Erklärst du, warum du Apfelmus statt Ei oder Hafermilch statt Kuhmilch verwendest? Diese zusätzlichen Erklärungen sind für die KI starke Signale für Expertise (denk an E-E-A-T) und machen deinen Inhalt zu einer vertrauenswürdigen Quelle für die jeweilige Nische.

Für das aufwendige Rezept: Hier sucht die KI nach Signalen für Komplexität und Qualität. Dein Inhalt sollte dies durch eine entsprechende Struktur widerspiegeln: getrennte Abschnitte für Teig, Füllung und Glasur, ggf. mit Verweisen auf spezielle Backtechniken. Bilder von verschiedenen Herstellungsschritten und dem beeindruckenden Endergebnis liefern zusätzlichen Kontext.

Du siehst: Das Grundprinzip – die Intention zu verstehen – ist identisch mit SEO. Die praktische Umsetzung für GEO erfordert jedoch, dass du deine Inhalte so präzise und klar strukturierst, dass eine Maschine sie nicht nur als Ganzes versteht, sondern ihre einzelnen Bausteine (wie Zutaten, Zeitangaben, Schritte) zuverlässig extrahieren und zu einer neuen, individuell passenden Antwort zusammensetzen kann.

Wie sich die Kommunikation verändert: vom Keyword zum Dialog

Die klassische Suche (SEO) ist primär *keywordbasiert* und erfordert von Nutzenden, dass sie sich kurzfassen. Sie haben gelernt, knappe, einfache Suchphrasen zu formulieren, wobei sie klare Indikatoren wie z. B. »beste Siebträgermaschine« nutzen.

Der Interaktionsstil ist meist *Single-Turn*: Die Suchergebnisse sollen die Frage beantworten. Tun sie das nicht, wird eine neue, separate Suche gestartet. Klicks auf die Ergebnisse sind integraler Bestandteil des Prozesses. Hierbei gilt jedoch: Wird ein Ergebnis geklickt, kommt zwar Traffic auf der Seite an, aber es ist noch nicht gesichert, dass die Seite die Suchintention tatsächlich bedient. Springen Nutzende schnell wieder ab und starten eine neue Suche, erschwert das die Auswertung der tatsächlichen Zufriedenheit. Ein schnelles Abspringen kann entweder bedeuten, dass die Suchintention zügig erfüllt wurde, oder dass die Person an anderer Stelle weitersuchen möchte oder muss.

Die KI-Suche (GEO) ist *konversationell und dialogbasiert*. Die Anfragen sind deutlich komplexer und wesentlich länger als in der traditionellen Suche. Es handelt sich häufig um vollständige Fragen oder detaillierte Anweisungen, die viel Kontext liefern. Persönliche Nuancen und eine starke Personalisierung fließen ein.

Die Kommunikation in KI-Systemen ist *Multi-Turn*. Das KI-System behält den Kontext früherer Prompts bei, was Nutzende dazu anregt, weiterführende Fragen zu stellen und so tiefer in den Funnel zu gelangen. Die Unterhaltung ist selten nach einer Frage beendet.

Dies führt zu einer Zunahme von Zero-Click-Szenarien, bei denen die Anfrage direkt in der KI-Oberfläche befriedigt wird.

Darüber hinaus unterscheiden sich SEO und GEO darin, *wie du Keywords bzw. Prompts ermittelst* (siehe Abschnitt 3.3). In der Suchmaschinenoptimierung lässt du dir von deinen SEO-Tools potenzielle Keywords, verwandte Keywords und auch das Suchvolumen dazu ausgeben. In der GEO steht dieser Weg in dieser Einfachheit nicht zur Verfügung. Deshalb ist es hier besonders wichtig, dass du dir Gedanken zu den Zielgruppen und Personas machst, die du mit deinen Inhalten erreichen möchtest. Von deinen Zielgruppen und Personas leitest du potenzielle Probleme und Fragen ab, die du wiederum in Prompts umformulierst.

11.2.2 On-Page-Optimierung: Content und Technik

SEO und GEO teilen auf der Ebene der On-Page-Optimierung (Content und Technik) wesentliche Erfolgsfaktoren, auch wenn sich inhaltliche und technische Prioritäten etwas verschieben. Deutlich wird auch hier: Die beste Strategie ist eine integrierte SEO- und GEO-Strategie.

Vom Ziel zur Quelle: die neue Rolle deiner Website

Die beiden Suchmodelle – KI und Suchmaschinen – gehen unterschiedlich mit Content um und verarbeiten ihn anders. Deine Content-Erstellung musst du daher so anpassen, dass beide deine Website optimal verstehen und verwenden können.

Suchmaschinen nutzen semantisches Verständnis und Natural Language Processing (NLP), um den User Intent zu verstehen. Sie greifen dabei weiterhin auf eine gezielte Optimierung mit *Keywords und Synonymen* zurück. Die Website selbst ist das zentrale Ziel der Suche. Erfolg misst sich über Klicks auf das Suchergebnis und den daraus resultierenden Traffic.

KI-Systeme nutzen hingegen primär *Kontext und natürliche Sprache*, um die Suchabsicht zu entschlüsseln. Inhalte, die ein Thema umfassend und in natürlicher Sprache beleuchten, ziehen sie mit größerer Wahrscheinlichkeit zur Generierung ihrer Antwort heran – unabhängig von exakten Keyword-Platzierungen.

In der GEO ist deine Website lediglich die *Datenquelle im Hintergrund*. Die KI fasst Inhalte verschiedener Seiten zu einer Antwort zusammen (Antwort-Synthese), wodurch sich die Anzahl der Klicks auf die Website selbst stark reduziert (Zero-Click-Phänomen). Das primäre Ziel verschiebt sich hier zur *Sichtbarkeit als zitierte oder genannte Quelle bzw. Marke*.

Die zentrale Bedeutung von hochwertigem Content für SEO und GEO

Sowohl bei der Suchmaschinenoptimierung als auch der Generative Engine Optimization ist die Qualität deiner Inhalte eine entscheidende Grundlage für den Erfolg. Deine Aufgabe ist es, einzigartigen, faktenbasierten Content zu schaffen, der einen signifikanten Mehrwert für die Lesenden bietet und von Maschinen gut ausgewertet werden kann.

Rufe dir dazu noch einmal einen Kerngedanken aus Kapitel 5 in Erinnerung: Es gibt nicht »den SEO-Text« und »den GEO-Text« als getrennte Einheiten. Beide Kanäle arbeiten auf denselben Landingpages und mit denselben Texten. Dein Content ist also immer ein hybrides Arbeitsmittel und muss gleichzeitig zwei Anforderungen erfüllen: Er soll Menschen informieren sowie überzeugen und ihnen Entscheidungen erleichtern – und er muss in klaren, eigenständig verständlichen Sinneinheiten (»Chunks«) vorliegen, damit KI-Systeme ihn zuverlässig erkennen, extrahieren und zitieren können.

Letztlich zahlen alle in Kapitel 5 besprochenen qualitativen Merkmale – von der inhaltlichen Tiefe über die Belegbarkeit bis hin zur Aktualität – auf das übergeordnete Ziel ein: die Intention der Nutzenden präzise zu bedienen. Inhalte, die durch eine klare Sprache, hohe Genauigkeit und Verständlichkeit überzeugen, schaffen eine positive Erfahrung. Gleichzeitig liefern sie den Algorithmen von Suchmaschinen und KI-Systemen genau die positiven Signale, die das Ranking und die Wahrscheinlichkeit einer Erwähnung oder Zitierung erhöhen.

KI-Systeme sind darauf trainiert, vertrauenswürdige von unzuverlässigen Quellen zu unterscheiden. Die Signale, die du für SEO im Rahmen von E-E-A-T (Experience, Expertise, Authoritativeness, Trustworthiness) optimierst, sind dieselben, die einer KI sagen: »Dieser Quelle kannst du vertrauen.«

Struktur schafft Klarheit

Sowohl für SEO als auch für GEO ist eine klare, logische Gliederung der Schlüssel zum Verständnis. Eine saubere HTML-Struktur mit einer sinnvollen Überschriften-Hierarchie (H1, H2, H3) zerlegt deinen Text in logische, thematische Blöcke.

Innerhalb dieser Blöcke sorgen kurze, in sich abgeschlossene Absätze und der gezielte Einsatz von Listen oder Bullet-Points für Lesbarkeit und schnelle Erfassbarkeit. Für eine KI sind diese Elemente wie Leitplanken: Sie helfen ihr, einzelne Fakten zu finden, zu isolieren und schließlich die Kernargumente eines Abschnitts zu gewichten.

[+]

Tipp: Zusammenfassungen für einen besseren Überblick

Ein besonders wirkungsvolles Mittel sind Zusammenfassungen. Für KI-Systeme sind sie eine Art vorgefertigtes Destillat, das sie leicht weiterverarbeiten und zitieren können. Deinen menschlichen Lesenden bietest du damit die Chance auf einen schnellen Überblick, ohne den gesamten Text lesen zu müssen.

Das technische Fundament: die unsichtbare Basis für Sichtbarkeit

Die besten Inhalte sind wertlos, wenn sie niemand findet – das gilt für Menschen, Google-Bots und KI-Crawler gleichermaßen. In Kapitel 6 hast du gelernt, was eine saubere technische Basis ausmacht.

Bewahre dir dabei immer den hybriden Blick aufs Ganze: SEO und GEO arbeiten nicht in getrennten Welten, sondern auf ein und derselben Website – mit denselben URLs, denselben Templates und denselben Inhalten. Deine Website ist das gemeinsame Arbeitsmittel beider Kanäle. Entsprechend müssen technische Maßnahmen *integrativ gedacht und umgesetzt* werden: Was Crawling, Rendering und Informationsarchitektur für die klassische Suche verbessert, muss zugleich die Extrahierbarkeit von Sinnabschnitten (»Chunks«) und die korrekte Zuordnung von Entitäten für generative Systeme unterstützen.

Es geht daher um mehr als nur die grundlegende Erreichbarkeit deiner Seiten (Crawlbarkeit und Indexierbarkeit). Es geht um die Qualität der Nutzendenerfahrung (schnelle Ladezeiten, mobilfreundliches Design) und um maschinenlesbare Klarheit. Korrektes semantisches HTML und strukturierte Daten wirken wie präzise Wegweiser: Sie helfen Algorithmen, die Bedeutung und Zusammenhänge deiner Inhalte zu erfassen – nicht nur als Fließtext, sondern als klar segmentierte, zitierfähige Einheiten mit sauber definierten Rollen (z. B. Überschrift, Definition, Schritt-für-Schritt-Anleitung, FAQ).

Technische SEO-Maßnahmen und eine durchdachte Informationsarchitektur sorgen so dafür, dass sowohl Suchmaschinen-Bots als auch KI-Crawler Inhalte effizient entdecken, richtig interpretieren und zuverlässig wiederverwenden können. All das stärkt die Sichtbarkeit in den Ergebnissen von Suchmaschinen und erhöht zugleich die Chance, dass generative Systeme deine Inhalte korrekt »chunken«, zitieren und als verlässliche Quelle einsetzen.

Technische Anforderungen: Warum die KI andere Ansprüche stellt

Das grundlegende technologische Ziel – die Crawlbarkeit und Indexierung der Inhalte – bleibt also in beiden Szenarien essenziell. Bei der traditionellen Suche müssen Suchmaschinen-Crawler (Bots) die Seite finden und in den Index aufnehmen, damit diese überhaupt ranken kann. KI-Systeme müssen den Inhalt ebenfalls aufnehmen bzw. durchsuchen – das kann über Suchmaschinenindizes (z. B. für AI Overviews und den AI Mode) geschehen, über die LLM-Trainingsdaten, aber auch über den Grounding-Prozess.

Hinsichtlich der technischen Umsetzung besteht jedoch ein kritischer Unterschied: Moderne Suchmaschinen wie Google oder Bing sind heute in der Lage, *clientseitig gerendertes JavaScript* (CSR JS) zu verarbeiten. KI-Systeme bzw. die ihnen zugrundeliegenden Bots können dieses CSR JS zum jetzigen Zeitpunkt nicht zuverlässig oder gar nicht lesen (z. B. ChatGPT).

Das bedeutet, dass die technische Anforderung für GEO wesentlich strenger ist. Um sicherzustellen, dass relevante Inhalte in KI-Systemen Berücksichtigung finden, solltest du unbedingt darauf achten, dass alle Kerninhalte (z. B. bei Evergreen-Content) statisch oder durch serverseitiges Rendering ausgeliefert werden – verlasse dich nicht auf clientseitiges Rendering. Selbst wenn Suchmaschinen über Umwege JS-Inhalte für KI-Systeme bereitstellen können, ist dies keine verlässliche Basis für die Sichtbarkeit in KI-Antworten.

11.2.3 Off-Page-Maßnahmen: das Ziel, Autorität aufzubauen

Auch wenn sich die Methoden im Detail unterscheiden, teilen sich SEO und GEO das übergeordnete Off-Page-Ziel: Vertrauen und Autorität durch externe Signale aufzubauen. In beiden Disziplinen geht es darum, als relevante und glaubwürdige Stimme im eigenen Themengebiet wahrgenommen zu werden.

Die klassische Off-Page-SEO: Backlinks als Währung – auch für GEO

In der Suchmaschinenoptimierung ist ein starkes Backlink-Profil ein entscheidender Rankingfaktor. Ein Link von einer externen, themenrelevanten und vertrauenswürdigen Webseite fungiert wie eine direkte Empfehlung. Jeder hochwertige Backlink stärkt die Autorität deiner Seite aus der Sicht von Suchmaschinen. Der Fokus liegt klar auf dem Link selbst. Er ist das technische Signal, das Autorität (oft als »Link Juice« bezeichnet) von einer Seite auf eine andere überträgt.

Auch wenn eine KI nicht dem »Link Juice« folgt, erkennt sie Muster. KI-Systeme stufen Seiten mit hoher Autorität tendenziell als verlässlichere Quellen ein. Wenn also beispielsweise ein großes, etabliertes Nachrichtenmagazin deine Webseite in einem Artikel verlinkt, ist das ein starkes SEO-Signal. Gleichzeitig ist die Erwähnung deiner Marke in diesem hoch autoritativen Umfeld auch für eine KI ein Indikator dafür, dass du eine relevante Größe in deinem Themengebiet bist.

Die neue Off-Page-GEO: Erwähnung im Kontext zählt

Autorität ist also für beide Suchmodelle wichtig, aber die GEO bricht mit der rein linkbasierten Logik. KI-Systeme nutzen keinen Link-Graphen oder PageRank-Algorithmus im traditionellen Sinne (dieser fließt nur indirekt über die klassischen Suchergebnisse mit ein). Stattdessen rückt die reine *Erwähnung* (Mention) deiner Marke, deines Produkts oder deiner Inhalte in den Mittelpunkt. Für deine Off-Page-Strategie bedeutet das eine Erweiterung des Fokus, wie du schon in Kapitel 7 erfahren hast:

- **Jede Erwähnung zählt, auch ohne Link**: Eine KI »liest« das Web und lernt aus den Inhalten, die sie verarbeitet. Wenn themenrelevante, autoritative Seiten deine Marke häufig und konsistent diskutieren, erhöht das die Wahrscheinlichkeit, dass die KI dich als wichtige Entität für dieses Thema »gesehen« hat und in ihren Antworten berücksichtigt – selbst dann, wenn kein einziger Link auf deine Seite verweist.
- **Der Kontext der Erwähnung ist entscheidend**: Eine textliche Erwähnung hat immer einen Kontext. Das Sentiment (positiv, neutral oder negativ) spielt eine entscheidende Rolle. Eine lobende Erwähnung in einem Fachforum kann ein stärkeres positives Signal sein als ein einfacher Link im Footer einer Partnerseite. Umgekehrt können negative Erwähnungen deiner Reputation schaden.
- **Das Spielfeld der Quellen erweitert sich massiv**: Während du in der SEO primär auf Domains schaust, die dir einen Link geben können, betrachtest du in der GEO poten-

ziell *alle Quellen*, die eine KI zurate ziehen könnte. Dazu gehören neben klassischen Webseiten auch Foren, Community-Beiträge, wissenschaftliche Publikationen, PDF-Dokumente und vieles mehr. Wichtig ist, dass diese Quellen selbst als vertrauenswürdig gelten und in den Trainingsdaten der Sprachmodelle verankert sind und/oder im Grounding-Prozess berücksichtigt werden.

Zusammenfassend lässt sich sagen: Während Off-Page-SEO ein stark technischer, linkbasierter Prozess ist, der auf die Übertragung von Autorität abzielt, ist Off-Page-GEO ein inhaltlicher, kontextbasierter Prozess. Dein Ziel dabei ist es, eine breite, positive und themenrelevante Konversation über deine Marke im gesamten Web zu fördern. Dabei nutzt du die Sichtbarkeit von Dritten, um indirekte Citations aufzubauen. So wirst du als unumgängliche Referenz im »Gedächtnis« und »Wissen« der KI-Systeme verankert. Ausschlaggebend hierbei ist, dass du deine Marke über alle Plattformen hinweg semantisch einheitlich und klar darstellst.

11.2.4 Erfolgsmessung: die Grundlage für dein Reporting

Obwohl die GEO die Erfolgsmessung in Teilen neu definiert, teilt sie sich ein strategisches Fundament mit der SEO. Diese Gemeinsamkeiten sind ein Ankerpunkt fürs Verständnis und erleichtern den Einstieg, da du auf bewährte Prozesse zurückgreifen kannst. Kapitel 4 enthält alle Details.

Die Dokumentation der Maßnahmen als gemeinsamer Startpunkt (Input-Metriken)

Jede seriöse Erfolgsmessung beginnt mit der systematischen Erfassung der geleisteten Arbeit. Das ist eine unabdingbare Voraussetzung, um später den Erfolg (Output) einer konkreten Ursache (Input) zuordnen zu können. In diesem Punkt unterscheiden sich SEO und GEO nicht. Die disziplinierte Dokumentation deiner Maßnahmen ist die gemeinsame Basis für jede Analyse:

- **On-Page-KPIs**: Sie erfassen alle Aktivitäten, die du direkt auf deiner eigenen Website durchführst, wie die Anzahl optimierter oder neu erstellter Inhalte.
- **Off-Page-KPIs**: Sie dokumentieren alle Maßnahmen, die außerhalb deiner Website stattfinden, z. B. die Anzahl neu aufgebauter externer Verweise.

Dieser Prozess der lückenlosen Protokollierung ist eine Kernkompetenz, die du aus der SEO-Praxis 1:1 auf die GEO übertragen kannst.

Der unternehmerische Erfolg als übergeordnetes Ziel (Output-Metriken)

Am Ende der Wirkungskette verfolgen beide Disziplinen dasselbe übergeordnete Ziel: Sie sollen einen messbaren Beitrag zum Unternehmenserfolg leisten. Die Kennzahlen, die diesen Erfolg letztlich belegen, sind die gleichen, nur der Fokus verschiebt sich:

- Referral Traffic
- Conversions und Leads
- Umsatz
- Steigerung der Markenbekanntheit

Sowohl SEO als auch GEO müssen sich daran messen lassen, ob sie diese übergeordneten Geschäftsziele positiv beeinflussen. Der entscheidende Unterschied liegt jedoch im Weg dorthin und in der Art, wie du diesen Erfolg misst und zuordnest.

Das Ergebnis: von der klickbaren Liste zur Zero-Click-Antwort

Die traditionelle Suche liefert als Standardergebnis eine Liste von Links (die sogenannten *10 Blue Links*), ergänzt durch Snippets, Knowledge Panels und teilweise auch kleine Zusammenfassungen (z. B. in Featured Snippets). Suchmaschinen zeigen bewusst mehrere Optionen und Quellen an, sodass die Nutzenden selbst eine Auswahl treffen. Das führt zu einer klaren Attribution der Quelle, da jeder Link explizit Titel, URL und Beschreibung anzeigt. Die Erwartung ist ein *Klick* auf das Ergebnis. Das primäre Ziel für dich ist die Generierung von Referral Traffic durch ein hohes Ranking in den Suchergebnislisten.

Im Gegensatz dazu präsentiert die KI-gesteuerte Suche immer *Zusammenfassungen und direkte Antworten* – ein synthetisiertes Ergebnis, das Informationen aus einer oder mehreren Quellen kompiliert. Der Fokus liegt auf der direkten Bereitstellung von Text, was oft zu einem *Zero-Click-Szenario* führt, da die Anfrage bereits im Such-Interface befriedigt wird. Die Zuordnung ist hier oft gemischt oder undurchsichtig. Häufig fehlen Quellenangaben komplett, wenn das KI-Modell die Antwort direkt aus den Trainingsdaten generiert.

Während die traditionelle Suche die Querverifikation durch den Vergleich mehrerer Ergebnisse fördert, besteht bei der GEO die Gefahr, dass Nutzende die KI-Antwort ungeprüft als Fakt annehmen – sie machen sich nicht extra auf die Suche nach einer Bestätigung der Informationen auf deiner Website. Damit du dennoch einen Berührungspunkt mit den Nutzenden hast, solltest du bereits – per Mention oder Citation – in der KI-Antwort auftauchen. Das Erfolgsmaß für deine GEO-Arbeit verschiebt sich daher von der reinen Positionierung in der Linkliste hin zur Einbeziehung in die KI-Antwort und der Markensichtbarkeit als glaubwürdige Quelle.

Die Kern-Kennzahlen: der Paradigmenwechsel von Position zu Präsenz

Der größte konzeptionelle Unterschied zwischen SEO und GEO liegt darin, was du als primären Erfolg werten kannst. Im SEO-Fokus steht ein digitaler Wettlauf um die besten Plätze. Der Erfolg misst sich über Kennzahlen, die deine Position in einer sortierten Liste bewerten. Dazu gehören primär:

- **Rankings**: Auf welcher Position stehst du?
- **Impressionen**: Wie oft bist du in den Suchergebnissen sichtbar?
- **Klicks und Click-Through-Rate (CTR)**: Wie oft klicken Nutzende dein Ergebnis?

Im GEO-Fokus geht es nicht mehr um eine Position, sondern darum, ein vertrauenswürdiger Baustein in der Antwort zu sein. Die Erfolgsmessung verlagert sich auf Kennzahlen, die deine qualitative Präsenz im Antwortkontext bewerten:

- **Mentions (Erwähnungen)**: Wie oft erwähnen KI-Systeme deine Marke überhaupt als relevante Entität?
- **Direct Citations (direkte Zitierungen)**: Wie oft zitieren KI-Systeme deine Website direkt als Quelle? Dies gilt als die hochwertigste Form der Sichtbarkeit in KI-Antworten.
- **Indirect Citations (indirekte Zitierungen)**: Wie oft zitieren KI-Systeme externe Quellen, die wiederum deine Marke erwähnen?
- **Sentiment (Tonalität)**: In welchem Tonfall - positiv, neutral oder negativ - stellen KI-Antworten bzw. externe Quellen deine Marke dar?

Die Erfolgszuordnung: die strategische Notwendigkeit, die Attributionslücke zu schließen

Während bei SEO der Referral Traffic und die Conversions meist eindeutig dem Kanal »Organic Search« zugeordnet werden können, entsteht bei GEO eine systembedingte *Attributionslücke*. Nutzende sehen deine Marke in einer KI-Antwort, klicken aber nicht auf den Link, sondern öffnen ein neues Fenster und suchen direkt nach deiner Marke. Dieser »Kanalbruch« verhindert, dass der ursprüngliche Touchpoint technisch als »Organic Traffic« erfasst wird.

> **Tipp: Den wahren Einfluss von GEO aufdecken** [+]
>
> Du solltest diese Lücke aktiv schließen, indem du z. B. »Wie sind Sie auf uns aufmerksam geworden?«-Umfragen in deinen Formularen implementierst. Darüber kannst du den wahren Einfluss von GEO auf deine Leads und Verkäufe aufdecken.

Der Werkzeugkasten und die Standardisierung: von etablierten Märkten zu Pionierphasen

Die unterschiedlichen Kern-Kennzahlen erfordern zwangsläufig auch unterschiedliche Werkzeuge. Während SEO-Tools wie die Google Search Console und umfassende SEO-Suiten etabliert und auf die Messung von Rankings, Referral Traffic und Links ausgelegt sind, stellen GEO-Tools eine neue Kombination dar. Du nutzt zwar weiterhin klassische Analyse-Tools für den zuordenbaren Traffic, bist für die Messung der neuen Kernziele wie Mentions, Citations und Sentiment aber auf eine neue Kategorie von spezialisierten GEO-Tools angewiesen.

Dieser unterschiedliche Reifegrad der Disziplinen spiegelt sich direkt in der Standardisierung von Begriffen wider. Im SEO-Bereich haben sich über Jahre hinweg Branchenstandards für Metriken und deren Bezeichnungen etabliert, sodass Begriffe wie »Sichtbarkeitsindex« oder »CTR« universell verständlich sind. Im GEO-Bereich hingegen herrscht noch eine begriffliche Vielfalt, wie sie für eine Pionierphase typisch ist. Dieselbe Kennzahl – etwa der prozentuale Anteil deiner Erwähnungen – kann je nach Tool »Visibility«, »Brand Coverage« oder »Share of Voice« heißen. Das erfordert von dir, genauer hinzusehen, die Definitionen der Tools zu verstehen und für dein Reporting eine einheitliche interne Sprachregelung zu schaffen.

Auf einen Blick: Die stärksten Überschneidungen von SEO und GEO

Die stärksten Überschneidungen liegen bei On-Page, also Technik und Content, da beide auf derselben Website mit denselben URLs, Templates und Inhalten operieren. Unterschiede zeigen sich deutlicher in der Erfolgsmessung: In der SEO misst du vor allem Impressionen, Rankings, Klicks und organischen Traffic; in der GEO fokussierst du Zitate, Erwähnungen und Sentiment sowie Prompt-Abdeckung.

Im Off-Page-Bereich gibt es etwas größere Unterschiede: SEO priorisiert klassische Autoritäts- und Relevanzsignale, GEO legt zusätzlich Wert auf zitierfähige, vertrauenswürdige Referenzpräsenz in KI-Kontexten.

Trotz einiger Differenzen eint beide das Kernziel, die Absicht hinter der Suche oder dem Prompt zu verstehen und bestmöglich zu erfüllen – unabhängig davon, ob der Inhalt von Menschen oder von einer KI gelesen oder zitiert wird.

11.3 Effizienz-Booster KI: So nutzt du sie für deine GEO- und SEO-Aufgaben

Die Rolle der KI im Wettrennen um Sichtbarkeit ist eine zweifache: Einerseits möchtest du in KI-Systemen »stattfinden«, also als Marke auftauchen, andererseits nutzt du genau diese KI-Systeme auch als Mittel, um deine GEO- und SEO-Hausaufgaben zu erledigen. Oder anders ausgedrückt: Um deine Effizienz in den GEO- und SEO-Arbeitsprozessen zu steigern, nutzt du smarte Automatisierungen, die dir repetitive und zeitaufwendige Aufgaben abnehmen. Und genau darum geht's in diesem Kapitel – in dem Schema in Abbildung 11.5 befinden wir uns also gerade auf der rechten Seite des Spektrums von KI.

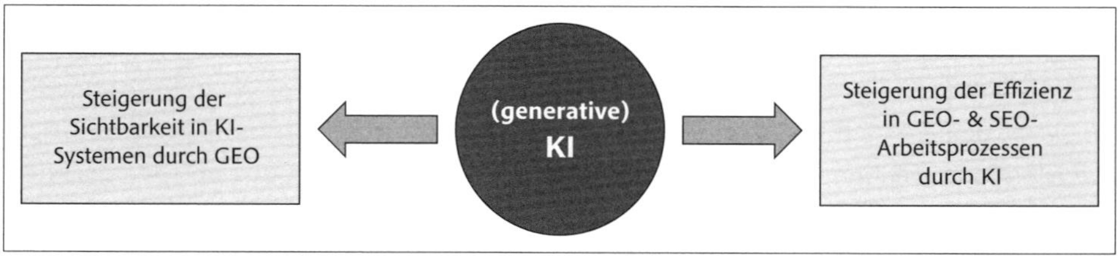

Abbildung 11.5: KI unterstützt dich sowohl bei der Sichtbarkeit als auch bei Arbeitsprozessen.

Früher waren Automatisierungen oft auf starre Regeln wie Excel-Formeln oder komplexe reguläre Ausdrücke (Regex) angewiesen. Bei der kleinsten Abweichung scheiterte der Prozess. LLMs stellen dich nicht vor solche Probleme, da sie auf Basis von Wahrscheinlichkeiten und semantischem Verständnis arbeiten. Sie können Ähnlichkeiten und Absichten erkennen, selbst wenn die Formulierung nicht zu 100 Prozent identisch ist.

Im Folgenden schauen wir uns vier konkrete Anwendungsfälle an, die du sofort für dich nutzen kannst:

1. Relevante interne Links finden
2. Redirect-Mappings bei Relaunches erstellen
3. Qualitätskontrolle von Texten automatisieren
4. Komplexe Abläufe mit Workflows automatisieren

11.3.1 Relevante interne Links finden

Das Setzen von internen Links ist eine wichtige, aber oft mühsame SEO-Aufgabe. Besonders bei großen Websites ist es fast unmöglich, manuell immer den perfekten, thematisch passenden Artikel für eine Verlinkung zu finden. Genau hier kann dir eine KI helfen.

Das Problem: Du hast gerade einen neuen, ausführlichen Artikel fertiggestellt. Jetzt beginnt die Suche nach passenden internen Links. Der klassische Weg: Du nutzt die Suchfunktion deines CMS, die oft nur ungenaue Ergebnisse liefert. Oder du gehst zu Google und suchst mit *site:deinedomain.de »Stichwort«*, in der Hoffnung, relevante Seiten zu finden. Du verlässt dich auf dein Gedächtnis, welche Artikel du vor Monaten geschrieben hast. Dieser Prozess ist nicht nur langsam, sondern auch ungenau, da er rein auf der Übereinstimmung von Keywords basiert. Thematisch verwandte, aber anders formulierte Inhalte wirst du so oft übersehen.

Die KI-Lösung: Anstatt dich auf die reine Keyword-Suche zu verlassen, kannst du eine KI nutzen, die den semantischen Kontext deines gesamten Artikels versteht. Die Technologie dahinter sind Vector Embeddings (siehe Abschnitt 2.2.3). Dabei wird die inhaltliche Bedeutung eines Textes in eine mathematische Zahlenreihe (einen Vektor) umgewandelt. Die KI sucht dann nicht nach gleichen Wörtern, sondern nach den Vektoren, die im mathematischen Raum am nächsten beieinander liegen.

Der praktische Prozess, oft integriert in spezialisierte Tools oder interne Skripte, sieht so aus:

1. **Indexierung der Website**: Zuerst werden alle bestehenden Artikel deiner Website einmalig analysiert, für jeden wird ein Vektor erstellt. Diese Vektoren werden in einer Datei oder einer Datenbank gespeichert.
2. **Analyse des neuen Artikels**: Sobald dein neuer Artikel fertig ist, wird auch für ihn ein Vektor berechnet.

3. **Semantische Suche**: Das Skript oder Tool vergleicht nun den Vektor deines neuen Artikels mit allen Vektoren in der Datei oder Datenbank und identifiziert die Artikel, deren Vektoren am nächsten liegen – also die inhaltlich am ähnlichsten sind.
4. **Vorschlagsliste erhalten**: Als Ergebnis erhältst du eine hochrelevante, priorisierte Liste von Artikeln, die perfekte Kandidaten für eine interne Verlinkung sind. Du musst die Vorschläge nur noch prüfen und einfügen.

Die Umsetzung der internen Verlinkung ist komplex, aber glücklicherweise bieten Tools wie Screaming Frog (*www.screamingfrog.co.uk*) inzwischen die Möglichkeit, Embeddings im Crawl gleich mit zu erstellen. Wenn du dich tiefer mit diesem Thema beschäftigen möchtest, kannst du diesen Beitrag von Gus Pelogia lesen und sein Skript ausprobieren: *www.guspelogia.com/map-related-pages-embeddings*.

11.3.2 Redirect-Mappings bei Relaunches erstellen

Ein Website-Relaunch gehört zu den kritischsten Projekten im Online-Marketing. Eine der größten Fehlerquellen ist ein unvollständiges oder fehlerhaftes Mapping von alten auf neue URLs (301-Redirects), das zu massiven Sichtbarkeitsverlusten führen kann.

Das Problem: Bei einem Relaunch stehst du vor einer riesigen Tabelle mit hunderten, manchmal tausenden alten URLs. Deine Aufgabe ist es, für jede einzelne dieser URLs die inhaltlich passende Entsprechung auf der neuen Website zu finden, um eine saubere Weiterleitung einrichten zu können. Eine einfache 1:1-Zuordnung ist dabei eher die Ausnahme. In der Realität ändern sich URL-Strukturen komplett – du fasst alte Inhalte zu neuen, umfassenderen Ratgebern zusammen oder teilst einzelne lange Seiten auf mehrere spezifische Unterseiten auf.

Der klassische Weg besteht in einer mühsamen, manuellen Arbeit in Excel und der Nutzung von Formeln oder FuzzyMatch-Skripten: Du vergleichst Titel, überfliegst Inhalte in unzähligen offenen Browser-Tabs und triffst für jede einzelne Zeile eine subjektive Entscheidung. Dieser Prozess ist nicht nur zeitaufwendig und monoton, sondern auch fehleranfällig. Eine falsche Zuordnung führt zu Weiterleitungen auf 404-Seiten, dem Verlust wertvoller Suchmaschinen-Rankings und einer frustrierenden Erfahrung für deine Nutzenden.

Die KI-Lösung: Anstatt dich auf manuelles Vergleichen oder einfache Skripte zu verlassen, kannst du eine KI innerhalb eines erweiterten Skripts nutzen (FAISS – mehr dazu gleich). Das Skript liest zum Vergleich der Ähnlichkeit zweier URLs nicht die kompletten Seiteninhalte. Stattdessen kommt hier eine spezialisierte Form der KI innerhalb deines Skriptes zum Einsatz, die in zwei Schritten arbeitet:

1. **Vektorisierung**: Zuerst wandelt ein Sprachmodell die Texte aus den von dir gewählten Spalten (z. B. Title und H1) in sogenannte Vektoren um. Ähnliche Inhalte führen zu ähnlichen Vektoren.

2. **Ähnlichkeitssuche mit FAISS**: Anstatt nun jeden Vektor mit jedem anderen zu vergleichen, nutzt dein Skript FAISS (Facebook AI Similarity Search) dafür. Das ist eine hochspezialisierte Bibliothek, die genau dafür entwickelt wurde, in riesigen Mengen von Vektoren schnell die ähnlichsten zu finden. Sie erstellt einen intelligenten Index, der eine fast sofortige Abfrage ermöglicht.

Deine Rolle wandelt sich dadurch vom mühsamen Suchen und Vergleichen zum strategischen Prüfen und Freigeben der Vorschläge des Skripts. Der praktische Prozess sieht dann so aus:

1. **Datenbasis schaffen**: Zuerst brauchst du eine komplette Übersicht deiner alten und neuen URLs. Mit einem Crawling-Tool wie Screaming Frog crawlst du deine gesamte alte Website. Das Ergebnis filterst du, sodass nur funktionierende HTML-Seiten (Statuscode 200) übrig bleiben. Die Liste exportierst du in eine Excel-Datei, wobei du sicherstellst, dass Spalten wie URL, Seitentitel, H1-Überschrift und Meta-Beschreibung enthalten sind. Diesen Vorgang wiederholst du für deine neue Website (z. B. auf der Staging-Umgebung) und speicherst das Ergebnis in einer zweiten Datei.
2. **KI-Skript mit Daten füttern**: Lade die beiden Excel-Dateien (alte URLs und neue URLs) in dein FAISS-Skript hoch. Nun teilst du dem Skript mit, welche Spalten es für den inhaltlichen Abgleich nutzen soll. Meist sind das die Spalten »Seitentitel«, »URL-Pfad« und »H1-Überschrift«, da sie den Inhalt am prägnantesten zusammenfassen.
3. **Matching-Prozess starten**: Mit einem Klick startest du die Analyse. Die KI führt nun die oben beschriebenen Schritte (Vektorisierung und FAISS-Suche) durch, um die URL-Paare mit der höchsten inhaltlichen Übereinstimmung zu finden.
4. **Ergebnisse prüfen und finalisieren**: Nach wenigen Minuten erhältst du eine fertige Mapping-Tabelle zum Download. Diese enthält typischerweise drei Spalten: alte URL, vorgeschlagene neue URL und einen Confidence Score, der dir anzeigt, wie sicher sich die KI bei ihrem Vorschlag ist. Deine Aufgabe ist es nun, diese Liste durchzugehen, die Vorschläge mit hohem Score ggf. direkt zu bestätigen und bei den unklaren Fällen eine manuelle Entscheidung zu treffen. So sparst du Stunden an Arbeit und minimierst das Fehlerrisiko deutlich. Bedenke aber, dass du die Ergebnisse immer kontrollieren musst. Je nachdem, wie gut die Datenbasis ist, fällt das Ergebnis des Matchings besser oder schlechter aus.

[!]

Achtung: Vergiss nicht bestehende Weiterleitungen

Auf deiner alten Website existieren wahrscheinlich bereits Weiterleitungen (wenn diese intern verlinkt sind, findest du sie in deinem Crawl – alles darüber hinaus musst du bei der IT anfragen). Diese Weiterleitungs-URLs haben keine eigenen Metadaten oder Inhalte, daher kann die KI sie nicht für das Matching verwenden. Wenn du sie ignorierst, riskierst du den Aufbau von Weiterleitungsketten, die Ladezeiten erhöhen und für SEO und GEO schädlich sind.

Die korrekte Vorgehensweise ist, diese Ketten aufzulösen:

- Erstelle eine separate Liste deiner bestehenden Weiterleitungen.
- Identifiziere die finalen Ziel-URLs dieser Weiterleitungen.
- Das finale Ziel einer Weiterleitung sollte bereits in deiner Hauptliste der zu mappenden 200er-URLs enthalten sein. Die KI findet also im normalen Prozess das neue Ziel für diese Seite.
- Sobald das KI-Mapping abgeschlossen ist, sorgst du in deiner finalen Redirect-Tabelle dafür, dass die ursprüngliche Weiterleitung direkt auf das neue, finale Ziel zeigt. So wird die Zwischenstation übersprungen.

Wenn du diesen Matching-Prozess mit FAISS selbst ausprobieren möchtest, kannst du z. B. das KI-Redirect-Mapping-Tool von Claneo nutzen (Quelle: *www.claneo.com/de/tools/ki-redirect-mapping-tool*).

11.3.3 Qualitätskontrolle von Texten automatisieren

Wenn du Texte für deine Website schreiben lässt, musst du sie am Ende immer kontrollieren. Dabei prüfst du die inhaltliche Qualität und die Einhaltung von Briefing-Vorgaben. Wurde der Title korrekt formuliert? Stimmt die Zeichenlänge? Sind die definierten Keywords und Prompts enthalten? Das ist eine ziemlich repetitive Aufgabe, die oft viel Zeit in Anspruch nimmt. Diese manuellen Prüfungen kannst du mit einem *Assistenten* wie einem *Custom GPT* (*https://help.openai.com/en/articles/8554397-creating-a-gpt*) oder spezialisierten Tools inzwischen fast vollständig automatisieren.

Das Problem: Der klassische Weg ist eine manuelle Checkliste. Du öffnest das Briefing und den Text nebeneinander und hakst Punkt für Punkt ab. Dieser manuelle Abgleich ist nicht nur monoton und zeitaufwendig, sondern auch fehleranfällig. Gerade unter Zeitdruck werden Details schnell übersehen, was die Qualität und letztlich die SEO-Performance beeinträchtigt.

Die KI-Lösung: Anstatt diese Checkliste selbst abzuarbeiten, kannst du einen KI-Assistenten damit beauftragen. Die KI agiert dabei als unermüdlicher Lektor, der ein von dir definiertes Regelwerk in Sekundenschnelle auf einen Text anwendet. Dabei kann sie nicht nur starre Regeln wie bestimmte Schreibweisen prüfen, sondern dank Sprachverständnis auch kontextuelle Vorgaben bewerten.

Der praktische Prozess sieht dann so aus:

1. **Regelwerk definieren (Input)**: Dies ist der wichtigste Schritt. Du fütterst den Assistenten mit deinem detaillierten Briefing und allen Qualitätsanforderungen. Formuliere dabei so präzise wie möglich klare, überprüfbare Regeln. Zum Beispiel: »Prüfe, ob die Überschriften eine korrekte H-Struktur (H1, H2, H3) einhalten.«
2. **Text analysieren (Analyse)**: Du gibst den fertig geschriebenen Text in das System ein.

3. **Feedback erhalten (Output)**: Der Assistent überprüft den Text in Sekundenschnelle und liefert dir ein klares Feedback. Er kann mit grünen Haken zeigen, was korrekt umgesetzt wurde, und mit roten Markierungen auf Fehler hinweisen. Im besten Fall liefert er dir direkt einen konkreten Verbesserungsvorschlag mit, z. B. für einen optimierten Title (siehe Abbildung 11.6).

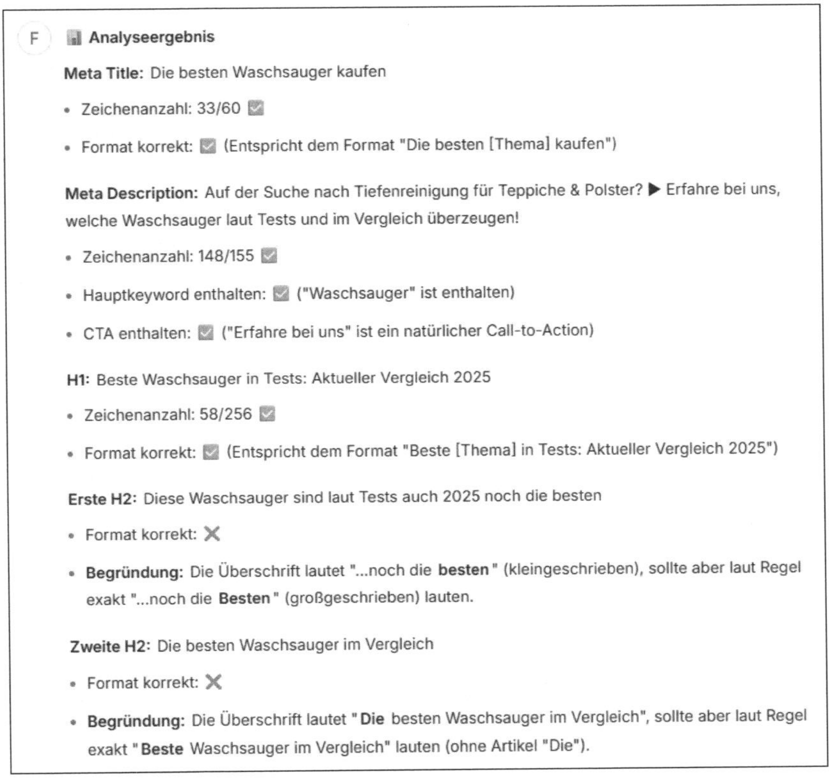

F 📊 **Analyseergebnis**

Meta Title: Die besten Waschsauger kaufen

- Zeichenanzahl: 33/60 ✅
- Format korrekt: ✅ (Entspricht dem Format "Die besten [Thema] kaufen")

Meta Description: Auf der Suche nach Tiefenreinigung für Teppiche & Polster? ▶ Erfahre bei uns, welche Waschsauger laut Tests und im Vergleich überzeugen!

- Zeichenanzahl: 148/155 ✅
- Hauptkeyword enthalten: ✅ ("Waschsauger" ist enthalten)
- CTA enthalten: ✅ ("Erfahre bei uns" ist ein natürlicher Call-to-Action)

H1: Beste Waschsauger in Tests: Aktueller Vergleich 2025

- Zeichenanzahl: 58/256 ✅
- Format korrekt: ✅ (Entspricht dem Format "Beste [Thema] in Tests: Aktueller Vergleich 2025")

Erste H2: Diese Waschsauger sind laut Tests auch 2025 noch die besten

- Format korrekt: ❌
- **Begründung:** Die Überschrift lautet "...noch die **besten**" (kleingeschrieben), sollte aber laut Regel exakt "...noch die **Besten**" (großgeschrieben) lauten.

Zweite H2: Die besten Waschsauger im Vergleich

- Format korrekt: ❌
- **Begründung:** Die Überschrift lautet "**Die** besten Waschsauger im Vergleich", sollte aber laut Regel exakt "**Beste** Waschsauger im Vergleich" lauten (ohne Artikel "Die").

Abbildung 11.6: Automatisierter Metadaten-Check mithilfe eines Custom GPT

Durch diesen Ansatz kannst du eine *Zeitersparnis von rund 50 %* gegenüber der manuellen Prüfung erzielen. Besonders bei großen Content-Mengen schafft dir das viel Zeit für andere Aufgaben. Denk aber bei aller Effizienzsteigerung daran, auch hier immer aufzupassen und das Ergebnis der KI zu überprüfen. So »verzählt« sich die KI beispielsweise noch häufig bei der Zeichenanzahl.

Tipp: Sei präzise in deinen Anweisungen

Definiere deine Qualitätsrichtlinien so präzise wie möglich. Je klarer die Regeln für die KI sind, desto genauer und hilfreicher ist das Ergebnis. Du kannst damit nicht nur die Einhaltung von Zeichenbegrenzungen und Keyword-Vorgaben prüfen, sondern auch die korrekte Formatierung von Überschriften oder die konsequente Verwendung von gendersensibler Sprache.

11.3.4 Komplexe Abläufe mit Workflows automatisieren

Die bisherigen Beispiele haben einzelne Aufgaben optimiert. Der nächste Schritt ist die Automatisierung ganzer Prozessketten, die Daten aus verschiedenen Quellen miteinander verbinden.

Das Problem: In der SEO und GEO arbeiten wir vor allem mit Daten. Viele Analysen erfordern Datenexporte aus verschiedenen Quellen (z. B. Google Search Console, GA4, Crawling-Tools) und mehrere manuelle Verarbeitungsschritte. Du führst beispielsweise monatliche Crawls durch, um zu überwachen, ob neue 404-Fehler bei URLs aufgetreten sind oder interne Weiterleitungen verlinkt wurden. Parallel prüfst du, ob wichtige URLs in der Sitemap fehlen, und kombinierst das Ganze mit Performance-Daten, um Prioritäten zu setzen. Die eigentliche Arbeit besteht darin, all diese Exporte aus Tools wie Screaming Frog manuell zu verknüpfen, auszuwerten und aufzubereiten. Dabei solltest du dich vielmehr auf die Analyse und Bewertung der Ergebnisse konzentrieren als auf den Zusammenbau von Tabellen. Solche mehrstufigen Prozesse zu automatisieren, war bisher oft nur mit Programmierkenntnissen möglich.

Die KI-Lösung: Visuelle Workflow-Tools ermöglichen es dir, verschiedene Aufgaben oder Anwendungen wie Bausteine per Drag and Drop zu verbinden, ohne selbst Code schreiben zu müssen. Zum Beispiel:

- n8n (*https://n8n.io*)
- Make (*www.make.com/en*)
- KNIME (*www.knime.com*)

Der Clou: Du kannst sogar KI-Sprachmodelle als einen Baustein in diese Kette einfügen. So kannst du Daten nicht nur von A nach B schieben, sondern sie auch intelligent analysieren, zusammenfassen und priorisieren lassen.

[+]

Tipp: Nutze Workflows kostenlos

Viele dieser leistungsstarken Workflow-Tools sind open source oder bieten einen kostenlosen Basistarif an. Du kannst also sofort damit beginnen, deine eigenen, maßgeschneiderten SEO-Automatisierungen zu bauen. Es fallen dann ggf. nur API-Kosten an.

Hier sind zwei konkrete Praxisbeispiele:

- **Automatisierte technische Checks mit Priorisierung**: Du planst einen wöchentlichen Crawl deiner Website und definierst eine Vielzahl von Exporten. Dann packst du diese Exporte in einen Workflow zur Weiterverarbeitung. Du kannst z. B. automatisch alle neuen 404-Fehler herausfiltern, fehlerhafte interne Verlinkungen anzeigen lassen oder Performance-Daten (z. B. Klicks der letzten 30 Tage) beliebig kombinieren. Die Datensätze werden an einen KI-Knoten übergeben mit folgender Anweisung: »Priorisiere diese 404-Fehler nach Dringlichkeit basierend auf den Klickzahlen. Gib mir eine Top-3-Liste mit Begründung.« Das Ergebnis landet direkt als Aufgabe in deinem Projektmanagement-Tool, deinem Google Sheet oder einer kombinierten Excel-Datei. Wie du einen eigenen Workflow z. B. mit KNIME aufsetzen kannst, lernst du unter *www.claneo.com/de/blog/seo-automatisierung-mit-knime-unser-weg-zur-smarteren-datenstrategie.*

- **Automatisierte GSC-Potenzialanalyse**: Du baust einen Workflow, der sich auf Abruf oder in einer festen Taktung aktuelle Daten aus der Google Search Console holt. Ein KI-Knoten analysiert diese Daten dann mit einer klaren Anweisung, z. B.: »Finde alle Keywords auf den Positionen 11–20 mit über 1.000 Impressionen. Gib mir eine Top-5-Liste und schlage für jede einen optimierten Seitentitel vor, der das Keyword enthält.« Du kannst quasi mit deiner Google Search Console »chatten«. Alternativ lässt du dir das Ergebnis wöchentlich automatisch per E-Mail oder Slack zuschicken.

Fazit: SEO als Fundament für die neue GEO-Realität

Dieses Kapitel hat die Entwicklung von KI in der Suche analysiert und die komplexe Beziehung zwischen der etablierten Disziplin SEO und der neuen Disziplin GEO beleuchtet. Die zentrale Erkenntnis ist, dass eine *exzellente Suchmaschinenoptimierung die unverzichtbare Grundlage für den Erfolg* in der Generative Engine Optimization ist.

GEO ist jedoch mehr als nur ein weiterer Kanal. Sie repräsentiert einen *Wandel in der Informationsbeschaffung*: Das Ziel verschiebt sich von der Optimierung für eine klickbare Linkliste hin zur Positionierung als zitierfähige, vertrauenswürdige Quelle innerhalb einer direkten KI-Antwort.

Dieser Wandel erfordert eine gewisse *strategische Neuausrichtung*. Erfolg wird nicht mehr primär in Rankings und Klicks gemessen, sondern zunehmend in neuen Kennzahlen wie Citations und Mentions. Deine Inhalte müssen nicht mehr nur gefunden werden, sondern so präzise und autoritativ sein, dass sie als Baustein für eine synthetisierte Antwort dienen können.

Gleichzeitig *wird KI zum Effizienzhebel* für die GEO- und SEO-Arbeit. Wie gezeigt, automatisieren KI-gestützte Werkzeuge und Workflows die notwendigen, aber zeitintensiven Aufgaben. Sie schaffen so die Freiräume, die für die neue strategische Ausrichtung auf GEO notwendig sind.

Die Aufgabe von SEO-Expert*innen erweitert sich somit: Es geht darum, die *eigene Website als verlässliche Datenquelle für KI-Systeme zu etablieren* und gleichzeitig die neuen Werkzeuge zu nutzen, um diesen Prozess effizienter zu gestalten. Das Verständnis dieser doppelten Dynamik ist entscheidend für den zukünftigen Erfolg im organischen Marketing.

Kapitel 12

Praxis-Leitfaden für GEO

Eine kurze Zusammenfassung aller praktischen Anleitungen aus den Kapiteln dieses Buchs ermöglicht dir einen schnellen Einstieg und Überblick.

Dieser Leitfaden verdichtet die Praxismaßnahmen aus dem gesamten Buch. Du kannst ihn heranziehen, um das bereits Gelernte kompakt zu wiederholen, oder um dir einen handlungsorientierten Überblick zu verschaffen, bevor du tiefer in die Theorie einsteigst.

Die Struktur folgt den fünf zentralen Aufgabenbereichen der GEO: **Strategie**, **Monitoring**, **Content**, **Technik** und **Off-Page**. Jeder Bereich enthält die wichtigsten Konzepte und Vorgehensweisen.

12.1 Die Grundlagen der GEO

Halte dir zunächst die Grundlagen der GEO vor Augen, angefangen bei einer kurzen Definition.

12.1.1 Was ist GEO und warum ist sie wichtig?

GEO (Generative Engine Optimization) bezeichnet die Optimierung von Inhalten, technischen Strukturen und in gewisser Hinsicht auch von Marken – mit dem Ziel, dass du mit deiner Marke, deinen Produkten oder Dienstleistungen in den Antworten generativer KI-Systeme sichtbar wirst. Anders als bei der klassischen Suchmaschinenoptimierung geht es nicht um Rankings, sondern darum, als Quelle für KI-generierte Antworten herangezogen und angezeigt zu werden. Mehr zur aktuellen Bedeutung von GEO erfährst du in Abschnitt 1.1.

12.1.2 Die fünf Kernaufgabenbereiche der GEO

GEO lässt sich in fünf zentrale Aufgabenbereiche unterteilen, die eine ganzheitliche Bearbeitung des Kanals gewährleisten:

1. **Strategie**: Am Anfang jeder GEO-Initiative steht die Strategie – eine projektorientierte Aufgabe, die zu Beginn den größten Aufwandsblock darstellt (Kapitel 3).

2. **Monitoring**: Die kontinuierliche Überwachung der Sichtbarkeit und Performance in KI-Systemen ist essenziell. So weißt du immer, wo du stehst und was du als Nächstes angehen solltest (Kapitel 4).
3. **Content (On-Page)**: Regelmäßig hochwertige und relevante Inhalte zu veröffentlichen, ist eine prozessorientierte Daueraufgabe (Kapitel 5).
4. **Technik (On-Page)**: Die technische Optimierung stellt sicher, dass KI-Systeme deine Inhalte erfassen können (Kapitel 6).
5. **Off-Page**: Stärke deine Reputation und Sichtbarkeit auch außerhalb deiner eigenen Website – Off-Page-GEO entwickelt sich oft zum größten und kontinuierlichsten Aufwandsblock (Kapitel 7).

Einen Überblick über die fünf Kernaufgaben der GEO bietet Abschnitt 2.1.

12.1.3 Die vier Kernziele der GEO

Alle GEO-Maßnahmen zahlen auf vier messbare Ziele ein:

- **Mentions erhalten**: Deine Marke wird in KI-Antworten namentlich erwähnt.
- **Direkte Citations bekommen**: Deine Website wird in KI-Antworten als Quelle verlinkt oder zitiert.
- **Indirekte Citations erhalten**: Externe Quellen, die dich erwähnen, werden von der KI zitiert.
- **Sentiment verbessern**: Der Kontext, in dem du erwähnt wirst, ist bestenfalls positiv.

12.1.4 Verstehen, wie KI-Systeme funktionieren

Um GEO effektiv zu betreiben, musst du die Grundmechanismen von KI-Systemen verstehen:

Large Language Models (LLMs) generieren Antworten basierend auf Wahrscheinlichkeiten – sie sagen das jeweils nächstwahrscheinliche Wort voraus. Ohne aktuelle Daten können sie halluzinieren, also sprachlich plausible, aber faktisch falsche Antworten liefern.

Grounding ist der Schlüssel für Citations: Dabei durchsucht das KI-System externe Datenquellen und Webinhalte, um seine Antworten mit aktuellen Fakten zu unterfüttern. Die goldene Regel lautet: Ohne Grounding-Prozess keine Citation. Wenn die KI die Antwort allein aus ihren Trainingsdaten generiert, kann sie nur Mentions erzeugen.

12.1.5 Die drei KI-System-Typen

Unterscheide bei deiner Strategie zwischen den verschiedenen System-Typen, die Tabelle 12.1 darstellt.

Typ	Beispiele	Datenquelle	GEO-Fokus
Reine LLMs	ChatGPT (ohne Web)	Trainingsdaten	Mentions durch Markenbekanntheit
KI-integrierte Suche	Google AI Overviews, AI Mode	Suchindex + LLM	Citations durch SEO + GEO
KI mit Live-Suche	Perplexity, ChatGPT mit Web	Echtzeit-Websuche	Citations durch aktuelle Inhalte

Tabelle 12.1: Verschiedene KI-Systeme

In Abschnitt 2.3 findest du nähere Angaben zu den KI-Systemen und ihren Funktionen.

12.2 Teil 1: Strategie – das Fundament deiner GEO-Arbeit

Die Strategie ist das Fundament, auf dem alle weiteren Aktivitäten aufbauen. Sie setzt sich aus diesen vier Bestandteilen zusammen:

1. **KI-Systeme strategisch auswählen**: Welche Plattformen sind für dich relevant (siehe Abschnitt 3.2)?

   Eine durchdachte KI-System-Strategie hilft dir, realistische Ziele zu formulieren und deine Ressourcen gezielt einzusetzen. Die Schritte sind:

   - definieren, was du erreichen willst
   - die richtigen KI-Plattformen priorisieren
   - Machbarkeit bewerten
   - mögliche Hindernisse bedenken
   - ROI bewerten

2. **Prompts und Inhalte strategisch definieren**: Welche Themen und Fragen solltest du abdecken (siehe Abschnitt 3.3)?

   In der Content-Strategie legst du fest, welche Haupt- und Unterthemen für dich relevant sind und wie du sie priorisieren musst. Wie genau du vorgehst, hängt auch von deiner Ausgangslage ab – baust du z. B. eine Website komplett neu auf oder optimierst du eine bestehende Webpräsenz? Die wichtigsten Schritte je nach Szenario sind:

   - Hauptthemen identifizieren
   - Zielgruppen und Personas definieren
   - Probleme, Fragen und Kontexte analysieren
   - Unterthemen ausdefinieren
   - Prompts ableiten und auswählen
   - Unterthemen priorisieren

3. **Monitoring strategisch aufsetzen**: Wie misst du deinen Erfolg (siehe Abschnitt 3.4)?

   Mit dem Monitoring übersetzt du deine strategischen Ziele in greifbare Metriken, damit du deinen Erfolg objektiv messen kannst. Strategische Schritte für das Monitoring-Set-up sind:

   - wichtige Kennzahlen auswählen: Input-Metriken, Kern-GEO-KPIs und Output-Metriken
   - Tools auswählen: spezialisierte GEO-Tools, erweiterte SEO-Suiten oder Custom-Lösungen
   - Prompts auswählen: die richtigen Fragen stellen
   - Wettbewerbsumfeld definieren: Wer ist deine Konkurrenz und was macht oder erreicht sie in der GEO?
   - Monitoring-Zyklus festlegen: Frequenzen und Prozesse definieren

4. **Roadmap strategisch anlegen**: Wie setzt du alles in die Praxis um (siehe Abschnitt 3.5)?

   Die Roadmap verbindet deinen aktuellen Stand mit deinen Zielen. Sie legt fest, wie du deine Erkenntnisse in konkrete Maßnahmen überführst. Die Schritte sehen wie folgt aus:

   - Ist-Analyse: Wo stehst du gerade?
   - Sichtbarkeitsbewertung: Wie sichtbar ist deine Marke schon?
   - Sentiment-Analyse: Wie wird deine Marke erwähnt?
   - Content-Qualitätsprüfung: Wie gut sind deine Inhalte?
   - Off-Page-Reputation: Wer spricht bereits über dich?
   - Technische Analyse: Wie gut sind deine Inhalte für Maschinen lesbar und interpretierbar?

12.3 Teil 2: Monitoring – Erfolge messen

GEO-Monitoring unterscheidet zwischen Input-Metriken (was du tust) und Output-Metriken (was dabei herauskommt). Beide sind essenziell: Ohne dokumentierte Maßnahmen kannst du Erfolge nicht zuordnen; ohne gemessene Ergebnisse weißt du nicht, ob deine Maßnahmen wirken. Dabei hilft dir eine Reihe von Kern-GEO-KPIs (was du misst).

12.3.1 Input-Metriken

Dokumentiere deine Maßnahmen und halte systematisch fest, was du konkret umsetzt (siehe Abschnitt 4.1).

Beispiele für On-Page-Dokumentationen:

- Welche Unterthemen wurden bearbeitet?
- Auf welchen URLs sind Änderungen live?

- Wann wurden die Änderungen veröffentlicht?

Beispiele für Off-Page-Dokumentationen:

- Welche externen Quellen wurden neu geschaffen oder kontaktiert?
- Welche Branchenverzeichnisse, Medienbeiträge oder Partnerseiten sind hinzugekommen?
- Konkrete URLs der externen Quellen

12.3.2 Die Kern-GEO-KPIs

Um den Fortschritt in den vier wichtigsten GEO-Zielen (Mentions, direkte Citations, indirekte Citations, Sentiment) zu bewerten, brauchst du messbare Metriken (siehe Abschnitt 4.2). In der GEO sind diese noch nicht einheitlich und von Tool zu Tool anders benannt. Wir arbeiten mit folgenden Metriken.

- Sichtbarkeit und Sentiment *in absoluten Zahlen* (Number of):
  - **Number of Prompts**: Anzahl der Prompts im Tracking in absoluten Zahlen
  - **Number of Mentions**: Anzahl der Erwähnungen deiner Marke in absoluten Zahlen
  - **Number of Direct Citations**: Anzahl der Prompts, in deren Antworten deine Seiten direkt verlinkt/zitiert werden
  - **Number of Indirect Citations**: Anzahl der Prompts, in deren Antworten externe Quellen zitiert werden, die dich erwähnen
  - **Number of Positive/Neutral/Negative Sentiment**: Anzahl der Prompts mit positivem, neutralem oder negativem Kontext zu deiner Marke in den KI-Antworten
- Sichtbarkeit und Sentiment *als prozentualer Anteil* (Share of):
  - **Share of Mentions**: prozentualer Anteil der Prompts, in deren Antworten deine Marke erwähnt wird
  - **Share of Direct Citations**: prozentualer Anteil der Prompts, in deren Antworten deine Seiten direkt verlinkt/zitiert werden
  - **Share of Indirect Citations**: prozentualer Anteil der Prompts, in deren Antworten externe Quellen zitiert werden, die dich erwähnen
  - **Sentiment-Verteilung**: prozentualer Anteil mit positivem, neutralem oder negativem Kontext zu deiner Marke in den KI-Antworten

Wichtig: Erfasse Metriken in Prozent, weil sich die absolute Zahl der beobachteten Prompts im Zeitverlauf ändern kann. Prozentwerte halten deine Bewertung vergleichbar.

- **Wettbewerbs-KPIs**: Tracke die gleichen Kennzahlen auch für deine Konkurrenz. So erkennst du, ob du Marktanteile gewinnst oder verlierst.
- **Nutzendenbefragungen**: Kurze, wiederkehrende Umfragen auf deinen Seiten zeigen dir, über welche Wege Menschen tatsächlich zu dir finden – das ist wichtig, weil Traffic aus KI-Systemen nicht immer sauber zuzuordnen ist.

Du betrachtest deine KPIs sowohl detailliert auf Prompt-Ebene als auch aggregiert pro Unterthema bzw. URL und auf Projektebene, um ein möglichst umfassendes Bild zu erhalten.

12.3.3 Output-Metriken

Output-Metriken zeigen, wie sich Sichtbarkeit in KI-Systemen in Ergebnisse verwandelt – von Traffic und Leads hin zu Umsatz und Markenstärke (siehe Abschnitt 4.3). Unterscheide dabei zwischen Business-KPIs und Brand-KPIs.

- **Business-KPIs (direkte, operative Wirkung)**
  - **Impressions**: Sichtkontakte in KI-Features. Aktuell vor allem für Google AI Overviews trackbar.
  - **Referral Traffic**: Besuche, die nach einem Klick auf eine direkte Citation aus einem KI-System auf deiner Website landen.
  - **Conversions/Leads**: Registrierungen, Anfragen, Käufe – idealerweise inklusive Attribution auf KI-Referrals, wenn vorhanden.
  - **Umsatz**: Der monetäre Outcome deiner GEO-Aktivitäten – direkt messbar bei transaktionalen Zielen.
- **Brand-KPIs (indirekte, wahrnehmungsgetriebene Wirkung)**
  - **Markenbekanntheit (Brand Awareness)**: Erkennbar z. B. an einem Anstieg der Direct Type-ins und der navigationalen Suchen nach deiner Marke.
  - **Markenimage (Brand Image)**: Dokumentierbar über wiederkehrende »Brand Perception«- oder Sentiment-Umfragen.
  - **Markentreue (Brand Loyalty)**: Ablesbar an wiederkehrender Kundschaft, höherer Wiederkaufrate oder längerer Kund*innenbeziehung.
  - **Wert eines Kund*innen-/Markenkontakts**: Qualitativer und quantitativer Beitrag eines Kontakts zur Customer Journey, z. B. über Lead-Qualität, CLV (Customer Lifetime Value) oder Zeit bis zur Conversion.

Beim Interpretieren deiner Monitoring-Ergebnisse und der anschließenden Umsetzung in Taten kannst du stets demselben Muster folgen:

1. Maßnahmen umsetzen
2. Input-Metriken dokumentieren
3. Abwarten und Wirkung prüfen
4. Kern-GEO-KPIs und Output-Metriken auswerten

12.4 Teil 3: Content – Inhalte für Mensch und Maschine

Content-Erstellung für Websites ist eine hybride Disziplin: SEO bildet die unabdingbare Grundlage, GEO kommt als zusätzliche Ebene hinzu. Menschen wünschen sich nach wie vor verständliche, klar formulierte, zielorientierte Inhalte – und genau diese Eigenschaften machen Content auch für KI-Systeme attraktiv.

12.4.1 Wie unterscheidet sich ein SEO-Text von einem GEO-Text?

Der *SEO-Text* zielt auf Sichtbarkeit in organischen Suchergebnissen ab und setzt auf klare Keyword-Signale sowie breite Themenabdeckung. Der *GEO-Text* ist so strukturiert, dass KI-Systeme ihn leicht in Antwortbausteine zerlegen und zitieren können – mit präzisen Aussagen, konkreten Zahlen und Entscheidungsregeln. Die beste Lösung ist eine hybride Form beider Varianten. Ausführliche Beispiele für SEO- und GEO-Texte findest du in der Einleitung zu Kapitel 5.

12.4.2 Was braucht ein guter GEO-Text?

Wer nach allgemeinen Qualitätskriterien für Texte im Internet schreibt, macht bereits viel richtig (siehe Abschnitt 5.1).

- **Klare Sprache verwenden**: Schreibe aktiv und vermeide passive Formen. Meide Füllwörter und den Lesefluss hemmende Verschachtelungen. Prüfe, ob du lange Sätze in mehrere kürzere aufsplitten kannst – das verschafft Lesenden gedankliche Pausen und erleichtert KIs das Extrahieren einzelner Informationen.
- **Chunking mit Verstand**: ein Gedanke pro Abschnitt. KI-Systeme ziehen nicht ganze Texte heran, sondern erfassen einzelne Informationsbrocken – sogenannte Chunks. Jeder Abschnitt sollte eine in sich geschlossene Sinneinheit bilden, die auch dann verständlich bleibt, wenn sie von anderen Abschnitten losgelöst gelesen wird. Das heißt nicht, dass du etwa nur noch in einzelnen Frage-und-Antwort-Abschnitten schreiben darfst. Gut geschriebener Fließtext ist ebenfalls chunkfähig, wenn die Themen logisch getrennt und sprachlich wie strukturell klar markiert sind.
- **Citation-Worthiness**: Fakten, Belege, Verantwortung: Die Zitierbarkeit betrifft die Struktur, die Zitierwürdigkeit den inhaltlichen Gehalt. KI-Systeme bevorzugen inhaltlich dichte Abschnitte, die präzise, belegbar und autoritativ sind. Optimal sind faktenbasierte, spezifische Aussagen mit konkreten Zahlen, Quellen und nachvollziehbaren Daten.
- **Thematische Breite und Tiefe**: Plane deinen Text von Anfang an so, dass er nicht nur die Kernfrage beantwortet, sondern auch die naheliegenden Unterfragen, Varianten und »Mitgedacht«-Aspekte. Dabei helfen dir u. a. der Query-Fan-out, der deinen Prompt in mehrere kleine, verwandte Unterfragen zerlegt, aber auch die Google-Features »Weitere Fragen« und »Wird oft gesucht«, Keyword-Recherche- und andere Tools.
- **Einzigartigkeit – mit schwer replizierbaren Inhalten punkten**: KI-Systeme greifen oft auf einzigartige Inhalte zurück – beispielsweise auf proprietäre Daten, die sonst niemand hat, spezifische Vergleiche, belegte Zahlen oder Erfahrungen aus erster Hand. Diese sind oft nicht in den Trainingsdaten der KI enthalten, sondern sie muss eine

Websuche durchführen - und du hast die Chance, als Quelle genannt zu werden. Das Einbinden von Zitaten, Quellen und Statistiken kann deine Sichtbarkeit in generativen Antworten also enorm steigern. Weitere Details hält Kapitel 5 bereit, insbesondere Abschnitt 5.2.

- **Aktualität - frische Inhalte bevorzugt**: KI-Systeme zeigen einen Recency Bias - sie bevorzugen neuere Inhalte. Jüngere Datumsangaben können die Sichtbarkeit deines Contents in KI-Antworten beispielsweise deutlich erhöhen. Verdeutliche, wann ein Text veröffentlicht und zuletzt aktualisiert wurde. Aktualisiere Inhalte regelmäßig mit neuen Daten und Erkenntnissen. Nutze strukturierte Daten für Veröffentlichungs- und Aktualisierungsdaten. Abschnitt 5.3 liefert ausführliche Informationen.

12.4.3 Inhalte aufwerten

Nicht allein durch Text, auch durch andere Elemente kannst du deinen Content so gestalten, dass KI-Systeme ihn gerne aufgreifen (siehe Abschnitt 5.4).

- **Multimedia**: Sinnvolle Grafiken, Schaubilder, Fotos, Tabellen und andere visuelle Elemente lockern den Text auf, verlängern Websitebesuche und wirken sich positiv auf die Auffindbarkeit und Sichtbarkeit deiner Seite aus.
- **Autorität und Vertrauen - E-E-A-T für GEO**: Zeige klar, wer hinter deinen Inhalten steht. Nutze Autor*innenboxen mit Kurzbiografie, Qualifikationen und Verlinkungen zu Profilen. Erstelle eine aussagekräftige Über-uns-Seite mit Team, Mission und redaktionellen Leitlinien. Diese Transparenz baut Vertrauen auf und gibt Menschen wie KI-Systemen klare Anhaltspunkte für Glaubwürdigkeit.

12.4.4 Markenpräsenz konsistent aufbauen

Etabliere deine Marke als wiedererkennbare Entität durch

- **semantische Klarheit**: Kommuniziere eindeutig, wofür die Marke steht.
- **konsistente Begriffe und Themen**: Nutze die gleiche Terminologie über alle Kanäle hinweg.
- **konsequente Wiederholung**: Schaffe überall ein einheitliches Erscheinungsbild.
- **verlinkte Profile**: Verlinke offizielle Social-Media-Profile sichtbar und referenziere sie über `sameAs` in strukturierten Daten.

Dazu findest du in Abschnitt 5.5 noch mehr.

12.4.5 Inhalte richtig einbetten - Kontext ist King

Die Einbettung deines Textes auf der Website beeinflusst sowohl die Nutzendenerfahrung als auch die maschinelle Verarbeitung. Gliedere deine Website generell in sinnvolle Bereiche, beispielsweise Ratgeber, Produktseiten, Kategorieseiten. Eine einzelne Seite sollte immer logisch in ihrem Bereich verankert sein. Ihr Zweck und ihre Gestaltung sollten mit dem jeweiligen Haupt-Keyword bzw. den wichtigsten Prompts übereinstimmen. Achte auf eine sinnvolle Platzierung von Multimedia-Elementen, eine klare visuelle Hierarchie und kontextgebende Elemente wie Breadcrumbs und interne Verlinkungen. Einzelheiten erfährst du in Abschnitt 5.6.

12.5 Teil 4: Technik als Basisoptimierung

Die technische Optimierung deiner Website ist eine weitere wichtige Grundlage für GEO. KI-Systeme nutzen nur dann Inhalte als Quelle für ihre Antworten, wenn sie diese crawlen, in ihrer Relevanz bewerten und kontextuell verstehen können. Dafür muss die Technik stimmen.

12.5.1 Crawling ermöglichen – so machst du Inhalte auffindbar

Um in den Antworten von KI-Systemen als Quelle in Frage zu kommen, müssen deine Webinhalte für Maschinen zugänglich und interpretierbar sein – aus zwei Perspektiven:

1. **Direkte Datenerfassung durch KI-Crawler**: Spezialisierte Bots wie der GPTBot von OpenAI oder Google-Extended crawlen das Web gezielt, um Daten für das Training und die Live-Antwortgenerierung zu sammeln.
2. **Indirekter Zugriff über Suchmaschinenindizes**: Für aktuelle, dynamische Anfragen greifen KI-Systeme auf etablierte Suchmaschinenindizes zurück.

- **Steuere den Zugriff mit der robots.txt**: Die *robots.txt*-Datei ist die erste Anlaufstelle für jeden Bot und gibt klare Anweisungen, welche Bereiche gecrawlt werden dürfen. Deine Aufgaben:
  - **Grundsatzentscheidung treffen**: Möchtest du bestimmte KI-Bots vom Crawling ausschließen? Für die meisten Websites empfiehlt es sich, den Zugriff zu erlauben.
  - **Listen erarbeiten**: Definiere, welche Bots du gezielt ansprechen möchtest – unterscheide zwischen Crawlern für KI-Suche, allgemeinen LLM-Crawlern und spezialisierten KI-Agenten.
  - **Individuell entscheiden**: Deine Entscheidung hängt von deinem Geschäftsmodell ab. Ein typischer Ansatz: Den meisten Crawlern Zugriff erlauben, aber Backend, private Profile oder interne Suchergebnisseiten ausschließen.
- **Firewall-Einstellungen überprüfen**: Ein oft übersehener Mechanismus sind deine Firewall-Einstellungen. KI-Bots sollten auf deine Domain zugreifen können, wenn du in KI-Systemen sichtbar sein willst.
- **JavaScript-Rendering – warum der initiale HTML-Code zählt**: Moderne Suchmaschinen können clientseitig gerendertes JavaScript verarbeiten. KI-Crawler hingegen sind noch weniger ausgereift. Stelle sicher, dass alle wichtigen Inhalte bereits im initialen HTML-Code enthalten sind – ohne JavaScript-Abhängigkeiten. Nutze Browser-

Erweiterungen oder Tools, um zu prüfen, welche Inhalte durch JavaScript verändert werden.

- **Sitemaps**: die systematische Erfassung aller relevanten URLs. Verlasse dich nicht darauf, dass Crawler jede wichtige Unterseite von allein finden. Mit einer Sitemap gibst du ihnen eine präzise Landkarte:
  - Die XML-Sitemap ist das offizielle Verzeichnis für Crawler. Achte darauf, dass sie stets aktuell ist und ausschließlich finale, erreichbare Seiten (Statuscode 200) listet.
  - Hinterlege die Sitemap in deiner *robots.txt*-Datei.
  - Lege zusätzlich optional eine HTML-Sitemap an.
- **Weitere technische Elemente**: Achte außerdem auf korrekte **Statuscodes** ohne Weiterleitungen oder 4xx- und 5xx-Fehler sowie auf eine optimale Ladezeit. In Kapitel 6 bzw. Abschnitt 6.1 findest du alle Details zum Thema Crawling.

12.5.2 Discovery – Inhalte gezielt entdeckbar machen

Signalisiere Suchmaschinen und KI-Systemen aktiv, welche deiner Inhalte besonders relevant sind. Dafür brauchst du einerseits eine saubere technische Architektur, andererseits musst du Nutzungssignale analysieren und optimieren (siehe Abschnitt 6.2).

- **Die Bedeutung der Seitenstruktur für GEO**: Eine durchdachte Seitenstruktur und strategische interne Verlinkung vermitteln Crawlern die Relevanz und Hierarchie deiner Inhalte.
  - Bündele Inhalte in **thematischen Clustern**. Eine zentrale Pillar-Seite, von der Verlinkungen zu Cluster-Seiten führen, dient als umfassender Einstieg.
  - Die **konsistente URL-Benennung** (z. B. */thema/unterthema/*) verdeutlicht die hierarchische Beziehung und erleichtert die maschinelle Verarbeitung.
- **Klicktiefe als Indikator für Relevanz**: Die Klicktiefe bezeichnet die Anzahl der Klicks von der Startseite bis zu einer spezifischen Unterseite. Inhalte mit wenigen Klicks werden als wichtiger eingestuft und häufiger erfasst. Alle strategisch wichtigen Seiten sollten eine Klicktiefe von maximal 4 nicht überschreiten. Navigationshilfen wie Breadcrumbs tragen zur Verringerung der Klicktiefe bei.
- **Interne Verlinkung zur Abbildung semantischer Beziehungen**: Jeder interne Link ist ein Signal, das einer KI Kontext über die Zielseite liefert. Verwende beschreibende Ankertexte statt generischer Formulierungen wie »mehr dazu hier«. Durch konsistente Verlinkung verwandter Artikel entsteht ein dichter, interner Wissensgraph. Eine gute Linkstruktur verhindert Orphan Pages (verwaiste Seiten ohne eingehende Links).
- **User Signals für GEO**: Klassische User Signals wie Klickraten oder Verweildauer spielen für GEO vor allem indirekt eine Rolle. Der wichtigste Hebel führt über klassische Suchmaschinen: KI-Systeme nutzen für aktuelle Informationen Grounding innerhalb der Retrieval-Augmented Generation (RAG). Seiten, die in den organischen Such-

ergebnissen gut ranken, haben höhere Chancen, als Quelle für KI-Antworten herangezogen zu werden.

12.5.3 Die Sprache der Maschinen sprechen – Daten für KI übersetzen

Für Menschen ist der Inhalt einer Webseite selbsterklärend. Für Maschinen ist derselbe Inhalt zunächst nur unstrukturierter Code. Du musst deinen Daten eine explizite Bedeutungsebene hinzufügen.

- **Strukturierte Daten mit Schema.org**: Strukturierte Daten sind das mächtigste Werkzeug, um Inhalten eine eindeutige, maschinenlesbare Bedeutung zu geben:
  - **Typen und Eigenschaften wählen**: Analysiere deinen Inhalt und wähle passende Schema.org-Typen. Denke in Entitäten (z. B. `Article`, `Product`), ihren Eigenschaften (z. B. `author`, `brand`) und Beziehungen (z. B. `isPartOf`, `offers`).
  - **JSON-LD als Format**: JSON-LD ist die beste Wahl – es wird im `<head>` oder `<body>` platziert und ist vom sichtbaren HTML getrennt.
  - Markup validieren, einbinden und testen.
- **Semantisches HTML gezielt einsetzen**: Anstatt alles in bedeutungslose `<div>`-Container zu packen, gibst du Suchmaschinen und KI-Systemen klare Anweisungen:
  - **Überschriftenhierarchien festlegen**: Die HTML-Elemente `<h1>` bis `<h6>` strukturieren den Inhalt logisch. Das `<h1>`-Element ist der Haupttitel, darunter folgen thematische Unterabschnitte.
  - **Listen richtig einsetzen**: Ungeordnete Listen (`<ul>`) für Aufzählungen ohne Reihenfolge, geordnete Listen (`<ol>`) für Schritt-für-Schritt-Anleitungen, Description Lists (`<dl>`) für Glossare oder FAQs.
  - **Daten in Tabellen klar strukturieren**: Das `<table>`-Element dient ausschließlich der Darstellung tabellarischer Daten – mit korrekten `<th>`-Elementen für Kopfzeilen.
  - **Semantische Bereiche definieren**: Nutze `<nav>` für Navigation, `<main>` für den Hauptinhalt, `<article>` für eigenständige Inhaltsblöcke.

  Einzelheiten hält Abschnitt 6.3 bereit.

12.6 Teil 5: Off-Page – Reputation außerhalb deiner Website

Off-Page-GEO erweitert deinen Fokus über die eigene Website hinaus. Während On-Page-GEO Content und Technik auf deiner Seite optimiert, beeinflusst du mit Off-Page-Maßnahmen, wie deine Marke im gesamten Internet – außerhalb deiner eigenen Website – wahrgenommen und von KI-Systemen interpretiert wird. Du wirkst also auf externe Quellen ein.

Warum das zählt: Generative Systeme aggregieren Informationen aus vielen Quellen, gewichten sie und formen daraus Antworten. Je stärker, glaubwürdiger und einheitlicher deine Marke extern dargestellt wird, desto wahrscheinlicher fließen diese Quellen in KI-Antworten ein.

12.6.1 Was willst du erreichen und wie?

Für die Off-Page-Optimierung brauchst du klare Ziele und die richtigen Herangehensweisen (siehe Abschnitt 7.2).

Die drei Hauptziele

1. **Indirekte Citations generieren**

   Eine indirekte Citation entsteht, wenn die KI eine externe Website, die deine Marke erwähnt, als Quelle verlinkt. Du konzentrierst dich darauf, in Quellen präsent zu sein, die KI-Systeme bereits als vertrauenswürdig einstufen.

2. **Wertvolle Mentions generieren**

   Eine Mention ist eine Erwähnung deiner Marke in KI-Antworten – auch ohne direkten Link. KI-Systeme identifizieren Entitäten (Marken, Produkte, Personen) und erlernen deren thematische Zuordnung, Autorität und Relevanz.

3. **Das Sentiment positiv gestalten**

   Das Sentiment beschreibt den emotionalen Kontext deiner Erwähnungen (positiv, neutral, negativ). Du willst:

   - bei negativ formulierten Prompts nicht genannt werden.
   - bei positiv formulierten Prompts negativen Kontext vermeiden.
   - bei positiv formulierten Prompts genannt werden.

Die zwei Herangehensweisen

1. **Bestehende Quellen beeinflussen**

   Du identifizierst Quellen, die bereits von KI-Systemen zitiert werden, und versuchst, deine Marke dort zu platzieren oder bestehende Darstellungen zu verbessern.

   - Identifiziere Top-Listen, Vergleichsartikel, Glossare und Community-Threads.
   - Nimm Kontakt zu Herausgeber*innen auf und schlage sachliche Ergänzungen vor.
   - Synchronisiere Fakten in allen externen Profilen.
   - Korrigiere Falschinformationen in Communitys auf sachliche Art.

2. **Neue Quellen erschaffen**

   Wenn es noch nicht genügend relevante Quellen gibt, schaffst du neue Inhalte auf externen Plattformen – etwa Gaststudien, Advertorials oder Forenbeiträge.

   - Recherchiere Content-Lücken: Welche Vergleichstests, Definitionen oder Datensammlungen fehlen?

- Liefere klar gegliederte Inhalte mit Methodenbeschreibung und Datengrundlage.
- Entwickle wiederkehrende Formate (z. B. Quartalsbarometer, Best-Practice-Checklisten).

12.6.2 Die Off-Page-GEO-Maßnahmen im Überblick

Dir stehen zahlreiche verschiedene Maßnahmen zur Verfügung, mit denen du externe Quellen beeinflussen kannst. Du musst nicht alles gleichzeitig betreiben, solltest dich aber auch nicht nur auf eine Methode verlassen.

- **Mention Outreach**: Du kontaktierst Herausgeber*innen anderer Websites, um deine Marke in bereits zitierten Quellen zu platzieren und Erwähnungen oder Backlinks zu erhalten.
- **Community-Marketing**: Du beteiligst dich aktiv in Foren und Communitys (z. B. Reddit). KI-Systeme greifen häufig auf solche Inhalte zurück. Diskutiere in relevanten Threads mit und platziere deine Marke authentisch.
- **Digital PR**: Mit datengetriebenem Content und hohem Nachrichtenwert generierst du Berichterstattung in Fachmedien. Diese hybride Maßnahme kann sowohl indirekte als auch direkte Citations erzeugen.
  - Sammle Daten durch Umfragen, Marktforschung oder interne Analysen.
  - Bereite sie professionell auf (Visualisierungen, Infografiken).
  - Biete sie relevanten Journalist*innen zur Veröffentlichung an.
- **Organic Thought Leadership**: Etabliere dich als Meinungsführer*in durch authentische, wertvolle Inhalte, z. B. auf Social Media. LinkedIn-Artikel und YouTube-Videos werden von KI-Systemen indexiert und beim Grounding herangezogen.
- **Partner-Marketing**: Kooperiere mit Affiliates oder Influencer*innen, die über deine Produkte berichten. Deren hohes Ansehen macht sie zu authentischen Quellen für KI-Systeme.
- **Advertorials**: Redaktionell gestaltete Werbeanzeigen auf vertrauenswürdigen Plattformen können als Citations erscheinen.
- **Review-Marketing**: Sammle und pflege positive Bewertungen auf einschlägigen Portalen. KI-Systeme greifen auf Bewertungsplattformen wie Trustpilot zurück - das Sentiment deiner Bewertungen beeinflusst direkt, wie du in KI-Antworten dargestellt wirst.
- **Tests und Verzeichnisse**: Platziere dich in relevanten Branchenverzeichnissen und Vergleichstests. Besonders bei transaktionalen Prompts im B2B-Bereich generieren KI-Systeme häufig Citations basierend auf solchen Quellen.

Abschnitt 7.3 beschreibt alle Maßnahmen im Detail.

12.7 Die Gesamt-Checkliste: GEO auf einen Blick

Diese komprimierte Checkliste fasst die wichtigsten Maßnahmen aller fünf Bereiche zusammen. Nutze sie als Schnellreferenz für deine GEO-Arbeit. Und denk dran: GEO ist eine junge Disziplin, die sich schnell verändert. Passe die Checkliste an, wenn sich Best Practices weiterentwickeln.

- **Strategie**
  - KI-Systeme ausgewählt
  - Prompts und Inhalte definiert
  - Monitoring aufgesetzt
  - Roadmap angelegt
- **Monitoring**
  - Input-Metriken dokumentiert (On-Page und Off-Page)
  - Kern-GEO-KPIs gemessen (Sichtbarkeit, Sentiment, Wettbewerber, Nutzendenbefragung)
  - Output-Metriken erfasst (Traffic, Conversions, Umsatz, Brand-KPIs)
- **Content**
  - Inhalte in verständliche Chunks gegliedert
  - Fakten mit Quellen belegt (Citation-Worthiness)
  - Thematische Breite und Tiefe abgedeckt
  - Klare, aktive Sprache verwendet (kurze Sätze, keine Füllwörter)
  - Aktualität sichergestellt (Veröffentlichungs- und Aktualisierungsdaten sichtbar)
  - Einzigartige, schwer replizierbare Inhalte erstellt (proprietäre Daten, Erfahrungen aus erster Hand)
  - E-E-A-T-Signale integriert
  - Inhalte durch Multimedia aufgewertet
  - Markenpräsenz konsistent aufgebaut (einheitliche Terminologie über alle Kanäle)
  - Inhalte logisch in Webpräsenz eingebettet
- **Technik**
  - Crawling ermöglicht (*robots.txt* für KI-Crawler konfiguriert)
  - Firewall-Einstellungen überprüft
  - Kritische Inhalte im initialen HTML dargestellt
  - Sitemap implementiert
  - Logische Informationsarchitektur hergestellt
  - Klicktiefe für wichtige Seiten ≤ 4 sichergestellt
  - Interne Verlinkung optimiert

  - Strukturierte Daten implementiert
  - Semantisches HTML eingesetzt (korrekte Überschriftenhierarchie, Listen, Tabellen)
- **Off-Page**
  - Externe Quellen identifiziert und bearbeitet
  - Neue Quellen geschaffen (PR, Studien, Gastbeiträge)
  - Konsistente Markendarstellung sichergestellt
  - Mehrere Off-Page-Maßnahmen umgesetzt (Digital PR, Partner-Marketing, Advertorials etc.)

Index

A

B

C

D

E

F

G

H

I

J

K

L

M

N

O

P

Q

R

S

T

U

V

W

X

Z

Kein Blabla

Marketing mit Kopf und Konzept

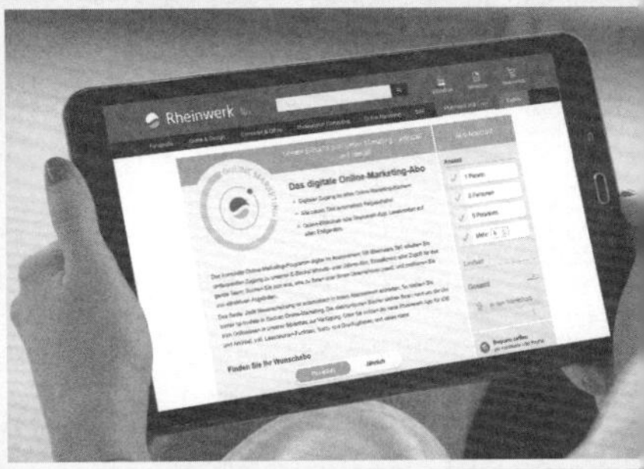

Social Media, Content Marketing, Storytelling, SEO, E-Commerce – Online-Marketing lebt von Ideen, die wirken. Ob als Buch, E-Book, im digitalen Abo oder beim Live-Event: Hier geht es um Strategien, die frischen Wind bringen und kreatives Denken anregen. Fachwissen direkt aus der Branche – verständlich, praxisnah und sofort anwendbar. Neue Impulse gibt's auch im Newsletter!

rheinwerk-verlag.de/online-marketing